▲ 대한민국임시정부 시기의 도산 (1919)

▲ 공립협회 창립 당시 도산 (앞줄 오른쪽)

▲ 리버사이드 오렌지 농장에서 (1912)

▲ 임시정부 국무원 성립 기념 (1919. 10. 11)

▲ 동명학원 창립기념 (1924. 3. 3.)

대한민국국부 도산안창호전서 Ⅰ

도산 안창호의 말씀 (상)

박만규·박화만 엮음

발간사

《국부전서》를 펴내며
- 도산 안창호를 새롭게 본다

우리는 《대한민국국부 도산안창호전서》 출간에 즈음하여 큰 기쁨과 보람을 느낀다. 도산 안창호 선생(1878~1938)의 사상과 운동을 보여주는 직접 자료들을 모두 모은 다음, 이를 누구든지 쉽게 읽고 이해할 수 있도록 손질하여 5책에 담았다. 즉, 1권과 2권에는 그의 사상이 담긴 말과 글들을 모았으며, 3권에는 상해에서 임시정부를 붙들기 위해 혼신의 노력을 다했던 9개 월 간의 분투 내용을 담은 일지를 번역하여 원문과 함께 실었고, 4권은 그가 동지와 가족들에게 보낸 편지들만을 따로 모았으며, 5권에서는 그의 행적을 가능한대로 정밀히 추적하여 상세한 연보를 작성하고 관련된 사진 자료들을 함께 실었다. 이로써 전문 관계자들만이 아니라 일반 시민들을 위한 도산 관련 자료의 현대판 집대성이 이루어졌다고 할 것이다.

돌이켜 보면 개항 직후 태어난 도산 선생께서 활동한 지난 19세기 말부터 20세기 전반은 세계사적으로도 유례없는 제국주의 전성기였다. 동아시아의 맨 끝자락에 자리한 한반도마저 마침내 그 격랑 속에 휩쓸리게 되었고 끝내는 인접한 일본제국주의에 국권을 빼앗겨 식민지 암흑천지로 전락하고 말았다. 깜깜한 밤이 되면 여기저기 별들이 나타나듯 5천년 민족 역사상 최대의 위기에 맞닥뜨려 곳곳에서 뜻있는 분들이 떨쳐 나왔다. 의사 열사 장군 여사 박사 선생 등으로 불리는 수많은 애국지사들이 온몸을 던져 맞서고 싸웠다.

총총히 빛나는 그 숱한 별들 가운데서도 가장 환히 빛나는 별 중의 별이 도산 안창호 선생이시다. 60평생을 그 전반은 쓰러져 가는 나라를 지키기 위해, 그리고 그 후반은 빼앗긴 나라를 되찾아 새로운 나라, 행복한 세상을 세우기 위해 온 생애를 오롯이 바친 참 애국자요 혁명가였다.

그런데 우리는 왜 그를 굳이 대한민국의 국부라 부르는가. 그의 고결한 인격과 우리 근현대 역사 속에서의 굵직한 역할 때문이다. 먼저 도산 선생의 전 생애를 짚어보며 우리는 다음의 몇 가지 인간적 특성을 발견한다.

첫째, 그는 〈큰 꿈과 비전〉의 인물이었다.

그가 1906년 말 28세 청년 시기에 완성한 〈민족혁명 구상도〉에는 국가 독립의 달성(국권광복國權光復) 및 문명부강한 나라 건설(조국증진祖國增進)의 원대한 비전과 그것을 실현할 정밀한 계획이 담겨 있다. 그로부터 20여 년이 흐르면서 그의 생각과 경험이 더 무르익은 다음에는 대공주의(大公主義)와 애기애타(愛己愛他)라는 말 속에 그의 비전은 새롭게 집약되었으며, 궁극적으로는 전 세계 평화와 전 인류 행복의 염원을 담은 세계대공(世界大公)의 차원에 이르게 되었다.

둘째, 그는 〈비상한 용기와 결단〉의 인물이었다.

1894년 평양에서 청일전쟁의 참상을 보고 나라의 힘없음을 절감한 16세 소년 도산은 혈혈단신으로 무단 상경하여 새 세상을 보고 듣게 되었다. 선교사를 통해 서양을 알게 된 24세 청년 도산은 1902년 미국 유학을 결단한 뒤 곧바로 배에 올랐다. 5년 동안 미국 교민 사회에서 솔선수범과 섬김의 리더십으로 최고 지도자의 위치에 서게 됐던 그는 29세 되던 1907년 구국운동의 본진에 뛰어들기 위해 급거 귀국하여 비밀조직인 대한신민회를 결성했다. 경술국치 후 망명길에 오른 그는 대한인국민회를 다시 일으키고 흥사단을 창립한 후 3.1운동이 일어나자 즉시 중국으로 건너가 41세의 나이로 초기 임시정부의 중심 역할을 수행하였다.

셋째, 그는 〈**협동과 조직**〉의 인물이었다.

1897년 약관 20세에 독립협회에 참여하여 사회활동을 시작했던 그는 공립협회(1905)와 대한신민회(1907)와 청년학우회(1909)와 흥사단(1913)을 만들고 지도하였으며, 대한인국민회(1911)와 대한민국임시정부(1919)와 국민대표회(1923)와 유일독립당운동(1926) 한국독립당(1931)에 주도적으로 참여하였다. 그 과정에서 시종일관 동지들에게 강조한 것은 통일과 단합, 단결과 협동이었다.

물론 그렇다고 하여 당시 그가 모든 사람들의 지지를 받고 모든 세력을 다 수용할 수는 없었다. 그는 지역적으로 서북지방 평안도 출신이라는 근원적 한계를 안고 있었고 사상적으로도 공산주의 세력까지를 다 아우르지는 못하였다. 그러나 당대의 최고 지도자로서 누구보다도 가장 폭넓은 개방성과 포용력을 보여준 것은 분명하다.

넷째, 무엇보다 그는 〈**높은 도덕성과 고상한 품격**〉의 인물이었다.

사회적 존재인 인간의 도덕성과 품격은 돈과 권력에 대한 태도에서 가장 잘 드러난다. 우선 그는 금전 문제에서 주위 사람들의 완전한 믿음을 얻었다. 자금의 필요성이 아무리 절실한 상황에서도 그는 정당한 돈인지 여부를 먼저 가렸다. 정당한 돈임이 확인되면 또 그것을 보낸 사람의 뜻을 확인하였다. 그래서 특별한 공적 용도로 보낸 것인지 조건 없는 사적 지원인지를 분명히 가린 다음에야 비로소 그에 맞게 사용하였다.

또한 그는 자신이 가진 지위나 힘을 결코 스스로를 위해 사용하지 않았다. 그는 언제나 자신을 낮추는 겸양과 솔선수범의 자세로 공익을 위해 헌신 봉사하였다. 조직 속에서 그는 늘 윗머리에 서려하지 않고 밑에서 섬기는 자세를 견지하였다. 3.1운동 후 임시정부의 통합을 주도하면서 내무총장에서 노동국총판으로 스스로 내려앉은 일은 그 단적인 사례였다.

이밖에도 그는 경박한 언행이나 이성 문제 등으로 논란된 적이 일체 없었다. 오랜 기간을 가족과 떨어져 생활하였지만 엄격한 절제로 주변의 믿음을 확보하여 지도자로서의 위신과 도덕적 권위를 잘 유지할 수 있었던 것이다. 명실공히 최고위 지도자로서 대중들의 모범이 되기에 넉넉한 품격을 가졌고 거기서 나오는 큰 감화력을 지녔기에 그에게는 〈민족의 스승, 만인의 사표〉라는 참으로 명예로운 이름이 따랐다.

그러나 우리가 도산 안창호를 〈대한민국국부〉라는 또 다른 이름으로 새롭게 부르려 하는 것은 위의 인간적 장점들 때문만은 아니다. 그것들은 최소한의 필요조건일지언정 충분조건까지 되지는 않는다. 무엇보다 그가 역사적으로 대한민국의 성립 과정에서 수행한 과거 업적과 함께 현재와 미래에 시사하는 함축적 의미까지도 헤아리기 때문이다.

도산 선생은 우리 근대 역사 초기에 생각은 물론 온몸으로 민주주의를 철저히 체득한 최초의 선각자였다. 아울러 자유평등의 근대 시민사회와 국민주권의 공화국가 건설을 앞장서 선창한 선도자였다. 그리하여 먼저 한말에는 대한신민회를 결성하여 근대시민(近代市民)의 양성과 민주공화국 건설을 위한 최초의 대중운동인 신민신국(新民新國)운동을 주도하였으며, 일제강점기에는 해외 한인의 총결집체인 대한인국민회를 대표하였으며, 3.1운동 후에는 한국 민족의 정신적 구심체가 된 대한민국임시정부를 이끌어 해방 후의 대한민국에 접목시킬 수 있도록 키우고 지켜냈다.

수난의 우리 근현대 역사에서 한말의 신민회는 민주공화국가 대한민국의 정신적 뿌리였으며, 국권 상실 후 1910년대의 대한인국민회는 〈무형(無形)의 국가〉와 〈임시(假)정부〉를 스스로 자임하였으며, 대한민국임시정부는 현재의 우리 대한민국의 법률적 아버지이다.

비록 그 자신은 해방 7년 전에 순국하여 오늘의 대한민국을 직접 볼 수 없었다. 그러나 신민회의 창설자요 지도자였으며, 대한인국민회의 중앙총회장으로서 최고 중심인물이었으며, 대한민국임시정부의 기반 확립자요 가장 든든한 지지옹호자였다는 역사적 맥락에 비추어 보면 도산 안창호 선생이야말로 오늘의 대한민국이 있게 한 최대 공로자였다는 점에 이견이 없을 것이다.

물론 엄격히 말하면 도산 안창호 선생이 생전에 소망했던 대한민국은 오늘의 남쪽만의 분단국가일 수는 없다. 당연히 한반도 전체를 포괄하는 민족국가였다. 대한민국은 그를 비롯한 독립선열들께서 간절히 바랐던 그 통일 민족국가를 표상하는 국호였던 것이다. 장차 어느 시기에 남북이 다시 화해하고 나아가 평화적으로 합쳐지게 되면 그때까지도 우리의 국호가 반드시 대한민국이리라는 보장은 없다. 그때 가서 민족 구성원들의 다수 의견에 따라 결정될 일이다.

그러나 그 통일국가는 국호가 무엇이든 반드시 지난 시기 도산 선생이 꿈꿨던 자유와 평등이 잘 어우러진 진정한 민주주의 사상인 대공주의(大公主義)와 내용적으로 합치되는 나라일 것이다. 장차 남북이 하나가 된 대공주의 통일 민족국가가 서면 그때 전체 한국민족은 도산 안창호 선생을 더욱더 분명한 우리의 국부로 인식하고 따라 배우게 되리라 확신한다.

따라서 이번《국부전서》발간의 의의는 단지 지나간 역사 속의 한 인물인 도산 선생 개인을 기억하고 추앙하려는데 그치지 않는다. 우리의 현재와 미래를 올바로 열어 가기 위한 노력과도 직결되어 있다. 우리는 그동안 우리가 이룩한 엄청난 성취에도 불구하고 아직 여러모로 부족하고 혼란스러운 오늘을 근본적으로 성찰할 필요가 있다. 그 바탕 위에서 평화와 번영의 내일을 모색하는데 힘을 모아야 한다.

눈 밝은 이들은 그의 과거 언행과 함께 이 책 페이지마다에 박혀 있는 크고 환한 미래 비전까지도 찾아낼 것이다. 장차 우리가 대공주의와 애기애타와 세계대공과 인류행복의 큰 바다를 향해 가는 동안 도산 안창호 선생은 단지 〈겨레의 스승〉과 〈대한민국 국부〉에 그치지 않고 점차 〈전 인류의 스승이요 지도자〉로 떠오르게 되리라 믿는다.

　아무쪼록 이 자료집이 널리 읽혀져 오늘의 우리들에게 내일을 향한 푯대와 등대가 되기를 바라마지 않는다. 우리 모두가 그의 고결한 인격에 감화받고 고상한 비전에 공감하게 된다면 전 세계인들로부터 1등 국민으로 아낌없는 존경을 받게 될 것이다. 누구보다도 우리 사회의 지도층들이 도산 선생에게서 배울 수 있기를 진정으로 바란다. 일체의 사리사욕을 초월한 그의 대공복무(大公服務)의 정신과 헌신봉사의 자세야말로 우리 사회 각계각층의 리더들에게 절실히 요청되는 미덕이라 본다. 무엇보다 우리의 미래를 떠맡을 청소년들에게 소중히 읽혀져 큰바위 얼굴의 역할을 할 수 있다면 더없는 보람이라 하겠다.

2025년 5월 1일

흥사단

엮은이 말

1. 도산 안창호 선생을 이해하는 기본 도서로 최근까지 춘원 이광수의 《도산 안창호(島山安昌浩)》(1947, 증보판 2013)와, 이 책을 대폭 보완한 주요한 편저 《안도산전서(安島山全書)》(1963, 증보판 1999)가 오랫동안 애용되어 왔다. 그 후 (사)도산기념사업회에서는 모든 자료들을 모아 《도산안창호전집(島山安昌浩全集)》(전 14권, 2000)를 발간한 바 있었고, 여러 연구자들이 학술논문, 평론, 평전 등으로 도산 안창호 선생을 소개하였다. 그러나 지금까지 발간된 자료들에는 고어나 한자가 많고, 연구물들 또한 주관적인 견해가 많아 일반 독자들이 도산 선생의 참 모습을 접하는 데에는 어려움과 아쉬움이 많았다.

2. 이러한 문제를 해소하기 위해 흥사단에서는 2022년 6월 엮은이들에게 의뢰하여 도산 선생의 말과 글 그리고 사진 자료들을 총망라한 자료집을 발간하도록 결정하였다. 엮은이들은 즉시 작업에 착수하여 기왕에 알려진 자료는 물론 그동안 일반 독자들에게는 잘 알려지지 않았던 자료들까지 모두 수집하고 분류하였다. 그리하여 1년 넘는 노력 끝에 우선 도산 선생의 말과 글을 모아 이듬해 가을 900여 쪽에 이르는 《도산 안창호의 말씀》(2023)을 발간하였다. 여기서는 일반 시민들도 쉽게 읽을 수 있는 자료집 발간이라는 기본 취지에 따라 필요한 경우 한문 자료는 번역하여 싣되 원문도 함께 수록하였다.

3. 이번에 5권으로 이루어지는 《대한민국국부 도산안창호전서》(국부전서) 발간을 계기로 엮은이들은 《도산 안창호의 말씀》(2023)을 (상) (하) 두 권으로 나누기로 하였다. 그리하여 상권에는 연설 담화 구술 형식의 글을 싣고, 하권에는 흥사단 관련 내용과 가사류 및 옥중답변 그리고 그 밖의 글들을 싣기로 하였다. 단지 동지들에게 보내는 서한만은 따로 떼어 제4권 《도산 안창호의 편지》에 싣기로 하였다. 그리고 《도산 안창호의 말씀》(2023)에서 더 많이 어려운 고어와 한자를 쉬운 말로 바꾸어 청소년들도 이해할 수 있도록 배려하였다. 엮은이들은 도산 선생에 관해 그동안 일반 시민들에게는 잘 알려지지 않았던 자료들까지를 모두 수집하여 전달해 드리기 위해 최선을 다하였다. 그럼에도 아직 빠진 자료가 있을 수 있고, 드물게는 진의를 잘못 이해한 경우도 없지 않을 것이다. 그 경우 기회가 되는대로 수정 보완할 생각이다.

4. 이제 이 책을 통하여 민족 수난의 시대에 위대한 민족지도자요, 혁명운동가였던 도산 선생의 진면모가 제대로 복원되기를 기대한다. 또한 당시 제국주의에 신음하던 한민족의 광복은 물론 더 나아가 온 인류 전체의 평화와 번영을 꿈꿨던 선각적 행복 사상가로서 도산 선생의 큰 자태가 온전하게 드러나기를 바라마지 않는다.

일러두기

1. 각 자료의 제목은 한글로 표기하였으며, 그 아래에 다시 원문의 제목, 작성 연대, 각주 번호를 부기하였다.

2. 모든 내용은 한글 표시를 원칙으로 하였으나 우리나라에서 일반화된 외국어(주로 한자)는 원문대로 표기하였다.

3. 순 한글로 되어 있거나 난해한 한자가 많아 독자들이 이해하기 어려운 자료는 문단 단위로 한글로 번역하여 원문 뒤에 역문(譯文)을 병기하였다.

4. 특수한 사건과 신문 잡지 등 고유한 명칭은 본문에는 원문으로 표시하는 것을 원칙으로 하고 각주에는 한글로 표기하였다.

5. 질의하고 답변하는 내용으로 되어 있는 자료는 도산이 말한 내용을 볼드체로 표기하였다.

7. 제1, 2권의 전체 자료 156건을 제목과 시기를 일목요연하게 알 수 있도록 연월일 순으로 작성하여 《도산 안창호의 말씀(하)》의 부록으로 수록하였다.

차례

제1장 연설   1

1. 공립협회 1주년 기념 연설   2
2. 삼선평 연설   5
3. 서북학생친목회 연설   15
4. 샌프란시스코 동포 환영회 석상에서   25
5. 재미 한인의 실제 책임   29
6. 대한인국민회 중앙총회장 취임 연설   33
7. 우리 국민의 진화의 순서   36
8. 라성지방회에서의 연설   38
9. 중앙총회장께서 해외 한인의 주의를 보신 것   45
10. 라성지방회 국치기념일 연설   49
11. 내 힘과 우리의 힘   51
12. 불쌍한 우리 한인은 희락이 없소   54
13. 대한인국민회 중앙총회 임시국민대회 소집 연설   65
14. 3·1운동을 계승   71
15. 제1차 북경로예배당 연설   74
16. 청년단의 사명   76
17. 제2차 북경로예배당 연설   78
18. 한국 여자의 장래   80
19. 독립운동 방침   82
20. 내무총장에 취임하면서   87
21. 내무총장 안창호의 시정방침 연설   91
22. 임시의정원 회의록 초   93

23. 4 각원 취임을 경하함	107
24. 사랑	108
25. 물방황	113
26. 왜적에게 대학살 받은 간도동포 구제	117
27. 1920년 신년사	120
28. 우리 국민이 단연코 실행할 6대사	121
29. 대한민국 2년 신원의 나의 기원	140
30. 상해의 3·1절 축하식 축사	144
31. 국민의회사건 전말 해설	146
32. 국민개병의 제 일성	149
33. 인생의 최고 목적	151
34. 전도방침에 대하여	159
35. 1921년 신년사 및 축하연설	166
36. 동오 안태국을 추도함	167
37. 독립운동의 진행책과 시국문제의 해결방침	171
38. 대한의 일은 대한의 사람이	190
39. 태평양회의 외교후원에 대하여	203
40. 국민대표회를 지지하자	209
41. 천진에서 한 강연	217
42. 국민대표원 제군이여	220
43. 로스앤젤레스 동포 환영회석에서	225
44. 시카고 한인들에게	242
45. 여자들이 그 가정을 먼저 개량한 후에	250
46. 독립운동을 계속하자고	255
47. 상해 삼일당 연설	266
48. 안동현 한인청년회 주최 만찬회에서의 연설	288
49. 기독교인의 갈 길	294

제2장 담화　　　　　　　　　　　　　　　299

1. 《대양보》를 위하여 유지제군에게 고함　　　300
2. 독립선언의 포고　　　　　　　　　　　　302
3. 중앙총회가 각국 평화대사에게 보낸 전보　　304
4. 통일의 첩경은 두령의 취합　　　　　　　　306
5. 여운형씨 도일에 대하여　　　　　　　　　308
6. 시위운동을 계속할 3개 조의 급무　　　　　310
7. 안태국 선생 서거에 대하여　　　　　　　　314
8. 안창호 씨 담　　　　　　　　　　　　　　315
9. 신년의 갱진　　　　　　　　　　　　　　316
10. 국민대표회를 맞으면서　　　　　　　　　317
11. 대표회의 의장이던 양씨의 담　　　　　　320
12. 미국으로 떠나는 환송 석상에서의 답변　　321
13. 동부 여행에서의 유익과 유감　　　　　　323
14. 서 박사 여비에 관한 안 도산의 전보　　　325
15. 화교배척사건에 관한 담화　　　　　　　　328
16. 중국 혁명동지들에게 삼가 고하는 글　　　331
17. 필리핀의 중국인들에게 한국과 중국의 혁명을 말함　334
18. 중국동포들에게 삼가 고함　　　　　　　　338
19. 한국민족의 문화향상과 민족적 대계　　　　345
20. 조선일보의 질문에 대한 답변　　　　　　　347
21. 동아일보의 질문에 대한 답변　　　　　　　351
22. 황산 이종린과의 일문일답　　　　　　　　353
23. 전라남북도를 순회한 감상　　　　　　　　361
24. 《삼천리》 잡지와의 4개 조 문답　　　　　363

제3장 구술   371

해설   372

동포·동지들께 드리는 글

1. 국내 동포에게 드림   374
2. 비관적인가 낙관적인가   376
3. 우리 민족사회에 대하여 불평시하는가 측은시하는가   378
4. 당신은 주인입니까 나그네입니까   381
5. 사업에 대한 책임심   384
6. 부허에서 떠나 착실로 가자   387
7. 합동과 분리   392
8. 합동의 요건 – 지도자   399
9. 무정한 사회와 유정한 사회   407
10. 오늘 할 일은 오늘에   414

청년·학생들에게 주는 글

11. 청년에게 호소함   416
12. 대한청년의 용단력과 인내력   419
13. 오늘의 대한학생   422
14. 헌신적 정신의 배양   427

참고 자료   429

제1장

연설

제1장 연설

1. 공립협회 1주년 기념 연설

○ 共立協會 1주년 기념 연설[1] (1906. 4. 5.)

(총회장 안창호 씨가 연설하니 그 대개는 다음과 같음)

오늘 이같이 화초와 채색(彩色)으로 집을 화려하게 단장하고 노래를 화창하여 즐기는 것은 즐거워할 만한 까닭이 있건마는 만일 외국 사람들이 구경을 할 것 같으면 우리의 속은 모르고 응당 우리를 비웃고 뇌근(腦根)이 썩어진 인물들이라 비방할 터이니 슬프다! 그 사람들이 비웃고 비방하더라도 대답할 말이 없도다. 우리의 나라가 경복(傾覆, 뒤집어짐)하고 우리의 동포가 수화(水火)에 빠져서 자유를 잃고 의식도 넉넉지 못하며 받는 것은 천대와 모욕이요, 우리의 부모 동생은 다 원수의 손아래서 통곡하는데 우리가 이같이 노는 것을 어찌 비웃지 아니하리오.

그러나 우리가 오늘에 즐기는 연고는 이 날이 우리 협회가 창립된 날이라 함이라. 어찌하여 우리가 협회 창립된 날을 당하여 즐겁다 하느뇨. 대저 우리가 고국을 이별하고 수만 리 대양을 건너 원방에 온 것은 여러 가지

---

1) 《공립신보(共立新報)》 1906년 4월 14일자(제10호) 별보.

연설

뜻이 있으나 그 중에 제일 크게 같이 품은 뜻이 있으니 그 뜻은 우리나라가 미개하고 민멸(泯滅, 멸망), 멸망하는 것을 분히 여겨 미국의 문명하고 부강한 것을 배우고 본받아 가지고 우리나라가 미국과 같이 문명 부강하게 하자 함이라.

그러므로 우리나라 동포들 중에 혹은 말하기를, 우리가 문명한 미국과 같이 병선(兵船)과 대포를 만들자 하며, 혹은 문명한 미국과 같이 집을 잘 짓고 길을 잘 닦자고 하나, 나는 이 모든 것을 다 좋아하고 심지어 화초 동산 하나라도 문명한 미국과 같이 만들고 싶고 무엇이든지 우리나라에 없는 좋은 것은 다 배우며 본받고 싶은지라. 우리 무리가 불가불 힘써 공부하여 배울 것이라.

그러나 본받고 배우는 데 먼저 하고 후에 할 차서(次序, 순서)와 경(輕)하고 중(重)한 분간이 있으니, 우리가 미국의 문명 부강을 배우려면 무엇을 먼저 할 것이며 무엇을 더 중히 여길 것이뇨. 우리가 만일 무슨 좋은 화초를 구하자면, 아름다운 잎과 향기로운 꽃나무에서 다만 꽃이나 잎사귀만 취하면 잠시는 좋으나 얼마 못 되어 마르고 다시 번성치 못할지라. 먼저 그 나무의 뿌리와 씨를 취하여 심으면 꽃과 열매가 그로 말미암아 나고 또한 번성할 터이니 불가불 먼저 뿌리와 씨를 취하여 심을 것이라.

이와 같이 우리가 미국의 문명과 부강을 구하자 하면, 또한 문명과 부강의 뿌리와 씨를 구할 것인즉, 문명과 부강의 씨는 무엇이뇨. 우리 협회의 목적이니, 같은 나라 인종이 서로 보호하자는 뜻으로 단합함이라. 작년 이 날에 그 좋은 씨를 우리 동포가 스스로 구하여 심었는데 이제 그 날을 다시 만나니 남은 웃고 비방하더라도 우리는 기뻐하노라. 천만 가지 좋은 문명과 부강이 이로조차(이로부터) 생길 터이니 크게 믿고, 바람을 얻은 우리가 어찌 기쁘지 아니하리오.

모든 나라의 문명과 부강이 다 이로조차 생기었고, 미국으로 말하더라도 자유와 독립을 위하여 영국과 싸운 것이 당초에 미국에 있는 인민이 서로 보호하자는 뜻을 가졌음이라. 워싱턴이 혼자 일한 것이 아니라 강한 자나 약한 자나 유식한 자나 무식한 자나 잘난 놈과 못난 놈을 물론하고 일체로 공합(共合, 함께 모임)하여 힘쓴 고로 영국을 물리치고 독립이 되어 부강을 일으키고, 또한 오늘까지 그 문명과 부강을 부지하고 진보하는 것도 또한 서로 보호하자는 뜻으로 합심 합력함이라.

우리가 가령 한 가지를 가지고 생각하더라도, 이 나라 학업이 날로 왕성한 것을 우리가 넉넉히 보는 바에, 처처에 허다한 소학·중학·대학교를 갖춰 설립하였으니, 이같이 많은 학교를 세운 것이 어느 한 대통령이나 한 부자가 세웠느냐, 아니다, 다 합력하여 되었고 이밖에 적고 큰 모든 일이 여러 사람의 힘을 합함으로 되었으니, 그같이 합하는 뜻은 서로 보존하자는 까닭이 아니냐.

우리나라에서 여러 해 전부터 문명과 부강을 말하고 좋아하고 배우고자 하였으되, 그 가지와 잎은 탐하나 그 뿌리를 구하여 심지 아니하므로 문명과 부강을 일으키지 못하고 도리어 부패하였으되, 지금 미국에 온 형제들이 다행히 생각이 바로 나서 문명 부강에 씨가 되고 뿌리 되는 우리 협회가 조직된 지 일 년 동안에 많은 효험을 보았으니, 이로 인하여 문명과 부강의 가지와 잎이 번성하여 과실이 있을 줄을 확실히 믿는 바라. 오늘부터 적극 맹세하고 모든 사의(思疑, 의심)와 핑계를 버리고 다만 우리의 심은 씨가 잘 자라고 속히 잘 자라도록 힘쓰자.

(하니 모든 회원이 일시에 호응하더라.)

2. 삼선평 연설

○ 演說2) (1907. 5. 12.)
  - 西北學生親睦會運動場 演說〔金聖烈 述〕

〈소개 글 번역문〉

한북학생 김성열 적음

이날 때마침 하늘은 맑고 기온은 따스한데 삼선평(三仙坪)에서 서북학생들이 각종 운동을 순서대로 거행하고, 드디어 연설회에 이르러 여자교육회장 김운곡이 학생들의 학업 성취를 권면하며 여성계의 발달을 돕자고 권고하였고, 그 다음에 안창호씨의 격렬한 연설이 다음과 같았다. 씨는 평안도 강서군 사람으로 금년 29세. 몇 년 전에 미국에 유학하여 포부가 심히 크고 용모가 단아하며 눈빛이 사람들을 쏘고 말이 활발하여 연설의 통쾌함과 스케일이 크고 지략이 멀리까지 달관함은 과시 당대의 인걸이요 청년들의 앞잡이 선도자이다

나 또한 그날 방청하다가 감격을 이기지 못하여 그 내용을 간략히 서술하되 그 만분의 일도 다 전하지 못하나 일언반구라도 실로 동포들을 일깨우는 데 유익함이 있을 터이다. 이에 약술하니 무릇 우리 대한의 혈성 동포들은 단지 한갓 '말인즉슨 옳다'라고만 하지 말고 서로 분발하고 전진하여

---

2) 한말 당시 서울에 있는 평안도 및 황해도 출신 인사들의 모임인 서우학회의 기관지로 발간되던 월간 《서우(西友)》 제7호(1907년 6월 1일자)에 김성열이라는 함경도 출신의 한 학생에 의해 소개말과 함께 도산의 삼선평에서의 연설이 초록되어 실려 있다. 비록 문어체로 크게 변형되어 있고 많이 축약된 것으로 보이지만 독립전쟁의 준비와 민주공화국 건설을 공공연히 주장하는 중요한 내용들을 담고 있다. 본문을 그대로 살리되 이해의 편의를 위해 문단을 구분하고 띄어쓰기를 하였으며 단락 별로 번역문을 붙였다.

한 걸음 두 걸음 천신만고를 이겨 나가되 죽어도 (실행하기로) 기약하면 한 가닥 살아날 길을 얻을 수 있을지니 마음에 간직하고 뼈에 새길지어다.

단지 절망병을 끌어안고서 하릴없이 이르기를 '어찌할 길이 없다' 라고만 할진대 차라리 일찌감치 청산 숲에서 사슴 떼와 노닐 것을 꾀할지언정 우리사회에 독충은 되지 말지어다.

〈소개 글 원문〉

漢北學生 金聖烈 述

是日也에 適値 天晴日暖하야 三仙坪에서 西北學生이 各種運動을 次第 擧行하고 及其演說之場에 女子教育會長 金雲谷이 學生의 成業을 勸勉하야 女子社會를 傍助 發達케 함을 勸告하고 其次에 安昌鎬氏의 激論이 如左하니, 氏는 平安道 江西郡人으로 今年 二十九라, 幾年 前에 留學 美國하야 抱負가 宏大하며 容貌가 端雅하며 眼彩가 射人하고 言辭가 活潑하야 格論에 痛快와 氣宇의 雄烈과 志略의 遠觀은 果是 當世 人傑이오 青年 前導라.

余亦 當日 傍聽에 不勝刺激하야 略敍 顚末에 雖 不盡 其萬一하나 一言半句라도 實有益於 同胞之警醒 故로 茲庸 略述하노니 凡 我 大韓의 血性 同胞는 毋徒 曰 言則是也라 하고 互相 激發하며 互相 奮進하야 一步二步에 千辛萬苦를 堪過하야 死而後已로 爲期하면 一條 生路를 可得할지니 銘心刻骨할 지어다. 倘其 絶望病을 抱有하야 担云 莫可奈何라 할진대 青山松陰에 群鹿爲友를 早圖하고 生物界에 毒蟲이 되지 勿할 지어다.

〈연설문 번역문 1〉

오늘 여기 삼선평에서 서북학생들이 친목을 도모하는 뜻으로 이처럼 크게 모여 활발한 기개와 유쾌한 기능으로 각종 운동을 서로 경쟁하여 잘하는 이는 이기고 못하는 이는 패하였으되 종일토록 함께 즐겼으니 가히 한창 무르익은 봄날의 흥겨움을 마음껏 펼쳤다 하겠습니다. 하지만 여러분 모두의 가슴 속에는 불평의 느낌이 없을 수 없을 것입니다.

왜 그렇습니까? 이는 곧 현 시국이 비참하고 사태가 급박한 까닭입니다. 타인의 노예가 되며 나라가 패망하고 겨레가 모두 멸망할 지경에 다다랐으니 무릇 피끓는 자로서 어느 누가 부끄럽고 원통하지 않겠습니까.

그러한데도 여러분께서는 장차 졸업 후에 그 바라는 바가 기껏 벼슬길로 달려가 일등 망국적(亡國賊)인 대감이나 이등 망국적인 영감이나 삼등 망국적인 나으리나 되고자 합니까? 이런 일이 차마 있을 수 있겠습니까? 우리 서북 3도민은 백두산과 구월산의 정기를 받아 태어난 사람들인데 어찌 이런 벼슬길에나 타락할 수 있겠습니까?

〈연설문 원문 1〉

今日 此 三仙坪에서 西北學生더리 懇親的 主旨로 若是團會하야 活潑한 氣槪와 愉快한 技能으로 各種運動을 互相競爭하야 優者勝하고 劣者負로 盡日行樂하니 可謂 芳春時節에 時興을 快暢하얏스나, 但 個個 胸中에 不平 所懷가 不能無者는 何也오. 則 今日時局의 慘憺과 事機의 危迫한 所以라 他人의 奴隸가 되야 乃至 家國이 敗亡하고 種族이 殄滅하난 境遇에 臨迫하얏스니 凡有血性者야 孰不羞愧而痛冤哉아.

然則 諸君 業成之日에 其心地를 將하야 仕宦界에 逐逐하야 一等亡國賊의 大監이나 二等亡國賊의 슈監이나 三等亡國賊의 날이(나으리)가 되고져 하는가. 是可忍爲呼아. 吾 西北三道, 白頭山과 九月山에 毓靈 所産한 種族으로 엇지 此等 科宦中에 墮落하리오.

⟨연설문 번역문 2⟩

오로지 가슴과 머릿속을 깨끗이 씻어낸 다음 곧 오늘부터 우리나라를 침해하는 강국에게 선전포고를 전하고 전쟁을 개시해 국권을 회복할 일입니다. 여러분은 나의 전쟁하자는 말을 듣고 현재 병력이 극히 약하고 군함과 대포 등의 군수물자가 아무 것도 없는데 무엇을 가지고 전쟁을 할까 하며 반드시 모두 의아해 할 것입니다. 하지만 저 러일전쟁을 돌이켜 보십시다. 그 선전포고와 전쟁은 비록 2~3년(1904. 5년) 전이었으나 그 전쟁 준비는 곧 38년(1868년 명치유신) 전이었습니다. 어찌하여 그렇게 말할 수 있습니까?

38년 전에는 일본도 야만 미개한 나라였었는데 다행히 그때에 두 세 학생이 미국에 유학하여 배움이 조금씩 자라나고 지식이 점차 발달하여 멀리 동양의 형세를 관찰하니, 만약 러시아를 격퇴하지 못하면 자기 나라의 안전을 지탱하기 어려운지라, 그런 까닭으로 개전을 준비한지 38년을 경과하여 마침내 저러한 좋은 결과를 얻었으니, 여러분은 다 이 일을 거울삼아 다짐하여 오늘로부터 개전할 일을 준비해야 하겠습니다.

⟨연설문 원문 2⟩

오작 胸襟腦髓를 痛滌하야 卽自今日로 我國을 침해하는 強國과 傳檄開戰하야 國權을 回復할지니 諸君은 我의 開戰之說을 聞하고, 現時에 兵力이 甚弱하고 軍鑑과 大砲 等物이 率皆闕如하니 何로써 開戰할까 하여 必皆驚訝할 터이나 試觀 日俄戰爭하라. 其 宣戰布告는 雖在二三年 前이나 其開杖準備는 卽在三十八年 前이라, 何謂其然也오?

三十八年 前에는 日本도 野蠻未開之國이라 幸於其時에 二三學生이 遊學 美國하야 學業이 梢成하고 智識이 漸達하야 遠觀 東洋之形勢하니 萬若 俄國

을 擊退치 못하면 自國의 支保가 難할 지라 所以로 開戰을 準備한지 三十八 年을 經過하야 單竟에 如彼한 好結果를 得하얏스니 諸君은 此事를 前鑑하야 誓自今日로 開戰事를 準備할 지어다.

〈연설문 번역문 3〉

요즘 우리나라 사람들이 말할 때마다 꼭, '무엇을 해보려고 해도 어찌할 방법이 없다'고 말합니다. 이는 곧 절망병이 뇌 속에 꽁꽁 뭉쳐서 그리함이니, 어찌 슬프지 않겠습니까. 무릇 천하의 모든 일이 비상한 원인이 있은 연후에 비상한 결과가 있는 법이니 과거와 현재의 역사를 살펴보십시다. 인생의 사업들이 힘써 일하지 않고 얻을 수가 없거니와 또한 있는 힘을 다하면 이루지 못할 일도 없는 법입니다. 그런데 어찌하여 어쩔 수 없다는 말만 하면서 그대로 앉아서 멸망을 기다릴 것입니까.

또 우리사회의 정도를 비유하자면 마치 어미닭이 병아리들을 데리고 울타리 가에서 노는 것과 같습니다. 마침내 어미닭이 그 울타리를 뛰어올라서 나가 버리면 병아리떼들은 짹짹거리면서 어디로 가야 할지를 모릅니다. 이는 몸의 기력이 아직 발육되지 못하고 지능이 주변을 살필 수 없는 까닭입니다. 만약 능력과 지혜가 완전하였으면 그 울타리를 뛰어 넘는 것도 가능할 것이요 또는 그 울타리 가에 구멍이 한 개쯤 뚫려 있으리니 거기로 뚫고 나가면 어미닭의 있는 곳을 찾을 수 있을 터인데 이에 뚫고 나갈 줄을 몰라 끝내 우리 속에서만 헤매고 다니니 어찌 가엾지 아니 합니까.

또한 무릇 사람이 지극한 정성을 기울이면 이룰 수 없는 일이 없는 법입니다. 내가 고향에 있을 적에 이웃에 한 늙은 과부가 있었는데 다리에 병이 있는지라 근처 개울 위에 놓인 다리를 두려워하여 건널 엄두를 내지 못하였습니다. 그런데 하루는 그 아들이 개울에 빠졌다는 말을 듣고 보통

때는 두려워서 감히 건너지 못하던 다리를 자기도 모르게 용감히 곧바로 건너 그 아들을 끄집어냈습니다. 이는 아들을 사랑하는 정이 지극한 나머지 자기의 위태로움을 돌아보지 않은 까닭입니다. 그런즉 우리 대한의 인민이 나라 사랑하기를 그 과부의 자식 사랑하듯 하기만 하면 어찌 스스로 위축되어 일을 착수할 생각조차 내지 못하겠습니까.

〈연설문 원문 3〉

目今 我韓 人士가 言必稱 欲做何事 無穴可通이라 하니 此是 絶望病이 結於 腦中하야 然함이니 豈不哀哉아. 凡 天下事가 有 非常之原因 然後에 유 非常 之結果하나니 歷觀 古今하라. 人生事業이 不勞而得者가 無하거니와 盡力爲 之하야 不成者도 亦未有之니 엇지할슈 없다는 一語로 滅亡을 坐待하리오.

且 我韓 社會 程度가 譬之하건대 母鷄가 雛를 率하고 籬邊에 遊함과 如한지라 及其母鷄가 飛越其籬하면 群集가 喔喔籬邊에 莫知所向하나니 此는 能力이 發育지 못하고 智慮가 周邊을 不知함이라. 若其 能力과 智慮가 完全하엿스면 飛越 其籬라도 未爲不可오 且 其籬傍에 一穴이 有하니 此를 穿過하면 母鷄의 所在處를 可爲尋得할 터이나 此에 穿할 줄을 不知하야 終是 彷徨於籬邊하니 豈不憫哉아.

且凡 人之 至誠所到에는 無事不濟라. 余가 在鄕時에 隣有一老寡하니 常患 脚病하야 其近에 川上橋梁을 恒常戰慄하야 不敢 渡越하더니 一日은 其子가 川에 溺함을 聞하고 平日 戰慄不敢渡하던 橋梁을 不知不覺에 勇往直渡하야 拯出其子하얏스니 此는 愛子之情이 切至하야 自身의 危殆를 不顧한 所致라. 然則 我韓 人民이 愛國을 如愛其子하면 엇지 萎靡退縮하야 不敢 着手할 思想이 萌生하리오.

〈연설문 번역문 4〉

오호라, 우리나라는 수천 년 이래로 나라와 백성 사이가 서로 격막하여 백성들은 나라 보기를 다른 한 사람의 소유물로 생각하여, 고려시대에는 왕씨의 나라라고 하고, 조선에 들어와서는 이씨의 나라라고 하여, 그 흥하고 망함이 나와는 무관하다고 하였습니다.

또 나라에서는 백성을 대하기를 마치 물고기 보듯 하였으니 큰 고기는 중간 고기를 잡아먹고 중간 고기는 작은 고기를 잡아먹듯이 수탈과 침탈을 오로지 일삼았습니다. 그러다가 천지가 뒤집히는 위기가 닥쳐와도 도무지 돌아보지 않더니 마침내는 망국조약을 체결하는데 이르렀지만 도리어 여전히 옛날 상태로 아무 하는 일 없이 단지 외국 사람의 눈치나 살피며 스스로의 안전을 얻으려 합니다. 세상 이치에 어찌 이런 일이 있을 수 있겠습니까.

그런 즉 국가는 한 사람의 소유가 아니요, 우리들 모두가 양 어깨에 〈대〉〈한〉 두 글자를 각기 짊어졌으니 바라건 데 지금까지의 (이런 낡은) 생각을 더 이상은 절대로 갖지 마십시다.

오호라, 둥지가 뒤집히면 원래 그 속에 있던 알들이 완전할 수 없는 법이요, 손가락 하나를 다쳐도 몸 전체가 아픈 법입니다. 나라라는 것은 즉 한 몸이니 한 몸의 내장이나 팔다리에 병든 곳이 있어 기혈의 흐름이 끊기면 몸 전체가 따라서 죽는 법이니 나라 가운데 병든 곳이 있으면 국민 된 자 자신의 생명도 또한 어찌 홀로 온전할 길이 있겠습니까.. 그런즉 나라 사랑하기를 마땅히 자기 몸을 사랑하듯 해야 하지 않겠습니까.

〈연설문 원문 4〉

嗚呼라, 吾邦은 幾千年來로 國與民 間에 互相 隔膜하야 民之視國은 他

一個人의 所有로 認하야, 前朝時代에는 曰 王氏의 國이라 하며, 本朝에 入하야는 曰 李氏의 國이라 하야, 其興其亡이 於己無關이라 하며, 國之待民은 看作魚肉하야 大魚는 中魚 食하고 中魚는 小魚 食 으로 剝割侵奪로 爲一能事하야, 비록 天地가 飜覆하는 變機가 迫頭하야도 頓不顧念이라가 畢意은 奴隸文券을 繕給하는데 至하얏스되, 猶是 舊日狀態로 尸位素餐에 一事를 不做하고, 但히 他人의 眉睫을 仰視하야 自己의 休戚을 삼으니 天理人情에 寧容若是리오. 然則 國家는 一人의 所有가 아니오 吾人 肩上에 大韓 二字를 各其擔着하야스니 願컨대 前日思量을 仍存치 勿하라.

噫라. 覆巢之下에 原無完卵이요 一指之傷에 全體가 皆痛이라 國家는 卽是 一身이니 一身上 臟腑와 肢體 間에 受病處가 有하야 生脈이 頓絶하면 全體가 從而斃焉하나니 一國之中에 生脈 頓絶處가 有하면 國民된 者의 自身 生命을 엇지 獨全할 道理가 有하리오. 然則愛國을 當如 愛身할 것이 아닌가.

〈연설문 번역문 5〉

요즘 우리사회에 몇 가지 말들이 떠돌고 있습니다. 우리가 하늘을 믿으면 하늘이 반드시 도울 것이라 하니, 오호라, 하느님이 우리나라를 돌보신 지 어언 4천여 년에 우리가 스스로 지키지 못하여 멸망을 자취하고도 다시 또 하늘의 도우심을 바랄 수 있겠습니까? 유태인은 하나님을 믿다가 망했고 인도인은 부처님을 믿다가 망했으려니와 이제 우리 대한인은 누구를 믿으려 합니까?

많은 하등인들은 말합니다. 계룡산에 진인이 나오면 외국인들이 스스로 물러가리라 합니다. 또 이들보다 조금 나은 이들은 말하기를 일본과 잘 어울리노라면 우리나라가 행복을 누릴 수 있을 것이라고 하며, 혹은 영국이나 미국이 우리나라를 도와줄까 희망합니다.

이런 말들은 모두 절대로 믿을 수 없는 것들을 믿자는 것입니다. 계룡산의 진인도 결단코 없는 것이고, 일본인은 자기 나라 일을 할 뿐이니 어찌 타국인에게 자비를 베풀 생각이 있겠습니까. 더욱이 영국이나 미국은 더욱 멀고 먼 타국입니다. 우리 대한의 독립이 그들에게 이익이 있을 터이면 혹시 도움을 주려니와 만약 이익될 일이 없으면 단지 도와주지 않을 뿐 아니라 오히려 우리를 압박하는 폭력을 가할 것이니 믿을 수 없을 뿐만이 아니고 실로 두려워해야 할 나라들입니다. 이런 허황되고 썩어빠진 말들일랑 일체 입에 올리지도 말고 오로지 우리가 마땅히 해야 할 일에 용감히 매진하여 그 목적에 도달할 것입니다.

〈연설문 원문 5〉

近日 我韓 社會上에 一種 言論이 有하되 吾人이 天을 信하면 天必助之라 하니 嗚呼라 上天이 我國을 眷佑하신지 四千餘年에 我가 保有를 不能하야 滅亡을 自取하고 更何天助를 可望하리요 猶太人은 天을 信하다가 亡하고 印度人은 佛을 信하다가 亡한지라 今我韓人은 何者를 信하난고.

多數한 下等人은 云하되 鷄龍山에 眞人이 出하면 外國人이 自當退去라 하며 稍勝於此者는 曰日本과 善爲附合하면 我國이 幸福을 享有하리라 하며 或은 英國이나 美國이 我 韓을 援助할까 希望하니 此皆萬不可信者를 信함이라 鷄龍山에 眞人도 決無한 것이요 日本人은 自國 事業을 爲할 분이니 어지 他國人을 慈悲할 想覺이 有하리오 至 於 英美하야는 尤是 絶遠한 邦國이라 我韓獨立이 彼에게 利益이 有할 터이면 或 援助를 行하려니와 萬若利益될 事가 無하면 不惟不助라 反히 壓倒하난 暴力을 加할지니 非有不可信이라 實爲可懼者로다 此等妄誕腐敗之說은 一切痛斷하고 惟是 吾人 當做의 事業에 勇往猛進하야 其目的을 到達할 지어다.

〈연설문 번역문 6〉

중국 고대에 역발산기개세의 절세 장사이던 초패왕 항우도 절망병으로 인해 오강에서 자결하였으니 이는 스스로 망한 것입니다. 어찌 하늘이 망하게 하였다 하겠습니까. 우리나라에서도 재작년 을사늑약 후에 절의의 선비들이 통분하여 순절자들이 니왔습니다. 이 또한 절망병에서 비롯된 것입니다. 만약 죽음을 각오한 그 정신으로 전심전력으로 일에 매진한다면 천하에 무슨 일을 못하겠습니까. 원컨대 여러분은 이들 일을 염두에 두지 말고 오로지 우리들이 마땅히 할 일에 목적을 달성하기까지 용감히 전진할 것입니다.

하고 싶은 말이 많으나 날은 저물고 시간이 다하여 길게 이야기할 수 없어 이에 말을 그쳐야 하니 내 마음이 다시 울적해 집니다. 다만 바로 오늘부터 우리 함께 맹약하여 장차 다른 나라와 전쟁할 일을 준비하여 어느 해 어느 날이던지 한번 선전을 포고하고 태극 국기를 세계에 드날려 보십시다.

〈연설문 원문 6〉

支那 古代에 力拔山氣蓋世하던 楚覇王도 絶望病으로 以하야 自刎於烏江하얏스니 此는 自亡인; 豈可曰天實亡之리요. 我國에도 向日 新條約 後에 節義之士가 憤痛 自斃者가 有하니 此亦 絶望病으로 由한 것이라. 以若 判事之心으로 盡力於事爲上이면 天下何事를 不能做去리오. 惟願 諸君은 此等事를 念頭에 勿置하고 吾人 事業上에 目的을 得達하기로 勇往直前할 지어다.

許多 方法이 自有其說이나 日暮時盡에 不能張皇하고 所言止此하니 我心更鬱이라. 但自今日로 共誓決約하고 將來 他國과 開戰할 事를 準備하야 何年何日에던지 一次 宣戰書를 布告하야 太極國旗를 顯揚하여 봅시다.

3. 서북학생친목회 연설

○ 去日曜日 西北學生親睦會에 安昌浩氏 演說3) (1907. 12. 8.)
　譯述 金河琰

(지난 일요일 서북학생친목회에서 안창호씨의 연설, 김하염이 옮겨 적음)

〈번역문 1〉

내가 서북학생들에 대하여 무릇 세 차례 참석하였소. 우리 서북 3도의 우수한 청년들이 집과 고향을 멀리 떠나 서울에 유학함은 그 뜻이 어디에 있소? 대저 학생이라는 이름을 가진 자는 사람다운 사람 되는 방법을 배우고자 함이 아닌가. 무릇 사람이란 지구상의 생물 중에 가장 신령한 존재라. 그러므로 일체 동식물이 모두 인간의 쓰이는바 되어 비록 곰과 범 같은 강맹한 것들이라도 사람에게 붙잡혀 그 고기를 먹히우고 그 가죽은 옷이 되나니 이는 인간이 우승하고 짐승이 열패한 것이라.

현 세계 인류의 형세를 관찰해 보건데 사람과 사람 간에 우승열패하고 약육강식이 공례를 이루어 영국이 인도를 병합하고 프랑스가 안남을 병탄하고 러시아가 폴란드를 멸망시킴이 이것이라. 그런즉 지금 시대는 인간들이 서로 병탄하는 시대이니 어찌 크게 놀랄 일이 아니겠는가!

---

3) 1907년 12월 8일 도산이 서북학생친목회에 참석해 도덕과 지식의 겸수(兼修) 및 통일단합을 강조하는 연설을 하였다. 당일 연설을 들었던 김하염에 의해《대한매일신보(大韓每日申報)》 1907년 12월 13, 14, 18일 자에 3회 연재되었다. 이해의 편의를 위해 단락을 나누고 띄어쓰기를 하였으며 번역문도 함께 실었다.

도산 안창호의 말씀 (상)

〈원문 1〉

余가 西北學生에 對하야 凡三次 來參하엿소. 惟我西北三道에 聰俊靑年이 遠離家鄕하고 旅遊經師난 所志維何오? 盖其學生의 名稱을 擔負한 者난 爲人之方을 擧得코자 함이 아닌가.

夫人也者는 爲地球上物類中最靈者 故로 一切 動植之物이 皆爲人類之所需用하야 雖熊虎之剛猛者라도 被人捕獲하야 其肉을 食하고 其皮를 衣하니 此는 人族이 優勝하고 獸種이 劣敗한 것이라. 現 世界 人族의 情形을 觀하건데 人與人 間에 優勝劣敗하고 弱肉强食이 便成公例하야 如英國之倂印度와 法國之呑安南과 俄國之滅波蘭이 是也니, 然則 今之時代는 人族이 互相呑滅之秋니 豈不大駭驚可哉아!

〈번역문 2〉

이제 누가 우리 대한 동포를 보고 너희는 인간이 아니다 라고 하면 반드시 크게 화를 낼지나 그 사람됨의 직분을 들어 나무라면 답할 수 없을 자가 많을 지니 어찌 한심하지 않겠는가?

우리 학생 여러분! 진실한 마음과 각고의 공부로 희망을 일구는 것이 사람됨의 방책이 아니겠는가? 그 요령을 간추려 말하면, 하나는 도덕이요 둘은 지식이라. 그러나 덕육이니 지육이니 하는 말을 실은 책이 허다하고, 명덕이니 박식이니 하는 말이 역시 다반설하니, 이 안창호의 말을 다시 들을 필요가 없으려니와, 문득 그렇지 않다 하는 사람도 있으니 예컨대 금과 물을 가지고 그 귀천을 논하면 사람들이 모두 금이 귀하고 물이 천하다 힘은 무슨 까닭인가? 금은 희소한 물건이요 물은 흔한 물질인 까닭이라. 그러나 나는 물이 귀하고 금이 천하다 하노니 무슨 까닭인가? 금의 쓰임은 실질적으로는 장식품에 지나지 않음이요 물은 우리의 생활상 필수 영양소니 그런 까닭에 물이 귀하고 금은 천하다 하는 것이다.

대저 도덕과 지식이 본디 우리들의 늘상 하는 말인 까닭에 심상한 물건으로 아는 것이 보통의 정이지만 실은 이에서 조금이라도 멀어지면 사람됨을 얻어 가질 수 없으니 원컨대 여러분은 잠시 내 말을 들을 지어다.

〈원문 2〉

今에 試觀我大韓國同胞 而言之曰 汝非人也라 하면 必皆勃然爲怒할지나 責其爲人之職分하면 不能答辯者 多矣리니 寧不寒心哉아.

惟我學生諸君이여! 眞實心地와 刻苦工夫로 切切希望이 非爲人之方乎아, 其要領을 摘言하면 一曰道德이오 二曰智識이라. 然而 曰德育 曰智育之論이 載在簡編者不一而足하고, 曰 明德 曰博識이 亦是茶盤說話니, 昌浩之言을 不須更聞이어니와 抑有不然者하니 試하야 金과 水를 持하고 論其貴賤하면 人皆貴金而賤水는 何也오? 以金爲稀少之物이오 水爲衆多之物 故也라. 然 이나 余則曰水貴而金賤이라 하노니 何裁오? 金之爲用은 不過是實物上媒介粧璨品이오 水는 吾人生活上 滋養物이니 故로 曰 水貴而金賤이라 하노라.

夫道德과 智識이 固吾人之茶盤說話인 故로 認爲尋常物事者 亦普通之情이나 然而吾人이 言辭行動之間에 若須臾離此 則不可得而爲人矣니 願諸君은 暫聽哉어다.

〈번역문 3〉

무릇 도덕이라는 것은 하늘이 나에게 부여한 것으로 몸과 마음에 간직하여 사물에 실천함으로써 인(仁)을 실현하고 다른 사람을 자신처럼 사랑함으로써 인류사회에서 서로 살리고 서로 북돋는 요소인 것이다. 사람이 만일 외따로 떨어진 섬에서 홀로 생활한다면 비록 도덕이 없이도 오히려 생존할 수 있겠지만 보통 세상의 이처럼 복잡한 사회에서 공동으로 살아가고자 한다면 하루라도 떨어질 수 없다.

만약 개인이 도덕의 선량함을 힘쓰지 않고 물욕의 탐음에만 쫓는다면 패가망신을 가만히 서서 볼 수 있게 될 것이요, 만약 나라가 도덕의 근기를 닦지 않고 침략 정책에만 매달려 귀중한 인명으로 떼죽음의 참화를 입게 한다면 천도에 반할 뿐만 아니라 망국멸종의 화가 또한 곧바로 뒤따를 것이니 어찌 두렵지 않겠는가.

〈원문 3〉

夫道德者는 受上天之賦予하야 存諸心身하고 行之事物하야 體天同仁하고 愛人如己하야 人類社會에 相生相養之要素라 人若絶海孤島에 獨自生活이면 雖乏道德이라도 猶可生存이어니와 普通世界에 與此複雜社會共同生活코져 하면 豈可一日而離此乎哉아!

若個人이 不務道德之善良하고 從事物慾之貪淫이면 喪身禍家를 立而可見이요, 若邦國이 不修道德之根氣하고 專事侵伐之政略하야 使貴重之人命으로 橫罹殺戮之慘禍하면 不特畔逆天道라 亡國滅種이 亦不旋踵矣니 豈不可懼哉아.

〈번역문 4〉

지식이라는 것은 우리들이 본래 갖고 있는 지각(知覺)으로 사물의 이치를 추리하여 그 궁극을 통한 다음 그 작용을 완성케 하는 것이다. 저 날짐승에 비유하자면 양 쪽의 날개를 가져야만 능히 날 수가 있는데 하나라도 없으면 날 수가 없는 것이다. 우리가 도덕과 지식을 둘 다 갖고 있음은 마치 새의 양 날개와 같은 것이니 어찌 한쪽이라도 없을 수 있겠는가.

오호라, 지극히 인자하시고 존엄하신 하늘이 우리 인류에게 내려주신 것이니 누군들 도덕이 없으며 지식이 없으리오마는 사람 중에 각자 부지런히 닦는 자는 평안과 복락을 누리고 게을러 폐기한 자는 패망의 화를 입게 되니 여러 역사책에서 밝히 증명되는 바이다.

〈원문 4〉

智識者는 以吾固有之知覺으로 推諸事物之理하야 硏究而極其通透하고 裁成而盡其作用者 是也라, 相彼禽鳥컨대 具有其兩翼이라야 乃能奮飛오 若缺其一이면 飛也不得할지라. 吾人之有是道德과 有是智識이 如鳥之有兩翼이니 豈可闕一乎哉아! 噫라 至仁至尊하신 上天이 降此蒸民하시니 孰不有道德이며 孰不有智識이리오만은 各個人類가 其勤而修之者는 享受其安康福祉하고 怠而棄之者는 甘蹈其覆亡之禍轍하니 巧諸歷史에 昭然可證이라.

〈번역문 5〉

우리나라는 기자께서 동쪽으로 건너오시어 8조의 가르침을 베푸신 이래로 인민이 비로소 도덕 정치를 알았소. 그 후 유교가 점차 크게 보급되어 풍속이 순화되는 효과를 보았으나, 그 폐단인즉 전혀 도덕만 숭상하고 지식을 천시하여 우리 겨레 중에 입으로는 공자 맹자만을 달고 살며 앉은 자리에서는 성명(性命)을 말하는 자만 상등인이라 부르고 농업이나 상업이나 공업에 종사하는 자는 하등 지위로 떨어져 사람같이 보지 않는지라, 이런 까닭에 모든 사람들의 삶에 필요한 이용후생의 지식은 전혀 가르치고 배우지 않았다. 이런 까닭에 땅이 넓고 인구가 희소했던 원시적 시대에는 그럭저럭 살아갈 수 있었지만 인구가 점차 증가하고 소비가 점차 증대된 오늘에 이르러서는 옛적 생산량으로는 결단코 모든 사람이 살아갈 수 없게 되었다. 드디어 굶주림과 추위가 심해지자 염치를 돌보지 않고 김씨의 물건을 이씨가 빼앗으며 서로 속이고 서로 빼앗기를 큰 고기가 중간 고기를 잡아먹고 중간 고기가 작은 고기를 잡아먹는 것으로 살아가더니, 그것이 심해져 전국에 도적이 가득하게 되니 슬프게도 우리 동포가 하루도 안심하고 잠들 수 없게 되니 본디 있던 도덕이 이에 이르러 함께 무너졌도다.

〈원문 5〉

我國은 自箕聖東渡하사 八條施教 以來로 人民이 始知有道德政教矣오, 以後孔孟之教가 漸大興行하야 風淳俗美의 效果를 致하얏스나, 然而 其斃也 - 專혀 道德만 崇尙하고 智識을 賤 視하야 吾人種族 中에 口稱孔孟하고 座談性命者는 上等人이라 稱하고 農業이나 商業이나 工業이나 從事하는 者는 下等地位에 墮落하야 不齒人類한지라, 由是로 一切人生의 利用厚生하난 智識은 全然不講한지라, 以此規模로 地廣人稀한 原始的 時代에는 猶能苟苟生活이어니와 人種이 漸殖하고 需用이 漸繁한 今日에 至하야는 決不可以舊日所産之數 其濟生命일새 於是乎 飢寒이 到骨에 不顧廉恥하야 金之所會를 李之奪之라, 互相欺騙하며 互相侵魚하야 大魚中魚食하고 中魚小魚食으로 爲其生計하더니 其究也 - 盜賊이 遍滿八域하야 哀我同胞가 不能一日安寢하니 然則落此固有之道德이 迄今亦亡矣라.

〈번역문 6〉

무릇 새가 그 한쪽 날개만 없다 하여도 날 수가 없거늘 하물며 두 쪽 다 없어지면 죽음을 면할 길이 없음이랴. 우리 대한의 현상으로 볼시면 도덕과 지식이 한 가지도 남아 있지 않으니 이는 새의 양 날개가 다 없어짐과 같으니 어찌 통탄하지 않겠는가. 비록 그러하나 도덕만을 숭상하고 지식을 천히 여긴 폐단이 이런 결과를 낳았거니와 만약 오늘날 배우는 학생 제군이 과오를 고친다고 지나치게 나가 도덕을 폄하하고 지식에만 편중하면 그 또한 더욱 두려울 일이다.

왜 그러한가? 대저 인류가 만일 진실한 도덕이 없고 단지 재능과 기술만 있다면 악을 도와 이용당하기 십상이니, 보라, 고금의 역사에 간웅과 난적이 재능 있는 자 아님이 없었고 이른바 나라를 팔아먹은 매국노들과 동포들을 포악하게 학대한 자들이 또한 지식이 뛰어난 자 아님이 없었다. 오호라, 여러분은 이에 깊이 느끼는 바 있어야 할 것이니 도덕과 지식의 두 가지를 모두 함께 갖추어 새의 양 날개 삼음이 마땅하도다.

〈원문 6〉

夫鳥가 缺其一翼이라도 猶不能飛온 況去其兩翼이면 其不免死乎아. 以我韓現狀으로 觀之하면 道德과 智識이 一無存焉則 是눈 鳥之去其兩翼也니 豈不痛哉아. 雖然이나 道德을 專尙하고 智識을 賤視한 弊者가 固有如是者어니와 若今日學界諸君이 矯枉過直으로 道德을 貶視하고 智識만 偏重하면 又甚可懼로다.

何哉오? 大抵 人類가 若無眞實之道德하고 但有才能技藝면 適足爲助惡之利用이라. 試觀하라. 古今歷史에 奸雄亂賊이 曷嘗見無其才者며 所謂販賣君國하며 殘虐同族之類가 亦非智識超等者乎아. 嗚呼諸君은 深感於此하야 道德과 智識의 二者를 具有竝行하야 如鳥之兩翼焉이 其可乎인저.

〈번역문 7〉

내가 전에 개학식에서도 여러분을 위하여 권면한 바 있으되 배우는 길은 먼저 가까운 것과 작은 것에 소홀함 없이 순차적으로 점점 나아가 멀고 큰 것에까지 이름이 맞다고 하였거니와 다시 원컨대 여러분은 마음으로 마음에 묻되 나는 과연 능히 사람 된 직분을 다하고 있는가 하여 모든 아무리 작은 행동거지도 낡은 것을 버리고 새롭게 되기를 힘써 오로지 그 신사상과 신지식을 뇌수에 부어 넣어 새롭고 완전한 인재가 되어 신세계에 신문화를 발달시키기로 힘쓸 지어다.

〈원문 7〉

吾於向日 開學式에도 竊爲諸君하야 有所勸勉하되 爲學之道는 必先致力於 近者小子하야 不容疏忽이고 循序漸進하야 以其遂遠者大者가 可也라 하였거니와 更願諸君은 以心問心曰我果能修爲人之職分乎아 하야 一切微行細節이라도 其舊를 務去하고 其新을 是圖하야 惟其新思想과 新智識을 灌諸腦髓하야 新鮮完全한 棟梁之材가 되야 新世界에 新文化를 發達하기로 勉力할 지어다.

〈번역문 8〉

오호라, 제군이여, 다시 한 말씀 드리리니 오늘날 우리가 공동의 사업을 하려고 할진 데는 반드시 공동의 마음의 힘이 필요한데 우리 대한사회는 그러지 못하여 오늘 남쪽에 한 모임을 설립하려 하면 내일 북쪽에서 또 다른 단체를 일으키고, 장 모씨가 한 가지 사업을 일으키면 이 모씨가 같은 사업을 창업하여 같은 노력을 서로 달리하여 어느 한쪽도 성공하지 못합니다. 네쪽 내편으로 갈리어 서로 미워하고 의심하여 조개와 도요새가 서로 물고 놓지 않는 동안 둘 다 공연히 어부의 차지가 되고 뽕나무와 거북이 신중치 못하여 (뽕나무는 땔감이 되고 거북은 삶아지는) 비참한 처지가 되고 마니 이 어찌 참을 수 있겠는가.

오직 바라건데 여러분은 모든 사업을 함에 홀로 마음대로 하려하지 말고 반드시 통일 단합하여 하시오. 심지어 저 농부도 이웃들과 밭갈이함에 서로 힘을 합쳐 모내기와 벼베기에 함께 성공하거니 만약 한 사람 한 집이 홀로 경작하며 홀로 수확하려 하면 결단코 벼를 얻을 수 없을 것이오. 오호라, 여러분이시여, 기왕의 실패에서 교훈을 얻어 독단으로 하려하거나 혼자 하려 하지 말고 다른 사람과 함께 사업하여 시기하지 말고 함께 성공할 것을 생각하여 함께 단합하는 주의로 사업을 시도하여 무궁한 공동의 이익을 지켜 가시기를 간곡히 권면 드리는 바입니다.

〈원문 8〉

嗚呼諸君이여, 更有一言하니 今日吾人이 欲做公同之事業인대 必資公同之心力이거늘 我韓社會는 不然하야 今日設會於南隣하면 明日興團於北里하고 張三이 創一業하면 李四가 創一業하야 以若勉力으로 互相岐異에 一無所就 爾黨我便에 猜疑間隔하야 蚌鷸相持에 徒資漁人功하고 桑龜不愼에 慘被擇肉之擧하니 是可忍乎아.

惟願諸君은 凡於事業에 勿以卑獨擅便으로 爲計하고 惟統一團合으로 做去할지어다. 贍彼農夫도 比隣耕牛에 通力合作하야 春耕秋穫에 一致成功이어니와 若一人一家가 獨自耕作하며 獨自收穫이면 決無取禾之望할지니, 嗚呼, 諸君이여! 鑑旣往之 敗轍하야 切勿以立角爲事하고 勿以獨單爲能하야 待人事業하야 勿存猜忌하고 必思共濟하야 以通同團合的主義로 期圖事功하야 共守無窮之公利를 千萬勉勵.

〈번역문 9〉

(역자 이르나니, 안 군의 그날 연설은 과시 학생들에게 정문의 일침이었거니와 다만 시간이 촉박하여 그 진면모를 다 기록하지 못하였다. 이들

말은 실로 특별하거나 기이한 내용은 아니었으나 도도히 흐르는 음성이 격앙되어 사람들을 감동시킴이 과연 깊었다. 어찌 가히 더불어 혓바닥만 놀리는 사람들과 같은 말이라 하겠는가. 오직 우리 동지들은 깊이 새기어 그 간절한 마음을 저버리지 말 것을 간곡히 권하는 바이다.)

〈원문 9〉

(譯者曰 安君之當日演說 果我學生界頂門一針 但恨時迫掛鐘不能盡記其眞相也 此等言論實非奇言異問 而滔滔一寫音調激昂 令人感動果屬不淺 豈可與舌下土 同一而語哉 惟我同志聿其銘佩興起以無負其血心勸勉焉.)

4. 샌프란시스코 동포 환영회 석상에서

○ 샌프란시스코 동포 환영회 석상에서4) (1911. 10.)

내가 이곳을 다시 향하여 고국을 떠날 때에 마음이 대단히 아프고 비창한 것은 우리의 동지들이 모두 위태한 함정에 빠져 무진한 고초를 당한 중에 나는 홀로 위험을 피하여 떠나옴이라. 서백리아(시베리아) 만 리 길에 어느 곳 강산이 나의 수심을 보태지 않았을 것이요 마는, 한번 뉴욕항에 닻을 내리우고 미주 대륙을 흘러 이곳까지 올 때에 지나는 곳마다 우리 동포의 정황을 살펴보니 무한히 기쁘고 즐거운 마음이 생겼소이다.

그 기쁘고 즐거운 것은 무엇이오? 내가 이곳을 떠난 지 다섯 해 동안에 우리 동포들이 각 방면으로 점점 나아가 변하고 또 변하여, 전일에는 학생이 없었으되 오늘에는 대학교생이 있으며 중학교생이 있으며 소학교생이 많으니 이는 학생계가 변한 것이요. 전일에는 실업에 착수한 이 없었으되 오늘에는 처처에 농장이 있으며, 상점이 있으며, 회사가 조직되어 장래의 무궁한 희망을 두었는지라, 이는 실업계가 변한 것이요.

전일에는 나의 집이 없었으며 주자(鑄字, 활자)로 인쇄하는 신문이 없었으되 오늘에는 나의 집에서 나의 주자로 선명한 신문이 발간되어 동서양에 널리 파전(播傳, 전하여 널리 퍼뜨림)되니 이는 신문계가 변한 것이요, 전일에는 통일한 단체가 없었으되 오늘에는 미주 하와이 멕시코와 원동 각지에 있는 동포의 단체는 모두 국민회 이름으로 통일한 정신을 가졌으니 이는 단결력이 변한 것이라.

심지어 남녀동포의 체격과 행동까지, 언어와 의복제도까지 일층 변하여

---

4) 도산은 1911년 9월 28일 오후 7시 반에 샌프란시스코항 부두에 내렸다.《신한민보(新韓民報)》1911년 10월 4일자.

나서면 헌헌(풍채가 당당하고 빼어난)한 장부의 기상을 가졌고 들면 유한한 숙녀의 태도를 가졌으니 이는 풍속 습관이 변한 것이오, 그 중에도 더욱 기쁜 것은 동방에 있는 학생들이 하절 방학 동안을 이용하여 병학교(兵學校)를 세우고 상무(尙武, 무예를 중하게 여김)의 정신을 연단함이라. 이 어찌 오년 전과 금일이 크게 변천됨이 아니리오. 그런고로 나는 무한히 기쁘고 즐거운 마음이 생겼다 하나이다.

사람이 혹 말하되, 재미동포의 열성이 이왕보다 늦었다 하니 아니요 아니오. 내 생각에는 결단코 그렇지 않소. 우리가 처음 이곳에 올 때에 적수공권의 맨 주먹만 들고 온 사람 6~700명이 무슨 사건 무슨 사건에 연조(捐助, 자기 돈으로 남을 도와줌)한 재물이 얼마나 많으며 어떤 사업 어떤 사업에 기울인 정성이 얼마나 높은가. 실로 일인과 청인은 적은 수효의 사람으로 이와 같이 큰일을 치루지 못하였을 것이오. 또한 오늘에 사업이 진취하는 것을 보면 날마다 늘어가고 달마다 자라간다 함은 가하거니와 열성이 늦었다 함은 결단코 겉으로 보는 생각이요, 실상을 알지 못하는 말이라.

내가 실로 말씀하노니 당초에 미주로들 건너오실 때에 혹 다른 민족과 같지 못할까 은근히 걱정하고 근심하였더니 오늘에 이와 같이 발전된 것은 여러분이 모두 변하기를 잘하였으므로 범사에 남만 못한 일이 없을 뿐 아니라 남보다 나을 희망이 있는 것이 아닌가. 그런고로 나는 제군의 열성과 변천됨을 심간(心肝, 속마음)에 삭이며 깊이 하례하나이다.

(중간은 생략함)

우리가 서로 얼굴을 대하여 입을 벌리게 되면 피차에 통곡만 하여도 석연치 않으나 그러나 나는 오늘 저녁에 제군에게 대하여 내지 형편을 말할 때에 다만 기쁜 소식만 전하고자 합니다. 나라가 망하고 민족이 멸할 지경에 무슨 기쁜 소식이 있으리요 마는 그러나 실로 기쁜 일이 있소이다. 나라가 망한 것은 세상에서 혹 임금의 죄라 혹 오적 칠적의 죄라 하나 그러나 이천만 인구와 삼천리 강토를 어찌 이완용 송병준 몇 사람의 힘으로 팔아먹을 수가 있겠소.

그 밑의 이름 없는 이완용 송병준이가 많은 연고로 나라가 망하였으니 누구누구 할 것 없이 한국민족된 자는 다 망국의 죄가 있소. 나도 한국 인종인 고로 내가 곧 망국한 죄인이오. 그러나 전일에 나라를 망한 자는 곧 금일에 나라를 회복할 자이니 이제 여러 방면으로 보건대 현재 활동과 장래 경영에 대하여 무궁한 희망이 있으니 이것이 내가 전하고자 하는 기쁜 소식이오.

혹자는 한국에 있는 교인도 모두 일인의 세력 범위로 들어갔다 말하나 결단코 그렇지 아니하오. 이는 모두 일인의 신문 상에 정책 변(辯)으로 하는 말이요. 그 실상은 조국 정신이 제일 풍부한 인격을 찾으려면 모두 교회 안에 있소. 그이들의 하는 일은 모두 나라 잃은 자로 하여금 나라 찾는 자를 다시 만들기에 진력합니다. 국(國) 중에 제일 유공한 자는 교인이라고 나는 담보라도 하겠소이다. 교인 중에서 일인의 심복이 된 자 있다 하나 이는 본래 교인도 아니요, 장래 교인도 아니요. 이는 일인이 교인의 내정을 알고자 하여 은밀히 정탐군으로 하여금 교회의 세례를 받게 한 자이니 그 거동을 보면 참 교인과 같이 찬미를 하며 기도를 하여 남의 이목을 속이되 제 어찌 구주의 뜻을 몸 받은 참 교인을 농락할 수야 있겠소.

참 교인들은 과연 금일에 대단히 유공한 동포들로 아시오. 또 혹자는 말하되 일본의 개명이 한국보다 먼저 되었다 하나 나는 한국의 개명이 먼저 되었다 합니다. 왜 그런고 하니, 개명하는 길이 둘로 나뉘어 일인은 정치상으로 물질적 개명은 한인보다 먼저 되었다 하나, 도덕상으로 정신적 개명은 결단코 일인이 한인을 따를 수 없으니 우리가 이제 물질적 방면으로 힘을 더 쓰는 지경에는 소위 일인의 문명은 뿌리가 없는 꽃과 같을 뿐이니 어찌 뿌리를 박고 피는 꽃을 따를 수 있소.

또는 교인은 동족을 건지기에 다른 사람보다 몇 갑절 더 힘쓸 증거를 말하오리다. 향자에 인도 사람을 위하여 교회에서 의연을 청할 때에 어떤 부인은 자기의 비녀까지 뽑는 것을 내가 목도하였소. 보지 못하는 인도인을 위하여서도 이렇듯 하거늘 눈으로 보는 동포의 도탄을 건지는 일에야 오죽할 리가 있겠소. 그런고로 우리 동포 중에 애국심이 제일 많기는 교인이라 합니다.

우리의 동지 중에 현금 고난을 받는 자 많으나 그러나 신진 청년들은 모두 막지 못하고 꺾지 못할 열심을 가진 자 많은 터이오. 그런고로 일본 사람들은 겉으로는 길이 정(淨)하지 못하니 무엇이 어떠하니 하지만 그 중에도 지식이 있는 자는 우리 동포의 정신상 발달되는 것을 크게 겁내는 중이외다.

우리는 일인의 노예 됨만 한하지 말고 남자나 여인이나 늙은이나 젊은이를 물론하고 각각 일인과 싸움할 준비를 급급히 합시다. 그 준비는 무엇이오. 대포인가 군함인가. 아니요 아니요. 우리가 급급히 준비할 것은 젊은이든지 늙은이든지 여인이든지 남자이든지 각각 자기의 하는 일을 일인과 비교하여 일본 사람보다 앞에 설 생각을 두고 낫게 할 뿐이라. 공부를 하여도 일인보다 앞서게 하고 농사를 하여도 일인보다 앞서게 하고 장사를 하거나 노동을 하거나 어(於, 이에) 천백 사에 모두 낫게 할 지경이면 그날이 곧 승전하는 날인 줄 아시오.

남녀노소의 우리 동포들은 어서 바삐 이와 같은 전쟁을 준비하시오. 이와 같은 전쟁을 준비하는 요소는 학식과 자본 두 가지에 있소이다. 한편으론 재물을 생산하며 한편으론 지식을 양성한 연후에야 우리의 만족한 일이 있으리라. 사람 수효의 적은 것도 한하지 말으시오. 아메리카 역사로 말하면 일백여섯 사람이 건너와 터를 잡았으니 우리들이 과거 사오 년 간에 진취한 것과 같이 잘 변천하고 또 변천하기를 쉬지 말고 우리의 단체를 날로 확장합시다.(손뼉소리가 집을 움직이다.)

5. 재미 한인의 실제 책임

◎ 재미 한인의 실제 책임5) (1913. 5. 12.)

여러분은 생각하시오. 가령 집이 불붙을 때에 혼자는 능히 그 불을 끌 수 없는 고로 밖에 나가서 사람들을 불러 불을 끄고자 할 때에 곁에 있는 사람이 말하기를 "저 사람이 벌써 불을 끄고자 하는 지가 오랬는데 아직도 불을 끄지 못하였으니 언제 그 불을 끌 수 있나"고 할 것이나, 만일 한 사람의 힘으로 그 불을 끌 수 있으면 다른 사람을 기다리지 않고 하였을 것이지마는 혼자는 능히 할 수 없는 고로 사람을 많이 청하거늘 만일 사람들이 말하기를 남을 청하지 말고 너 혼자 하라 하면 이는 잘못 생각하는 것이다.

내가 지금 말하고자 하는 바 책임이라는 것은 무엇인가. 책임은 우리의 마땅히 행할 바이니 아들이 있는 자는 그 아들을 기르는 것이 책임이오. 부모가 있는 자는 그 부모를 공양하는 것이 책임이오, 그 나라 사람들이 그 나라를 자유하게 하는 것이 책임이다. 지나(支那) 일은 지나 사람에게 있고 일본 일은 일본 사람에게 있으며 한국 일은 한국사람에게 있으니 각각 그 나라에 당한 책임을 행하여야 할 것이다.

그런즉 우리 미주에 있는 사람은 무슨 책임이 위에 있는가, 아마 여러분은 다 책임을 당하였을 듯 하외다. 그러나 우리가 한 번 더 생각해야 할 일은 사람이 마땅히 그 책임을 지키는 것으로서 최귀(最貴)한 사람이 될 것이니 만일 그의 책임을 당하지 못하면 비록 사람의 말을 하고 사람의 동작을 할지라도 금수에서 다름이 없을 것이다.

---

5) 흥사단 창단 하루 전인 1913년 5월 12일 샌프란시스코 한인 예배당에서 연설한 것을 기자가 필기하여 《신한민보》 1913년 6월 23일 자(제 277호)에 게재한 것이다.

지금 일인들은 가주(加州)에서 토지 매매 금지하는 사건으로 인하여 전국이 요동하여 전쟁을 하려고 교섭을 하려 하는데, 우리는 토지 매매 금지보다 억만 배가 더 큰 전국을 잃었으니 어찌 앉아서 평안히 있는 것이 합당하다 하리오. 사세가 이러한즉, 우리 미주에 있는 한인의 책임은 무엇인가. 우리 미주에 있는 한인의 책임은 대단결이라 하노라.

혹자는 말하기를, 우리가 비록 대단결을 이룰지라도 국가를 회복할 수 없다고 할 터이나, 이는 아무 일도 알지 못하고 일을 하지 않고자 하는 자니 말할 것 없거니와 우리가 대단결을 이루면 장래의 희망이 없지 아니할 것은, 일본이 불구(不久, 오래지 않아)에 3대 강국과 전쟁을 피치 못할 것은 자연한 형세니, 이 3대 강국은 미국, 중국, 아라사국이라.

이와 같이 일본이 만일 그 나라들과 전쟁을 시작하면 이는 우리의 큰 기회이니 그 때를 당하여 우리가 만일 아름다운 단결이 있으면 대사를 이루려니와, 그렇지 못하면 기회도 쓸 데 없을지라. 그런즉 대단결을 만드는 책임은 뉘게 있는가, 혹은 말하기를 각 사람에게 있다 할 것이나 나는 생각하기를 세상에 원동력과 피동력이 있으니 이 원동력을 발할 자도 우리 미주에 있는 한인이오, 원동력을 발할 만한 곳도 미주라 하노라.

여러분은 생각하기를 본국과 원동에 더 많이 있는데 특별히 소수 한인이 있는 미주로 원동력을 발할 곳이라 하는 일은 무슨 뜻인가 할 것이나 나는 생각하기를 원동력을 발할 땅은 오늘 이 곳이요, 원동력을 발할 사람은 오늘 이 방 안에 있는 여러분이라 하노라.

본국에 있는 사람들로 말하면 피동(被動)은 될지언정 원동(原動)은 못할 것이 전 국내에 순검과 정탐꾼과 탐보원이 사면에 거미줄 벌리듯 하여 한인은 능히 일동일정을 임의로 못하게 되어있으니 어느 틈에 원동력을 발하리오. 그런 고로 저희들은 다만 미주에 있는 한인을 쳐다보며 원동력

발하기를 기다리는 중이오. 원동(遠東)에 있는 동포들도 그에서 다름이 없되 우리 미주에 있는 한인들은 자유로 행동할 수 있고, 자유로 말할 수 있으니 원동력을 발하고자 하면 못할 까닭이 없을지라.

그런 고로 나는 말하기를 우리 미주 사람이 원동력을 발하지 않으면 이는 아니 하는 것이요, 못 하는 것은 아니라. 만일 우리가 스스로 버리고 돕지 아니하면 어느 누가 우리를 도와주리오. 가령 만경창파 중에 배를 타고 물에 빠져 깜빡깜빡하는 아이를 보면 구하지 않을 사람이 없거늘 우리가 어찌 우리 동족이 죽을 데에 빠진 것을 보고 구하지 아니하리오.

만일 그를 구하고자 하면 영원히 파하지 못할 대단결이 있어야 할지어다. 그런즉 대단결은 어찌하면 이루겠소. 대단결을 이룰 때는 우리가 10년을 양성하여 오든 국민회를 보존하여 영원히 흔들리지 않고 견고히 시작하는 데 있소. 오늘날 국민회의 쇠잔은 일본 군함이나 일본 대포로 된 것이 아니요, 우리가 세웠다가 우리가 스스로 쇠잔케 만든 것이라. 그런즉 국민회를 흥왕(興旺, 일으켜 왕성하게 함)케 하려면 어찌 하여야 하겠소. 우리가 마땅히 신용을 일으켜야 할 것이다.

우리가 미주 한인의 과거 역사를 보면 회관을 세우고 신문을 간행하며 애국지사 장전(장인환. 전명운) 양 씨가 생기며 그 외에 열심 있는 일이 많이 있더니 금일에는 다 낙심하여 국민회를 타인의 회 보듯 하여 외처에 있는 사람들까지 낙심하게 하니 이는 우리가 타인으로 하여금 천층(千層) 지하에 빠지게 하는 것이라.

내가 지금 미주 한인의 실제 책임을 말할 때에 외촌에 있는 동포들은 그 전 임원들이 실수함이 있는 고로 동력(同力)하지 아니한다 할 터이나 그는 그렇지 않은 것이라. 가령 미국 대통령과 국무경이 무슨 실수한 것이 있으면 백성들은 다 낙심하고 말겠소? 아니오. 잘못한 놈은 죄를 주든지 내어 쫓든지 하고 좋은 사람을 택하여 가지고 그 전 잘못한 일까지 아름답게 할지라.

우리 국민회가 적은 회가 아니오. 우리 국가에 대하여 큰 책임이 있으니 우리가 마땅히 전사(前事)를 물론하고 태두(泰斗, 앞으로)의 일을 잘하여 우리 몸을 버려 국민회를 중흥케 하고 국민회를 이용하여 국가를 중흥케 하여야 할지니 여러분은 국민회를 적게 보지 말 것이오. 필경 크게 활동할 날이 있으리라. 갓 깐 병아리가 알을 낳지 못한다고 밟아 죽이면 되지 못할 것이 그 병아리가 당일은 알을 낳지 못하나 후일 알을 낳을 날이 있으리라.

그런즉 국가를 중흥시킬 계책은 국민회를 중흥시키는 데 있고 국민회를 중흥시킬 방책은 여러분이 금일 그 전보다 힘을 더 많이 쓰는 데 있으니 여러분은 깊이 생각하여 보시오. 10년을 힘들이던 것을 소홀히 하는 것이 합당한가. 우리 집에 실패를 당하였다고 돌아보지 아니하는 것이 가한가, 국민회는 우리 무리가 세운 바이니 국민회가 재앙을 당할 때에 수수방관하는 것이 합당한가. 아니다. 우리가 결단코 국민회를 중흥시켜야 할 것이다.

국민회를 중흥시키려 하면 기관보가 없어서는 아니 될 터이니 우리가 마땅히 《신한민보(新韓民報)》를 계간(繼刊)시켜야 될 것이오. 《신한민보》를 계간하려면 금전이 있어야 될 터이니 이 금전은 먼저 우리 북미 지방총회 관할에 있는 미주와 멕시코 동포 2천 명이 전력하면 그 후에 하와이, 원동 동포들도 우리가 이같이 애쓰는 것을 보고 그저 있지 아니할 터이니 그러면 우리 국민회가 중흥하는 것이 아닌가.

우리 국민회가 이번에 곤란을 면하면 장래는 일이 순순할 줄로 아오니 여러분은 이 일에 대하여 절대적 힘을 쓰기를 바라오며 이것이 미주 한인의 실제 책임이라 하노라.

6. 대한인국민회 중앙총회장 취임 연설

○ 대한인국민회 중앙총회장 취임 연설6) (1915. 6. 23.)

이 세상 인류가 서로 단결하면 생존을 얻고, 서로 나누이면 쇠폐(衰廢, 약해져 없어짐)를 면치 못한다. 남과 같이 살기를 요구하면 반드시 단결함을 자기의 생명과 같이 인정하거늘, 우리 민족은 이것을 일찍 깨닫지 못하여 단결함이 박약하므로 민족의 가장 큰 단체 되는 국가를 잃었고, 그나마 민간의 각종 사회단체가 많이 있었으나 혹은 남의 핍박에 없어지고, 혹은 스스로 헐어 없어지고 오직 우리 민족의 단결이라고 남아 있는 것은 다만 이 대한인국민회 하나뿐이라.

이러므로 우리의 국가가 없어지고 사회상 각 단체가 없어진 것을 애통히 아는 동시에, 이 남아 있는 국민회에 대하여 사랑하는 정과 귀중히 여기는 성심이 발하고 또한 이 단체의 생명을 보존하며 더욱 건장케 하여 이미 망한 국가를 광복하기로 기약하는 바이오. 이 단체가 10여 년간 생명을 계속하여 이만큼이라도 장성한 것이 우리 민족의 불행 중 다행이나 그러나 과거 10 년간에 우리의 희망과 같이 사업 발전이 크지 못한 것은 심히 유감되는 바이다.

혹은 어떤 동포는 전도에 대하여 낙망까지 하는 지경에 이른 고로 뜻 있는 자는 과거의 사업이 크게 확장되지 못한 원인을 차차 개량하며 전진하고 연구하는 때이다. 그런데 본회의 발전되지 못한 원인이 여러 가지가 있다고 하겠지마는 그 중에 두 가지 큰 원인이 있으니, 첫째는 국민회의 주인된 회원의 개인상 실력이 발전되지 못함이오, 둘째는 본회의 단결이

---

6) 1915년 6월 23일 대한인국민회 중앙총회장 취임식에서 행한 연설의 요지이다. 《신한민보》 1915년 7월 8일 자(제373호) 1면에 실려 있는데, 기자가 지면의 제한으로 그 대지만 기록한다고 밝혔다.

동일(同一)의 형세를 이루지 못함이다.

　오늘날 우리 회원의 현상(실력)을 살펴보건대 그 개인의 학력이 10년 전보다 특별히 증진한 자가 몇 사람이 되지 못하고 생활력도 또한 10년 전보다 증진한 자 몇 사람이 되지 못한지라. 전체 회원의 지식력이 부족하거늘 국민회는 어디로 좇아 지식력이 발달할 수 있으며, 전체 회원의 생활력은 여전히 빈한한데 국민회는 어디에서 말미암아 황금력을 발할 수 있으리오. 지식력과 황금력이 아울러 없고서는 사업이 발전되지 못함은 면할 수 없는 사실이라 합니다.

　본회의 단결체를 돌아보건대 명의로는 일부 지방 회원이 합하여 지방회를 이루었고, 각 지방회가 지방총회를 이루었고, 다시 각 지방총회를 합하여 중앙총회를 이루었으니, 이와 같은 본의를 연(硏)하고 구(究)하면 한 지방의 적은 수효 사람의 단결력으로는 국가의 막대한 사업을 성취할 수 없다 하여 회의 전부의 힘을 중앙으로 크게 모아 큰 능력을 떨치려 함이었건마는 오늘까지 실행하여 온 바를 바로 말하면 지방 자치라 하는 헛일함에 취하여 각 지방총회만 힘 있는 기관이 되어 마치 봉건제도 같이 각각 사업을 벌이고 일분의 힘을 중앙으로 모음이 없는지라.

　그런즉 일만 회원의 개인상 실력이 넉넉하더라도 한 지방총회의 실력으로는 만족한 사업을 성취할 수 없거늘 하물며 우리 회원은 근본 박약한 실력으로써 각 지방에다 힘을 나누었으니 그러하고야 이 국민회가 사업의 발전을 어찌 얻으리오. 그런즉 우리들은 과거 10년에 지나간 자체를 한탄만 하지 말고 오늘부터는 의사를 같이하고 힘을 어울러 일반 동포의 보통 상식을 계도하며 학력을 증진케 하며 실력을 고취하여서 전부 회원의 지식을 합하여 국민회의 큰 지식을 삼으며, 전부 회원의 재력을 충실케 하여 국민회의 큰 힘을 삼아 대사업을 성취하는 데 지극한 정성을 다할 뿐이오.

그 다음은 각 지방에서 진행하여 오던 바 일을 줄이면서라도 중앙으로 공동한 힘을 모아 국민회의 세력을 확장하여 사업을 진동케 함이 오늘의 급무라 할 것이오.

그런데 이러한 주지로 일을 실시하는 마당에는 공연히 과도한 욕망으로 갑자기 크게 벌이려 하면 또한 헛말만 되고 말지라. 해외에 나와 있는 전부 한인의 있는 바 힘을 다 거두어 가지고라도 우리의 하고자 하는 일을 만족히 할 수는 없는 즉 모이는 힘의 형세를 의지하여 적은 데로부터 큰 데까지 차서를 밟아 나감이 마땅하니, 우선 한 가지 증거를 들어 말하건대 현금 하와이와 미주에 두 종류 신문을 두어서 재정을 갑절 허비케 하며, 다른 주의와 다른 정신을 고취하여 통일의 형세를 박약케 하는 것보다 중앙에 한 가지 기관보를 두어 동일한 주의와 정신을 고취하여 통일력을 이루게 하며, 교육과 실업을 장려 실시케 하고 그 남는 힘이 생기는 대로 다른 사업을 착수하기 바라는 바이오.

대개 우리가 오늘 어디로 지나다가 민족의 쇠멸을 자취하지 말고 진실로 남과 같이 생존하기를 요구하여, 자유와 독립을 참으로 원하여 일을 위하거든 한 몸과 한 지방의 작은 관념을 타파하고, 전부의 큰 활동을 위하여 무릇 우리 국민회 깃발 밑에 선 자는 모름지기 일치로 행동하여 나의 말한 바를 헛된 곳으로 돌려보내지 않게 하여 주기 바라나이다. 운운.

7. 우리 국민의 진화의 순서

○ 우리 국민의 진화의 순서[7] (1916. 2. 1.)

(생략) 우리 민족의 역사상 다른 종족과 교섭한 전후를 궁구하여 보건대 유린을 당한 날보다 승리를 얻은 때가 많으니 대황조(大皇祖, 단군)의 성덕은 두만강 이쪽저쪽을 어루만져 다스리고, 동명왕의 영웅은 중원을 흔들어 위엄이 천하에 진동하시고, 대무신왕은 4린을 정복하여 동국 무사의 활발한 용기를 유전하신 이후, 수제(隨帝, 수나라의 제2대 황제) 양광(楊廣)을 살수에서 대파하고 당 태종 이세민은 안시성에서 피를 흘렸으며, 이충무의 구선(龜船, 거북선)이 한산, 명량에서 왜구를 진멸하여, 우리 민족의 분투의 능력이 고금에 성함을 일컫더니, 전제자가 정사를 잡아 무기를 말살하고 문치를 숭상하다가 드디어 국민을 문약에 병들게 하여 오늘날 이 같은 화를 빚어내었도다. 그런즉 우리 민족은 조상의 혁혁한 명예와 위대한 공업(功業)을 추상(追想, 미루어 생각함)하여 자존 자중하는 기습(氣習, 기품과 습관)을 수양함이 가하다 하오.

근대 사정을 설명할진대 과거 수십 년 이전에는 우리가 잠든 사자로 자처하여 정신과 사상이 장야건곤(長夜乾坤, 오래도록 어두운 세상)에 있었으니 이를 우리 민족의 혼돈 시대라 할지오. 10년 이후에는 우리가 고치(苦恥, 고통스럽고 부끄러운)하는 시대에 있은 지라, 이만한 처사국(處士國, 문명국가) 민족으로 구미 풍우의 반동을 입어 나라가 무엇인지, 민족이 무엇인지 관찰상 대개(大槪, 대강의 뜻)를 얻은 이상에는 조수같이 밀어 나오는 새 사상에 도저히 수수방관하고 있을 수 없는지라. 그런 고로 혹은 신문지에 붓을

---

7) 대한인국민회 창립기념일 라성(로스앤젤리스)지방회 대 축하식장에서 연설한 것을 필명 '미산 소년'이 필기하여 《신한민보》 1916년 2월 22일자 1면 '언단'란에 게재한 것이다.

놀리며, 혹은 연단에 혀를 흔들고, 혹은 폭발탄, 혹은 칼, 혹은 총 하면서 상하 인민이 고취로만 일을 삼았으니 이는 시세에 어기지 못할 순서라. 이때를 당하여는 자동과 피동을 물론하고 고상한 지식과 전문의 학력이 미비하였은즉 사업 착수에 이르러는 어찌 할 방향을 모를지라.

오늘 와서는 우리가 사업에 손을 붙이는 시기라. 그러나 지력과 금력이 아직까지 유치하여 마치 수랭이(애벌레)가 겁풀 속에서 변화를 준비하는 것과 같으니 나래(날개)가 생겨 세상에 나오기까지는 원기를 기르기로 힘쓸 것뿐이다. 웅비 활약하는 구미 사람에 취한 이들은 응당 냉소할지나 이는 자국 역사상 참고와 자국 민족의 실력에 대한 내황(內況, 속사정)을 전혀 꿈 밖에 버려두는 까닭이라 하오.

우리가 세계 대세를 관찰할진대 백색 민족이 저같이 강성하고 남만(南蠻, 일본) 원수가 이같이 압박하는 가운데에서 장래에 우리 실력은 발전할 여지가 없다고 쓸데없는 근심을 품는 이도 있을 터이나, 우리는 다만 정의 인도만 표준하고 한층 두층 올라갈진대 비록 1만 마귀가 앞에서 저해한들 어찌 우리의 한 걸음을 방해하리오. 그러한대 저 세상 형세를 몰라서 모든 일을 냉담한 눈으로 보며 비관에 빠지면 이를 어찌 가치 있는 국민이라 하겠소.

이제 우리 국민회의 주의를 설명하노니, 본회의 주의는 해외에 흩어져 있는 한인이 대동단결을 만들자 함이니 그 증거는 해삼위에 총대(대표자)를 파송하던 일을 보더라도 우리 재미 한인만 단결하여 가지고는 대 목적을 도달하기 불능한즉, 원동 한인까지 단합한 후에 얻으리라 함이라. 그런즉 우리는 비록 각각 그 소소한 단체에 있더라도 지어(한걸음 더 나아가) 대동단결된 국민회에 대하여는 만구일성(萬口一聲)으로 동력(同力)하여 나아가기를 천만 바라나이다.

8. 라성지방회에서의 연설

◉ 중앙총회장 라성지방회 석상 연설8) (1916. 6. 8.)
 - 라성지방 서기 김덕준 필기

제1탄 - 정서를 폄

오늘밤에 귀 지방에 와서 나의 경애하는 여러분을 만나니 나도 기쁘며 여러분도 응당 밉지는 않으리라 믿으리다. 그런고로 여러분이 이러한 성대한 식당을 꾸미고 이 사람을 기쁘게 맞는다 하심이니 여러분의 많은 사랑을 깊이 감사합니다.

나는 오늘밤에 거연히(갑자기) 자리 위에 올라서서 순서로 거행을 예식하는 때에 일종 감상이 저절로 생겨서 마음과 입에서 서로 질정함이 자못 중대한 논제를 가졌으니 마음에 부끄러운 것이 없느냐 하는 것이올시다. 나는 무슨 한가한 겨를이 있어 몸을 쉬이려 다니는 것이 아니요 몇 가지 중요한 사정, 곧 북미총회의 명령을 받들어 각 지방을 순행하는 길에 먼저 귀 지방에 왔거니와 환영을 받을 만한 공적이란 것은 원래 나에게 속하지 않은 것이라 하옵니다. 그러나 여러분은 지방회원이오 나는 총회의 일개 임원이니 지방 회원으로 총회 임원을 대접하여 주는 것은 우리 국민회의의 중의통융(衆議通融, 다수의 뜻이 통함)과 상하동귀(上下同貴, 위 아래가 다같이 귀함)의 규모 덕이오 감정적이니 나는 오늘밤 이 자리에서 몸을 여기다 의지하여 가히 부끄러울 것에서 가히 부끄러움이 없다 합니다.

그렇지 않습니까. 그러합니다. 과연 그러하니 오늘밤 환영회는 라성지방회가 무삼 강영소를 환영함이 아니라 북미총회장을 환영하는 것이며, 강영

---

8) 《신한민보》 1916년 6월 15일자.

소는 무삼 라성 시내의 친구를 찾는 것이 아니라 국민회 일부 지방회를 순행함인즉 여러분이 듣고자 하는 것이 국민회 사정이오. 내가 말하고자 하는 것이 또한 국민회 사정이올시다.

우리가 같은 목적 아래서 마음을 이어 주선을 가까이 함이 거의 십년이라 뜻이 같고 바람이 또한 같은지라 다시 말할 것이 있다면 다만 저두(低頭, 머리를 숙임)하여 묵묵함도 가하고 만일 현금 사정에 의지하여 촌심에 끼인 회포를 다 풀어놓자면 오늘밤을 하얗게 말해도 오히려 부족할까 하노라 하옵니다.

제2탄 – 국민회와 해외 한인

라성지방회는 여러 해 의무 복역에 각근하였으므로 국민회 각 지방회 중 가장 든든한 중견 지위에 처하였으니 국민회 울타리로 국민회의 기초와 동량을 아늑하게 가리고 섰는 여러분은 국민회 유지 발전에 의사가 깊을지오 근심도 많을지라.

그런고로 나는 간담(肝膽, 속마음)을 말합니다. 내가 여러 해를 북미총회 간부로 있어 얻은바 경험으로 우리 국민회가 우리에게 얼마나 관계되는 것을 깊이 깨달았나니, 국민회란 자는 해외 한인의 생활의 대명사라 합니다. 바꾸어 말하자면 국민회의 존재가 재외 한인의 만족한 생활을 보호하는 바이라 하옵니다. 우리가 지금에는 이 단체를 어떻게 유지하겠나가 태산 같은 걱정이지마는 처음에 이 단체를 조직하지 아니었으면 제군은 어떻게 할 뻔 하였는지 나는 모르겠소.

우리가 나라를 잃고도 오늘까지 살아 왔으니 아무렴은 국민회가 없어도 철따라 옷 입고 때 찾아 밥 먹어 가며 한 세상 그렁저렁 지날 수 있지마는 하나님이 우리 몸에 인치신 한인(韓人)이란 이름은 스스로 부를 수도 누가 불러줄 수도 없으리다. 죽어도 한인이오 살아도 한인, 이렇게 영예로운 한인이란 이름은 만년풍우에 강하천산(江河川山)도 같고 정벌시대에 장성만리도 같은 국민회가 오늘날까지 지키어 주나니 우리는 국민회의 위망을 높여 우러러 봅시다. 우리는 국민회의 은혜를 영원히 감명합시다. 일인은 우리를 신부(新附, 새로 합침) 동포라 하며 서양 사람은 우리를 뉴쨉(New Jap)이라 하여 우리의 사건이 생기면 일인은 간섭을 하려고 달려들며 서양 사람은 일인에게 내어 맡기려고 할 터이올시다. 이러한 기막히는 처지에 국민회가 홀연이 우뚝 서서 천고(千古, 아주 오랜 세월 동안)에 썩을 수 없는 게 하나도 힘들이지 아니하고 종용한 담소로 이리저리 갈라지는 것이 마치 양민(兩民) 격전(激戰)에 창도(槍刀, 창과 칼)가 어우러진 마당에서 부르는 구호도 같고 난리난 국기와도 같이 전투신을 좇아 나아감을 갈라치며 방위선을 따라 돌아감을 인도하나니 우리의 깨달음은 국민회 힘의 분량을 잃지 맙시다. 대한인국민회가 없었으면 특히 공화국에 몸을 의지하여 한국 의관을 죽도록 보존하려고 하는 일반 한인은 일언이폐지하고 일령사(日領事) 지휘 밑에 있게 되었으리다.

오늘날 영예를 돌아보시오, 일인으로 더불어는 털끝만한 관계가 없고 자치제도가 전부 한인을 포함하며 재류국 전부 국민회의 이만한 힘으로 무형한 한국을 보존할진대 다른 날 국민회의 힘이 더 자라면 유형한 한국을 건설할 것은 밝히 볼 일이라 하옵니다. 국민회가 우리 한인에게 관계됨이 이와 같이 크니 우리는 옷을 벗으며 밥을 굶어도 국민회는 붙들어 가는 것이 국민 된 의무요 곧 그 자신 보호에도 게을리 할 수 없는 일이올시다.

제3탄 - 동포의 반성을 재촉

대저 단체의 사업이란 것은 여러 손이 한 그릇 물을 받들고 있는 것과 같으니 한사람이 잡아당기거나 밀치면 그 물이 엎질러지거나 쏟아지는 법이라. 저 그릇을 잡아 다리며 밀치는 자는 그 의견도 있고 그 역량도 있어서 그리 하지마는 필경 물이 엎질러지기에 놓으면 무쇠로 부어놓은 죄상을 도망할 능력이 없을지라. 나는 우리 일반 지사 또는 일반 동포의 반성을 재촉합니다. 일개인으로는 아무리 경천위지(經天緯地, 뛰어난) 하는 재간을 가졌을지라도 다수인이 집합한 단체에 들어와서 독단주의를 펴려고 들면 그 단체는 반드시 어지러워질 것은 다수인의 공견(公見, 공통된 의견)의 반대가 되는 까닭이올시다.

근래에 어떠한 인물들이 사리사욕에 빠져 공사를 돌아보지 아니하며, 이밖에는 내 속살 좀 채워야 하겠다 하나니, 아무렴은 국민회 사업은 범위 안에서 이렇게 할 수도 있고 이렇게 할 수도 있습니다. 그러나 보시오. 바다 가운데 연잎 같이 떠있는 섬을 보시오. 물질로 말하면 흙과 돌이 모인 산이오. 이치로 말하면 해저 산호의 변화체라 하지만은 한 때 두 때의 조수가 밀려와서 조금씩 파괴하며 이렇게 다수한 때로 파괴하면 이 섬은 반드시 무너질 터이오. 그 섬에 살고 있는 동식물과 기타 일반이 모두 해중에 쓸려들어 갈지라. 조수가 일직이 섬을 무너치는 일이 많치 않은 고로 하늘에 닿는 물결이 덥쳐 와도 놀라지 않거니와 날마다 계속하여 마침내 무너지면 록키산이라도 필경 평지가 되고 말지니 상전벽해가 달리 없는 일이 아니라.

이와 같이 일개인의 부분적인 언행이 단체사업의 계통을 끊으며 의무를 지키지 아니하여 장구한 시일을 두고 해로움만 끼치면 종당은 큰 영향이 동서남북에 파급되어 국민회 신망이 없어질 터이오. 그렇게 되면 자유로운 미국 천지에서 자유로 행동치 못하고 일인에게 라든지 혹 외국인에게 붙어 지낼 터이니 이는 우리가 일반으로 원치 않는 일이올시다. 그렇지만 피할 수 없으리다. 그런고로 오늘날 국민회는 우리 재외 한인의 가장 큰 문제올시다. 문제가 크다고 어렵게 생각하지 마시오. 진행 방법이 조리가 있나니 1부 장정에 실린 원칙만 따라 행하면 모든 일이 순하게 됨을 믿습니다.

제4탄 – 신문 사업을 유지

긴 시간을 허비하여서 여러분이 곤하겠습니다. 곤하십니까? 친정 일가를 만나면 밤새우는 일도 드문드문 하거니와 나는 모든 회포를 다 접쳐놓고 제일 긴요한 신문사 사정을 말하겠습니다. 우리 신문은 신식 활자로 발행한 후 경비와 시간이 쌍방으로 경제되는 편리가 있으니 전보다 비교적 쉬운 신문 사업을 계속하려고 생각할지요, 또한 힘을 다하여 볼 것이올시다.

신문을 계속 유지하자면 사백 명 구람자(購覽者, 구독자)만 있으면 될 터인데 그렇지 못하니 심히 답답한 일이올시다. 재미 한인 천여 명 중에 신문 구람자 사백 명이 되지 못한다면 가히 놀랄만한 일이올시다. 수효로야 좀 더 되지마는 대금을 보내지 않으니 사실상 사백 명이 되지 못한다 함이오. 더구나 의무금 수입이 엉성하여 멕시코 지방은 긴 세월에 혁명 난리를 인하여 담부(擔負, 짊어짐)를 가책(苛責, 심하게 꾸짖음)할 수 없으니 신문 유지가 참으로 어렵습니다.

만일 신문을 정지하게 되면 그 답답한 것은 말로 다 할 수 없으니, 첫째 각처 동포의 사정 존망을 모를 것이 한 가지요. 더욱 근일에 와서 동양으로부터 오는 학생이나 약혼한 부인의 상륙이 잦은 뒤에 피차에 이목을 막고 앉을 것이면 그 영향이 어느 지경에 이를는지 모를 것이올시다. 이는 나의 이상 담(談, 말함)이 아니요. 전자에 신문을 두어 주일 정간한 후에 경험하여 본 일이올시다.

여러분은 힘쓰시오. 만일 사백인 구람자만 있으면 신문 유지가 과히 어렵지 않습니다. 사백인 구람자가 되도록 여러분은 힘쓰시오. 힘쓰라는 것은 갑자기 열성을 내어서 힘이나 마음이 피곤케 하라는 것이 아니오 의무 담부를 잊지 말으시라 함이니 정기 안에 의무금을 보내시고 신문 대금을 청당(請當, 스스로 자청하여 부담함)하시오. 신한민보의 유지 여부는 실로 북미총회 곧 재미 한인의 중요한 문제올시다.

제5탄 - 하기강습소를 말함

어린 아이를 구한다 하는 것은 고사리 같은 손과 해죽해죽 웃는 태도가 항상 장중보옥(掌中寶玉)이 되기를 바람이 아니라 그 아이가 잘 되어서 장래 나라에는 국민이 되고 가정에는 자녀가 될 것을 귀히 여길 것이니 아무쪼록 잘 가르쳐서 쓸 만한 사람이 되어야 국민과 자녀라는 명사의 실상을 얻을 것인지라. 그런고로 가정교육, 국민교육의 문제가 이왕부터 생겨서 오늘에는 팽창하여 이후 어느 때에든지 가히 폐하지 못할 일이라.

혹자 어떠한 사람이 나의 아들이나 딸을 보고 소라 말이라 할 것 같으면 나는 반드시 발연히(갑자기) 얼굴빛을 변하여 그 말이 무례함을 노여워 할 터이오. 나뿐만 아니라 여러분도 응당 다 그러 하심이리다. 그러나 귀한 자녀를 가르치지 않으면 필경 천한 우마(牛馬)가 되는 것이올시다. 나의 귀한 자녀를 안 가르쳐 소나 말이 되게 할진대 차라리 없는 것이 나을까 하옵니다. 옛사람이 말하지 아니 하였습니까. 이웃집에 두 아들이 있는데 한 아들은 용이요 한 아이는 도야지라 하였으니 이것이 잘 가르치고 못 가르친 실증이올시다.

여러분은 자녀를 실상으로 귀애하시거든 잘 가르치시오. 내가 이같이 자녀 교육을 간절히 말씀하는 것은 영어를 잘 가르침만 권함이 아니올시다. 아무렴은 영어도 잘 배워야 하겠지마는 더욱 국어에 힘써 주라는 것이올시다. 이런 아이가 이 나라에 와서 물질에 취하여 자국을 우습게 아는데다가 국어까지 모르면 장래 살아서 누른 얼굴을 가지고 백인 노릇을 할 것이올시다.

차라리 처음부터 아무 것도 않았으면 소와 말이 될지라도 두만강 하류를 의지하는 우마가 될 것이어늘 어엿한 사람으로 대한사람이 되지 아니하고 외국 사람이 되는 것은 더욱 미운 일이올시다. 어시호(이제야) 하기강습소의 문제가 생겨서 실행을 운동하는 터이니 여러분은 힘써 도우시오 힘을 모아서 하기강습소를 만들어 봅시다.

여러분 참 곤하시겠습니다. 이만하고 말씀을 그치옵니다.

9. 중앙총회장께서 해외 한인의 주의를 보신 것

● 해외 한인의 주의를 보신 것9) (1916. 6. ?)
　- 불건전한 공동주의, 불건전한 개인주의, 어떤 주의를 가질까

　우리 한인은 자래로(예로부터) 공동생활을 중히 보던 민족이라, 해외에 나와서도 또한 이를 중히 보았더라. 향자 국란이 절박할 때를 당하여 땀 흘렸는바 전부를 공익에 바쳐 국민회 큰 단체를 세워 놓았으니 당일 우리의 열성을 돌아보건대, 과연 공동 사업을 위하여 능히 그 몸을 잊는다 칭찬할 만한 일이라.

　그러나 이는 일시 풍조로 외계 자극을 받음이오, 결단코 독립 자동의 자각이 아니니 좀 섭섭히 들을 터이나 실로 상식이 부족하여서 그렇다 하노라. 우리의 현금(現今, 지금) 사정은 공동주의를 절대적으로 요구하는 시대니 일반 유심인(唯心人, 생각이 있는 사람들)이 땀 흘려 분주하며 큰소리로 강조하는 것이 이 공동주의라.

　현금 정도에서 벗어날 수 없는 우리가 이렇게라도 유지하는 것만 다행인 우리는 어떠한 공동주의든지 주린 자의 음식같이 반겨 받을지라. 그러나 소위 공동주의란 것은 건전한 인생관으로부터 길러 나온 것이 아니면 돌 위에 뿌린 씨와 같아서 겨우 엄(움)이 돋아 나오다가 떡잎을 펴 보지도 못하고 곧 말라 죽나니 이러한 공동주의는 그 원질이 박약하여 사업상의 양호한 결과를 얻을 수 없다 하노라.

　대체 불건전한 공동주의는 불건전한 개인주의를 길러 주는 바탕이라 할지니, 여기서 생기는 개인주의는 필경 세상을 마르게 하며, 인류를 자진

---

9) 이 글은 도산이 미주로부터 하와이를 순행하고 돌아와 느낀 소감을 말한 것으로서 강영대가 필기하여 《신한민보》 1916년 6월 22일자(제398호) 1면에 게재한 것이다.

케 하여 돌이면 돌이 부스러지고, 쇠면 쇠가 녹아 없어지게 하나니라. 이 말을 얼른 못 알아듣는다 하면 나는 해석하여 말할지니, 이른바 공동주의가 불건전하면 굳게 잡을 능력이 없어 종당 변하는 날이 있으며 변하는 때에는 무엇으로 변하느냐 하면 불건전한 개인주의로 변하느니, 바꾸어 말하면 내가 아무리 힘을 쓰고 애를 써도 한 가지도 되는 일이 없으니 내가 이리 하다가는 내 몸까지 없어질 터이라 이제는 내가 살아야 하겠다 함이라.

이러한 개인주의는 나올 때에 잡은 것이 아니라 돌아갈 때에 생긴 것이며 건장할 때에 잡은 것이 아니라 피곤할 때에 생겨서 마치 갑옷 벗고 도망하는 군사가 창을 베고 누운 것도 같고, 발톱이 물러진 범이 산을 의지하여 앉은 것도 같아서 이후 사업은 내 몸을 사는 것밖에 없는 줄로 믿나니라. 그런 고로 그 깨달음이 몹시 약해서 "이 세상은 대체 이러한지라 뜻을 펴기가 어찌 쉬우며 가령 편다 하면 장차 무엇을 하리오." 하여 기회가 오면 기회를 버리고 사업이 있으면 사업을 파괴하나니 이는 인류사회에 해악이오 뒤진 이니라.

저가 먼저 자기가 있는 줄 알아서 자기부터 튼튼히 서 있을 곳을 정하여 놓았으면 어찌 중도에 담기(膽氣, 담력)가 서늘할 이치가 있으리오. 내가 일찍이 보니 향산(香山, 묘향산) 구월(九月, 구월산)로 사냥 들어간 자가 먼저 초막을 매지 아니하고 풍초교목(風草喬木, 풀과 작은 나무)을 의지하여 며칠 밤이슬을 맞고 자다 보더니 패연히(갑자기) 돌아가기를 생각하더라. '자아'를 모르는 자의 중도는 매양 이와 같더라. 저가 먼저 내가 있는 줄 알고 나 밖에 남이 있는 줄 알은 후 나라를 편안히 하며 천하를 다스림으로 그 몸을 세울진대 그 몸은 과연 박람회의 주보탑(主寶塔) 같이 될지니 이는 인류사회의 계통적 3대주의라 하노라.

철학으로 발달한 이 세상은 이를 조리 있게 정하여 제1은 개인주의, 제2는 소수인의 특종주의, 제3은 공동주의라 하나니, 개인주의는 일개인 내가 나의 생활과 및 수양을 위하여 농사나 장사나 학업이나에 그 힘을 완전히 부움을 이름이요, 소수인의 특종주의는 영업 수양 간에 단독으로는 창설 또는 유지할 수 없는 경우에 소수 타인의 동력을 결합한 자를 이름이오. 공동주의는 그 목적한 사업이 소수인의 힘으로는 도저히 그 효과를 얻지 못할 경우에 대하여 전부가 일체 동력하는 자를 이름이라.

주의는 욕망의 실상이니 욕망은 한쪽으로 기울어지기 쉬운 것이라. 그러나 발달하는 나라의 사람은 결단코 그렇지 아니하니, 이에 실증을 들어 말하면 우리가 현재에 목격하는 저 미국사람을 봄이 가하니라. 저들은 실로 개인주의가 풍부한 사람이니라. 저들이 개인 생활상에 힘쓰는 것과 기타의 단독 행동을 볼진대 특종 공동에는 다시 뜻이 없는 것 같은데 실상은 그렇지 아니하여 상업, 농업, 공업 등 기업 상 단체에 힘을 아울러 쓰는 동시에 공동생활을 보존하는 공심의 력(힘)이 넉넉하여 학교 건축과 병원 설립과 도로, 공원의 수축과 박물원, 도서 종람소 등의 박애관을 구비하고 무거운 담보로 해륙군을 확장하여 전체 행복을 도모함에 게을리 하지 않나니 이것이 미국사람의 미국사람 된 원인이라 하노라.

예전 우리나라 사람이 행한 일을 보건대 미국인의 현행 제도와 방불한 점이 많으니, 야농의 통공 역사와 촌민의 계 등 약간의 적은 단체가 있었지만 정치상, 교육상 일반 공동생활에 이르러는 당초에 몽상도 없었으니 일(一)은 전제 정치가 인민의 가치 생활을 방해한 까닭이오, 일(一)은 상식이 부족한 까닭에 개인 생활이 소수와 및 공동 사업에 관계되는 것을 알지 못하였으며, 소수와 및 공동 사업이 또한 개인 생활에 관계되는 것을 알지 못하였다 하노라.

연설

이상 두 가지 병근을 인연하여 이미 나라를 잃어버렸으며 이 나라를 회복하자는 목적으로부터 설립한 단체를 유지하기에 매우 힘이 드는 도다. 우리 태평양 연안에 있는 형제가 이 나라에 와서 상류 교제와 직접 교육을 받지 못하였거니와 10년 성상이 되도록 문명 공기를 흡수하여 눈에 보이는 것과 귀에 들리는 것으로 짐작하더라도 미인의 생활상 규모를 가히 알지어늘 지금까지 오히려 전연 모르는 것은 무슨 까닭이뇨? 이는 기왕 습관을 씻어 버리기 어려움이오, 겸하여 이런 관계를 연구치 못한 까닭에 다른 사람의 완전한 표본이 우리의 연구 재료가 되지 못함이라.

　그러나 현금 재외 한인의 심리를 돌아보건대 개인주의로 흘러 들어가는 경향이 많으니 이는 불건전한 공동주의에서 물러나온 결과다. 이러한 개인주의는 우리의 복이 아니니 맹렬히 깨달아 건전한 개인주의를 잡아라. 사람이라는 가치를 존중하여 개인주의를 잡아라. 이것이 진실로 건전한 개인주의니라. 이러한 개인주의를 잡거든 각기 농사에 힘쓰며, 장사에 힘쓰며, 학문을 힘쓰라. 이것만 하고 그치면 나의 일신의 멸망을 면치 못하나니 지식, 금전으로 단결하여 특종 조직에 힘쓰라. 이것만 하고 그치면 또 멸망을 면치 못하나니 재외 한인의 합동 단결을 도모하여 공동생활에 힘쓰라. 그 다음에는 해외 한인 전부와 내지 한인 전부까지 이루어 나갈지라. 어시호 개인주의가 성공될지니 이렇게 건전한 개인주의는 인류 행복의 기초라 하나니라.

10. 라성지방회 국치기념일 연설

◉ 라성지방회 국치기념일 기사10) (1916. 8. 29.)
  - 감개 분격 애통.... 중앙총회장의 말씀

(주인을 찾아 돌아오라는 부인 림화연 씨의 독창 창가가 있은 후 주석의 삼가 소개함으로 중앙총회장 안창호 씨께서 식상에 올라 '우수 감개 분격' 세 가지의 애통이란 문제를 가져 국치 기념의 진의를 밝혀 말씀하여 가라사대 .....)

"이 날은 우리가 정과 의로써 의례히 애통할지니 무릇 정과 의가 있는 사람은 이러한 날을 애통치 아니할 수 없느니라. 그러나 애통은 그 의지와 기량을 따라 세 가지 구별이 있나니 (1)우수 애통(憂愁哀痛) (2)감개 애통(感慨哀痛) (3)분격 애통(奮激哀痛)이라. 우수 애통은 실의 낙망함으로 잔멸(殘滅)에 있는 자요, 감개 애통은 비장 처절함으로 비관에 있는 자요, 분격 애통은 용감 굴기(崛起, 우뚝 솟아오름)함으로 활동에 있는 자이니라.

나라 없애고 난 자로 비관은 면할 수 없는 것이 어니와 낙망은 불가하고 활동은 계속함이 마땅하니라. 그 좋은 강산을 잃어버리고 이역에 유리하여 불쌍한 동포의 신음 통곡하는 것을 보면 어떠한 경개도 족히 우리를 즐겁게 할 수 없나니 이것이 진실로 인정이어니와 오늘날 현상에 끌려 우리는 교육도 할 수 없고 활동도 할 수 없으니 참 답답한 일이라 하여 의기가 저상하고 혼담이 쓰러져 애원 비창으로 죽치고 앉았으면 그 무삼 앞길이 열릴 때가 있으리오.

---
10) 《신한민보》 1916년 9월 21일자.

진정 애통한 마음이 있거든 분격하라. 먼저 자기에게 대하여 분격하고 다음 적인에게 대하여 분격하라. 대저 분격 애통이란 것은 활동으로써 가치가 있나니 활동하라. 무엇이든지 내 민족을 위하여 힘대로 자각한대로 활동하라. 대조영의 활동이 발해를 건설한 것은 당나라에 눌린 애통에 분격함이니 오늘 애통을 분격히 여기거든 활동하라." 하시니 만당이 크게 감동하여 박수갈채 하더라.

11. 내 힘과 우리의 힘

◉ 내 힘과 우리의 힘11) (1917. 6. 22.)
 - 우리에 없는 것을 있게 하려면, 우리의 적은 것을 크게 하려면 오직 내 힘과 우리의 힘으로라야

　나는 이와 같은 모임에 대하여 기쁨과 슬픔이 아울러 발하오. 왜 그러냐 하면 기쁨으로는 문학사, 법학사, 신학사가 적으나마 우리 주위에 생김이오, 슬픔으로는 다른 나라 사람은 매 학기에 박사, 학사가 다수히 나오되 우리 미주 유학계는 10여 년 이래에 2~3인의 철학사, 문학사와 2~3인의 법학사, 신학사 뿐이라.

　구주 대전 시대의 오늘을 가진 다른 나라 사람들은 참전이니, 중립이니, 밀약이니, 협상이니 하되, 우리는 거기에 대하여 아무 관감(觀感, 보고 느낌)이 없게 되었도. 어찌 관감이야 없으리오마는 힘이 미치지 못하므로 관감이 없게 되었도.

　그러나 우리가 지금 특별히 생각할 것이 있으니 곧 '없는 것을 있게 하고 적은 것을 크게 함'이라. 예수 말씀에 "개자 씨는 백종 중에 지극히 적으나 한번 심어 자라면 수목을 이루어 나는 새가 깃들인다"함과 같이 오늘 우리의 경우를 슬퍼하지 말고 소수의 문학사, 법학사, 신학사를 더 많게 하고자 하시오.

　오늘 저녁에 우리가 이와 같이 모인 것은 참 어려운 일이외다. 한 시간이나 두 시간의 기회를 만드는 우리는 어려움이 아니오. 5~6년, 10여 년 직접, 간접으로 참담 난고(慘憺難苦, 참혹한 어려움)를 겪어 오신 세 분 졸업생의

---
11) 1917년 6월 22일 대한인국민회 나성지방회의 졸업생 축하회에 참석하여 행한 연설을 나성지방회의 서기가 필기하여 《신한민보》 1917년 7월 12일자 1면에 게재한 것이다.

어려움이외다. 이렇게 어려움을 참아 자기의 정한 주지대로 나아감은 학업을 성취코자 함이라. 사람이 고생스러운 공부를 왜 하느냐 하면 오직 도덕, 지식, 체력을 발육코자 함이라. 이를 발육함에는 양종(兩種, 두 가지)의 힘을 요구하나니 곧 내 힘이란 것과 우리의 힘이란 것이라. 내 힘은 각 개인의 자력을 이름이오 우리의 힘은 민족 전체의 힘을 이름이다.

오늘 우리 대한사람이 각기의 힘을 발육하였는가? 민족 전체 힘을 발육하였는가? 또는 거기에 대하여 관념이 있는가 없는가? 물으면 나는 대답하기를 관념이 있다 하오. 우리가 남의 나라 사람의 졸업 축하식에는 별 감동이 없으되 오늘 저녁에 여기 모인 사람은 매우 기뻐하니 이것으로 증거할 일이라 하오. 현금 세계 각국은 민족 전체의 학력을 발육키 위하여 거대한 재정으로 학교도 세우며 학술, 기예, 발명자를 장려하나니, 여기에 대하여 덕국(독일)의 비스마르크와 중국의 이홍장이 다 같이 정치가라 하되 차등이 있는 것이라.

그 민족 중에 과학이 발달된 자는 전쟁을 하여도 힘이 있고 또 승리를 얻나니 여러분이 듣고 보는 바 덕인(독일인)이 대전란 개시 이래로 연합군에게 패를 당치 않음은 이미 민족적 전체 지력을 양성함이라. 덕국뿐이 아니라 세계 각국이 민족 전체의 지력을 필요히 보아 힘써 기르므로 박사 학사가 많은데 오직 우리 대한민족은 그렇지 못하였고 소위 교육에 힘을 썼다 함은 몇 해 전에 도회나 촌리에서 불규칙한 학교를 세우고 양 나팔로 잠시 떠든 것뿐이라. 이리하여 우리 민족은 극히 흑암하고 빈한한 가운데 있었도다. 이제 세 학생이 졸업한 것을 말하면 하나는 자력이오 하나는 외인의 도움이라 우리는 자기 민족 학력 양성에 도웁지 아니하되 외인이 도움을 볼 때에 우리는 응당 생각할 바가 있으리로다. 만일 과거에 이와 같은 관념이 있었으면 오늘날에는 큰 공효(功效, 공을 들인 보람)를 보았겠도다.

과거 미주 사회가 재정수입한 것을 보면 하나는 월연금(月捐金)이오, 하나는 구제금(救濟金)이오, 하나는 교육금(敎育金)이라. 당시에 그 교육금을 가지고 실로 민족적 학력을 발달시켰다면 과연 큰 공효가 있었을 것이어늘 그 수업이 오직 명의뿐이오. 실제가 없으므로 이렇게 하겠다는 것이 몇 사람의 공상에 왕래할 뿐이었도다.

다시 말하나니 우리 대한사람으로 공동한 행복을 얻으려면 오직 '내 힘과 우리의 힘'이라. 내가 국민회 중앙총회장의 직무를 받아 가지고 오늘까지 이 직무를 띠고 있는 것은 허명이나마 없어질까 두려워함이니 여러분은 '우리의 힘'을 발육하려거든 중앙총회를 오랫동안 허위(虛位)에 두지 말고 실제에 두시오. 멕시코, 미주, 하와이에 재류한 동포를 5, 6천 명으로 가정하여 각히 1원씩만 교육금으로 내면 학생 양성에 터가 잡히리니, 이로보더라도 우리 힘이란 것이 그와 같이 광대한 것이오. 그러므로 나는 이제부터 다수 동지자와 더불어 전체 민족적 발육을 꾀하노니 여러분은 각각 사업에 전력하시고 우리 한인의 공익에도 진력하시오.

12. 불쌍한 우리 한인은 희락이 없소

○ 불쌍한 우리 한인은 희락이 없소12) (1918. 8. 29.)

나는 여러분과 더불어 이 애통한 날을 해마다 지켜 왔소. 내가 작년에 다뉴바에서 이 날을 지키고 멕시코로 건너가서 각처 동포를 심방하고 돌아오는 날에 공교히 이 날을 맞아서 또 여러분과 더불어 슬픔을 같이하게 되었으니 무한 감개한 가운데 이것이 가히 기뻐할 일이오. 1년 동안 서로 보지 못하다가 반가이 만나는 오늘에 나는 실로 할 말이 많소 마는 다 접어놓고 오직 오늘 국치 기념의 감동을 말하여 보오.

여보 여러분! 우리 서로 봅시다. 미국에 있는 우리 동포는 불쌍한 사람이올시다. 이 세상 불쌍한 사람은 그 경우에 의지하여 여러 가지 종류가 있거니와 불쌍한 사람 중에 더욱 불쌍한 자는 희락이 없는 사람이올시다. 어찌하여 우리 재미 한인이 희락이 없느냐 하면 이 세상 사람이 누리는 희락은 한 가지도 없구려!

정원의 희락이 없소

바다의 고기가 마름(해초)을 물고 희롱하고, 날짐승이 수풀을 의지하여 깃들이는 것은 미물일망정 저 있는 곳을 기뻐함이오. 더욱 사람은 의식의 다음에 주택의 맛이란 맛을 알아서 산을 의지하든지 물을 의지하든지 제각기 저 있는 곳을 사랑하여 황토로 담을 쌓고 대 엮어 문을 하면 수려청한(秀麗淸閑, 빼어나게 곱고 맑은 집)을 기뻐하며 대리석으로 주추를 박고 상자목으로

---

12) 1918년 8월 29일 대한인국민회 나성지방회 국치8년기념회식 석상에서 행한 연설을 나성지방회의 서기 박영로가 필기하여 《신한민보》 1918.9.12.(제503호), 1918.9.19.(제504호), 1918.9.26. (제505호) 1면에 게재하였다.

난간을 두르면 부귀 상련(富貴相連)을 자랑하여 거기서 자라서 거기서 늙도록 깊은 정을 붙이는 것이 인륜의 일종 희락이거늘, 보시오, 우리 재미 한인은 이러한 희락이 없소! 10년을 단봇짐을 지고 동서로 표령(飄零, 떠돎)하는 때에 오늘은 이 농장, 내일은 저 농장에 모기장 한 아래 모든 살림 배치하고 시내에 들어오면 남의 집 뜰 아랫방에 겨우 등을 대이고 절반 죽는 잠을 잘 따름이니 북미 대륙이 넓다고 하지마는 우리는 임의로 발길을 내어 디딜 곳이 없소! 이것이 오직 우리만 당하는 불쌍한 형편이오.

사업의 희락이 없소

사업의 희락이란 무엇이오? 나는 재미 한인의 긴급한 문제에 표준하여 오직 영리적 한 방면을 들어 말하오. 살려고 이 세상에 온 우리가 공업을 일찍이 배우지 못한 것이니 말할 것이 없거니와 그 밖에 농사를 하든지 자본을 던져 이익을 남기는 것은 오직 생활 유지에 요긴할 뿐만 아니라 차차 늘어 가는 재미로서 한 몸의 수고를 잊기도 하는 것이오. 몇 천만 원의 대자본을 이용하는 자는 말고 단 몇 십 원의 소자본을 가지고 푼돈 장사를 하는 자도 또한 영리 취미를 붙이는 것이오. 내가 보니 우리 한인은 그렇지 못하오.

근년 이래 북가주 한인 농업의 발전을 다행이라고 하지마는 그 밖에 대부분은 거의 다 사업의 희락이 없으니 점점 늙어 가는 우리의 전도는 참으로 위태하오. 그리하여 따라서 재산의 낙도 없소.

학문의 희락이 없소

여보시오! 불쌍한 우리 동포들이여. 당신네들이 학문의 낙을 맛보았소? 대개 사람이 무엇을 배우든지 청년 시대에 힘들여 배우는 것은 자라서 쓰자는 것이라고 하지마는 그뿐이 아니올시다. 배워서 나중에 쓰든지 못 쓰든지 그것은 차치하고 사람은 사람의 학문을 가지는 것이 당연한 고로 장차 죽을 자가 "아침에 도리를 들으면 저녁에 죽어도 가하다"고 담대히 말한 자도 있소! 그럴까 의심마오! 진개(참으로) 그러하오! 저가 무슨 칭찬을 받으려고 이런 말을 하는 것이 아니오.

보시오, 고금 학자를 보시오! 저들이 담배를 줄이고 군축(窘縮, 궁색함)을 받으면서 로즙(勞汁, 작은 성과)을 쥐어 짤 때에 그 괴로움이란 집어던지고 물러나려는 마음도 있으련마는, 참고 견디면서 나중의 성공을 얻은 것은 물론 용맹이 있다고 하지마는 오직 혈기의 용맹을 가지고는 도저히 그렇게 할 수 없는 것이오. 하나를 궁구하면 둘을 깨달아 점점 그 이치를 풀어내는 때에 심기가 유쾌하고 정신이 발원하여 아무런 곤란이라도 디디고 넘어서다가 그 혈기가 부족한 경우에 생명이라도 희생하고 뉘우침이 없나니 대개 배우는 자의 학문의 낙이란 것은 이 세상에 무엇으로도 바꾸지 못하는 것이오.

여보시오, 우리가 이러한 희락이 있소? 내가 없다고 판단을 부리기 어렵지마는 10년 노동에 학문의 희락이 없는 것은 사실이라고 하오.

도덕의 희락이 없소

도덕의 낙이라고 하면 이 세상 법도 밖에 있는 자는 한 귀찮은 속박으로 알리다마는 만일 그와 같이 생각하면 이는 오해라도 적지 않은 오해라고 하오. 내가 무슨 종파로 받들어 주장하든지 도리를 깨달아 덕을 닦는 때에 말 조심, 걸음 조심, 몸 조심으로부터 그 지조와 행실을 조촐히 하여 가히 한 사회의 표준이 될 만하면 안으로 자괴하는 일이 없고, 밖으로 남의 공경을 받을 터이오. 사람이 이렇게 되면 말 한 마디를 하여도 동포 사회에 유익을 끼칠 것이오. 글 한자를 써도 인류사회에 행복을 끼칠 것이며 곧 자기가 스스로 생각하여도 정신상 공부가 점점 고상하여 〈묵시록〉을 펼치면 예루살렘의 황금길 진주문이 눈 앞에 열릴 것이오. 〈금강경〉을 헤치면 대천세계에 연화가 우거지고 오색의 구름이 영롱할 터이니 그 즐거움이란 제왕으로 바꾸지 않을 터올시다. 사람이 다 그와 같기가 어렵다 하면 그도 또한 괴이치 않은 말이로되 대개 도덕은 인류의 평안한 방석이니, 만일 학문의 도덕이 없으면 공공의 도덕이라도 있어야 하오. 그리하여야 이 세상에 있을 동안에 마음도 평안하고 몸도 평안하오리다.

이 밖에 인생의 생활의 첫 조건 되는 가정의 희락도 없고, 사교의 희락도 없소, 일언이 폐지하고 우리는 이 세상 인류의 희락은 한 가지도 없으니 우리는 자연 비관에 빠질 것이올시다. 그러면 이상 여러 가지 희락이 있으면 마음이 기쁘겠소? 아니오, 아니오! 가령 이상 여러 가지의 희락이 있을지라도 이하의 세 가지 희락이 없으면 언제든지 우리는 기쁨이 없을 것이올시다. 만일 그렇지 않으면 그 사람은 인체 조직 중에 무엇이 잘못된 사람이라고 하겠소.

나라 없는 설움 어떠하시오

나는 여러분에게 간단히 묻습니다. 나라 없는 설움이 어떠 하옵더니까? 여러분이 겪어 보셨지요. 오늘 우리의 설움이 무엇무엇 해야 나라 없는 데서 더 아픈 일이 없다 하오. 무엇이 그리 아프냐 하면 전신이 다 아픈 우리는 앓는 소리로 8년을 지나왔으니, 이것은 접어놓고 오늘은 비례를 뒤집어 나라 있는 사람을 봅시다.

먼저 전란 중에 참여한 영·미·법·덕인을 보시오. 저들은 선전(宣戰)을 하여도 '우리나라' 하고 강화(講和)를 하여도 '우리나라' 하오. '우리나라'하면 어쨌든지 기뻐서 대포소리가 천지를 진동하고 칼날이 맞부딪쳐 살점이 떨어지고 피 흘려 산하를 물들이는 가운데 앞선 사람이 퍽퍽 거꾸러져도 어깨춤을 추며 발걸음을 맞추어 나아가나니, 이것이 오늘 전쟁의 전후 무후한 활동이오. 또 강화로 말하면, 각기 자기 나라의 이익을 위하여 한 가지 조건도 사양치 아니하오. 이편에서 옛 영토의 회복을 주장하면, 저편에서는 배상을 주장하여 무엇에든지 '우리나라'를 먼저 하오. 그런 고로 미국인에게는 '아메리칸 제일주의'의 표준이 있고 덕국인에게는 '프러시언 제일주의'의 표준이 있소.

아, 저들이 어찌하여 저희 나라라 하면 이와 같이 기뻐하오? 4년 전쟁에 덕국은 통상길이 막혀 식료 공황이 야단이오. 법국은 영토 절반이 대포탄 자리에 잿밭이 되었고 벨지움 써비사는 터문이도 없어졌소마는 내 나라라고 기뻐하는 것은 나라가 없으면 죽을 것을 나라가 있어 살아가므로 죽기를 싫어하고 살기를 좋아하는 인정이 자기의 생명을 위하여 나라 있는 것을 기뻐하오.

이 사람들이 살아가는 재미가 어떠하오. 제 강산에 나서 제 강산으로 돌아가는 일평생에, 어렸을 대에는 부모의 사랑을 받고 자라서 정이란 궁기(궁한 기색) 뚫리면 연애를 이으며 이로부터 가정의 기초를 잡고, 세상을 응수하게 되면 학문이 고상한 자는 몸을 청운에 두어 일국의 정사를 잡으며, 그렇지 못하여 농상업을 경영할지라도 광막한 토지에 봄에는 심고 가을에는 거두어 내하외양(內河外洋, 강과 바다)에 풍부한 물산을 운수 무역하여 세계 경제를 말기도 하고 펴기도 하며, 바다에서 고기를 잡고 산에서는 금은동철을 캐어 내어 먹고 싶은 것 입고 싶은 것을 마음대로 하고, 자녀를 노리개로 단장하며, 늙어서 근골(筋骨, 몸)을 쉬일 때에는 뒷동한 해당화 밑에 손자를 안고 재롱을 보며, 강호에 낚시질과 수풀에 몰이사냥으로 온갖 재미를 다 얻으니 저들의 양심이 저절로 감동되어 저의 나라를 사랑하는 것이올시다.

그런 고로 고등 지식이 있는 자라도 제 나라이면 기뻐하고, 아무것도 모르는 자도 제 나라이면 기뻐하며 불량한 무리라도 또한 제 나라이면 기뻐하여, 눈에서 비지가 흐르는 주정뱅이도 제 나라이면 엉덩춤을 추고, 꽁무니에 단총을 찌르고 손에 투전장을 쥐고 있는 노름꾼도 제 나라이면 그저 기뻐 좋아하오. 여보시오, 우리는 8년 동안 이상의 모든 희락을 모르고 지냈으니 그 설움이 어떠하시오?

자유 없는 설움 어떠하시오.

대개 나라가 없는 자는 따라서 자유가 없소. 자유가 없으면 그 사람은 죽은 사람과 같소. 그런 고로 워싱턴이 "자유를 못하겠거든 차라리 죽음을 주시오"라고 기도하였으니 자유가 얼마나 귀중한 것을 알 것이올시다. 무릇 자유가 없는 자는 죽음과 같은 실상을 들어 말하오리다. 이 세상에 옥에 갇힌 자들은 일신의 자유가 없는 자들이올시다. 저들은 철창 냉옥에 갇혀 있어 발을 가지고 임의로 걷지 못하고, 입을 가지고 임의로 말하지 못하니 그 불쌍한 정형을 바른 대로 말하자면 죽은 사람과 같은 것이 아니라 죽은 사람만 같지 못하다고 하오. 사람이 아주 죽으면 아무것도 모를 터인데 살아가지고 죽은 사람 노릇을 하려니, 그 괴로움이 죽은 사람보다 더할 것이올시다. 대개 이런 사람은 죄가 있어 벌을 받거니와 우리는 무슨 까닭으로 죽은 체하며 남들이 죽은 사람으로 보게 되었소?

여보, 자유 없는 우리 동포들이여! 일신의 자유 없는 설움이 어떠하오? 내가 일찍이 통 속에 갇힌 새를 보니 그 둥지는 채색 단청에 금은 장식을 하였으니 진흙을 쥐어 붙인 보금자리보다 나았고, 그 양식은 순전히 쌀알을 때 없이 뿌려줌이 궂은 비, 찬 바람에 버러지를 쪼아 먹는 것보다 나았소, 그렇지만 사람의 손에 길들이지 않고 아무쪼록 빠져 나가려 하는 것이 무슨 까닭이오? 하늘이 주신 두 날개를 죽치고 좁은 속에 갇혀 있기가 싫어서 끝없이 슬퍼하는 것이올시다. 미물도 이러하거든 하물며 사람으로 어찌 자유 없이 살아가겠소.

그러니까 나라가 없어지면 그 나라에 딸린 그 사람은 나라가 없어지는 그 때는 깡그리 따라 죽는 것이오. 그 후에 사는 것은 제가 살고 싶어 사는 것이 아니라 육체를 주체 못하여 그 몸이 썩을 때를 기다리고 있는 것이올시다. 이에 한 비유가 있으니 좀 들어보시려오. 십 리 장정에 죽은 나무가 꽃도 피지 못하고, 열매도 맺지 못하거늘 무엇을 위하여 처량 적막한 가운데 지엽을 다 꺾어 날리고 등걸만 우뚝 서 있습니까? 방춘가절(芳春佳節, 꽃이 피는 좋은 시절) 24번 풍에 할 일이 없으니까 동설추상(冬雪秋霜, 눈이 오고 서리가 내리는 때)에 뿌리가 뽑히기를 기다릴 뿐이올시다.

나는 이번 멕시코를 다녀오는 길에 자유가 없는 것을 슬퍼하였소. 로갈네츠는 미·멕시코 양국의 국경이올시다. 이민국 관리가 묻기를, "네가 중국사람이냐", 아니오, "그러면 일본인이냐" 아니오, 나는 대한인이라고 하니 그 때에는 내가 심히 듣기 원치 않는 말을 하오. 그리하여 나는 미국에 들어올 길이 망연(茫然, 아득하게 여김)하여 여러 날 묵으며 애를 쓰다가 나의 신분과 이력의 증거를 들어 보이니 충후(忠厚, 참된 마음이 두터운)한 이 사람이 장애 없이 입국을 허락하였소. 당시 나는 지경(地境)을 넘어 들어오며 묵묵히 생각하니 뼈아픈 일이올시다.

시대는 요란하고 행동의 자유가 없으니 내 몸은 장차 어느 곳에 붙이며 나의 사랑하는 가족은 장차 어느 곳에 두어야 근심이 없을 터인고. 나는 내 몸 내 가족으로부터 여러분을 생각하였소. 여러분도 나와 같이 자유가 없는 자로 부모도 있고 처자도 있으니 부모를 어느 곳에 모시며 처자를 어느 곳에 살릴 터이오? 대개 자유가 없는 설음이 이와 같으니 여러분은 응당 이 설움의 아픈 것을 깨달으시리다.

오늘날 우리 한인은 개인으로 보아도 희락이 없고 공체(公體, 집단)로 보아도 희락이 없소. 그래서 집에 들어도 희락이 없고 밖에 나와도 희락이 없소. 만일 여러분 가운데 한 사람이라도 기쁨이 있을 것이면 그 기쁨을 빌어 서로 맘을 위로할 수 있을 것이거늘 우리는 김 서방을 보아도 그러하고, 이 서방을 보아도 그러하며 어디를 가든지 다 그리하여 희락을 얻을 구석이 없으니 대개 없는 화는 한때의 전염병보다 더 고르게 퍼지는 것이오. 더 혹독한 것이올시다. 기쁨이 없으면 그 사람은 슬픈 사람이올시다. 대개 사람이 슬프면 생각이 좁아지고 감정이 편벽되며 기운이 오므라들어서 생리에도 해로운 것이니 이런 이치는 학리로 연구할 것이 아니오 각각 거울을 보고 찾을 것이올시다.

보시오, 오늘 우리 한인은 늙은이도 허리가 꾸부러지고, 젊은이도 허리가 꾸부러졌소. 얼굴은 병들어도 누렇고 성하여서도 누렇소. 첫째 면목이 어엿하지 못하여 남의 앞에 내뛸 힘이 없고 신기(身氣, 몸의 기운)가 국축(跼縮, 움츠러들고 오그라짐)하여 작고 뒤로 물러가기만 하오. 이리하다가는 그 몸까지 건지기 어려울 터이니 나라는 누가 회복하여 주겠소. 생각할수록 송연(悚然, 두려워서 몸을 움츠림)한 일이니, 우리는 먼저 천하에 흉독하고 두려운 슬픔을 끊어 버립시다. 우리 민족 가운데 슬퍼하는 사람보다 기뻐하는 사람이 많으면 그 때에는 우리나라를 회복할 기회가 절로 열릴 것이올시다.

기쁨의 방법은 희망이 하나

아무 것도 없는 우리가 무엇을 가지고 기뻐하겠느냐고 물을 터인 고로 나는 오늘 우리 민족의 기뻐할 방법을 말하오. 우리는 희망이 아니면 다시 기쁨의 방법이 없다 하오. 대개 희망은 장차 얻을 것을 믿고 보지 못하는 가운데 사실을 만들어 기다리는 것이올시다. 이를 터이면 세 끼를 굶은 자가 내일 풍족히 먹을 것을 생각하며 삼동에 벗은 자가 내일 떳떳이 입기를 생각하면 우선 마음이 위로됨으로써 차마 생명을 끊지 못하는 것과 같이 오늘 일인에게 학살을 당하지만 내일 우리가 일인을 학살할 줄로 믿고 기다리는 것이 곧 우리가 마땅히 가질 희망이나, 대개 이런 희망은 절대한 용맹과 절대한 이상이 아니면 도저히 가질 수 없는 것이올시다.

오늘 우리는 이상을 발하고 용맹을 발합시다. 이에 대한 증거를 들어 말하리라. 연전 교회 핍박에 1백 20인을 잡기 전에 소위 총독부 학무국 관리가 각 학교를 순행하는 길에 선천 신성학교(信誠學校)에 들어와서 생도들이 모두 기운이 펄펄하고 면목이 깨끗하여 반점(半點, 조금도) 국축(跼縮, 위축됨)하는 빛이 없음을 보고 놀라 이상히 여기어 말하기를, "이 사람들이 무슨 믿는 구석이 있기에 저같이 활발한 것인가"하고 의심하기를 시작하다가 소위 음모 사건이라는 사실 없는 일을 얽어 잡은 일도 있습니다. 저들이 "믿는 구석이 있다"함은 저희들도 번연히 아는 바에 사실로 믿는다는 것이 아니요 희망으로 만난다 함이니 대개 희망은 우선 그 생리상에 유익함이 이와 같소.

우리도 오늘부터 희망을 가지고 내일의 거울을 보아 봅시다. 우선 얼굴이 좋아질 것이오, 허리도 차차 펴질 것이올시다. 그리한즉 우리 가슴 속에 쌓여 있던 슬픔이 풀려 나가고 기쁨이 들어와서 그 자리를 채워 가지고 이 세상 분투하는 마당에 내어 세울 것이니 오늘 우리 사람의 뇌 속에 가장 먼저 잡아넣을 것이 '희망'이라 하오.

나약한 의심을 깨뜨리시오.

여러분 생각하시오! 어떻게 하면 우리가 능히 독립을 하겠소? 이것은 우리 민족의 품질로써 단정(斷定, 딱 잘라 판단하여 결정함)할 것이올시다. 오늘 우리 사람을 가지고 영·미·법·덕인에게 비하면 하나도 같은 것이 없소.

첫째 학문이 그와 같이 고상치 못하고, 기개가 그와 같이 강장하지 못하고 돈도 없고 세력도 없소. 무엇으로든지 저들을 따를 수 없는 고로 멀리 내다보지 못하는 사람들은 그만 낙심하여 "우리나라 사람이 독립한다는 것은 다 헛말이다"라고 하는 이가 점점 많은 수효로 증가하니 이는 오해라도 적지 않은 오해라 하오.

오늘 배우지 못한 우리 사람을 가지고 발달한 저 사람에게 비교하며 같지 못한 것을 낙심하는 것은 마치 30여 세의 장년이 할 일을 7, 8세의 유년에게 맡기고 그와 같이 못하는 것을 꾸짖는 것과 같으니, 이는 자기 민족을 보는 눈이 심히 공평치 못한 것이올시다. 그러하니 저들이 요사이 얻은 것을 감(減)하고 우리와 평균수를 잡아 다시 비교하여 봅시다. 이같이 비교하는 마당에는 국민회 총회장과 미국의 윌슨 대통령이라든지, 신한민보의 기자와 런던타임스 기자는 말할 것이 없고, 오직 무식한 사람과 무식한 사람을 비교하면 백인의 무식한 사람은 우리의 무식함보다 더 무식합니다. 내가 유럽으로부터 미국에 와서 또 미국으로부터 멕시코까지 다니며 보니 우리나라 사람은 아무리 노동을 할망정 40, 50원(달러)짜리 양복에 자두지족(自頭至足, 머리부터 발끝까지)을 자르르 흐르게 차렸소. 이것이야 분수 밖에 일이지마는 어찌했든지 같은 노동자로 서양인의 호보와 같이하고 다니기 싫어하는 것은 그 기벽(氣癖, 남다른 버릇)이 저들보다 나은 것이니 독립의 원수되는 민족의 품질로 보면 우리나라 사람은 무궁한 낙관을 가질 수 있습니다.

지금에 갖지 못한 것을 가지고 낙심치 마시오. 내 비유로 말하오리다. 여기 복사(복숭아)씨 둘이 있는데 하나는 10년 전에 심어 열매를 맺고, 또 다른 하나는 1년 전에 심어 이제 겨우 뿌리를 박으므로 아직 꽃이 피지 못할 지경이면 열매를 맺지 못하는 나무라고 베어 버릴 자가 있겠습니까? 이와 같이 우리도 상당한 시기를 기다리면 본래 좋은 품질을 가지고 오히려 저들보다 앞설 수 있는 것이니 나의 경애하는 동포들이여, 자존자중하시고 일시 세불리(勢不利)로 생기는 나약한 의심을 깨뜨려 버리시오.

그러면 협력을 하여 봅시다.

무궁한 희망을 품은 우리는 고상한 품격을 가졌으니 이로부터 진취할 길로 나아갑시다. 대개 우리 한인의 진취할 길에는 3종의 사람을 요구하나니 하나는 유식한 사람이오. 또 하나는 넉넉한 사람이오, 또 다른 하나는 협력하는 사람이올시다. 일언이 폐지하고 동심협력(同心協力)합시다. 무엇을 동심협력이라 하오? 한 가지 일에 마음도 같이하고 힘도 같이하는 것이올시다.

13. 대한인국민회 중앙총회 임시국민대회 소집 연설

● 대한인국민회 중앙총회 임시국민대회 소집 연설13) (1919. 1. 4.)

국민대회를 왜 소집하였는가?

(중략)

"이번 평화회의와 소약국민동맹회에 대표자 파견은 우리 대한인 민족 전체의 큰 사건이라. 이같이 큰 사건은 크게 모여서 의논을 맞추어 진행하는 것이 바른 이치니 우리 민족의 전체, 즉 북미, 하와이, 멕시코, 남중국, 동북주와 해삼위 등지에 재류하는 동포의 전체를 원만히 모아 놓고 널리 의견을 거두어 행함이 만 번 합당한 일이라. 이리하여야 옳을 일이지만 땅이 멀고 때가 촉박하여 같이 동포를 다 모아놓기 어려움으로 오직 북미주 각 지방에 재류하는 동포의 대표자를 소집하여 임시 국민대회를 열었나니 이것이 곧 할 수 있는 대로 크게 모인 대회라 하노라.

나는 명철하신 각 지방 대표자들에게 간절히 고하노라. 이같이 중대한 일에 직접 참여하지 못하면 의사 소통이 막히고 오해가 발생하여 장차 큰일을 그르침도 없지 않지 않을 터이므로 이번 국민대회를 열고 대표원 파견의 최종 가결권까지 맡기나니 맘대로 사건을 결정할지어다.

그러나 여러분 대표원들은 한 가지 생각할 것이 있나니 여러분은 각각 한 지방을 대표하였으되 이곳에 들어와서는 실상 전체 민족을 대표한 것이라. 의견 제출과 사건 결정에 서로 고집하지 말고 오직 국가 민족을 표준하여 모든 일을 장애 없이 순하게 진행하기를 깊이 바라노라." 하였으니, 이번 임시국민대회의 소집은 여론에 의지하여 매우 필요하게 모인 것이더라.

---

13) 《신한민보》 호외 1·2, 1919년 1월 23일. 1919년 1월 4일 오후 7시 30분에 샌프란시스코 1053옥 스트리트 북미총회 임시회관 집회실에서 개최한 회의에서 도산이 행한 발언을 기록한 것이다.

하와이 총회와 교섭한 전말

중앙총회장 안창호 씨는 이상과 같은 대회사를 진술하고 작년 12월 25일 이후 하와이총회와 교섭한 전말을 보고하여 가라사대,

"기원 1918년 11월 25일 중앙총회 임시협의회로서 뉴욕 소약국민동맹회에 파견할 대표자 리승만, 만찬호, 정한경 3씨를 선정한 후에 우선 가까운 곳에 있는 민찬호, 정한경 양씨를 뉴욕으로 파견하기로 하고 하와이총회로 공전(公電, 관청끼리 주고받는 전보)을 발하였더니, 이박사의 회전(回電, 돌아온 전보)에 가라사대, '그들을 대표자로 선정하였음은 매우 좋은 일이오나 나도 장차 미국으로 건너 가겠소' 하였고, 며칠 후에 하와이 총회장 안현경 씨가 중앙총회에 품청서를 제출하였는데, 그 글은 중앙총회의 공전을 받기 전에 발부한 공문이라. 내개(內開, 편지의 내용)에 하였으되 '이번 사건은 중앙총회로서 전권 집행하는 것이 합당한 일이올시다. 재정은 어떻게 하여 쓰는지 그 방법을 알기 원하오며, 하와이총회는 중앙총회 지휘 아래 대사 진행을 도울 터이올시다' 한지라.

중앙총회로서 다시 하와이에 전보하여, '당연히 합력할 것'이라고 글을 보내었더니, 그 후에 하와이총회로서 회전하여 가라대, '리박사는 미주로 건너갈 선편을 기다리고 있나이다' 하더니 이직까지 소식이 없으니, 이는 아마 선편을 가다리고 있을 것이라." 하고.

동맹회에 파견한 양 대표자의 교섭 범위

그 다음 뉴욕 소약국민동맹회에 파견한 대표자 민찬호, 정한경 양 씨에게 동맹회와 교섭할 범위를 정하여 준 것을 보고하여 가라사대,

"내가 이상과 같이 하와이에 공전을 발한 후 수 일에 뉴욕 소약국민동맹회의 소식을 들으니, 소약국민동맹회는 12월 14일에 개회라 하는지라.

동회 개회 전에 우선 미국에 있는 대표자를 파견함이 필요하겠으므로 곧 로스앤젤레스에 가서 민찬호, 정한경 양씨에게 공식의 위임장을 발하는 때에 동맹회와 교섭하는 범위를 정하여 주었노라"

하더라. 대표자 교섭범위는 좌(아래)와 같으니,

"대표자 제군이여! 여러 동포의 중한 부탁을 받은 대표자 제군이여! 이번 일에 충성을 다하여 재능을 다하여 좋은 결과를 얻어가지고 돌아오기를 바라노라. 간절히 생각하건대 이번 대표자 파견은 우리 민족에 크게 관계 있는 일이니, 뉴욕에 가는 제군은 응당 모든 일을 신중하게 하려니와, 보내는 나도 부탁을 신중히 하노라. 그러므로 나는 아래 몇 가지 조건을 기록하고 교섭의 범위를 전하여 주나니 뉴욕에 가서 이대로 행하고 만일 사세가 특히 변동할 경우에는 그 의견을 중앙총회에 제출하여 승낙을 얻은 후에 비로소 행할 것이라.

한정한 범위는 아래와 같으니,

1. 뉴욕에 모인 소약국민동맹회에 출석하여 전체 소약국민이 자유와 평등을 함께 얻을 만한 일에 좋은 방침을 확인하여 일을 실행할 일
2. 합중국 대통령 윌슨 씨에게는 우리 민족이 독립 자유를 회복함에 정성을 구하는 뜻으로 장서를 올리되, 한미조약과 한일관계를 자세히 전달하여, 동양의 민주주의의 실현에 동정을 구할 일
3. 미국 각 정계에 교섭하여 우리 일에 동정하도록 운동할 일
4. 우리 민족의 억울한 사정과 일본의 불의한 강제주의로 원동의 평화를 어지럽히게 하는 모든 잔학한 일을 들어 각 신문 잡지에 공포할 일
5. 우리 한족의 대표자가 파리에 건너간 경우에는 대표자 한 사람만 파견하되, 정한경 씨를 파견할 일, 단 한 사람 이상을 파견해야 될

경우에는 중앙총회의 지령을 기다릴 일
6. 대표자가 각처로 보낸 공문의 원고와 각처에서 연설한 초본을 중앙총회에 보내며, 진행하는 사건을 일일이 보고하여 중앙총회로 하여금 대표자의 활동을 밝히 알고 있게 할 일
7. 각 대표자는 전항에 기록 사항은 크나 적으나 반드시 일지(日誌)하였다가 중앙총회로 보내어 역사의 지표를 삼게 할 일
8. 뉴욕, 시카고에 재류하는 동포를 화동하며 권유하여, 이번 일에 각각 분립하지 말고 대한인국민회 범위 안에 합동 일치케 할 일"

(중략)

파리에 파견할 대표자 택정(擇定)에 관한 각 지방의 이견을 부치도록

(중략)

중앙총회장 안창호 씨는 파리평화회에 파견할 대표자 정한경, 리승만 양씨를 확정한 후 이유를 설명하여 가라사대,

"작년 11월 25일 중앙총회의 제1차 협의회로서 대표자 리승만, 민찬호, 정한경 3씨를 택정하고, 그 이튿날 26일 하와이 리 박사에게 전보할 때에 리 박사가 건너올 날짜를 어림쳐 짐작하기를 리박사가 만일 승편의 선기를 얻을 지면 6일이면 샌프란시스코에 도착할지요, 다시 5일이면 넉넉히 뉴욕에 도착하여 12월 중순에 열리는 소약국민동맹회에 참석할 것을 예정하였으나 원래 하와이 선기는 믿을 수 없고, 또 소약국국민동맹회의 소식은 각 소약국민족이 각기 평화회에 대표자를 파견할 수 있다고 하는 바, 만일 이렇게 되면 미리 사람을 정하여 놓아야 임시(臨時) 낭패를 면할 터 인고로 정한경 씨로 택정하였는데, 이는 오직 중앙총회의 제1차 협의회 가결을 경유할 뿐 아니라 각 지방총회 선출 중앙총회 대표원에게 전보로 승인을

경유한 것이오, 그 후 평화회의의 형편은 처음보다 많이 변하여 서서히 주선하여도 될 터이므로, 다시 리박사를 대표로 선정하였으니 여러 동포는 양차 대표원 선정에 이의가 없을 것이다.

중앙총회로서 처음에 정한경 씨를 대표자로 선정한 것은 당시 리박사는 신속히 건너올 것을 기필하기 어렵고, 그 다음에 인재를 취하려면 동서 각 주에 대학생들이 많지만 특히 정한경 씨는 이왕으로부터 한국 사정에 유의하여 여러 차 영문잡지에 기서(寄書, 기록을 보냄)하였으므로, 일반 동포들이 그 이름을 알고 당시 씨도 또한 공부를 중지하고 나와서 일하기를 원한 바라. 씨는 여러 동포가 아는 바와 같이 영어 영문을 농통하고, 년소기장(年少氣壯)하여 내뛸 힘도 없지 아니하니 가히 외교상에 한번 그 재능을 시험하여 볼 만하고, 리박사는 우리 동포 사이에 굴지(屈指, 손꼽는)하는 노선(老先, 선배)으로 일찍이 중대한 명망을 얻고 있으니 리박사는 앞장을 서도 가하고 뒷일을 보아도 가한 사람이라. 여러 동포는 이번 대표자 선정에 대하여 만족히 여길 줄 믿노라."

5십만 원 영문잡지 안은 어떻게 결정하였는가?

필라델피아 서재필 박사는 (중략) 개인이 일어나 50만 원 영문잡지 발간의 의견을 중앙총회에 보내어 이를 채용하기를 요구하였으므로 중앙총회장 안창호 씨는 당일 국민대회에 그 의견을 제출하였는데 그 계획을 보건대,

"북미 하와이 동포는 50만 원 자본을 50원 주식으로 모집하여 기본을 삼고, 그 이자로써 영문잡지를 발간하되 주필은 영어 영문에 능통한 리승만, 정한경 양 씨를 마저 쓰면 나는 힘에 미치는 대로 도울 것이라 하였더라."

평화회 파견 리승만씨의 위임장

프린스 버샐스 만국평화회
연군국 대표자 각하

대한인국민회 중앙총회는

> 미주 재류한인 2천5백 명
> 멕시코 한인 1천 명
> 하와이 재류한인 5천 명
> 원동 재류한인 150만 명

을 통일하여 조직한 대한인국민회 중앙총회 특별위원회의 가결을 경유하여 리박사 승만 씨를 프린스 버셀스 만국평화회에 파견하는 대한민족의 대표자로 정식 택정하여 리박사 승만 씨로 하여금 대한민족의 전권대표자로 프린스 버셀스 만국평화회에 나아가게 하였사옴

　　년　　　월　　　일

대한인국민회 중앙총회장 안창호
　　　영문 서기 백일규 (서명)

(위와 같은 문건을 평화회 대표자 정한경 씨의 위임장에도 동일하게 작성하여 발송함, 엮은이)

14. 3·1운동을 계승

○ 3·1운동을 계승14) (1919. 3. 13.)

오늘 우리는 기쁨과 슬픔이 아울러 발하여 뜨거운 피가 조수 이상으로 끓어오르니 마음을 진정하기 어렵소이다. 우리는 오랫동안 마음이 아프고 얼굴이 뜨뜻한 비애와 치욕을 받아 오다가 오늘에야 비로소 역사 상에 큰일을 일으켜 놓았으니 기뻐서 일어나는 동시에 느낌이 간절하여 도리어 슬퍼하며 또 이 앞에 성공이 간난(艱難)한 것을 두려워합니다.

우리가 독립선언의 대사건이 발생하기 전에는 내지 동포의 내정을 몰라 앞뒤를 돌아보며 주저하였지마는 오늘 전국 민족이 나라를 위하여 생명을 바치는 때에는 대한민족의 일 분자 된 우리는 재주와 힘을 다하여 생명을 희생하여 죽기까지 용감하게 나아갑시다. 죽기를 맹세하고 나아가면 우리는 서로 의리의 감동함이 있을 것이외다.

믿건대, 마음을 넓게 가지고 강하게 쓰며 정을 뜨겁게 붓고 깊이 맺어 시기와 미움이 없을 것이요, 무서움과 두려움도 없을지니 기왕으로부터 이승만·안창호가 어떠하다, 이대위·박용만이 어떠하다는 요언이 스스로 소멸되겠고, 따라서 지방에 있는 동포들도 서로 느끼고 사랑하여 정성을 기울이겠고, 그밖에 놀음하는 동포는 투전을 그치고 술 마시던 동포는 술잔을 던지고 일제히 일어나서 하나님의 지휘 명령 아래서 죽음이 아니면 독립, 두 가지로써 뒤를 이어 나갈 것이올시다.

세계 역사에 증거 하여 보건대, 국가의 독립이 한 번 싸움으로 성공하는

---

14) 주요한 편저 《안도산전서(安島山全書)》 증보판. 1999. 615-617쪽. 1919년 3월 13일 미국 샌프란시스코 대한인국민회 중앙총회 위원회 석상에서 행한 연설 요지이다.

일이 드물고, 또 목하에 우리가 스스로 돌아보더라도 형편된 것이 무수한 피를 흘려서 일본의 섬을 바다 속에 잡아넣어야 우리 한국의 독립이 완전히 성공될지니 우리는 죽고 또 죽음으로써 독립을 회복하기로, 사람이면 모두 내어 쓰는 대로 쓰고 주먹으로 쓰다가 나중에는 생명을 바칩시다. 무릇 용감한 자는 큰일에 임하여 대담하고 신중하므로 앞에 쓴 책임을 이루어 가나니, 용감한 우리는 허열(虛熱, 들뜬 기운)을 경계하고 모든 일을 진중히 하여 우리 독립군을 끝까지 응원합시다.

이제는 나의 주의를 말하리다.

1. 우리는 피를 흘린 후에 비로소 목적을 관철할지니, 이로써 준비하여 마땅히 지킬 비밀 외에는 비밀을 지키지 않을 것이요,

2. 북미·하와이·멕시코에 재류하는 한인은 특별히 담부(擔負, 짊어짐)한 책임을 깨달을 것이오. 특별 책임이 무엇이냐 하면, 미국에 있음으로써 담부한 책임이올시다. 미국은 지금 세계상에 가장 신성한 공화국으로 자유와 정의를 힘써 창도하나니, 장래 미국이 활동하면 우리에게 큰 관계가 있을 것이올시다.
우리는 지금으로부터 준비하여 널리 유세하며 각 신문·잡지를 이용하여 여론을 불러일으키고 종교계에는 지금 한국 교도의 악형 받는 참상을 널리 고하여 우리를 위하여 기도하여 주기를 청구합시다. 이렇게 하여 미국 전국 상하로 하여금 사람마다 한국의 사정을 알아서 많은 동정을 기울이게 되면 장래 우리 활동에 힘 있는 도움을 얻을 것이올시다. 이것이 곧 외교의 활동이니 우리 미국에 있는 동포들의 특별히 담부할 책임이오.

3. 재정 공급이 또한 북미·하와이·멕시코 재류 동포의 가장 큰 책임이올시다. 이천만 민족이 다 일어나는 이때에 우리는 대양을 격하여 내왕

을 임의로 하지 못함으로 말미암아 몸을 바치는 대신에 재정 공급의 중임을 담부하였으니, 우리는 금전으로써 싸우는 군인으로 생각합시다. 지금 맨주먹으로 일어난 우리 독립군들은 먹을 것도 없고 입을 것도 없어서 바다 밖에 있는 동포들이 도와주기를 바라고 기다리는 터이니 우리가 금전으로 싸우는 것이 생명으로 싸우는 이만큼 요긴합니다. 그래서 재정 공급이 가장 큰 책임이라 하는 것이올시다.

재정 모집에 이르러서는 일찍이 정비례의 지출의 의견도 있었고, 또 현금 민심을 보건대, 사람마다 더운 피가 끓어서 있는 것을 다 바치기로 생각하고 만일 바치지 않으면 강제로 걷어 오기로 생각하거니와, 이렇게 하여서는 큰일은 해나갈 수가 없소이다. 독립군의 버려진 형편을 보건대 1년도 가하고 2년도 가하여 한량없는 재정을 요구하는 터이니, 얼른 단 한 번에 그 생활 기초를 흔들어 놓으면 다시 뒤 이을 여지가 없을 것이니, 우리는 마땅히 이때에 경제 정책을 취하여 동포의 영업을 이왕보다 더 힘 있게 장려하고 이익에서 힘에 맞도록 의연을 거두는 데 무슨 별이를 하든지 매년, 혹 매달 혹 매주 간 수입에서 10분의 1을 거두어들이게 합시다.

이를 실시하려면 부득이 4월부터 시작하게 되니, 이 달에는 미주·하와이·멕시코 재류 동포 전체가 한 사람 평균 10원 이상의 특별 의연금을 내기로 합시다. 총히 말하면, 우리는 국가에 일이 있는 이때에 있어 생명과 재산이 내 것이 아니요, 나라의 것이라, 어떤 때에 바치든지 다 자기 나라로 바치기로 생각합시다. 나는 미주·하와이·멕시코 전부 동포를 대표하여 갈충보국(竭忠報國, 온 힘을 다해 국가를 위함)을 결심하였음을 공번되이 말씀합니다.

15. 제1차 북경로예배당 연설

● 제1차 북경로예배당 연설15) (1919. 5. 26.)

　금일은 우리가 일할 때외다. 너도 하고 나도 해서 대한사람은 남녀노소 하나 남김없이 함께 일합시다. 오늘날은 일만 위해서 일할 때올시다. 나의 명예를 위하여, 나의 몸을 위하여 하지 말고 다만 나라를 위하여 일하고, 독일은 독일을 위하여 일하나니, 대한인도 응당 대한을 위하여 일할 것이외다. 영국인은 영국을 위하여 일하므로 제 받을 바를 받고, 미국인은 미국을 위하여 일하므로 제 것을 얻었으니, 대한사람은 오직 대한을 위하여 일하지 않으므로 오히려 있던 것을 잃어버렸소. 아무 철도 모르는 계집아이들이 포학한 왜놈의 손에 죽을 때에 무어라고 죽었습니까. 나는 이렇게 죽으면 저 해외에 있는 동포들이 나를 위하여 내 자유를 찾아 주리라고 부르짖고 죽었습니다.

　우리의 오늘날 약함은 다만 우리에게 교화가 늦게 시작됨에 있고 우리 민족이 열등한 데 있지 않습니다. 대한민족은 남에게 져서 살려고 아니하는 민족이외다. 그러므로 대한민족은 독립하고야 말 민족이외다. 또 일본이 타민족을 통치할 자격이 없음은 사실이외다. 어떤 이는 대한이 강력한 일본에게 합병을 당한 것을 한탄하나 나는 오히려 이것을 다행으로 압니다.

　3월 이후로 우리는 갱생하였습니다. 우리는 갈 곳으로 갈 수밖에 없습니다. 어제까지 정탐을 하던 놈도 오늘은 나라를 위하여 몸을 바친다 하면 우리가 기쁘게 맞을 것이올시다. 어떤 사람은 상해 가운데 대한사람으로

---

15) 1919년 5월 26일 중국 상해 북경로예배당에서 도산의 상해 도착 환영회가 교민친목회 주최로 열렸는데, 그 석상에서 행한 연설 요지이다. 《신한민보》 1919년 7월 17일 자에 게재되었다.

왜놈의 돈을 먹고 자객 노릇을 하는 자가 있다고 하나, 나는 거짓말로 압니다. 대한민족 되고 이 안창호를 죽일 놈은 하나도 없다고 확신합니다.

우리는 이제부터 외교를 잘 해야겠습니다. 우리의 뜨거운 피를 흘려야겠습니다. 옥에 갇힌 이의 유족도 건져야겠습니다. 재정 문제도 급합니다. 여러 가지 급한 것이 많지만 무엇보다도 우리는 통일되어야 하겠소. 대한민국 전체가 단합하여야 하겠소. 세계가 지금은 우리를 주목하여 노서아보다, 중국보다 나은가 보려 합니다. 그러므로 우리가 무엇을 희생하더라도 여기 이 정부를 영광스런 정부로 만들어야 하겠소. 세상에 조소를 받지 않도록 하여야 하겠습니다. 나는 여러분의 머리가 되려 하지 않습니다. 여러분을 섬기러 왔습니다. 마지막에 말씀할 것은, 우리가 항상 하나님 앞에 은밀히 안 된 것을 고쳐야 되겠습니다.

망국민 자격에서 벗어나 독립 국민 자격이 되어야 하겠습니다. 오늘날에 이르러 우리 동포가 이만큼 피를 흘린 뒤에 주저하고 머뭇거림은 죄악이외다. 다만 너도 일하고 나도 일하여 대한사람은 하나도 남김없이 모두 같이 일할 뿐이올시다. 온 대한사람이 다 거꾸러지더라도 나는 홀로 서서 나아가겠다고 맹세하시오. 만세. 만세.

16. 청년단의 사명

○ 청년단의 사명16) (1919. 5. 28.)

나는 오늘 저녁에 내가 생각한 말을 다 아니 하려 합니다. 우리 민족에게 대하여 내가 할 말이 다소간 효험이 있을 줄 아는 고로 하루라도 바삐 내 소견을 발표코자 하오. 그러나 나는 소수의 여러분에게 말하고자 아니 합니다. 내일이라도 상해에 있는 대한사람이 하나 남지 않고 죄다 온다 하면 내가 내 속에 있는 말을 다 내놓겠소.

우리 청년이 작정할 것 두 가지가 있소. 하나는 '속이지 말자', 둘째는 '놀지 말자', 나는 이것을 특별히 해석하지 않소. 대한청년은 스스로 생각할 때에 깨달을 수 있습니다. 이 말을 매일 주야로 생각하오.

우리의 일은 이것이 처음이요, 아직도 앞길이 멉니다. 우리는 좀 더 활발히 싸워야겠소. 일본이 다행히 회개하여 우리 앞에 무릎을 꿇고 사과하면 모르거니와, 불연하면 장래 저 만주와 한반도에 각색 인종의 피가 강같이 흐를 것을 내 눈으로 보고 현해탄 푸른 물이 핏빛이 될 것이오. 이것을 일본 사람도 지혜 있는 자는 알고 있소.

우리 일은 시작이오. 우리의 앞은 더 중대하오. 우리 청년은 태산 같은 큰일을 준비합시다. 낙심 말고, 겁내지 말고, 쉬지 말고, 용감하고 담대하게 나갑시다. 총독청·사령부라도 당돌히 출입하는 청년이 되시오. 뉘 말을 들은즉 상해에서는 조심한다고 일 못한다니, 조심한다고 일 못하면 언제 하오? 죽을 작정하고 담대하게 일합시다. 우리 마음에는 원수 갚을 마음뿐이오.

---

16) 《안도산전서》 증보판. 1999. 619-620쪽. 1919년 5월 28일 교민친목회 사무실에서 청년단 주최 환영회 석상에서 행한 연설 요지이다.

상해에 있는 이는 겁 없이 일합시다. 오늘 봉천을 가게 되면 오늘 가고, 내일 경성을 가게 되면 갑시다. 상해에 있는 청년은 전 한 청년의 표범(標範, 모범)이 되오. 세상에서 우리 정부를 신임치 않는 이가 있더라도 우리 상해 있는 이는 우리 정부에 봉사합시다. 우리 정부는 왜놈의 정부만 못하오. 그러나 우리는 섬길 필요가 있습니다. 정부에서 하는 일이 불만족하더라도 우리는 섬깁시다. 이것은 여기 있는 청년이 전국의 모범이 되어야겠소.

그러므로 나는 청년단이 있음을 실로 만족히 압니다. 참 다행이오. 이것이 중심이 되어 여러 단체가 생기기를 바라오. 정부에서 시키지 않더라도 각 단체에서 자진하여 일할 것이 많습니다. 여러분이 이와 같이 스스로 단합하여 도와줌은 참 감사합니다. 이 청년단이 더욱 확장하여 전국에 보급되기를 바랍니다.

17. 제2차 북경로예배당 연설

● 제2차 북경로예배당 연설17) (1919. 6. 4.)

여러분이 나의 시정 방침을 듣기를 원한다 하나, 금일 우리 방침은 다른 것 없이 다만 독립운동에 대한 방침이외다. 결코 우리가 독립을 다 한 후 경성에 들어가서 할 시정 방침을 찾지 마시오.

세 가지 요구, 오늘날 한국과 일본의 문제가 생겨 한국은 일본에서 벗어나 신 공화국을 건설하려 하오. 일본은 이것을 압박하여 요구하는 것 세 가지가 있소.

우리가 이것을 잘 알아 우리의 요구에 합하는 일을 하여야 하겠소. 먼저 한국에서 요구하는 것은, ① 한국민이 모두 통일하여 누구의 승인 전에 스스로 국가를 건설코자 하는 요구, ② 정의와 인도가 각국에 이해되어 우리 사정을 공평하게 판단하게 하는 요구, ③ 일본이 종내 회개치 않는 날은 무력으로 우리의 문제를 해결하는 것.

일본의 요구는 이와 반대로, ① 한국민이 통일치 못하여 자멸케 하도록 하는 요구, ② 공평한 판단이 나서지 못하게 방해하는 요구, ③ 한국이 강한 무력을 갖지 못하게 하는 요구요.

첫째 요구, 일본은 봉천 안동현 등지에 자기 심부름꾼을 따르게 하여 각지에 연락을 끊으며 이간책을 쓰려 하오. 그러므로 우리의 일언일소(一言一笑)가 우리의 통일을 방해하면 아무리 자기가 국가를 위한다 하나, 이는 즉 스스로 일본에 충신이 되는 것이오. 우리의 계획이 허다하다마는 우리가 통일을 못 이루면 하나도 성취하지 못하겠으니 심려하여야겠소.

---

17) 《안도산전서》 증보판. 1999. 620-622쪽. 1919년 6월 4일 상해 북경로예배당에서 두 번째로 독립운동 진행 방침에 대하여 행한 연설 요지이다.

둘째 요구, 우리가 공평한 판단을 세계에 받기 위하여 워싱턴과 파리에 사람을 보낸즉, 우리는 안으로 의사가 합하여 따로따로 분산하지 말고 외교원들에게 실력으로 원조하여야 하겠소. 혹은 "지금 외교가 필요 없다. 우리 힘으로 하자" 합니다마는, 좋은 말이오마는, 우리가 외교를 전혀 무시할 수 없는 것은 사실이오. 우리가 각기 돈을 가지고 내놓지 않으면 저 외교원들의 여비도 변출치 못하겠소. 고로 이것도 일인의 일을 조력하여 주는 것이 됩니다.

  셋째 요구, 무력적 해결에 대하여는 다만 우리가 공상으로만 할 것이 아니오, 구체적으로 질서 있게 계획하여 나아가야 하겠소. 그러면 여러분 한국의 일을 하노라고 일인의 요구를 성취케 맙시다. 임시정부를 욕하는 것이 통일에 적합하다 하면 매일이라도 욕하시오. 만일 불연하면 길이 생각하여 보시오.

  놀지 말고 일하자, 내가 이 말을 세 번째 합니다. 우리 일은 매우 큰 것이므로 노력이 필요합니다. 우리 이천만이 다 같이 일하여야 될 것이오. 가만히 앉아서 독립이 될 줄 압니까. 가만히 앉아서 흘리는 피는 가치가 적소.

  여러분 각자 무슨 일이든지 하나씩 붙잡으시오. 일이 있거든 다른 일이 생기기까지 그 일을 놓치지 마시오. 아직 일이 없으시면 금주라도 일을 구하여 놀지 마시오. 우리가 다 하나씩 붙잡으면 모든 시기 편당이 없어지리라. 할 일이 없습니까. 일하기 좋은 일만 찾지 말고 아무 일이든지 남이 알거나 모르거나 있는 대로 하시오. 그러면 일이 없을 수 없소. 일은 하고 싶으나 나는 자격이 부족하다 합니까. 시체가 아닌 이상에는 자격이 있소. 소 못 잡는 칼은 닭이라도 잡을 수 있소. 세인이 나를 바로 써 주지 않는다 합니까. 만일 성심으로 일할 것 같으면 마침내는 그 자격이 나타날 것이오.

  (이하 약)

18. 한국 여자의 장래

◎ 한국 여자의 장래18) (1919. 6. 9.)

　내가 다른 때보다 더욱 오늘은 한국 부인을 존경하고 사랑하는 마음이 많습니다. 한국 여자는 본래 그 절조가 세계 중 가장 높고 굳어 가장 존경을 받을 만 하였소. 그러나 다만 한 가지 흠은 그들이 스스로 생각하여 사나이의 부속물로 여기고 여자도 떳떳한 사람의 권리를 가진 것을 깨닫지 못하였고, 사나이도 또한 여자를 한 부속물로 생각하였습니다. 그러므로 과거의 여자의 큰 잘못은 스스로 몸을 낮추어 그 권리를 버리고 사나이에게 붙은 물건으로 여긴 것이올시다. 오늘날 여러분을 더 존경하고 사랑한다 함은 그런 여자 가운데서 새로운 정신이 일어나 이번 독립운동에 사나이보다도 먼저 부인들이 시작하고 피를 흘리는 가운데서 끝끝내 유지하여 온 까닭이외다. 내지나 해외에 있는 부인들이 자각하여 그들의 사람 된 책임을 다하게 된 것을 더욱 존경합니다. 또 사랑하는 것이외다.

　지금 여러분의 일이 시작이므로 모든 것이 서투르다고 스스로 업신여기지 말고, 또 업수이 알지 맙시다. 쉬지 말고 나아가면 큰일을 이룰 수 있소. 구미 각국에서 교육계에 실업계에 저술계에 정치계에까지 남자뿐만 아니라, 여자도 많으오. 여러 부인들이 참정권을 위하여 오랫동안 싸우고 지금도 싸우고 있습니다. 나는 우리나라가 여자의 힘으로 독립하는 날이 될 것을 기뻐하는 것보다 더 여자의 자격을 기뻐합니다.

　내가 미주에서 돈을 모집할 때 나는 여자의 자각을 위하여 여자는 여자끼리 모여서 돈을 모집하기 바랐소. 그 때 남자들은 자기 수입 중에서

---

18) 《안도산전서》 증보판. 1999. 622-623쪽. 1919년 6월 9일 대한애국부인회에서 행한 연설 요지이다.

20분의 1을 바치리라고 할 때에 여자는 그의 생활비에서 하루 음식을 줄여서라도 그 돈을 모아서 바치겠다 하였습니다. 여자는 일정한 직업도 없다고 또 집안 살림에 매였다고 부모 슬하에 있다고 돈을 거둘 수 없다 마시오. 제 힘 닿는 데까지 할 것뿐이오.

여러분은 지금 생각하는 세 가지 일 다 좋습니다. 그에서 더한 방침이 없겠습니다. 여러분 그것을 계속하여 진행하시오. 전 대한 여자가 한덩어리가 되어 가기 위하여 연락하기를 시작하였으니, 그것을 그대로 진행하시오. 그동안 한국 여자가 받은 욕을 온 세상에 광포하라 하는 것. 그대로 할 것이오. 돈 모아 바치는 것 그대로 하시오. 별다른 일할 것 아니라, 이 세 가지가 가장 좋은 방침이외다. 상해에 있는 부인들이 서로 멀리 있어서라도 나라 일을 도울 수 있습니다. 늙은이 젊은이가 다 애국부인회 회원이 되어 전국이 함께 합동하면, 이 부인들이 세계에 주는 감동이 남자보다 더하겠소. 미국이 참전한 후로 부인의 활동이 비상하였소. 부인들은 각기 돈을 내고 또 거리에 나서서 남자도 돈을 내라고 하였소. 이 까닭에 많은 돈을 모집하였습니다.

나라 일은 정부나 청년이나 유지자가 한다고 생각지 마시오. 여자도 큰 직업을 가진 줄로 알고 다 합심하여 함께 나아갑시다.

19. 독립운동 방침

○ 독립운동 방침[19] (1919. 6. 25.)

나는 이 자리에서 여러분의 의견을 많이 듣고 싶소. 나라 일은 사사로운 일이 아니오. 공번된 일이니까 여러분의 여론을 들어서 행하여야 하겠소. 지금 13도와 각처 여론이 일치하지 못하면 그 영향이 온 전국에 미칠 줄로 압니다. 혼자 생각하실 때 품은 생각·연구·불평·토론할 것, 다 이 공번된 자리에서 진정된 자리에서 진정으로 토론하여 주시오.

만일 이 자리에서 말 아니하고 집에 돌아가서만 시비를 하면 이는 정당치 못한 일이외다. 마음에 생각 숨기지 말고, 헐기 위하여 말고, 찢기 위하여 말고, 논하기 위하여 말고, 모으기 위하여 진정의 사상과 마음을 발표하여 주시기를 바랍니다.…….

말씀하시는 이가 아니 계시니 미주 소식을 말하겠습니다. 이박사가 맨더토리를 청한 것은 우리 독립운동 나기 전에 미주 국민회를 대표하여 가지고 화부(華府, 워싱턴)에 가서 파리로 가려다가 전시 조례 때문에 여행권을 얻지 못하여 가지 못하고 있다가, 어떤 법학자의 의견이 한국 독립으로 논하면 한국 내지에서 아무 거동이 없는 이상에는 외지에 있는 몇 사람으로 평화회에 한국 독립을 청구하더라도 용이하게 제출되지 못하리라, 완전한 독립 요구의 계제로 우선 위임통치를 요구함이 유리하다고 권고하므로 그렇게 요구한 것이외다.

그러나 이것은 종시 정식으로 제출되지 못하였습니다. 그러나 3월 1일 독립선언 이후로는 그는 절대적으로 독립을 위하여 일하나니, 그가 제출한

---

[19] 1919년 6월 25일 교민친목회 사무소에서 독립운동 방침에 대한 연설의 요지이다.
《안도산전서》 증보판, 1999. 623-627쪽;《島山安昌浩全集》 제6권, 2000. 77-79쪽

연설

청원서가 여기 있는데(신문을 낭독) 절대 독립 소리가 여러 번 있소. 그러나 여기 대하여 말할 것은 이미 어떠한 기회에라도 한번 맨더토리를 요구한 인물을 국무총리로 선정함은 안한 것보다 못하겠지오마는 이미 선정한 그가 국무총리로 절대 독립을 청원한 이 때에 그이를 배척함은 대단히 이롭지 못한 일이외다. 이미 아무런 관계가 있었어도 오늘날 우리가 그 세력을 후원함이 우리에게 큰 이익이외다.(박수)

여러분 중에 한 분이라도 파리와 워싱턴에 위로하는 편지 한 번 하신 이가 있습니까? 없나 보오. 잘못한 것은 추호만큼이라도 안다 하다가도 잘한 것이 있으면 눈을 감고 맙니다. 우리가 이 버릇을 고쳐야 하겠소. 우리 이천만을 대표하여 간 이는 다만 김규식 씨 일인이오. 다른 나라와 같이 여러 백 명씩 간 것이 아니오. 만일 다른 나라 같으면 그의 책상 위에는 위로 전보가 여러 백 장 쌓였을 것이오. 실수한 것은 책망하여야 하겠소마는 용감스럽게 나아가게 하기 위하여 도와주어야 하겠소.

(말을 잠깐 그치고 미주서 온 소식을 말하는 중 미국 각 계급에서 우리를 원조하는 상황 및 서재필 박사 부부의 활동이 비상하더라.)

순전한 애국심. 내가 방침을 말하기 전에 말할 것은 우리가 3월 1일에 독립 만세 부르던 그 순전한 애국심을 잊지 맙시다. 이 순전한 애국심만 있으면 다투나 싸우나 근심이 없소.

상해에 지방열이 있다고 근심하는 이 많으나 내 눈으로 보아서는 오히려 지방열이 없어서 걱정이오. 이것이 무슨 말인가. 미국이 참전하고 돈 거둘 때에 지방이 제각기 많이 내려고 경쟁하는 것을 보았소. 우리도 각 지방이 서로 피를 많이 흘리리라고, 돈을 많이 내리라고 경쟁합시다. 한 지방 사람이 한 방 얻어 가지고 있다고 저것이 지방열이라 하오. 너무 유치한 관찰이오. 만일 내 처가 있다고 저것이 지방열이라고 하오. 너무 유치한 관찰이오.

만일 내 처가 있으면 편당 가르지 않으려고 다른 아내와 같이 있을 터이오? 어서 색안경을 다 벗읍시다. 진정한 애국심만 가지고 '나'란 것을 다 잊어버리고 나라만 위해 일합시다. 늙은이 젊은이, 유식한 이 무식한 이, 미주놈 상해놈 할 것 없이 다 같이 일합시다. 이 생각이 있어야 실로 방침도 쓸데가 있지, 만일 이 생각이 없으면 천만 가지 방침이 다 쓸데없이 되는 것이오.

금후의 방침. 방침이라, 계획이라 하나 안창호에게서도 별다른 방침이 없고 다만 독립뿐이오. 단결하자, 외교하자, 군사 행동하자, 이것이 3월 1일에 반포한 우리 방침이오.

1. 통일방침

우리의 목적의 하나가 일전에도 말한 바와 같이 우리 대한사람은 스스로 한 뭉텅이가 되어 다른 사람이 독립을 승인하여 주기 전에 나라를 이룹시다. 우리가 원수 손 아래서 물질로는 나라를 이루지 못하나 정신상으로 나라를 이루기 위하여 임시정부를 세웠으니, 인제는 불가불 일치하여야 하겠소. 독립운동이 일어나 우리 나라 최고 기관을 세우려 할 때 서로 교통이 불편하므로 동서에서 기관이 일어났으니, 오늘날은 이를 다 통일하여야겠소.

아령 국민회가 있소. 이로 인하여 각처에서 의혹이 많으오. 그런즉 우리가 다시 정식 대의사를 소집하되 이미 있는 대의사와, 아령·중령·미주·각지에서 정식으로 투표한 의정원을 다시 모아 거기서 지금 있는 7총장 위에 우리 집권 셋을 택하여 이 세 사람으로 파리와 워싱턴의 외교도 감독시키고 군사상 행동도 통일적으로 지휘함이 어떻소.(만장 갈채) 그러면 이 계획은 길어도 2개월이면 성공하겠소. 그러니까 그동안은 현재 급한 일은 그대로 처리해 갈 것이오.

우리 통일과 지식 계급. 지식 계급 여러분이 반성하여야 할 일이 있소. 여러분이 나라를 위하여 따로따로 여러 가지로 일하는 정성은 대단히 감사하나 오늘날은 따로따로 일함보다 합하여 일하는 것이 좋겠소. 북간도에서 따로 하고 서간도에서도 따로 하고 어디 어디서 따로만 일하면 이는 우리가 스스로 멸망을 취함이외다.

나는 내무총장으로 있는 것보다 한 평민이 되어 어떤 분이 총장이 되든지 그분을 섬겨서 우리 통일을 위하여 힘쓰고 싶소. 그러므로 일전에 취임식을 하려다가도 주저를 하였소. 다른 것 다 잊어버리고 큰 것만 보고 나아갑시다. 내 부모라도 우리 일에 충성되지 못하면 원수요, 내 원수라도 우리 일에 있어서는 내 친구가 될 수 있소. 우리가 돈에 대하여서도 많은 돈, 적은 돈 할 것 없이 인제는 동서 분산되지 말고 다만 한 곳으로 모웁시다. 재정과 의사가 서로 통일되어 일합시다.

내가 잘못하는 것 있으면 책망하십시오마는 언제든지 나하고 나누지 맙시다.(박수) 장난이라도 우리 사이에 혁명이 생긴다는 등 소리를 하지 맙시다.

2. 외교 방침

우리가 오늘날 정책이나 수단으로 하는 외교가 아니오. 다만 정의와 인도로 하는 외교외다. 우리가 10월에 연맹회가 열리기 전에 외교 많이 해두어야 하겠소. 한일관계를 조사하는 것도 그 전에 해야겠소. 중국하고도 과거부터 미래까지 관계가 그치지 않겠소마는 외교를 따로따로 하지 맙시다. 따로따로 외교하면 오히려 신용을 잃은 것이외다. 만일 외교 하시려거든 정부 허락을 맡아 가지고 하시오.

3. 군사 행동 방침

우리는 군사 행동의 수양이나 무비나 다 일본보다 못하나 우리는 그것 생각할 것이 아니외다. 다만 일인이 피로 우리나라를 빼앗았으니 우리도 피로 회복할 것만 생각합시다. 우리가 다 합해도 부족한데 따로 따로 나가면 어찌합니까. 피를 흘리되 통일적으로 싸워야 이익이 있겠소.

4. 재정 방침

금전을 모아야겠소. 큰 부자에게 가서 가져올 것도 아니요, 빈부를 물론하고 다 제 힘껏 내어야 하겠소. 상해에 있는 동포들은 한 달에 얼마씩 작정하고 꼭꼭 냅시다. 부자한테만 바라면 돈이 아니 되오. 힘 자라는 대로 내겠다는 이는 거수하시오.(만장 거수) 그러면 재정 방침이 다 되었소.

결론, 임시정부가 한 일이 무엇이오? 원동에 있는 이가 한 일이 무엇이오? 재정 모집과 시위 운동 계속이외다. 이것으로 외교와 전쟁과 모든 것이 될 것이오. 내가 며칠 후에는 피 흘리는 이에게 절하겠소마는 오늘은 돈 바치는 이에게 절하겠소. 돈 한 푼 갖다 주지 않고 일만 하라 하니 답답합니다.

내가 취임할 때 또다시 무슨 말할지 모르나 오늘 밤만은 "원망도 말고 시기도 말고 딴 집 세우지 말고 무슨 일을 당하든지 지금은 다만 한 곳으로 모여 돈을 모으고 통일·외교·전쟁 세 가지를 잘해 나가자" 하는 말뿐이오.

20. 내무총장에 취임하면서

○ 내무총장에 취임하면서20) (1919. 6. 28.)

이같이 중대한 직분을 받는 오늘 나의 감상은 다만 감축하다고 하는 말뿐이올시다. 다만 일백 번 죽음의 어려움이라도 피하지 않고 일반 국민과 국가를 위하여 충성을 다하겠다 할 뿐이올시다.(박수)

이 앞에 일할 때 큰 일에나 작은 일에나 속이지 않기를 결심하오. 나라 일은 한 사람이 하는 것이 아니요, 전 국민이 함께 하여야 성공할 줄 알고 결심합시다.

감상은 더 말할 것 없고 여러분께 말씀하려는 것은 이 네 가지외다.

1. 우리의 권능
2. 우리 일의 과거와 현재
3. 우리 일의 미래
4. 일하는 데 주의할 것

첫째, 우리의 권능에 대하여는 위로는 하늘, 아래로는 사람을 향하여 아무 부끄러운 것 없는 권능을 가진 우리요.

우리 일은 아무 야심 없고 다만 인도와 정의에 입각한 것이오. 우리의 권능은 세 가지 있소.

1) 내 물건을 내가 스스로 찾고 내 주권을 내가 찾자는 것, 우리가 우리 주권을 잃고 사는 것은 죽은 것만 못함이오. 그러므로 우리는 최후의 핏방울까지 흘려 이것을 찾아야겠소.

---

20) 《안도산전서》 증보판. 1999. 627-629쪽. 상해 임시정부 내무총장에 취임하면서 북경로예배당에서 행한 연설의 개요이다.

2) 우리가 우리 주권만 찾는 것이 아니라, 한반도 위에 모범적 공화국을 세워 이천만으로 하여금 천연의 복락을 누리려 함이오. 그러므로 우리는 생명을 희생하여 이 목적을 달성하여야 하겠소.
3) 그뿐만 아니라 더욱 세계의 항구적 평화를 돕고자 함이오. 우리가 신공화국을 건설하는 날이 동양평화가 견고하여지는 날이오. 동양평화가 있어야 세계평화가 있겠소.

이러한 권능이 우리에게 있는 고로 하늘이 우리를 도우며, 동서의 인민이 우리를 동정하니 우리는 반드시 성공할 것이외다.

둘째, 우리 일의 과거와 현재.

우리가 모든 교통기관과 재정기관도 다 원수의 손에 두고서, 많은 사람을 원수의 손에 넣고서 지금껏 한 일을 보면 잘했다 할 수 있소.

1) 우리가 세 가지 권능을 전 민족이 피를 흘림으로 세계에 광표하였소.
2) 의정원과 임시정부를 조직하여 민족을 대표하는 기관을 세웠소.
3) 이승만 박사는 이왕부터 외교를 시작하였었으나 독립선언과 임시정부가 나타난 후로 외교가 더 크게 열려 여론을 숭상하는 미국에서는 일반 인민의 큰 동정을 받았고, 외무총장은 평화회에서 정식 대표로서 발언권을 얻었음은 성공이라 할 수 있소.
4) 일본의 손아래에서 살지 않으려는 정신이 우리 민족성에 전보다 더 크게 떨치게 되었소. 이 결과는 결코 작은 것이 아니고 매우 큰 것이외다.

셋째, 우리의 장래. 내가 지난 저녁에도 말하였거니와 다시 깊이 말하려 합니다.

1) 특별한 일할 것이 아니요, 다만 우리 독립을 위하여 이미 세운 일을

더 굳게 합리적으로 하고 단결하여 세상이 감히 우리를 무시치 못하게 하여야 하겠소.
2) 이미 시작한 외교를 계속하되 외교는 광명정대한 외교요, 결코 일본인이 사용하는 것과 같은 권모술수로 하는 외교가 아니오.
3) 군사상 준비를 하여야 합니다. 우리 일이 평화적으로 안 되면 반드시 군사적으로 하여야 하겠소. 혹은 우리를 웃을는지도 모르나, 인도와 정의의 피가 능히 일본의 강한 무력을 이길 수 있소. 우리가 상해 법조계 안에서 독립 승인 받을 염치도 없고, 적어도 내 강토 안에서 독립 승인을 받아야 하겠소. 이 세 가지 말은 간단하나 그 조건은 심히 복잡하고 많습니다.

첫째로 할 우리의 단합에 대하여 더 말합니다. 우리 목적은 세상이 독립을 주든지 안 주든지 우리는 스스로 독립하는 것이외다. 이를 위하여서는 한덩어리가 되어야 하겠소. 여기 대하여 구체적으로 할 것은 즉 다시 아·중·미 각지로부터 정식 의정원을 소집하여 거기서 주권자 삼인을 택하여 그 셋이 일곱 차관을 뽑아 의정원에 통과시키려 합니다. 이것은 두 달이나 석 달 동안에 되겠소.

지금 상해에 정부가 있으나 정부의 주권자도 다 상해에 있는 것도 아니오. 하므로 인심이 이리로 모이지 못했으니, 이 주권자 세 분은 꼭 상해에서 일 볼 사람을 택하여야 하오. 이렇게 각각 자기가 선출한 대의사가 뽑은 주권자에게는 다 복종할 터이오. 또 각지에 연락 기관을 혈맥이 서로 통하도록 할 것이오. 임시정부는 명의와 정신적 정부요, 장차 경성에 세울 정부의 그림자외다. 우리 정부는 혁명당의 본부요 삼천만은 모두 당원으로 볼 것이외다. 각기 제 기능 있는 대로 분업하여 독립을 위하여 일할 것뿐이오.

넷째, 일하는 데 주의할 것.

1) 합하면 살고 나누이면 죽는다.
2) 한번 결심한 것은 언제든지 변치 말고 세계에서 우리를 배척하더라도, 군사상 행위에 실패하더라도, 또다시 일어나 우리 기능을 찾기를 결심할 것이오.

우리의 앞길이 지난(至難)이오. 요행을 구치 말고 어떠한 곤란이라도 견디고 나아가기를 작정합시다.

21. 내무총장 안창호의 시정방침 연설

● 內務總長 安昌浩의 施政方針 演說[21] (1919. 7. 8.)

7월 8일에 내무총장 안창호의 시정방침 연설이 다음과 같으니라.

국제연맹회에 제출할 안건이 중대한 문제인 즉 전 민족을 대표한 의회에서 대표를 각처로 파송 조사하여 이를 편찬하여 제출함을 필요로 인(認)함. 이 안건에 관하여서는 의회에서 전담하든지 또는 임시정부에 위임함을 결의하기를 요구함이라.

임시정부 진행방침은

1)은 인구조사요,
2)는 재정에 대하여는 내외국 공채를 발행할 예정이요,
3)은 세금이니 국민의 인두세법(人頭稅法)을 공포할 예정이요,
4)는 가급적 군사상에 노력할 것이요,
5)는 구국재정단(救國財政團)이 조직된 것이요,
6)은 외교에 관하여는 (가) 파리와 워싱턴에서 외교 진행한 것이요 (나) 김규식(金奎植)을 국제연맹회로 파송할 것이요, (다) 서재필(徐載弼)을 공식 대표로 위임할 것이요, (라) 외교원을 증가할 것이요, (마) 외국인을 사용할 것이오.
7)은 자래(自來)로 한일(한국·일본)의 관계를 국무원에서 조사편찬 중이라는 등이더라.
8) 의원의 질문과 내무총장 안창호의 답변

---

21) 《대한민국의정원문서(大韓民國臨時議政院文書)》;《도산안창호전집》제6권, 2000. 83쪽.

7월 8일에 의원 오희선의 질문은 다음과 같더라.

(1) 타지에 있는 총장에게 공식 통신이 있었는가?
(2) 가장 아국(俄國, 러시아)과 밀접한 관계가 있는 중국에 대하여 외교가 어떠한가?

이에 대한 안 총장의 답변이 다음과 같으니라

(1) 타지에 있는 총장에게 비공식으로 통신은 있었으나 공식으로 못된 것은 비서장의 병으로 인함이라.
(2) 중국에 대한 외교의 필요는 충분히 인정하고 그밖에 오스트리아에 대한 외교까지라도 필요로 생각하나 경제 곤란으로 인하여 실행이 없노라 하니라.

의원 손두환의 질문,

국제연맹회에 제출할 안건의 내용 여하를 설명하라.

안 총장의 답변이 다음과 같으니라.

임시정부에서나 임시의정원에서나 함께 책임이 있으나 의정원 곧 전 국민을 대표한 의회에서 제출함이 의당하다 하노라. 또 이번 의회는 국제연맹회에 제출할 안건을 위하여 소집한 것이 아닌가 하니라.

22. 임시의정원 회의록 초

○ 臨時議政院 會議錄 抄22) (1919. 7. 8. ~ 9. 18.)

〈7월 8일〉

의정원을 소집한 이유

10월 제네바에서 열리는 국제연맹에 제출할 안건을 토의하기 위함인데 정부에서 성안이 없음은 시간이 급박한 것을 인함이오. 이는 정부의 의사뿐만 아니라, 전 국민의 대표적 의견으로 제출함이 가할 듯 함으로 의정원을 소집함, 그런 고로 성안을 이룬 후에 소집치 않고 미리 이렇게 소집한 후에 문제에 대한 의견을 정하여 위원을 택하는 방식으로 금후의 수개월 간 연구를 가하려 함.

금후의 방침

– 재정 방침.

애국공채 발행 – 근래 재정 운동자가 많으므로 인민의 의혹이 없지 않고 또 협잡하는 이가 없지 않으므로 이를 피하려 함. 장구한 시간을 요구할지라도 100만 원 가량은 수입되리라 함. 경비는 만여 원인데 이로 인하여 아직 실시되지 못함.

인구세 – 내지에까지 징수하기는 불능하고 외지의 인구도 조사가 미완이나 20만 원 징수될 예상.

구국재정 – 반관반민으로 유지 한 분이 모여 발기하여 단원을 모집하되

---

22) 1919년 7월부터 9월까지 소집된 임시 의정원에서 국무총리 대리의 자격으로 설명 또는 답변한 것 중 요지만 초록한 것이다. 《안도산전서》 증보판. 1999. 629-640쪽.

50원 이상 내는 이를 단원으로 삼음. 단원 2만 명만 쳐도 100만 원은 모집될 듯. 이는 현재 급한 상태를 완화하기 위함.

외채 – 원하지 않으나 우리 형편에 구하지 않을 수 없다. 가능 여부는 확언하지 못하나 우리 정부의 기초가 확정되면 될 희망이 있음.

– 외교 방침

기왕 파리·워싱턴 외교는 성적이 양호함.

연맹회와 우리 금후 외교.

1. 한일 관계의 조사 편찬을 국무원에서 하는 중(파리와 워싱턴에서 외교 진행한 것).
2. 김규식 외교 총장을 국제연맹회로 보낼 것.
3. 서재필 박사를 공식 대표로 위임할 것.
4. 외교원을 증가할 것.
5. 외국인을 사용할 것.

– 군사 방침

그동안 군사 설비를 못함은 재정 문제요. 실력이 생기는 대로 각지 의용대를 후원할 것. 군사 대회를 어떤 지방에서 열어 계획을 정할 것.(이상)

(오희선 의원 질문) 각지에 산재한 각 총장에게 공식 통신이 유한가. 중앙으로 소집하지 않는가? 외교 문제 중에 우리와 가장 밀접한 관계가 있는 중국에 대하여 외교가 여하한가?

비공식적으로 편지하였노라. 공식으로는 비서장의 신병으로 아직 못하였노라.

중국 외교는 어느 외교보다도 중하게 여기므로 근일에는 정부 내에 외교 후원회를 두되, 중국 외교에 적당한 인물을 후원회 내에 두고자 함.

또한 재정이 부족하여 완전히 진행 못된 사실이 많음.

오스트레일리아 외교도 또한 중대함은 사정은 다르더라도 같이 배일적 정세가 있습니다. 그러므로 재정이 원만히 되면 거기도 사람을 보내겠소.

(이규갑 의원) 일전에 모 석상에서 설명한 삼두정치(三頭政治)를 설명하라.

이는 행정 직책이 아니오. 직접으로는 의정원에서 할 것이므로 이상에 말을 아니하였으나 의견은 그 때와 같음.

(임봉래 의원) 노령 문제에 대하여 정부 제출안의 설명과 전 회의 후 진행이 여하한가?

대표 파송은 아직 되지 않았고 금후에는 다시 법리적 의회를 소집하여 삼 집권자를 택하여 통일을 기하려 함.

〈7월 9일〉

(오희선 의원 질문) 대국을 수습하여 내부를 통일하지 않고는 대외 행동을 취하지 못할지라. 이에 대한 방책이 있는가?

1. 우리 소식을 내지에 전하는 방책이 있는가? 교통기관의 불비(不備)는 여하?
2. 재정 계획은 여러 가지로 계획은 들었지마는 정부에서 실행하는 데 성의가 있는 것 같지 않다. 정부에서 의정원에 재정 출입의 상세를 보고하기 바란다.
3. 내정에 대하여 외지에 교거(僑居, 임시로 거처함)하는 아족의 조사는 내정

에 속하였다. 의혹을 풀기 위하여 각 지방의 사정을 해방시켜 발표하기를 바란다.
4. 의정원에 대한 정부의 성의가 없다. 정부에서 의원의 자격 심사를 충분히 하지 않았다.
5. 군사 행동에 대하여, 재정이 부족하다 함은 사실이나 우리는 상상적 계획이라도 해야 되겠다. 정부에서 이를 연구하는가?

정부에 대한 충고는 달게 받음. 내막을 다 공개하라는 데 대하여는 우리가 그렇지 못할 경우도 없지 않다.

일에 대하여 정성과 민활이 없다 함은 후에 더욱 힘쓰겠다 할 뿐이오. 현재 우리 정부는 아직 조직 중에 있다. 내부의 조직부터 완전히 정돈한 후에야 일을 완전히 하겠다. 그 계획은 지금 생각중이다.

재정에 대하여는 인재가 부족되고 재정 결핍도 현금에는 심하며 단결력도 결핍하다. 지방 연락은 지금 진행 중이다. 지방 단체와는 지금 비공식으로 교섭중이다.

(오희선 의원) 다시 외교. 파리에 제출한 본문, 파리 대표와 왕래한 전보, 미주와 관계되는 서류를 발표하며 재정도 상세히 완전히 발표하라.

(강태동 의원) 역사적 재료의 편찬 방법 여하.

이는 중요한 일이니 질문함이 가하겠다. 발표하지 않는다는 것은 아니다.(오씨 추궁함에 전언의 본지를 설명하고 정부의 조직의 미비를 다시 설명하다.)

강태동 씨에게는 후일 답변하겠노라.

(오익표 씨가 재정에 대하여 질문함에 재무 의원이 재무에 관한 보고를 함.)

의혹점이 많으면 조사 위원을 선정하면 좋겠다.

(손두환 의원) 국제연맹회에 제출할 조건의 내용을 설명하라.

전일에 다 말하였노라. 연맹회에 제출할 조건의 주체는 의정원에서 함이 전 국민의 의사를 표시한다는 점을 보아 적당하다 하노라.

(신익희 의원) 의정원의 권한은 당국자가 알 터이니, 국제연맹회의 제출안에 대하여 불완전하더라도 안건을 제출하라.

(오희선 의원) 위원회에 맡김이 어떤가?

조건을 어디서 해야 된다는 법률은 없다. 정부에서도 조건을 제출하라니 의정원뿐만 아니라, 각 처의 의견을 종합하기를 바라는 것이다. 정부에서 책임을 피하는 것이 아니요, 정부의 내용이 불비함을 생각하고 형식만 찾지 말자. 일이 시급하므로 정부가 준비하는 동안에라도 의정원에서 의론하기를 바라는 것이다. 누누이 변명하였다.

(국제연맹회 제출안에 대하여 의원 간의 의견이 각출하였다가 결국은 정부의 성안을 기다리기로 결정되었다.)

(이유필 씨의 신성 불신성 문제로 양방의 태도가 퍽 험한지라, 이 문제가 신 차장 조직 이후로 일어나 요원이 점점 많고 양방의 견해가 묘망(渺茫, 아득함)한지라.)

(《우리의 소식》 기자가 안 국무총리 대리를 방문하여 근일 일부 인 중에 전 조선총독부의 관리되었던 자의 선거 피선거 및 공직 서용(敍用)에 대하여 시비의 논이 있으니 이에 대한 의견을 구하노라.)

이는 아무 근거도 없는 의논이라. 평등과 참정권은 임시 약법에 맹세한 자인즉, 진실로 대한민국의 국민 된 자에게 하등 차별이 있을 리가 없다.

비록 일찍 일본의 관리가 되었더라도, 일단 민국의 국민 됨을 성언(聲言)하면, 그는 대한 동포라. 일본의 관리 되었던 자 반드시 조국을 배반하였음이 아니니, 독립의 기치 아래 모이는 동포에게 대하여 시비의 논을 지음은 결코 정당한 일이 아니라.

〈8월 8일〉

감정을 떠나 친애적으로 사업에 분주하자. 일을 위하여 싸울지언정 사람을 위하여 싸우지 말자.

〈8월 28일〉

임시정부 개조안 설명(조완구 의원이 본안의 설명을 청구하므로 안 국무총리 대리가 등장)

본안의 주지는 현재 상해에 있는 정부를 개조하되, 한성에서 발표된 각원을 표준으로 하자. 다만 집정관 총재를 대통령으로 개정하자 함이니 임시헌법의 개정도 실로 이를 위함이라.

이는 정부가 좋아서 함이 아니요, 부득이 하여야 함이니 대개 실제 아닌 일에 시간을 허비함이라. 최초 현재의 임시정부를 조직할 시에도 장구한 시일을 소비하였고 조직 후에도 각 총장의 대부분은 출석하지 아니하여 응급책으로 위원제를 취하였다가 이 역시 예기의 성적을 얻지 못하고 곤란한 중에 있었다가 월 전 차장제가 실시됨에 그 성적은 매우 양호하다. 지성과 노력의 일치를 요구하는 이때를 당하여 현재 각원 일동은 신(信)과 애(愛)로 단결하여 전도의 희망이 많음을 명언하노라. 이에 형식의 개정 같은 것을 피하고 실행만 전력을 집주할 것이거늘, 지금에 여차한 개조를 감행하려 함은 실로 우리에 절대로 필요한 전 민족의 정치적 통일의 실을 내외에 보이고자 함이라. 그러므로 이는 양자의 우열 또는 법, 불법으로 말미암은 것이 아니요, 오직 피하지 못할 사실 문제라. 상해의 임시정부와 동시에 한성의 임시정부가 발표되어 이승만 박사는 전자의 국무총리인 동시에 후자의 대통령을 겸하여 세상으로 하여금 아 민족에게 두 개 정부의 존재를 의심하게 한다. 동시에 우리 정부의 유일무이함을 내외에 표시함은 긴요한 일이니, 이렇게 하려면 상해 정부를 희생하고 한성의 정부를 승인함이 온당할지라. 혁명 시대를 제하여는 피차의 교통과 의사의 유통이 불편하므로 각기 필요에 의하여 일시에 2, 3의 정부가 출현됨이 또한 불가피한 사세니, 이는 오직 애국심에서 나옴이요, 결코 하등의 사욕이 있음이 아니라. 이자(二者) 중에 일(一)을 취한다 하면 국토의 수부에서 조직된 정부를 승인함이 또한 의미 있는 일이라.

혹은 양자를 다 버리고 통일의 신정부를 조직함을 말하나, 이는 다만 또 하나의 정부를 만들어 3개의 정부의 존재를 의심하게 하는 결과를 생함에 불과하리니. 그러므로 집정관 총재를 대통령으로 하는 외에 한성에서 조직된 정부에 일점 일획도 변함이 불가하다 하노라. 다시 말하거니와, 이렇게 하는 중심 이유는 오등의 전도에 가장 절대로 필요한 통일을 얻으려 함이려니와, 또한 두 가지 기쁜 것이 있으니 즉, 모국의 수부에서 조직된 정부를 승인함이 기 일(一)이요, 한성의 정부 각원에는 상해 정부 각원 중에서 재무 총장 최재형 씨 일인이 없음은 유감이나, 그 대신에 박용만·신규식·노백린·이동녕·이시영 등 오씨(五氏)를 가하게 됨이 기쁜 것의 이(二)라. 현금 전 국민의 애국심과 통일의 요구는 날로 증가하여 각 처의 개인 급 단체로서 상해 정부를 향하여 충성을 다한다는 서신이 일지(日至, 날마다 옴)하나니 실로 대통일의 호기라. 현명하신 제위는 통일을 위하여 진력하시기를 희망하노라.

결코 한성 정부를 고집할 이유는 통일하여야 할 것. 통일되었음을 역설하여야 할 것. 그리함에는 현존한 것을 합하고 결코 제3자를 만들지 말 것이 필요하다. 무근한 이유를 설하여, 무근한 의혹을 기할 필요가 없다. 상해의 정부가 현순의 전보를 통하여 세계에 발표됨과 같이 한성의 정부도 연합통신원을 통하여 발표되었나니 금(今)에 요구하는 바는 명실이 상부하는 완전한 통일이요, 기타에 하등 은휘(隱諱, 숨김)하는 이유가 무하다.

400차라도 오직 이 대답이 유할 뿐이다.(말절(末節)은 김홍서 의원 질문에 대한 답변)

〈9월 3일〉

임시헌법개정안 재독회에서(조완구 의원 질문에 대한 답변)

2일 동안이나 깊이 생각할수록 노동총판을 개정하면 결코 나는 이 정부에서 시무할 수 없노라. 금번 개조안에 대하여 경성서 발표한 정부의 조직을 그대로 인용하면 대내·대외에 통일의 신용이 있고 또는 자기가 이미 이 뜻을 각처에 성명하였은즉, 이제 다시 노동국을 농무부로 개정함은 신용상 나의 승인치 못할 바라. 신용 없는 사람으로 정부에서 시무하기 불능하다. 또 이 노동국을 개정하면, 다른 부를 또 개정하자는 논자가 나와 다시 정부를 개조한다는 비평이 있으리라. 이 안에 개정되면 나는 도저히 정부에서 시무키 어려우니 제공은 깊이 생각하라. 이 안의 통과 여부는 제위의 자유요, 나의 시무 여부도 또한 나의 자유나 후일 정부를 떠남에도 나는 제위에 대하여 책임을 지지 아니하리라.

국제연맹 및 공창안(公娼案)에 대하여 (《獨立新聞》 1919년 9월 6일 제6호)

제7조 국제연맹에 가입한다는 것은 어찌 생각하면 아유(阿諛, 아첨)하는

뜻이 있고, 또는 구속이 되어 이하면 가입하고 해로우면 탈퇴하는 자유가 없을 것이오. 공창제에 대하여는 헌법에 이를 명서하면 도리어 자래로 우리 나라의 공창이 대치(大熾, 아주 성함)하였다고 표시하는 듯하오. 일인은 의복에 예가 없는 고로 전차에 탈의자불가입(脫衣者不可入, 옷 벗은 사람은 탈 수 없음)이라 썼고, 또 중인은 토타(吐唾, 침뱉음)하는 고로 전차에 침뱉지 말라 썼으니, 공창제를 폐지하라 씀은 즉 이와 동일한 의미가 아니뇨.

〈9월 4일〉

황실 우대안(皇室優待案) 삭제 동의에 대하여

나도 찬성이라. 우대의 필요가 없다 하나니, 황실도 자급자족함이 가할지니라. 앞으로 필요하면 달리 대책을 강(講)할 수도 있나니라.

〈9월 5일〉

관리 의원(官吏議員) 자격 상실안 《獨立新聞》1919년 9월 9일 (2) 제7호)

입법·행정, 각부는 사실상 현재에는 직권을 남용할 우려가 없으니 절연히 구획함보다도 맥락이 상통함이 필요할지라. 만사를 의정원에 의하여 행한다 함도 사세에 불합하거늘 의정원에서 일체 관리를 제외한다 하면 인재의 결핍에 내하(奈何, 어찌하랴)?

노동국(勞動局) 문제에 대하여

나는 원안대로 가결되기를 청하노라. 내가 이렇게 해야 할 이유와 나의 의사를 누누이 설명하였거늘 제위의 양해를 얻지 못하였음을 유감으로 생각한다. 흔히 나의 말을 불가해라 하여 국자를 부자로 판자를 장자로 정하는 수자의 관계에 불가하거늘, 어찌 진퇴를 운운하느뇨 하나, 제위에게는 심상히 보이더라도 나에게는 큰 관계가 있으니, 심상히 생각하는 제위가 대단히 생각하는 나에게 양보하기를 바라노라. 내가 이 문제를 고집하는 이유를 말하노라. 나의 정부 개조의 주의는,

1. 정부를 개조하여 한성 발표의 정부와 동일히 할 것.
2. 집정관 총재를 바꾸어 대통령으로 할 것.

이니 상해 정부가 불완전하다 하여 개량 개선함도 아니요, 오직 통일을 절대로 요구하는 사세(事勢)의 소치라. 이에 나의 철저한 주장이 있음이요, 결코 구차히 문자를 쟁함이 아니니 나는 무식한지라, 문자 이론보다도 사실을 중히 여기노라.

하고(何故)로 한성 정부를 취하며 하고로 대통령으로 개하느뇨. 다만 국민 전체의 통일을 위함이라. 혹은 내가 총장이라는 이름을 버리고 총판이라는 이름을 취하려 함은 금차의 정부 개조에 대한 책임을 가벼이 하기 위함이라 하나, 나는 끝까지 단독으로 이 책임을 지리라. 혹은 내가 점점 책임을 가볍게 하다가 추신(抽身, 몸을 빼냄)하려 함이라 하나, 이는 오해요.

또 도덕상으로 내 정신을 공격하는 자도 있으나, 이에 대하여는 차라리 말하지 아니하리라. 나는 내호(來滬, 상해에 옮) 이래로 통일을 위하여는 무엇이나 희생할 결심임을 누차 설명하였노니, 나의 환영의 석상에서 이미 역설한 바 아니뇨? 내가 일찍 삼두정치를 주장함도 통일을 위함이요, 이번에 개조를 주장함도 또한 통일을 위함이라. 아무 타의가 없노라. 일찍 아령의 국민의회와 한성의 정부와 상해의 합하여 삼두로써 통일할 방책을 세웠으나, 때가 이미 늦어 지금은 한성의 정부를 개조하고 이승만 박사를 대통령으로 선거하는 외에 통일의 길이 없는지라.

왜냐하면 한성의 정부는 이미 한성 국민대회의 승인한 바이오. 또 아령 국민의회도 이를 승인하기를 약속하니, 이제 상해의 의정원이 이를 승인하

면 다시 이론이 없으리라. 이리하여 우리는 전국이 승인하는 통일 정부를 얻으리니, 이렇게 한 후에도 다시 이론을 주장하는 자가 있다면 이는 국가의 적이다. 그러므로 한성의 정부는 가급적 일점일획이라도 개조하지 말자 함이라. 오직 대통령 문제에 이르러서는 이미 이박사를 대통령으로 열국이 주지함으로 인함이요, 집정관 총재를 대통령으로 고치는 외에 다시 노동국을 고치면 수미를 다 고치게 됨이니, 이는 극히 불가할지라. 나는 누차 의회에서와 기타 각지 인사에게 나의 주장을 성명한 바니, 나는 결코 나의 주장을 변하는 무신한(無信漢, 믿을 수 없는 사람)을 짓지 아니하리라.

〈9월 6일〉

임시대통령 선거 후에

10년 동안 압박 밑에 있던 우리 민족이 오늘에 와서 우리 민족을 대표할 대통령을 선거함을 들을 때, 뜨겁고 기쁜 마음을 이기지 못하겠노라. 더욱 즐거운 것은 전 국민이 경애하는 이박사가 대통령으로 선거됨이요, 만장일치로 추대하게 되었으니 또한 더 기쁘도다.

(이어 발성하여 대통령 만세를 일동이 고창한다.)

대통령 대리 선정에 대하여

(도산을 대통령 대리 선거의 후보자로 추천할 때에 사퇴를 선언하였으나 의제가 되지 않고 선정함에 대하여)

나는 후보자에서 사퇴함을 선언한 바 제군이 나를 선정하였으니, 이는 개인의 의사를 무시함이라. 내가 노동국 총판에 고집할 때에 이미 나의 의사를 알았으리니 나는 잠시라도 대통령의 대리의 명목을 띠고는 몸이 떨려서 시무(施務)할 수 없노라. 제군이 나를 향하여 어떠한 비평을 하더라도 나는 결코 이 임무에 취임하지 않겠노라……

실로 나에게 이러한 책임을 지게 함은 황감이라. 나는 이전부터 오래두고 숙사(熟思, 심사숙고함) 또 숙사하였으나 자격의 불충분은 물론이요, 일을 위하는 충성으로 이 임무를 받을 수 없나니, 나의 말을 족히 양해할 이는 양해하리로다.

〈9월 10일〉

(《獨立新聞》 1919년 9월 16일 (2) 제9호)

(장붕 의원이 질문) 파리 평화회의에 파견한 김규식 박사의 경과 사항, 여하? 각처 통일 방침은 여하? 군사 진행은 여하? 서명회는 여하, 일본의 선전에 대한 대책은 여하, 내지 흉작에 대한 구제책은 여하?

(이에 대한 답변)

평화회의에 대한 경과 사실은 이미 이전 〈우리의 소식〉에도 발표되고 각 개인의 서신으로 모두 아는 바이오. 다시 말하자면 첫째로 평화회의에 우리 독립 승인 청원을 제출하였고, 둘째로 다수한 사회 유력한 정치가의 동정을 구하다. 결과는 우리 일이 평화회의에 제출할 안건이 아니라 하여 국제연맹으로 넘어가고, 통일책으로 말하면, 지금껏 정부의 제일 방책이 통신과 사람을 각처로 보내어 성심으로 통일을 도모하는 중이오. 군사에 관하여는 우리가 처음부터 중히 여기는 바이나 사실상 속히 여의치 못하고 통일이 되어야만 군사도 장차 우리의 주장대로 되겠다.

〔장붕 씨가 안총장의 말을 중단하여 지금 각원도 다 생명을 불고하는 군인적 결심이 있는가 없는가 함에 완이(莞爾, 빙그레 웃음)히 답하기를〕

그것은 보아서 짐작하실 바이지 나의 대답은 정부에 대한 방침뿐이오. 거기 관하여는 부지로다. 서명회에 관하여서는 금전과 시간 문제로 인하여 불능할뿐더러, 이는 정부의 일이 아니라, 선전의 대책은 전부터 진행하여 가는 바요, 내지 구제책은 아직 교통 불편으로 인하여 별 방책이 없고 또 이 정부는 독립운동에 용력할 뿐이요, 구제나 교육 등 책에 관하여는 아직 미칠 힘이 없노라.

〈9월 13일〉

(《獨立新聞》 1919년 9월 18일 (2) 제10호)

〔여운형 의원의 문(問)한 평정원(評定院)의 필요는 하(何)인가의 답〕

의정원은 순전한 입법 기관이며 평정원은 대통령의 자순기관(諮詢機關, 자문기관)이요, 그 필요는 제일 유식 인물이 집중하여 국정에 참여하기 위함이니, 유교나 불교나 천도교나 민간에나 유력한 인물이 이 정부에 집합하면 국민의 사상은 자연 통일되어 광복 사업에 일치한 행동을 작(作)할지라, 제위는 심사하기를 망하노라.

〈9월 17일〉

폐원식 축사 (《獨立新聞》 1919년 9월 20일 (2) 제11호)

나는 우리 의정원이 타국 의회에 비하여 수종의 특장이 유함을 인정하노라. 제1로 의장(議場)이 정돈함이요, 제2로 정당의 분쟁이 무하고 상애(相愛)의 정이 유함이요, 제3으로 정부와 의원이 명의만 분리되고 내각은 상호 상합함이라. 제위에게 특히 바라는 바는 타국 의원보다 국가 창조하는 중임을 부(負)하신 제위는 종말까지 국사를 위하여 동고동락함이라.

⟨9월 18일⟩

내·외신 기자회견담 (1919년 9월 18일, 재상해 한국 기자와의 회견에서)

전 국민의 견고하고 조직적인 통일은 국가의 현재 급 장래에 대하여 가장 중요한 일이라 나는 통일의 제일 요도를 국민의 선도라 할 만한 인사의 취합 협력에 구하오니, 독립운동 개시 이래로 이미 6개월에 해외에 있는 지도자가 한 곳에 회집하여 협력치 못한 것을 유감으로 여기며 특히 각 총장의 직을 띤 요인이 아직 취합치 못한 것을 한하노라. 속히 누차 각지에 산재한 주요 인사에게 이 뜻을 말하고 조속히 한 곳에 모이기를 간청하였노니 제위도 역시 나와 동감일지라, 불원에 우리들의 모든 선배와 동지가 일당에 취합하여 건국의 대사업에 관하여 동시 협력할 날이 올 줄 확신하노라.(하고 다시 말을 이어) 다행히 정부개조안이 의정원을 통과하면 국무원 중에 5인의 유력한 동지를 가하게 됨이니 이만 다행함이 없다.

동 9월 18일 상해 벌링턴호텔에서 외국 기자 및 종교가들과 회견한 자리에서 (《獨立新聞》1919년 9월 20일 (2) 제11호)

한국은 사천 년의 고국(古國)이라. 불행히 서양 문명에 촉함이 만(晚)하였으나 한국의 문명은 기독교와 민주주의를 기초로 한 문명이라. 30년 래(來) 한국에게 신문명을 준 자는 미국인이라. 귀국민은 종교로 교육으로 아 국민에게 지도의 은(恩)을 가하였고 독립운동 이래 공정한 언론으로 아 국민의 친우가 됨을 감사하노라. 한일 양쪽의 조화치 못할 최대 이유는 한족의 일본족에게 대한 불신임에 있다.

23. 4 각원 취임을 경하함

○ 四閣員 취임을 경하함23) (1919. 11. 3.)

  금일 나의 희열은 그 극에 달하여 미칠 듯싶도다. 아 민족이 독립 자유를 세계에 선포한 이래로 오족(吾族, 우리 민족)의 목적을 완성키 위하여 입법·행정 양 기관을 조직코 이를 충하되 각지 산재의 두령을 망라함은 그네의 취임을 원함이었으나, 일찍 그것이 무하다가 금일에 이 총리 이하 삼 총장이 이곳에 내합하여 취임케 되었도다. 이후의 오족의 통일이 더욱 공고케 되고 아등(我等)의 사업은 더욱 숙성하리라. 나의 비재(非才, 변변하지 못한 재주)로서 이에 내(來)하여 고독하게 책임을 전담할 때의 스스로 송구함을 금치 못하다가 금일을 당하니 나 일인의 희열도 극하다 하리로다.

---

23) 《안도산전서》 증보판. 1999. 641쪽. 국무총리 이동휘, 내무총장 이동녕, 법무총장 신규식, 재무총장 이시영 4 각원의 취임식(1919.11.3.)에서 행한 연설 개요이다.

24. 사랑

◉ 사랑[24] (1920. 1. 25.)

[〈요한복음〉 1장 3절 이하를 낭독한 후]

내가 이 자리에 나와 강도(講道)코자 함에 미안한 뜻이 많습니다. 강도라 하는 것은 하나님의 참뜻을 말함이라 내가 일찍이 도덕이나 철학의 경험이 없고 또 교인다운 생활의 경력이 없습니다. 내가 지금 말할 것은, "우리 사랑합시다"이오. 이 말은 성경 여러 절에 있습니다. 여러분이 이 문제를 들을 때에는 그 감정이 어떠하십니까. 교인이 된 이는 사랑을 구하고 힘쓰고자 말합니다. 그러나 비유하여 말하건대 몽고 사막 가운데서 물 하는 말을 들을 때에 대단히 기쁩니다. 그러나 양자강 위에서 물 하는 말을 들으면 그렇지 않습니다. 고로 알거나 모르거나 사랑을 구하는 정은 일반입니다.

우리 민족의 사랑을 위하여 마음이 발한 때가 사막 위에서 물이라 하는 말을 들음과 같습니다. 사랑을 부름이 심한 고로 점점 정성이 없고 의식이 없어져 마치 양자강 위에서 물 하는 소리와 같이 되었습니다. 고로 우리가 사랑의 어떠한 것을 묻습니다. 사랑이라는 것을 보는 이가 없습니다. 이와 같이한즉, 박애로 종지를 삼은 예수교에 역적이 되는 이기주의에 타락한 이외다. 그러면 내 말이 처음 회개하는 이가 애정이 특별히 있다 함은 아니라. 교인된 이가 속에 이기주의 있는 것을 각성하기를 바라오.

다음 말할 것은 '하나님께서 사랑을 전파'함이오. 우리가 어찌하여 이것

---

24) 《안도산전서》 증보판. 1999. 647-651쪽. 1920년 1월 25일 재 상해 한국인 교회에서 설교한 요지이다.

을 중히 여기오? 혹은 군국주의·사회주의 그 아래 정치·상업, 그 아래 공부, 무엇무엇 하는 것을 너 무엇을 위하여 그러느냐 한즉, 행복을 위함이라 답하리다. 사랑이라는 것은 인류 행복의 최고 원소라, 행복은 생존과 안락이라, 생존과 안락이 인류의 행복이 되나니 사람이 생존함에 무엇으로 하나요? 의·식·주라, 이에 가장 필요한 것이 금력이라. 우리의 만반 경영에 금력이 필요하니 금력은 천연 금력이나 인조 금력이라. 하국이든지 삼림·광산·지력(地力)을 잘 이용하여야 금력이 많소.

금력을 잘 만드는 것은 지력(智力)이 많아야만 잘하오. 그런즉, 지력이 더 필요합니다. 그런 고로 세상에서 소학교·대학교, 공부하는 것이 다 지력을 위하여 하오. 지력이 사랑에서 나오나이다. 또 큰 정치가는 정치에 큰 재주가 있소. 이를 생각한즉, 사랑을 가진 사람이오. 혹 사랑이 없이 지력이 있는 자가 있다 하여도 이는 세상을 이롭게 하지 못하고 세상을 해롭게 하오.

안락은 무엇을 말하느냐, 누구든지 사랑이 있어야 안락이 있소. 내가 지금 누구에게든지 사랑을 주고받을 곳이 없으면 안락이 없소. 내가 내지에 있을 때에 한 젊은 여자가 우물에 빠져 죽는 것을 보았소. 이 여자는 재물과 전토도 많지마는 남편의 사랑이 없고 또 시동생이나 부모의 사랑이 없어 항상 눈물을 흘리다가 빠져 죽었소.

사랑을 남에게 베푸는 이가 행복이요. 이제 우리가 산을 사랑하고 물을 사랑하고 달을 사랑하지마는, 그 물건이야 무슨 영향이 있소? 예수의 제자가 사랑으로 참혹한 일을 당하였소. 그러나 부랑한 사람의 사랑은 이와 같음이 없소. 고로 진정한 안락의 본은 사랑이요. 그런 고로 하나님이 사랑을 권하였소. 독생자 예수를 내려 보내어 사랑으로써 피를 흘렸소이다.

내가 사랑이란 말은 정지하고, 다른 말을 잠깐 하겠소. 신령한 교인,

신령한 장로, 신령한 목사 하지마는 신령은 눈으로 보지 못하고 귀로 듣지 못하고 손으로 만지지도 못하오. 모 목사의 신령, 모 장로의 신령이란 말이 예수교에 있소. 예수교에도 특히 한국 교인이 그러하오. 비유하건대 여러 자루를 들고 무엇이냐 물은즉, 그 물질로써 대답하오. 베면 베자루, 무명이면 무명 자루, 비단이면 비단 자루라 하고 물건을 담아 물은 즉, 콩자루, 쌀자루, 겨자루라 하오. 한 자루로되 쌀도 담고 겨도 담소. 그러므로 오늘 신령치 못한 교인이 내일 신령하여지고 오늘 신령한 교인이 내일 신령치 못하여지오.

그러면 신령이 어떤 것을 이름이오? 하나님이 내 속에 있음을 이름이오. 이것이 내가 이 방 속에 있는 것과 같지 않소. 하나님이 몇 분이냐 하면 하나라 하오. 하나님이 한국 한 사람의 속에 있다 하면, 저 미국이나 유럽 사람 속에는 없다는 말씀이오? 이 자리의 한 사람에게 있으면 다른 이에게는 없다는 말씀이오? 마치 태양의 빛이 각 집에 비추는 것과 같소. 그 아무에게 불타가 속에 들어 앉았다 하면 불타가 태(胎)와 같이 있다는 것과 같지 않소. 그 이상과 성품이 같다는 말이오. 또 석가여래가 재생하였다 하면 죽었던 석가가 다시 났다는 말이 아니외다. 그러면 성신(聖神)이 내게 있다는 것도 또한 같습니다.

내가 내지에 있을 때에 전도사가 어떤 사람에게 말하기를 저 굴통 속에 하나님이 들어가지 아니할지라, 당신이 담배를 즐긴즉 신성한 하나님이 어찌 담뱃대 속에 있으리오 한즉, 그 사람 말이 내가 음식을 먹고 물을 마시는 고로 내 속이 더욱 부정하다 하오. 이렇게 말할 바는 아니오. 하나님이 내 속에 있다는 것은 나의 신과 하나님의 신이 서로 영통하여지는 것이외다.

〈고린도전서〉에 하였으되 창기에 가까이하면 창기와 한 몸이 되고 하나님에 가까이 하면 하나님이 된다 하였소. 또 〈요한 복음〉 예수 말씀에 나는 네 안에 있고 너는 내 안에 있다 함은 서로 들어왔다 나갔다 함을 이름이 아니외다.

어떻게 하여야 나의 신이 하나님의 속에 있고 하나님의 신이 내 속에 있게 하겠소. 마치 태양빛이 구멍이 있어야 들어오오. 예로부터 하나님을 본 이가 없지만 우리가 서로 사랑한즉 하나님이 우리의 속에 들어오오. 고로 신성한 사랑이 있는 사람이 신령한 사람이오. 예수께서 30년 만에 사랑을 가르쳤소. 또 세상에 계실 때에 주림과 추움과 잘 자리 없는 것 등 모든 괴로움을 당하시다가 십자가에 못을 박히사 당신의 진정한 사랑을 피로써 시험하였소이다.

이 성서가 창세기로부터 묵시까지 이름이 혹 겸손이니 선함이니 하여 좀 다르다 하나 한날 사랑이외다. 그러면 예수교의 종지는 사랑이니 이를 행함을 절실히 하여야 하겠소. 이제 한 빈곤한 사람이 앓는데 문병하러 가서 신령한 기도 말로써 병 낫기를 빌고 제 주머니의 돈은 한 푼도 안 내어 약이나 마음으로 구원치 아니하는 것이 과연 신령하오니까. 아무 것도 아니하고 제 주머니의 돈을 내어 구원케 하는 것이 신령한 것이외다.

고로 사회 개량하는 것이 그 공이 어떠하오? 한 사람의 몸을 위하여 돈 1원을 주는 것은 신령이다 하고 전 민족을 위하여 구원하는 것은 신령이라 아니하오. 지금 어떤 이가 독립운동의 일로 나의 신령이 덜어진다 하며 벌벌 떨으오. 지금 독립운동을 위하여 힘을 많이 쓰는 이는 참 진정한 신령이오. 이제 죽고 살랴 아슬아슬한 이 때 금전과 생명 희생하는 자라야 오직 신령한 교인이외다.

여러분을 보이기 위하여 오늘 정부에서 들고 온 것이 있소. 이 금반지[패물 등을 윤시(輪示)하면서] 끼던 여자들이 진정한 신령한 사람이외다. 이것을 보낼 때에 자기의 이름도 말하지 않았소. 이 여자들은 아무 희망도 없고 아무 요구도 없소. 지금 이 여자들이 깊은 방 속에서 진정한 마음으로 기도하오. 오늘 하나님 앞에 사랑함은 아무 희망과 요구가 없는 사랑이오. 이전 대신에게 사랑하던 것은 관찰이나 군수를 위함이오. 창기는 누구를 사랑하오. 자기의 이해를 위하여 하는 사랑은 영업이요, 사랑이 아니오. 영업이라도 협잡이외다.

이번에 큰일을 누가 하리오? 우리 교인이 할 일이오. 이천만을 건지는 일을 신령이라 아니하면 이는 허위요. 그러면 이번 운동을 어떻게 하여야 하오. 우리가 마땅히 돈을 턱턱 가져오고 생명을 턱턱 죽일 뿐인데, 우리 교인은 제 집에 재물을 많이 쌓아 두고 내가 산 후에야 독립이 필요하다 하오. 내 생각에 이 정부 안에서 1주일 안에 돈 10만 원 이상이 있어야만 유익한 일이 많겠소이다. 상해에 온 젊은 교인들은 자기의 몸을 본위 삼아 일하지 말고 대한의 국가를 본위 삼고 일하시오.

내가 간절히 비는 바는 이때에 뜨거운 피를 뿌리면서 통일하기 위하여 활동합시다. 기도(내가 오늘 한 말이 참으로 하나님의 뜻과 같으면 이 말씀을 들은 여러 사람이 이 일을 위하여 큰 힘을 많이 내어 실행하실 이 많을 줄 믿나이다.)

25. 물방황

◎ 勿彷徨25) (1919. 12. 7.)

만일 가능할진대 나는 이 말을 천애지단(天涯地端, 하늘과 땅 끝)의 한족에게까지 전하려 하오. 같은 대한의 남자와 여자여, 이때는 방황할 때가 아니요, 전진할 때라고.

우리 대업의 성불성은 전혀 우리 민족의 방황 여부에 달렸소. 그러므로 우리가 각각 먼저 판단할 것은 "나도 방황하는 자가 아닌가" 함이외다. 우리가 방황하면 우리의 독립에 대하여 세계도 방황하고 일본도 방황하고 따라서 우리의 자유와 독립도 방황할 것이외다.

3월 1일 이래로 우리는 방황하지 아니하고 전진하였소. 만일 지금 와서 방황하면, 우리에게 올 것은 죽음 뿐이외다. 우리는 배수의 진을 친 자니 성공이 근(近)하여도 진(進)하여야 하고 원(遠)하여도 진(進)하여야 하며 생(生)하여도 진(進)하려니와 사(死)하여도 진(進)하여야 하오. 독립이 완성하는 날까지. 그렇지 아니하면 우리가 다 죽는 날까지 전진하여야 하오.

우리 중에 혹 비관하는 자가 있는 듯하나 그것은 잘못이니 대한민족은 낙관할 것이외다. 혹 우리의 실력이 남만 못한 것을 의심하여 비관을 낳는 지식인이 있소. 그는 말하되 우리에게는 병기도 무장도 숙련한 군사도 없으니 무엇으로 전쟁을 하며, 외교의 양재가 없으니 무엇으로 외교를 하랴 하여 혹은 퇴하려는 자도 있거니와 이는 잘못이니 동포는 낙관하라.

미국이 독립을 운동할 때에 미국의 지도자는 런던의 외교가만 못 하였을 지요. 미국의 인민도 수로나 질로나 부로나 영 본국 인민만 못하였을 것이

---

25) 《독립신문(獨立新聞)》 1919년 12월 27일(제33호). 1919년 12월 7일의 민단 주최 강연회 기록이다.

오. 학자도 그러하고 군비도 그러할 것이외다. 만일 당시 미국 인민이 영국의 실력을 교계(較計, 비교하여 봄)하고 방황하였던들, 미국은 독립하지 못하였을 것이외다. 그러나 미국 인민은 자유가 아니면 죽음이라는 결심으로 혈전 8년에 마침내 독립을 얻었소.

그러므로 우리도 방황하면 독립을 얻지 못하고 전진하면 독립을 자연 얻을 것이외다. 과거의 지사들은 10년 간 수 천 인이라도 일시에 일어나기를 시도하였으나 얻지 못하였는데, 3월 1일에는 전 국민이 일어나지 아니하였습니까. 이는 실로 반만년 역사 중에 극히 영광스러운 일이외다. 과거에는 우리가 세계에 대하여 우리를 존경하기를 청하여도 얻지를 못하였거늘, 지금은 세계가 우리를 존경하지 아니합니까. 처음 임시정부를 설립할 때는 각지의 두령이 취회(聚會, 한 데 모임)하기를 바랐거늘 지금은 완취(完聚, 모두 모임)하여 그 열성과 화합하는 상태는 실로 흔열(欣悅, 기뻐함)을 불감(不堪, 견디지 못함)하게 되었으며, 과거에는 내지 동포의 사상과 행동이 통일되기를 바랐거늘, 지금은 통일되었소. 그리고 본즉 대한민족이 금일의 행동을 당하여 필요한 것은 오직 인사(人事)뿐이외다.

각인이 결심하고 전진하면, 우리 일은 성공할 것이요, 각인이 할까 말까 하고 방황하여 실제나 무엇이나 하는 일이 없으면 우리 일은 갈 것이외다. "하겠다" 하시오. '할 것'이 무엇이냐, 물론 결국은 피를 흘리는 것이지요. 생명을 희생하는 것이지요. 그렇지마는 금일에 우선할 것은 돈을 만들거나 몸으로 사역을 하거나 무엇이든지 하는 것이 있어야 할 것이오. "너는 무엇을 하느냐" 하고 물을 때에 대답 못하는 자는 큰 죄인이라 하오.

작은 손으로 눈을 가리면 태산과 대양을 보지 못함과 같이 심두(心頭)의 작은 감정은 대분(大分)을 잊게 하는 것이오. 개인 간의 소 감정을 일절 예제(刈除, 베어 내버림)하시오. 사투(私鬪, 사사로운 다툼)에 겁(怯, 피함)하고 공전(公

戰, 공적인 싸움)에는 용(勇)하시오. 이대통령에 불평이 있거든 버리라. 가인(嘉仁, 당시 일본 왕)에게 대한 불평이 감하리라. 완전한 자유 국민이 된 뒤에 자유로 논평도 하고 탄핵하시오. 미국서도 전전과 전후에는 윌슨을 자유로 공격하였으나 전쟁하는 동안에는 그를 공격한 자가 없을 뿐더러, 가가(家家)에 그의 사진을 걸고 혹은 아버지라 하며, 혹은 형이라 불러 그를 존경하였소. 만일 이 총리(이동휘)에게 허물이 있거든 그 허물을 내가 쓰고 가인과 원경(原敬, 당시 일본 수상)을 적(敵)합시다. 오직 일본만 적하고 상쟁(相爭)함이 없습시다. 허물없는 사람이 없으니 모든 것을 다 용서하시오.

세상이 흔히 상해에는 편당이 있네, 결렬이 있네, 그러니까 망했네 하오. 설사 상해 전체가 다 결렬된다 한들 이 천만 인민이 다 결렬될 리야 있겠소? 가령 여운형 사건으로 보더라도 양방의 의견이 상이함뿐이요, 숙시숙비(孰是孰非, 누가 옳고 누가 그름)가 있음이 아니외다. 일 해 나가는 데 의견이 불합이 있음은 피치 못할 일이거늘 조금이라도 의견이 불합하면 "저놈들 또 싸우네" 하며 "독립 다 되었다" 하오. 이리하여 말로 글로 있지도 아니한 파당이나 결렬을 있는 듯이 떠들어서 적이 수백만을 들여서라도 하려는 악 프로파간다를 하는구료. 개조·승인 문제에 관하여서도 양방에 다소의 의견이 있으므로 고려·토의할 필요가 있다 하여 범 5차 회의하였을 뿐이거늘 세력 싸움을 하네, 지위 싸움을 하네 하여 인심을 소란케 하오.

전진하려면 힘이 있어야 하오. 만사는 힘에서 나오는 것이오. 우리에게는 힘이 있소. 다만 실현이 아니 되었을 뿐이오. 그런데 어찌하면 실현될까. 여러 가지 조건이 있지마는 통일이 으뜸이오. 즉 우리가 큰 힘을 얻으려면 전 국민의 통일을 부르짖어야 하겠소. 무력도 통일하고 금력과 지력도 통일하여야 하겠소. 그러면 통일의 방법은 무엇이오?

첫째는 각지 각 단체의 의사를 소통하여 동일한 목적 하에 동일한 각오를 가지게 함이니, 우리는 과거의 모든 악한 생각을 회개하고 하나가 될 것을 결심하여야 되겠소. 내 의견으로 보건대, 이미 성립된 정부에 복종하는 것이 으뜸 되는 통일책이라 하오. 혹 말하기를 정부가 인민을 통일해야지 정부가 무능력하니까 하지마는, 정부가 능력이 없다는 까닭에 정부에 능력이 없는 것이오. 자기의 모든 힘을 다 정부에 바치면 정부는 능력이 있게 될 것이외다.

합하여, 그치지 말고 오래 참아 나아가라. 저마다 나아가면 욕이 아니 생기리라. 과거 일은 다 잊어버리시오. 위임 통치니 자치니 하던 문제도 다 잊어버립시다. 우리는 과거에 사는 자가 아니라 미래에 살 자외다.

26. 왜적에게 대학살 받은 간도동포 구제

○ 倭敵에게 大虐殺 받은 間島同胞救濟[26] (1919. 12. 18.)
  - 안창호씨의 비창한 설명, 6백 원의 지성껏 연보(捐補)

대한의 독립군을 소탕할 계획으로 왜놈들이 중국 정부의 항의를 불고하고 다수의 군병을 훈춘에 출병시켜 독립군과 여러 차 접전에 왜놈들이 전패하였다 함은 각 신문에 기재되었거니와, 왜놈들이 패전한 앙분(怏憤, 원망하며 분노함)으로 북간도 일대에 거류하는 우리 동포에게 대학살을 행하였다는 우리 임시정부 통신원의 보도가 온 고로 상해에 있는 한인구제회에서 협의한 결과, 금월 21일 일요일에 상해 법계 한인예배당에서 공중에게 연설하고 구제책을 연구하기를 결의한바 이날 저녁 하오 6시 반은 일반 교인들이 회동하여 먼저 규례대로 1시간 광복기도회를 마치고 동 7시 30분 정각에 북간도 동포 구제연설회가 열렸더라.

먼저는 김순애 김태연 양씨의 합창하는 슬픈 노래가 있었고, 이어 안창호씨가 등단하여 참담한 얼굴에 비창한 어조로 통신원의 보도를 설명할 새,

"우리가 훈춘 사건에 대하여 대한 남녀 누구를 물론하고 모두 절통하여 차마 말할 수도 없고 여러 말을 할 것도 없소. 나는 다만 통신원이 한 곳에서만 자기의 힘 믿는 대로 살펴 보고한 것을 말하리다.

이달 초 2일과 3일 두 날에 일인들은 우리 동포에게 대학살을 행하였는데, 우리의 예배당과 학교를 불사른 것이 31개 소요, 촌락을 불사른 것이 21 동리라, 우리 동포를 총살한 것이 590인이며, 부녀들을 강간한 일도 많이 있다. 용정서 40리 거리 되는 한인촌에서는 일동 전부가 왜놈의 총에

---

[26] 《독립신문》 1919년 12월 18일자.

학살 되었는데 학살한 후에는 중국사람과 혹 한국사람을 억지로 구박하여 장작을 모아 쌓고 시체를 옮겨다가 그 위에 쌓아서 불에 태운 후에 또 그 남은 재까지 쓸어 담아 강에 던지게 하며 촌락에 불 질러 가옥이 불구덩이 될 때에는 우리 동포를 발가벗겨 수족을 결박하여 불속에 던지는데 한 집에 두 사람이 있는 것을 둘 다 결박하여 불에 던짐에 늙은 아버지는 너무 기가 막혀서 같이 불속으로 뛰어 들어가 부자 3인이 일시에 타서 죽었으며, 늙은이의 자식 잃고 통곡하는 소리와 아이들의 부모 잃고 어미 찾는 소리와 연약한 부녀들의 남편 죽고 능욕을 당하며 부르짖기는 울음은 천지가 진동한다 하며 혹 가옥은 불 놓지 않을지라도 의복과 양식은 몰수이 불사르고 사람 뿐 내어 몰아 우마(牛馬) 같이 때려서 계견(鷄犬)처럼 쫓으니 갈 곳이 어디며 머물 곳이 어디던가. 비우를 무릅쓰고 중국인의 집으로 형님 같이 믿고 가나 겁 많은 중국인은 도리어 문을 굳게 닫고 접면도 안는지라.

칼같이 불어오는 시베리아 찬바람은 부드러운 적자의 살을 점점이 저며 내고 산 같이 쌓여 있는 만주 들에 깊은 눈은 말라가는 늙은이의 뼈를 꺾을 듯한데 서로 붙들고 서로 안고 무디무디 모여 앉아 얼어 죽고 굶어 죽는 비참한 형상은 실로 통신원이 세상에 생겨난 후 처음으로 가슴 아프고 차마 볼 수 없고 차마 견딜 수 없는 일이라 하니, 우리가 이러한 비보를 듣고 전시 구제의 방책을 생각지 않는 것이 너무나 비정한 인물이 아닌가? 우리 상해에 있는 일반 동포들도 상당한 생활이 없고 경제 곤란으로 비상한 고통에 빠진 자도 적지 않을 줄 아나 저 북만주 동포들의 갈래도 갈 곳 없고 한 집안 식구가 전부 참살을 당함보다는 오히려 나은지라.

슬프다. 대한의 피를 가진 나의 형제와 자매여! 나의 동포는 내가 구원할 것이랴. 누구든지 이 의무를 긴급히 깨닫고 1원 이상으로 연보(捐補, 돈을 냄)하려는 이는 일어서라."

하니 회중이 도합 250여 명 가량이나 되는데 일어서는 사람이 전부가 되었다. 혹은 외투를 혹은 내복까지 혹은 시계를 혹은 모자를 닥치는 대로 연보할 새 장병설 지사의 백 원 연보에 더해 어린 아이의 엽전 7푼까지 총계 6백여 원을 연보하여 북만주 동포의 주린 창자를 만일이나 돕게 되었더라.

이 저녁에 합창한 노래는 아래와 같다.

1. 늦은 가을 밝은 달은 동창에 다 물들이고 나는 기러기 울어 있고 부는 바람 쓸쓸한데 북편으로 오는 소식 원수에게 학살 받아 설고 상한 나의 동포 호소하는 소리로다.

2. 늙은 부모 자녀 잃고 애통하는 그의 정형 어린 아이 부모 잃고 울며 찾는 그의 형상 생각할수록 끝이 없고 뜻할수록 아득하다. 흉악한 저 원수에게 구원할 자 그 뉘런가.

27. 1920년 신년사

○ 1920년 신년사27) (1920. 1. 1.)

과거에 우리 내외 동포가 충성으로써 협력하여 지금토록 견인(堅忍, 굳게 참고 견딤)한 것을 치하하고 신년에 더욱 광복 사업을 위하여 면려(勉勵, 부지런히 노력함)하기를 희망하오.

우리가 오래 기다리던 독립 전쟁의 시기는 금년인가 하오. 나는 독립전쟁의 해가 이르는 것을 기뻐하오. 우리 국민은 일치하여 전쟁의 준비에 전력하기를 바라오. 외국의 동정을 요할지언정 외국에 의뢰하지는 마시오.

우리 국민은 대대적으로 일어나 독립 전쟁다운 전쟁은 할지언정, 신성한 우리 국민에게 비도(匪徒, 도둑의 무리)나 폭도라는 악명을 씌우지 마시오. 대규모로 준비 있게 통일 있게 일어나면 독립 전쟁이지마는 대부분 소부분 통일 없이 일어나면 비도라 하오. 독립 전쟁을 토의하고 전 세계에 선전하기를 무도(務圖, 힘써서 꾀함)하는 우리 국민은 이것을 공상에 두지 아니하고 기어이 실천하기를 결심한 줄 믿고 바라오. 그러나 이것이 공상이 아니 되려면 무엇보다도 더 힘쓸 문제는 금전이라 하오. 앞날에는 전사의 공헌이 다(多)하려니와, 목하(目下, 지금) 국가에 가장 공헌이 다할 자는 금전에 노력하는 자이외다.

---

27) 《안도산전서》 증보판. 1999. 664쪽.

28. 우리 국민이 단연코 실행할 6대사

● 우리 國民이 斷然코 實行할 六大事[28] (1920. 1. 3, 5.)

병이 있어 말하기가 어렵소.

금일 우리 국민이 단연코 실행할 6대사가 있소. 그것은 1. 군사, 2. 외교, 3. 교육, 4. 사법, 5. 재정, 6. 통일이오. 본제에 들어가기 전 딴 말 몇 마디 할 필요가 있소.

정부와 인민의 관계

오늘날 우리 나라에는 황제가 없나요? 있소. 대한 나라에는 과거에는 황제가 일인 밖에 없었지마는 금일에는 이천만 국민이 다 이 황제요. 제군의 앉은 자리는 다 옥좌며 머리에 쓴 것은 다 면류관이외다. 황제란 무엇이요? 주권자를 이름이니 과거의 주권자는 유일이었으나 지금은 제군이 다 주권자외다.

과거에 주권자가 일인이었을 때는 국가의 흥망은 일인에 있었지마는 지금은 인민 전체에 재(在)하오. 정부 직원은 노복이니 이는 정말 노복이오. 대통령이나 국무총리나 다 제군의 노복이외다. 그러므로 군주인 인민은 그 노복을 선히 인도하는 방법을 연구하여야 하고 노복인 정부 직원은 군주인 인민을 선히 섬기는 방법을 연구하여야 하오. 정부 직원은 인민의 노복이지마는 결코 인민 각개의 노복이 아니요. 인민 전체의 공복이오. 그러므로 정부 직원은 인민 전체의 명령을 복종하려니와 개인의 명령을 따라 마당을 쓰는 노복은 아닐 것이오.

---

28) 《독립신문》 1920년 1월 8일, 10일자.

그러니까 정부의 직원으로써 사우(私友)나 사복(私僕)을 삼으려 하지 마시오. 그러지 말고 공복을 삼으시오. 나는 여러 사람이 국무원을 방문하고 사정(私情)을 논하며 사사(私事)를 탁(托)하는 것을 보았소. 이는 크게 불가한 일이니, 공사를 맡은 자와는 결코 한담을 마시오. 이것이 심상한 일인 듯하지마는 기실 큰일이오. 금일은 정부 직원은 아들이라도 아들로 알지 말고 사우라도 사우로 알지 마시오. 사우를 위하여 공사를 해함은 큰 죄요.

황제인 제군은 신복(臣僕)인 직원을 부리는 법을 알아야 하오. 노복은 명령과 견책으로만 부리지 못하나니 얼러 추어주어야 하오. 동양 사람만 많이 부려 본 어떤 미국 부인의 말에, 일인은 매사에 일일이 간섭을 하여야 하고, 중국인은 간섭하면 골을 내며 무엇을 맡기고는 뒤로만 슬슬 보살펴야 하고, 한인은 다만 칭찬만 하여 주면 죽을지 살지 모르고 일을 한다 하오. 칭찬만 받고 좋아하는 것은 못난이의 일이지마는, 잘난 이도 칭찬하면 좋아하는 법이오. 그러니까 여러분도 당국자를 공격만 말고 칭찬도 하여 주시오.

또 하나 황제 되는 여러분이 주의할 것은 여러분이 나누면 개인이 되어 주권을 상실하고 합하면 국민이 되어 주권을 향유하는 것이외다. 그러므로 여러분은 합하면 명령을 발하는 자가 되고 나누이면 명령에 복종하는 자가 되는 것이오.

또 하나 여러분 중에 각 총장들이 총장인 체함을 시비하는 이도 있거니와, 총장이 총장인 체하는 것이 어찌하여 그르오? 국민이 위탁한 영직(榮職, 명예로운 직책)을 영광으로 알고 자존 자중함은 당연한 일이오. 만일 총장 기타 정부 직원이나 독립운동의 여러 부문에서 일하는 이들이 자기의 직임을 경시하고 자존 자중함이 없다 하면 이는 국가를 무시하는 교만한 사람이오.

또 하나 국무원의 내막을 말하리라. 옛 것만도 안 되고 새로운 것만도 안 될 때에 구도 있고 신도 있소. 또 반신반구(半新半舊)도 있어 조화하오. 노도 소도 있는데 또한 중노(中老)도 있어 이를 조화하오. 적재로 말하면 문도 있고 무도 있소. 각지에 있던 인재가 모이기 때문에 각지의 사정을 다 잘 아오.

성격으로 논하건대, 첫째 여우를 앞에 놓고 그것을 먹으려고 눈을 부릅뜬 범 같은 이도 있소. 언젠가 여러분이 탄핵 비슷한 일을 할 때에 그는 "너희들 암만 그래도 나는 왜놈을 다 죽이고야 나가겠다" 하였소. 또 예수의 사도같이 온후한 이도 있소. 평생을 소리가 없는 듯하나 속으로 꼭꼭 일하는 이, 또 도서관 같은 이, 또 천치같이 울면서도 심부름하고 일해 가는 이도 있소. 만일 이 종들이 불만하여서 다른 종이 필요하거든 다 내쫓고 새 종을 갈아 대시오마는, 만일 쓸만하거든 부족하나마 얼러주어 가면서 부리시오.

나는 단언하오. 장래에는 모르지마는 현재에 이 이상의 내각은 얻기 어렵소. 이혼 못 할 아내거든 분이라도 발라 놓고 기뻐하시오.

군사

이제부터 본론에 들어가려 하오.

이 6대 사는 가장 중요한 것이오. 이것을 단행하려 하면 지성스러운 연구가 있어야 하나니, 그런 후에야 명확한 판단이 생기오. 우리의 사업은 강폭한 일본을 파괴하고 잃었던 국가를 회복하려 함이니, 이러한 대사업에 어찌 심각한 연구가 필요하지 아니 하겠소. 묻노니 제군은 매일 몇 번씩이나 국가를 위하여 생각하나요? 우리는 날마다 시간마다 생각하고 연구하여야 할 것이외다. 혹 말하기를 저마다 생각하면 기견(奇見, 기이하게 보임)이 백출하리라 하나 지성으로 연구한 경험이 있는 자는 결코 기견을 세우지 아니하오. 모르는 자가 흔히 생각 없이 남이 무슨 말을 하면 "아니오, 아니오" 하오.

우리의 당면의 대 문제는 우리 독립운동을 평화적으로 계속하랴 방침을 고쳐 전쟁하랴 함이오. 평화 수단을 주장하는 이나 전쟁을 주장하는 이나 그 성충은 하나요.

평화론자는 왈, 우리 무리들은 의사를 발표할 뿐이니 피아의 형세를 비교하건대 전쟁은 이란격석(以卵擊石, 계란으로 바위 치기)이라, 차라리 전혀 세계의 여론에 소(訴, 호소)함만 같지 못하다 하오. 주전파는 왈, 한인이 전쟁을 선(宣)한다고 결코 과격파의 혐의를 수(受)함이 무(無)하리라. 남은 남의 독립을 위하여서도 싸우거든 제가 제 나라를 위함이니, 독립을 위하여 싸움은 당연한 일이 아니뇨. 또 피아의 세력을 비교함은 우리는 승리와 실패를 고려할 바가 아니라, 내 동포를 죽이고 태우고 욕함을 보고 사(死)를 결(決)함은 당연한 일이니, 우리는 의리로나 인정으로나 아니 싸우지는 못하리라. 또 일본의 현상은 일본 유사 이래로 가장 허약한 지위에 처하였나니 외원내홍(外怨內訌, 밖으로부터의 원망과 안에서의 분란)의 격렬함이 금일에 극하였다. 그러므로 우리는 싸우면 승리하리라, 이렇게 말하오.

진실로 우리는 시기로 보든지, 의리로 보든지 아니 싸우지 못할 때라고 단정하시오. 그러니 함부로 나갈까, 준비를 완성한 후에 나갈까, 혹 말하기를 혁명사업은 타산적으로 할 수 없나니, 준비를 기다릴 수 없다 하오. 그러나 준비는 필요하오. 물론 나의 준비라 함은 결코 적의 역량에 비할 만한 준비를 칭함이 아니나, 그래도 절대로 준비는 필요하오. 편싸움에도 노랑이 빨강이 모여서 작전 계획에 부심하나니 무준비하게 나아가려 함은 독립 전쟁을 너무 경시함이라 하오. 군사 매 명에 1일 20전이라 하여도

만 명을 먹이려면 1개월에 6만원이나 되오. 준비 없이 개전하면 적에게 죽기 전에 기아에 죽을 것이오.

그러므로 만일 전쟁을 찬성하거든 절대로 준비가 필요할 줄을 깨달으시오. 혹 말하기를 준비 준비 하지 말라, 과거 1년 간을 준비하노라고 아무것도 하지 못하지 아니하였느냐 하지마는, 과거 10년 간에 못 나간 것은 준비한다 하여 못 나간 것이 아니요, 나간다 나간다 하면서 준비 아니하기 때문에 못 나간 것이오.. 나간다 나간다 하는 대신에 준비한다 준비한다 하였던들 벌써 나가게 되었을 줄 믿소.(박수)

대포·소총·비행기 여러 가지로 준비할 것이 많거니와 먼저 준비할 것은 제국 시대의 군인이나 의병이나 기타 군사의 지식 경험이 있는 자를 조사 통일하여야 할 것이오.(박수) 없던 군대를 신조(新造)하여 싸우려 하니 군사에 관계있는 자들이 다 모여서 작전을 계획할 필요가 있소. 나는 서북간도의 장사더러 문하노니, 네가 능히 독력으로 일본을 당하겠느냐, 진실로 네가 일본과 싸우려거든 합하여 하라. 혹 정부의 무력함을 비웃거니와 합하면 너의 정부는 유력하리라. 우리 민족 전체가 합하고 나도 오히려 외국의 힘까지 끌어와야 하겠거든 하물며 대한인끼리도 합하지 아니하고 무슨 일이 되리오? 만일 그대가 진실로 독립 전쟁을 주장할진대 반드시 일제히 이동휘의 명령을 복종하여야 하오.(갈채 박수)

다음에는 훈련이오. 용기 있는 이들은 되는 대로 들고 나간다 하오. 정말 그런 생각이 있거든 배우시오. 훈련은 절대로 필요하오. 전술을 배우시오. 그러나 정신적 훈련이 더욱 필요하오. 아무리 좋은 무기를 가졌다 할지라도 정신상 단결이 필요하거든 하물며 우리리오.

이 정신을 실시하려거든 국민개병주의라야 하오. 독립 전쟁이 공상이 아니요, 사실이 되려면 대한 이천만 남녀가 다 군인이 되어야 하오.(갈채박

수) 그 방법이 여하한가요? 선전을 잘함이오. 각지에 다니면서 입으로 붓으로 국민개병주의를 선전하고 실시하여야 하오. 그러니 우리는 다 군사 교육을 받읍시다. 매일 한 시간씩이라도 배웁시다.(박수) 나도 결심하오. 다만 30분씩이라도 군사학을 배우면 대한인이요, 불연하면 대한인이 아니오.(갈채) 배우려면 배울 수 있다.(갈채) 여자들도 배워야 하오.(갈채) 군사적 훈련을 아니 받는 자는 국민개병주의에 반대하는 자요, 국민개병주의에 반대하는 자는 독립 전쟁을 반대하는 자요, 독립 전쟁에 반대하는 자는, 독립에 반대하는 자요.(갈채박수) 명일부터 각각 등록하게 하시오.

금일 내 건강이 못 견디게 되었으니 죄송하나 오는 월요일 오후 7시에 다시 모여 주시겠소?(일동 거수로 승락, 이상은 3일 저녁, 이하는 5일 저녁)

일작(一昨) 밤에는 매우 분하였소. 말하다가 기운이 진하여 중단하기는 이것이 처음이오.

남의 나라는 남의 나라를 위하여 싸우거든 우리는 우리 자신을 위하여 싸우는 것이 마땅하지 아니하오? 우리는 의리로든지 인정으로든지 싸워야 하오. 나는 전일에 이러한 말을 들었소. 우리가 흔히 어서 독립을 완성하고 한성에 들어가 보기를 말하오. 이것이 대단히 기쁜 일이지마는, 대한의 독립을 아니 보리라는 결심이 있어야 독립을 볼 수 있을 것이오. 저마다 "죽겠다" 하지마는 정말 죽을 때에는 생명이 아까울는지 모르겠소.

그러나 만일 노예의 수치를 절실히 깨달을진대 죽음을 무서워하지 아니할 것이오.(박수) 살아서 독립의 영광을 보려 하지 말고 죽어서 독립의 거름이 되자, 입으로 독립군이 되지 말고 몸으로 독립군이 되어라. 그리하여 아무리 하여서라도 독립 전쟁을 기성(期成, 반드시 이룩함)하기를 결심하여야 하오.

전쟁적 전쟁을 오게 하기 위하여는 평화적 전쟁을 계속하여야 하오. 평화적 전쟁이란 무엇이오? 만세 운동도 그것이오. 물론 만세로만 독립될 것이 아니지마는 그 만세의 힘은 심히 위대하여서 내로는 전 국민을 동하였고, 외로는 전 세계를 동하였소. 과거에는 미국 인민이 우리를 위하여 정부를 책려하더니, 지금은 도리어 의원과 정부가 인민을 격려하오. 나는 상의원에서 우리를 위하여 소책자를 돌리는 것도 보았소. 이 역시 평화적 전쟁의 효과가 아닙니까. 대한 동포로서 적의 관리된 자를 퇴직할 것도 다 평화적 전쟁이오. 일반 국민으로 하여금 적에게 납세를 거절하고, 대한민국 정부에 납세케 할 것, 일본의 기장(旗章)을 사용치 않고 대한민국의 기장을 사용할 것, 가급적 일화(日貨)를 배척할 것, 일본 관청에 송사(訟事) 기타의 교섭을 단절할 것, 이런 것도 다 평화적 전쟁이오. 이것도 힘 있는 전쟁이 아닙니까.

국민 전부는 말고 일부만 이렇게 한다 하더라도 효력이 어떠하겠소? 혹 이것으로만 아니 된다 하나 대전이 개하기 까지는 그것을 계속하여야 하오. 이러한 평화적 전쟁에도 수십만의 생명을 희생하여야 하오. 이것도 독립 전쟁이외다.(박수)

외교

첫째 금일에 외교를 논함이 가하냐 부하냐가 문제요. 혹은 세계의 동정이 필요하니 외교가 필요하다 하고, 또 혹은 아국은 외교로 망하였다 하여 외교를 부인하오. 외교를 부인하는 이의 심사는 외교를 외교로 알지 아니하고 외국에 의뢰함으로 아는 것이오. 제국 시대의 우리 외교는 과연 그러하였소. 그러나 그도 영(英)이나 미(美)의 원조를 싫어함은 아니오. 외교론자는 이에 대하여 우리 외교는 결코 제국 시대의 외교가 아니요, 독립 정신을 가지고 열국의 동정을 내게 끌려함이라 하오.

내가 외교를 중시하는 이유는 독립 전쟁의 준비를 위함이오. 평시에도 그러하지마는 전시에는 비록 일국이라도 내 편에 더 넣으려 하오. 이번 대전에 영·불 양국이 미국의 각계에 향하여 거의 애걸복걸로 외교하던 양을 보시오. 덕국이 토이기(터키)같은 나라라도 애써 끌어넣은 것을 보시오. 그러므로 진정한 독립 전쟁의 의사가 있거든 외교를 중시하여야 할지니, 군사에 대하여 지성을 다함과 같이 외교에 대하여서도 지성을 다하여야 하오.

혹 일·영·미·법·이 제국은 일본이나 다름없이 남의 땅을 빼앗고 인민을 노예하는 도적놈들이니 그네와 외교를 한다면, 아무 효과가 없으리라 하나, 나는 확답하오. 우리는 제국 시대의 외교를 탈하여 평등의 외교를 하는 것이오. 이것으로 우리는 열국의 동정을 끌 수 있다 하오.

영일 동맹은 아국(俄國)의 침략을 두려워서 함이오. 그러나 지금은 아국은 침략 정책을 버리기도 하였고 행하지 못하게도 되었으니, 지금 영국이 꺼리는 것은 오직 일본뿐이오. 만주와 인도는 일본의 위협 하에 재하오. 또 이번 대전에 영·법 양국은 병력상·경제상 대 타격을 받았지마는 일본은 그동안에 참전하였다 칭하고 썩은 총을 아국에 팔고 신기한 무기를 더 제조하여서 졸부졸강(猝富猝强)이 되었소. 그러므로 영국의 주의는 일본의 강(强)을 좌(挫, 꺾음)하려 함이겠고, 법국은 그 중에도 더욱 피폐하여서 영국과 친선 관계를 유지하고 동일한 보조를 취할 필요가 있소. 지금 사실상 영법 동맹이 성립된 것이 이 때문이오.

그러면 혹은 영·미·법·이는 화협하리라, 그러나 덕국이 무섭다. 아마 복수적으로 덕·아·일 동맹을 작하리라 하나, 이는 대세를 모르는 자의 말이오. 덕국 국민의 다수는 이미 제국주의를 포기하고 침략주의의 사상은 거의 일소하였으니, 그는 혹 경제적으로 부활한다 하더라도 군국주의로

부활하여 유치한 일본을 신뢰하지 아니하리라. 또 금후의 세계의 대세는 사회주의적으로 경향할지요, 결코 군국주의적으로 역진하지 아니하리라.

또 아국으로 논하면 일본은 그에게 불공대천지수(不共戴天之讐, 같은 하늘을 이고 살지 못할 원수)일 것이오. 일아 전쟁의 원한은 고사하고 그네가 많은 피로써 신국가를 건설하려 할 때에 제일로 방해한 자가 일본이 아닌가요? 과격파라는 이름을 누가 지었으며 연합군을 누가 끌어들였으며 학살을 누가 행하였나요? 현금 아국의 최대한 구적(仇敵, 원수)은 일본일 것이니, 우리는 아국을 우리 편에 넣을 수 있소.

미국에 대하여는 더 말할 것이 없소. 그의 상하 양원, 그의 각 계급의 인민이 이미 우리 편 됨을 증명하지 아니하였나요? 아시아 문제, 태평양 문제는 미국 금후의 정치와 경제와, 따라서 군사의 중심 문제가 될 것이오. 그가 대육군, 대해군을 건설하는 가상적이 누군지를 생각하면 알 것이오. 또 아직 세계에는 인도주의는 없다 하지마는 이는 곡설(曲說, 잘못된 주장)이오. 거짓 인도주의를 쓰는 자도 있지마는 참으로 인도주의를 주창하고 실행하는 자가 있는 것도 사실이오. 미국의 참전에 비록 여러 가지 동기가 있다 하더라도 인도주의가 그 주요한 동기 중에 하나인 것도 사실이오.

어느 점으로 보든지 열국의 동정은 일본에게로 가지 아니하고 우리에게로 올 것이 명확하니 다만 우리가 힘쓰고 애쓰기에 달렸소. 그 밖에 제일 중요한 것은 대화(對華), 대아(對俄) 및 대몽고 외교요. 중국이나 몽고도 일본에 적대할 것은 현재의 사실이 증명하오. 이에 우리는 이번 독립 전쟁에 선봉이 되어 인국(隣國)을 끌어야 할 것이오.

대화 외교는 매우 곤란하오. 현금 북경 정부는 반드시 중국을 대표하는 중앙 정부가 아니며 또 일인의 정부인지 중국인의 정부인지도 분명치 아니하오. 또 각 성의 성장(省長)이나 독군(督軍)도 그 성에서는 왕이나 서로 일치하지는 아니하오. 그러나 소위 21조 요구로 전 중화 4억만 인이 일제히 배일의 격렬한 감정을 가지게 됨은 천(天)이 우리를 행(幸)케 한 것이오. 그러므로 우리는 각 성 기타 각 부분을 떼어서 외교함으로써 전부는 몰라도 수성(數省)을 얻을 수는 있소.

대아 외교는 극히 용이하오. 기밀이라 다 말할 수 없거니와 힘만 쓰면 될 것이오. 그리하여 가인(嘉仁)이 적차백마(赤車白馬, 흰 말들이 끄는 붉은 수레를 타고 옴)로 내항(來降, 항복해 옴)하고야 말 것이오.(갈채박수)

만일 우리가 세계의 동정을 전실(全失)한다 하더라도 우리 이천만 남녀는 다 나가 죽어야 하오. 그만큼 세계에다 최후의 일인 최후의 일각이라고까지 성명해 놓고 노예로 더 살아감은 더 심한 수치요.(박수갈채)

각각 적재를 택하여 각국에 선전하여야 하오. 대한민족의 독립을 요구하는 의사와 독립 국민이 될 만한 자격과 대한의 독립이 열국의 이익 및 세계의 평화에 유조할 것을 선전하여야 하오. 지금 각국은 여론 정치니까 민중의 여론만 얻으면 그 정부를 동할 수 있소. 각국에 상당한 대표자를 보내어 국제연맹에 대다수의 내 편을 얻어야 하오. 나를 외교 만능주의자라 함은 무근지설이오. (중략) 일본도 사면초가임을 보고 여선생(여운형)을 청하여다가 빌어 본 것이오.(박수)

일반 국민이 주의할 것은 외교는 정부만 하는 것이 아니요, 국민 전체가 다해야 할 일이오. 각각 자기를 만나는 외국인으로 하여금 대한인을 사랑할 사람이라 하게 하시오. 비록 인력거 끄는 고력(苦力, 인력거꾼)에게까지라도.

교육

독립운동 기간에 우리는 교육을 힘씀이 마땅할까요? 나는 단언하오. 독립운동 기간일수록 더 교육에 힘써야 한다고. 죽고 살고 노예 되고 독립됨이 판정되는 것은 지력과 금력이오. 우리는 아무리 하여도 이 약속을 벗어나지 못하오. 우리 청년이 하룻동안 학업을 폐하면 그만큼 국가에 해가 되는 것이오. 본국에는 아직 우리의 힘으로 교육을 실시하지 못하지마는, 기회 있는 대로 공부를 해야 되고 시켜야 되오. 독립을 위하여 공부를 게을리 아니하는 이야말로 독립의 정신을 잃지 아니하오. 국가를 위하여 독립을 위하여 시간 있는 대로 힘써 공부하시오.

또 국민에게 좋은 지식과 사상을 주고 애국의 정신을 격발하기 위하여 좋은 서적을 많이 간행하여 이 시기에 적합한 특수한 교육도 하여야 하고 학교도 세우고 교과서도 편찬하여 해외에 있는 아동에게 가급적 교육을 실시하여야 하오.

사법

독립운동 기간에 법을 지킴이 마땅하냐 아니하냐, 나는 아직 법을 복잡하게 함은 반대하오마는, 이 때일수록 더욱 우리의 법을 복종하여야 하오. 비록 간단하지마는 우리의 법은 절대로 복종하여야 하오. 내가 반대하는 것은 오직 현금에 앉아서 법의 이론을 위사(爲事, 일삼음)함이외다. 우리가 국가를 신건할 때에, 대한의 법률을 신성하고 최고하게 알아 전 국민이 이에 복종하여야 하오.

임시 헌법이 의정원에서 토의될 때에 여운형 기타 제씨는 훈장 기타의 영전에 반대하여 마침내 삭제되고 말았거니와, 독립운동에 특수한 공로가 있는 개인에게는 국가가 사의를 표할 의미가 있소. 비록 국가를 위하는 것이 국민의 의무라 하더라도 의무를 다하지 못하는 여러 동포 중에서 특히 의무를 다한 자에게 상장이 있는 것은 당연한 일이오. 독립운동 기간에는 특히 의로운 남녀가 많이 기(起)하여야 하겠으니 장려가 됨은 인정이며 또 상(賞)할 때 상함은 국가의 의무요. 이렇게 상이 필요한 동시에 또 벌이 필요하니 이에 사법 문제가 기하는 것이오.

민원식 같은 자와 적의 응견(鷹犬, 사냥매와 사냥개)이 된 자를 그냥 두랴? 독립운동에 참가하기를 싫어하여 가구를 끌고 적국으로 떠나가는 자를 그냥 두랴? 자치나 참정권을 운동하는 자도 역적이니 다 죽여야 하오. 우리 국민 헌법이 없지마는 무슨 법을 임시로 정하여라도 죽일 자는 죽여야 하오. 이러하여 신성한 기강을 세워야 하오.

그러나 법은 악인에게만 적용할 것이 아니니, 정부의 직원이나 인민이나 무릇 대한민국의 국민 된 자는 대한민국의 법에 복종하여야 하오. 이러므로 사법제도의 확립이 필요한 것이오.

재정

아마 재정에 관한 말이 여러분의 흥미를 끌지 못하리다. 우리 국민은 경제 관념이 극히 박약하오. 오랫동안 쇄국주의의 정치 하에 있어서 경제적 경쟁의 생활을 못 한 것과 유교의 영향으로 재(財)를 천하게 여기던 것이 우리 국민에게서 경제적 관념을 일소하였소. 근년에 와서 다소간 경제를 중시하게 되었지마는, 아직도 모든 생활과 사업에 경제가 어떻게 중한 것인 줄을 깊이 각오치 못하였소.

그러므로 독립운동 개시 이래로 죽자 죽자 하기만 하고 자금에 대하여서는 별로 고려하지 아니하는 듯하오. 3월 1일에 자금의 준비를 경시하였고, 상해에서 임시정부가 발표될 때에도 이 문제를 거의 도외시하였소. 또 제군도 금력 판비(辦備, 마련하여 준비함)에 관하여서는 지성(至誠)한 고려가 없소.

우리 국민은 돈을 위해서 힘쓰는 자를 낮추오. 이번 세계 대전에 수공(首功)이 된 자는 돈을 많이 내었거나 내게 한 자인 줄을 우리 국민은 모르는 것 같소. 여러분, 독립 전쟁을 하자 하자 하지만 말고 독립 전쟁에 필요한 금전을 준비하시오. 정부가 발행하는 공채·인구세·소득세, 동포들의 애국 열성으로 내는 원납금(願納金) 혹은 외국에 대한 차관 등이 우리의 재원이 될 것이오.

과거의 재정 상태를 나는 말하지 아니하려 하오. 장래의 재정 방침에 대하여서는 비밀이기 때문에 다 말하지 못하거니와, 그 중 하나는 국민 개병주의와 같이 국민 개납주의요, 어느 부자를 끌어오자 하지 말고 독립 운동 기간에는 남녀를 물론하고 일 전 이 전씩이라도 다 내어야 할 것이오. 금액의 다소를 논할 것이 아니외다.(갈채) 누구나 먹고 살기는 할지니 밥 반 그릇을 덜어서라도 각각 내는 동시에 수백만 원의 거액을 낼 재산가도 있을 것이오. 재산가를 위협하는 육혈포는 결코 돈을 나오게 하는 육혈포가 아니요, 못 나오게 하는 육혈포외다.

그러므로 근본적 재정 방침은 오직 국민 개납주의라 하오.(박수갈채) 일찍 구국월연금(救國月捐金)의 발기가 있어 혹은 10원 혹은 5원씩 적었으나 이내 소식이 없음은 웬 말이요? 돈 없는 것보다도 그 정성으로는 독립할 자격이 없을까 두려워하오.

내가 말하는 중에 제일 요지는 국민 개병주의와 국민 개납주의요. 원(遠)에 구하지 말고 우선 상해에 발붙인 이는 적으면 적을지언정 매삭 돈 내는 데 빠지지 말도록 하시오. 그리하여 중·아령 동포와 본국 동포에까지 미치게 하시오.(박수)

어떤 사람은 말하기를 일만 하면 돈이 있다 하며 또 말하기를 일만 잘하면 나도 돈을 주겠다고 하오. 이는 마치 시장한 사람더러 네가 배만 부르면 밥을 주겠다 함과 다름없소. 돈이 있어야 일을 하지 아니하오?

혹은 부자들이 맘이 좋지 못하여 돈이 아니 온다 하지마는, 실상 돈이 안 나오는 이유는 우리 국민은 돈이 없어도 일이 되는 줄 아는 까닭이라 하오.(박수) 그래서 독립도 글자나 말만으로 되는 줄 아오. 대한의 독립군은 먼저 돈을 많이 모으는 사업에 힘을 써야 하오. 첫째 제 것을 다 내어놓으시오.

나는 또 국민 개업주의를 주창하오. 대한의 남녀는 자기의 직업에 힘을 쓰시오. 노는 것이 독립운동이 아니오. 정부나 신문이나 기타 각 단체에서 일을 하거나 그렇지 않거든 무슨 업을 하여 각인이 매일 4, 5전씩이라도, 2, 3전씩이라도 국가를 위하여 내게 하시오.(박수) 대전 중에 부강한 미·덕·영 제국도 부인까지 일하였소. 놀고 돌아다니면 아무 일도 아니 되오. 평시에 30원씩 썼거든 가족끼리 의논하여 5, 6원씩이라도 검약하여 바치게 하시오. 나도 주막이라도 하나 경영하여 내 생활비를 얻어 쓰려 하였소. 여러분은 다 일하시오. 여기서 할 일이 없거든 서북 간도에 가서 농업을 하시오. 독립운동하노라 하면서 노는 자는 독립의 적이오. 특히 상해에 있는 이는 개병·개납·개업의 모범이 되어야 하오.(박수)

우리 사업은 거의 다 사람 사람이 다 배우고 일해야만 오래 계속하게 될 것이오. 내가 상해에 온 후로 4차의 연설(환영회, 청년단, 민단) 및 금차 이것이 다 같은 주지외다. 다시 말하노니 경제에 힘쓰시오.

통일

내 입으로 통일이란 말을 많이 하였소. 이제는 심상한 말이 되어 버렸소. 군사나 외교나 무엇무엇 모든 것을 다 한다 하더라도 재정과 통일이 없이는 아니 되오. 인구와 금력과 지력이 아무리 많더라도 통일이 부족하면 망하는 것은 다 알지요? 우리의 지력이나 금력이 얼마나 있소? 그런데도 10년

간 남의 노예로 있던 자가 아직도 완전히 통일이 못되었다 하면 어찌된 일이오? 무엇보다도 먼저 대한민족은 통일되어야 할 것이외다.(박수)

만일 통일 못 되면 어찌될 것이오? (유정근 씨에게 기립하기를 청하고) 이제 유정근 씨의 사지가 떨어지면 힘이 있으랴? 제가 잘났다 제가 옳다 하고 다 달아난다 하면 근모(根毛, 원주민)들은 어디 가서 살겠나요? 대한이 망한다 하면, 그놈들은 혼자 살겠나요?(박수) 우리는 실지로 통일하도록 결심이 있고 실행이 있어야 하오.

혹 통일은 좋지만 우리 민족은 통일하지 못할 민족이라 하는 자가 있나니, 이러한 자야말로 통일을 방해하는 자외다. 우리 국민은 본래 통일된 민족이오. 인종상·혈통상으로 보아 우리는 잡종이 아니요, 순수한 통일 민족이오. 혹 이민족의 혈이 섞인 일이 있다 하더라도 이는 모두 다 단족화 하였소. 또 언어도 하나요, 문자도 습관도 하나요, 예의도 그러하고 정치적으로도 중앙 집권이 있고 결코 중국 모양으로 주권이 여러 지방 혹은 부분에 분(分)한 일이 없었소. 그러면 우리 국민은 통일한 국민이오. 그런데 왜 통일을 말하나요?

혹은 지방열 때문에 통일이 아니 된다 하오. 그러나 나는 말을 꾸미는 것이 아니요, 사실상 우리나라에는 지방열이 없다고 단언하오. 내 말하리다.

다른 나라에는 지방열이 있소. 가령 미국으로 보면 일 지방에 이(利)되는 것이 다른 지방에 해되는 수가 있나니, 미국이 아직 전국이 단행하기 전에 어떤 일주가 금주를 단행하려 한다면 양조업이 많은 다른 주는 이에 반대하여 피차에 싸울 것이니 이것이 지방열이오. 그러나 우리나라에 과거나 현재에 정치적으로나 경제적으로나 지방과 지방이 경쟁한 일이 없었소. 현재 우리 독립운동에는 물론이지마는 미래에도 없으리라 하오. 원래 지방열이란 지방이 광대한 나라에 있을 것이요, 우리나라 같은 지방이 적은 나라에는 있을 수 없는 것이외다.

혹 선배 노인들이 지방열을 만들었다 하나 기실은 일부 청년들이 이름을 지은 것이오. 가령 이총리로 봅시다. 그는 서울 사람을 대할 때는 서울깍쟁이라고 책하고 평양 사람을 보면 평양 상놈이라고 하고 개성 사람에 대해서는 개성놈의 자식이라 하였소이다. 이것을 보고 옳지 그는 지방열이 있는 자라 하오. 그러나 그가 설립한 90여의 학교가 함경도에 있지 아니하고 대부분이 개성·강화외다. 개성·강화는 기호가 아닙니까.

또 이(이동녕) 내무총장과 이(이시영) 재무총장으로 말하더라도 우선 그의 실모를 보시오. 그네에게 무슨 야심이 있겠나? 그네가 지방열 있는 것을 걱정할지언정 자기가 창도할 리야 있겠소? 자기네가 누구를 배척하니 받은 이는 홀로 된 것이오. 그리해 놓고 말하기를 누구는 지방열이 있다 하오. 그러면 신(신규식) 총장에게 지방열이 있겠소? 그 어른이 해외 10년에 동포 간에 절규한 것이 대동단결이외다. 그가 주재하던 동제사(同濟社)는 대한의 독립을 광복하려는 대한인의 단체지 결코 어느 지방 사람의 단체는 아니었소.

또 안창호가 서도를 위하여서만 일하였다 하니 그만 해도 고맙기는 고맙소마는 우리나라가 얼마나 커서 황해도 평안도를 가리겠소. 내가 혹 국가주의를 초월한 세계주의를 포회하였다 하는 초책(誚責, 꾸짖음)은 받을지언정 그런 지방열이야 있겠소? 또 가사 내가 지방열이 있다 합시다. 그러나 안창호에게 지방열이 있으면 있었지 모든 노인에게 있는 것은 아니오. 그러면 내가 지금 말하는 통일은 무엇을 가리키는 것이냐, 결코 지방의 통일을 의미함은 아니요 오직 전 국민을 조직적으로 통일한다는 말이오.

비록 유정근 씨의 사지가 떨어지지 아니하고 붙어 있더라도 내부의 신경과 혈맥이 관통치 아니하면 아니 될지니, 내가 말하는 통일은 이 신경과 혈맥의 장애를 제거한다는 뜻이오. 조금 무엇을 안다는 사람 중에 두 가지

병이 있으니, 일은 국가를 위하여 단결을 하기보다 사정(私情)적·의형제적 통일을 이루려 하오. 그래서 매양 조그마한 일에도 저 사람이 나를 믿나 잘 대접하나 하고 주의하고 살피오. 그러다가 걸핏하면 싸움이 났네, 결렬이 되었네 하오. 국민이 다 통일된다고 남의 아내를 제 아내와 같이 사랑할 수는 없는 것이니 만일 그리한다 하면 그는 괴(怪)한 놈일 것이오.

사정의 친고(親故, 가깝고 멂)는 주의보다도 정성으로 되는 것이니 모가 모와 친하다고 그것을 편당이다 할 수 없는 것이오. 다만 주의만 같으면 동지가 아닙니까.(박수) 내가 가령 이동녕·이시영 두 분과 저녁을 같이 먹는 것을 보면 얼굴을 찡그리며 말하기를 저놈들이 이동휘 씨를 딴다 하고, 그와 반대로 내가 만일 이총리와 같이 먹으면 내무, 재무 양 총장을 딴다 하오.(웃음) 세상이 이러하니까 우리는 자연 근신하게 되어 자유로 의사 발표나 교류하기를 꺼리게 되오.

여러분 공과 사를 가르시오. 삼천만이 모두 동지로 통일하더라도 모두 사우나 의형제는 못 될 것이니 사우를 편당이라 하면 영원히 편당이 없어질 날이 없을 것이외다.(박수) 통일에 공적 통일과 사적 통일을 명확히 하면 곧 통일이 되리라.

어디나 어디를 물론하고 통일이 아니 되는 것은 무슨 일인고? 결코 지방열도 아니요 편당심도 아니요, 오직 그 중에서 일하는 자 몇 사람이 남의 하풍(下風)에 서기를 싫어하는 까닭이오. 그네들도 가서 물어 보면 통일해야 된다고 하오. 그리고 통일 못 되는 것은 남의 탓인 듯 말하오. 남의 하풍에 아니 서려니까 자기 부하에 일단을 둘 필요가 있소. 그 일단을 만드는 방법은 이러하오. 여러 사람을 모아 놓고 "이런 걱정이 있나" 하고 강개(慷慨, 분노함)하게 말하오. "왜요" 하고 물으면 "꼭 통일을 해야 할 터인데 모야가 악하여 통일이 안 된다 하오" 그러면 통일을 바라는 여러 동포들은 대단히 분개하여 그 사람을 복종하여 그 모야를 공격하고 배척하오. 이리하여 그의 야심은 성공되고 통일은 파괴되오.(박수)

통일의 최후요 또 최대한 요건은 복종이오. 대한민족이 통일한 후에야 자유도 있고 독립도 있다. 정부 직원이 인민의 명령을 복종치 아니하면 역적이 되거니와, 국민 각 개인이 정부의 명령을 복종치 아니함도 적(賊)이오.(박수) 국민의 명령이란 결코 민단이나 청년단이나 기타 어느 일개 단체의 명령이 아니오. 국민이 정부를 명령하는 기관은 오직 의정원이 있을 뿐이오. 정부가 의정원을 통한 국민의 명령을 받아 일단 인민에게 발표한 이상 인민은 절대로 이에 복종할 것이오.

정부는 개인인 인민의 집합의 중심이오. 또 주권자인 국민의 주권 행사의 기관이외다. 당초에 정부를 설립하는 본의가 절대로 이에 복종할 것을 예상함이니 혁명의 본의도 또한 정부를 절대로 복종하는 주지에서 나온 것이오. 불량한 자연인을 집어내고, 선량한 자연인을 대입함이 혁명이오. 그러므로 자연인인 정부 직원이 국민의 명령을 불복함도 역적이지만 정부라는 기관의 명령을 불복하는 인민도 역적이오.

직원이니 인민이니 하는 말을 사용해 왔소마는 독립운동을 하는 점으로 보면 우리의 독립을 위하여 나선 자는 다 동지가 아니냐. 같이 죽을 자가 아니냐. 정부는 어떤 의미로 보면 독립운동의 본부니 우리 모든 동지가 그 아래로 모이면 통일이 될 것이오.

나는 진정으로 말하거니와 이 대통령과 이 국무총리를 충성으로 복종하오. 나는 두 어른의 결점을 가장 잘 아오. 아마 나만큼 잘 아는 자가 없으리라. 그러나 나는 충성으로 그네를 복종하오. 누구를 갖다 놓든지 우리 주권자에게 복종하여야 하오. 우리끼리 복종하지 아니하면 가인(嘉仁)의 복종에서 떠날 날이 없으리다.(박수)

복종 아니 하려는 자는 대개 자기가 두령이 되려는 생각이 있소. 그러나 우리 중에는 결코 독력으로 독립할 자는 하나도 없소. 통일하면 독립하고 아니하면 못 하오. 우리는 모든 일 중에 급하고 급한 것이 통일이요, 구할 것이 통일이외다. 우리 민족 중 구태여 인격과 역량이 위대한 자를 찾지 마시오. 그런 인물을 찾는 자는 혹 동경 있는 적진 중으로 가기 쉬우리다. 가인이나 원경(原敬)은 비록 인격이 천층만층이라 하더라도 눌러야 한다. 우리 동포끼리는 고개를 숙이고 복종하여야 한다. 독립은 독립이지만 내가 네 밑으로 가랴 하는 생각은 버리시오.

이동휘가 왜와 통하는 일이 있거든 나와 함께 그를 죽이자. 그러나 오늘날은 나와 함께 그의 명령에 복종하자. 국가에는 복종하되 자연인에게 복종하랴 하지마는 국가는 정부를 통하여 자연인을 통하여 비로소 명령을 발하는 것이니 주권을 위탁한 자연인을 복종함이 국가를 복종함이니라. 저마다 자유 자유 하면 망하나니라. 지금은 무슨 명이나 복종하여라. 무슨 명령이나 "예" 하여라.

대전 중 미국서 식량 총감이 사탕과 맥분 절용의 명령을 발하였을 때에 미국인은 두 말 없이 복종하였다. 개업한 의사에게 정부가 종군하기를 명할 때에 그네는 두 말 없이 문을 잠가 놓고 나서 법국 전선으로 갔다. 만일 그렇지 아니하였던들 미국은 망하였을 것이다.(박수)

29. 대한민국 2년 신원의 나의 기원

○ 大韓民國 2년 新元의 나의 祈願[29] (1920. 1. 5.)

통일의 완성

대한민국은 속임과 의혹과 투기를 버리고 서로 사랑하고 복종하여 정신으로 단결하며 또한 부분적 단독적 행위를 버리고 조직적으로 중앙기관에 연락하여 이천만 몸이 한 몸이 되어 동일한 보조로 광복 사업을 이룸 즉 한 완전한 통일을 이루게 하여지이다.

대한의 남자야 여자야, 우리는 적국을 파괴하고 조국을 중건하는 대업을 담책하였나니 응당 큰 힘을 만들기 위하여 무엇보다 통일 단결을 먼저 힘쓰리라.

혈전(血戰)의 결심

대한 국민은 나라를 광복하는 대업의 성취가 오직 의로운 피를 뿌림에 있음을 절실하게 각오하고 독립 전쟁을 단행하기로 결심하여지이다.

장사(壯士)의 모임

각처에 산재한 대한 군인은 대한민국의 원수(元帥)의 앞에 모여들어 원수를 보좌하여 작전 사업을 준비하며 제반 직무를 분담하여 성충으로 노력을 다하여 큰일을 돕게 하여지이다.

대한의 장사야, 대한의 장사야, 너희가 대한 장사의 혼이 있나니 응당 먼 대한의 장사로 더불어 뭉치리라.

---

29) 《독립신문》 1920년 1월 13일(1) 제37호.

국민은 다 군사(軍士)

대한의 청년과 장사는 하나도 빠짐없이 독립군 명부에 등록하고 산이나 들이나 저자나 어디 있든지 각각 그 처지대로 가능한 방편을 만들어 군사의 훈련을 간단없이 받게 하여지이다.

대대적으로 싸움

의를 위하여 죽기를 결심한 용기 있는 대한 남자는 적으로 더불어 싸우되 무통일·무조직·무의식적의 임시적 행동을 취하지 말고 규율 있게 질서 있게 대대적으로 일어나 최후의 승리를 얻기까지 분투하여지이다.

대한의 남자야 여자야, 우리는 자유를 위하여 정의를 위하여 죽는 것이 노예로서 사는 것보다 오히려 쾌함을 각오하였나니 응당 죽음에 나아가기를 서슴지 아니하리라.

국민마다 돈을 다 바침

대한 국민 된 자는 부하거나 빈하거나 일치하게 독립 공채권을 살지며 인두세를 바칠지며 각각 소득에서 먼저 몇 분의 얼마를 덜어 바칠지며, 애국 의연을 바칠 힘이 적으면 1전이라도 한 사람도 빠짐없이 정부에 금전을 공헌케 하여지이다.

생명을 희생하기로 결심한 대한 남녀야, 우리는 만사에 금력이 없으니 공상뿐임을 알지 않느냐, 우리의 독립이 공상이 되지 않게 하려는 대한 국민은 응당 생명을 바치기 전에 먼저 금전을 아끼지 아니하리라.

국민은 다 직업

대한 국민은 독립운동하는 기간에 평시보다 더욱 더욱 직업에 집착하여 배울 자는 배움에, 벌이할 자는 벌이에 성충과 노력을 다하여, 광복 사업의 원력이 더욱 충실하게 하여지이다.

외국에 친선

대한 국민은 어떠한 외국 사람에게든지 신으로 대하며 애로 접하며 우리 민족의 독립 정신과 문명한 품격을 실현하며 우리의 주의를 선전하여 우리 각 개인의 행동으로 말미암아 세계만방의 친선과 동정이 있게 하여지이다.

적인(敵人)을 거절(拒絕)

대한 국민은 갇힘을 당하거나 죽임을 당하거나 어떠한 경우를 당하든지 일치하게 결심하고 적인의 관리가 되지 말며 적인에게 세금을 주지 말지며 소송과 교섭을 끊을지며 적인의 기장을 달지 말고 연호를 쓰지 말지며 적인의 물건을 사지 말아서 우리 민족의 근본적 주의 정신을 원만히 실현케 하여지이다.

대한의 형제야 자매야, 적인의 옥에 앞서 갇힌 형제자매만 홀로 있게 하지 말고 너도 나도 다 같이 나아가 그 옥이 얼마나 넓은가 시험하여 보리로다.

청년의 활동

대한 국민 중에 특별히 담력이 있고 용기가 있는 충의 남녀는 국민의 의사를 일치하게 하기 위하여, 우리의 만반 경영을 실시하기 위하여, 각방의 위험을 뚫고 들어가 일반 국민에게 금일에 각오할 바를 선전하기 위하여 활동케 하여지이다.

오늘의 대한 남녀는 국가가 우리에게 무엇을 요구하든지, "아니오" 하지 않고 "네, 하겠습니다" 하리라.

  6대 사업에 관하여 나의 연설은 독립운동 진행 방침의 정신과 대의를 말하였음에 불과하오. 구체 계획은 비밀을 요하니까 현금의 처지로는 도저히 발표키 불능하오. 이는 유감이지마는 무가내하(無可奈何, 어찌할 수 없음)요. 그러나 불원(不遠)에 하나씩 하나씩 실현되는 것을 보아 일 것이오. 나는 일반 동포가 이 정신을 체(體)하여 일치 협력하기를 간청하오.

30. 상해의 3·1절 축하식 축사

◎ 上海의 三·一節 祝賀式 祝辭30) (1920. 3. 1.)

이 날 우리 흉중에는 비희(悲喜)를 분간치 못할 일종 비상한 감상이 있었소. 이 비상한 날에 비상한 감상이 있는 동시에 비상한 결심이 있어야 하오. 과거 10년 동안 대한민족은 이 날 하루를 얻기 위하여 비상히 분투하였고 일본은 우리로 이 날 하루를 못 얻게 하기 위하여 분투하였소. 그러나 일본의 분투는 실패되고 우리의 분투는 성공되어 천만 대에 기억할 이 날을 우리가 알게 되고 세계가 알게 되었소. 이날은 가장 신성한 날이오. 자유와 평등과 정의의 생일이니 진실로 상제가 허하신 날이오. 이날은 일이 개인이 작정한 것이 아니요, 이천 만이 하였고, 다만 소리로만 한 것이 아니요, 순결한 남녀의 혈로 작정한 신성한 날이오.

우리는 10년을 싸워 이 날을 얻었지마는 이 날 있은 후 1년 동안에 무엇을 하였습니까. 과거 1년 간 일인은 이 날을 무효에 귀하려 하며, 우리는 이 날을 유효케 하려 하여 싸웠소. 그리하고 세계는 이 싸움에 주목하고 있소. 일인의 최대 문제는 이 날을 무효에 귀케 함이오. 우리의 최대 의무는 이 날을 영원히 유효케 함이외다. 이 날 우리나 일본이나 세계가 다 큰 문제를 삼는 이 비상한 날에 우리는 비상한 결심을 지을 필요가 있소.

기필코 이 날을 유효케 하자. 그러하기 위하여 우리는 작년 3월 1일에 가졌던 정신을 변치 말고 잊지 말자 함이오. 그 날에 우리는 명예나 생명이나 재산을 다 불고하고 죽자 하였소. 그 날에 우리 민족은 우리 대표 33인의 인격이나 실력도 불계하고 오직 부모와 같이 여겼소. 그 날에 우리에게

---

30) 1920년 3월 1일 제1회 3·1절에 도산이 발표한 축사. 《독립신문》 1920년 3월 4일자에 수록되었다.

는 의심도 시기도 없고 오직 서로 사랑하여 한 덩어리가 되었소. 그 날에 일인의 강폭에도 불구하고 최후의 일인까지 최후의 일각까지 나아가자고 하였소.

　동포여, 이 날을 유효케 하려거든 그 날을 기억하시오. 이 정신을 통이언지(統而言之, 한마디로 하면)하면 여러분은 우리 대통령 이승만과 국무총리 이동휘 하에 통일되어 가인을 목표로 싸우자 함이오. 우리가 전쟁을 하네, 외교를 하네 하지만 우리의 지체가 상쟁하고야 무엇이 되겠소? 금일에 우리의 작정할 것은 이미 우리 민족의 작정한 이 영수를 떠받들고 나아감이오.

31. 국민의회사건 전말 해설

◉ 國民議會事件 顚末 解說[31] (1920. 3. 13.)

아령 국민의회가 어찌해서 불평을 품게 되었느냐. 이를 일언으로 단하면, 하고(何故. 무슨 까닭으로)로 우리를 무시하였느냐 함에 있다. 그 무시한 사실로는 당초에 상해에서 정부를 조직할 때에 아령서는 몰랐다. 그런즉 우리는 임시정부에 복종치 아니하고 국민의회로 나가겠다. 이래서 소위 타협 문제가 일어났다. 여는 이 사건을 위하여 국민의회에서 파송하여 온 사람에게 말하기를 어느 때 어느 나라든지 혁명 시에 처해서 법리상 완전무결한 정부를 조직치 못할 것은 사실인즉 우리의 대사를 위하여 이런 문제를 일으키지 아니하기를 바란다 하였다. 그도 대답하되 자기 역시 동감이로다. 그러나 이는 나 일개인의 일이 아니요, 아령 민심이 이러한즉 통일을 위하여 이러하는 것이라 하였다.

그리하여 일시는 정부는 이곳에 두고 의정원은 아령에 둘까지 생각하였다. 이와 같이 여러 가지로 사고하는 끝에 현순·김성겸 양 씨를 정부에서 파견하게 된 것이다. 그런데 금일 국민의회가 말하는 정부가 속이었다 하는 사실은 한성정부를 승인 또는 봉대(奉戴, 공경하여 높이 받듦)하자 하고 그 실은 개조를 하였다 함이라. 이에 대하여 나는 당시 진상을 제군에게 말하려 한다.

그 때 이곳에서 정부를 다시 조직하려 하는 오직 한 가지 요점은 이승만 박사를 대통령으로 삼자 함에 있었다. 이것은 무슨 까닭이 있는고 하면 각처에서 조직된 정부 중에 혹은 국무총리라, 혹은 집정관총재라 하여 일

---

[31] 《독립신문》 1920년 3월 25일자. 도산은 3월 13일, 임시의정원 본회의에서 노령 국민의회 사건에 관해 해명하는 연설을 하였다. 당시 도산은 노동국총판이라는 한직에 있었으나 전년 노령 국민의회와 교섭하여 정부를 개조할 때에 내무총장 겸 국무총리 대리에 재임하여 통합을 추진하였다.

정치 아니하므로 대외 행정에 여러 가지 지장이 있은즉 불가불 그 명의를 확정하여야 할 형세에 임하였고 공채 발행에 대하여 대통령의 명의로 하는 것이 좋겠다는 이유도 있었고, 또 김규식 씨에게서도 이 박사를 대통령으로 선거하는 것이 대외 행동에 유리하겠다는 서신이 있었다. 그리하여 정부에서는 약 2주일간을 열의에 숙의를 가한 결과 마지막 귀착되기를 국무총리거나 집정관 총재거나 대통령이거나 그 최고 주권 행사를 함에는 동일하다 하여 한성에서 조직된 정부의 집정관 총재라는 것을 대통령으로 고치어 의정원에 제출하였고, 또 이 한성정부를 옮겨 오므로 중·아령의 동포들도 그 전 불평이 다 없어지리라 하여 일거양득으로 생각하였다.

한성 정부를 가져올 때에 한 가지 유감으로 여긴 것은 재무총장 최재형 씨가 빠지게 되는 고로 김규식 씨를 대사로 하고 이 시영 씨를 학무총장으로 하고 최재형 씨를 그대로 재무총장으로 하자는 의론도 있었다. 현·김 양씨를 파송한 것은 바로 그 때다. 그 때까지 이 곳에서 체류하던 원세훈 씨를 가보고 이 의견을 말한즉 그의 대답은 최씨 하나 들어오지 아니할지라도 통일에 방해될 것이 없겠다 하였다.

이상의 사실을 볼지라도 그 때의 정신이 개조에 있던 것이 확실하다. 현·김 양씨를 보낼 적에 한 말은 오직 이 곳서 조직된 정부를 희생하고 한성에서 조직된 정부를 가져다가 다시 만들 터인즉 너희도 없애라 하였고, 승인이라 개조라 하는 말은 하지도 않았다. 정부에서 이 문제를 가지고 의론할 때 내가 승인이란 말을 한 일이 있다 한즉 여러 각원의 말은 한성에 구성된 정부가 있을진대 승인할 수가 있겠지마는 각원의 이름을 발표만 하였을 뿐이오. 정부 그것이 구성된 것이 없은즉 승인하겠다고 이 정부를 없애면 없앨 것뿐이라 해서 개조안대로 제출한 것이다.

그 후 양씨가 돌아와서 전하는 말에 자기네도 합하여야 될 것을 생각하여 한성정부를 옹호하자 하려 하였던 터이라 하고 쾌락하였다 하므로 우리들

도산 안창호의 말씀 (상)

이 미칠 듯이 기뻐하였다. 그리하였더니 문(문창범) 교통총장이 와서는 왜 개조를 하였느냐 하고 취임을 아니하겠다 하므로 양 씨를 불러 물어 본즉 승인 개조는 생각도 아니하였다 한다. 그 후 이 문제는 해결하기 어려운 큰 문제가 되었다. 양씨가 말하였다 하는 의정원 해산이라는 것은 정부로는 입 밖에 내지도 못한 것이요, 또 위에 말한 바와 같이 그 때의 정신은 한성정부를 옮기어다가 지어 놓겠다는 것이었고 승인이라 개조라 하는 술어는 염두에도 없었다. 당시 이 일을 상의하던 원세훈 씨도 말하기를 이와 같은 통일책을 주었어도 합하지 아니하면 자기는 국민의회에서 탈퇴하겠노라 하고 정부에서도 이 안이 성립되지 아니하면 총사직을 하려 하였다.

사실이 이러한즉 내가 생각하는 선후책은 오직 하나밖에 없다. 우리를 무시하고 우리를 사기하였다 하니 그 무시하고 사기하던 각원을 없애 버리고 당신네의 신임하는 정부를 조직하라 하는 외에 방책이 없다. 현금 세계는 한국 문제를 극히 주목하는 중이요, 각국 통신원들은 어떤 작은 일이든지 빼지 않고 자국에 보도한다. 일전에도 모 외국 신문기자가 나에게 말하기를 국토가 있어도 이와 같이 불통일하면 안 될 터인데 하물며 일촌의 국토가 없으면서 이같이 갈라지니 너희가 무엇으로 독립을 하겠다 하느냐 하고 "애당초에 독립전쟁이란 소리는 하지도 마라" 할 때에 나의 등에 땀이 흘렀노라.

안창호가 죽어서 한국이 통일된다면 죽으리라. 이 문제의 원인을 색(索, 찾음)하면 말을 잘못하였거나 마음을 잘못 먹었거나 하여간 책임이 있는 나를 처벌하는 외에 다른 방책이 없다. 혹 의원 중에 의정원 해산을 단행하면 통일이 될 터인데 왜 못하느냐 하여 정부의 무능력을 책하지마는 의정원 해산이란 말은 정부 되어서는 입 밖에 내지도 못할 말이다. 선후책은 오직 책임자가 물러가는 외에 없나니 무능력이니 무성의니 하여 악 프로파간다를 하지 말기를 희망하노라.

32. 국민개병의 제 일성

◦ 國民皆兵의 第一聲32) (1920. 3. 20.)
  - 安總長은 長廣舌을 揮하야

국민개병에 대하여

상해지방의 국민군 편성

국무총리 이하 정부 요직에 있는 이가 군적에 등록하고 교련과 군사학습을 실시

상해지방에서 국민개병주의를 실천하기 위하여 특히 애국부인회에 촉탁하여 진행 중이던 군적 등록은 금번에 갑종 40명 을종 근 100명의 등록을 필하였으므로 우선 제1기 국민군 편성 및 개학식을 지난 20일 토요일에 ○○에서 개하다. 군적에 등록한 국민군 중에는 우리 임시정부 국무총리 이동휘 씨 이하 신 법무, 안 총판, 김 비서장, 이 내차, 윤 재차 이하 각기 요직에 재한 이도 다수라.

동일 오후 7시 반 정각에 애국가로써 개식하다. 참열인(參列人)은 갑을 양종인(兩種人) 전부와 정부 각원, 의정원 의원 등 2백여 명이더라. 군무차장 김희선 씨 사회하다. 식장은 태극기 및 만국기(일본기 제외)와 홍포로 장하다.

(중도 생략)

---

32) 《독립신문》 1920년 3월 23일자.

안총판은 장광설을 휘하여

"10년 동안을 고대하던 국민군의 편성을 오늘 당하니 기쁘다. 오인은 차석(此席)에서 상기하는 이는 같은 목적으로 이미 군인 양성에 노력한 중아양령(中俄兩領) 및 내지동포들이라.

우리는 대한의 혁명가이니, 우리 혁명의 목표는 정부도 아니오 황실도 아니오 사회도 아니오 오직 가인(嘉仁)과 그 무리니라. 우리는 동족을 목표하고 싸우는 것이 아니라 우리의 싸울 자는 오직 일본이니, 대한인아! 대한인은 국민군의 이름하에 한데 뭉칠지어다. 국권이 있고 병력이 충분하더라도 국민이 분열하면 패하거늘, 하물며 국권도 없고 병력도 없는 우리랴. 대한인아 단결하라, 통일하라.

우리가 싸울 무기는 오직 정신이니 이 충무와 을지 공의 혈관으로 흐르던 그 정신이라. 우리는 10년 20년이라도 견지할 지구적 정신이 있어야 하리니 우리가 일패(一敗)에 복기(復起)치 못하면 우리 민족은 영원히 망하느니라. 패함을 두려워하지 마라. 넘어지거든 다시 일어나라."

(중도 생략)

안 노동국총판은

"우리는 10년 동안 언제 독립의 의전(義戰)을 위하여 독립군을 소집할까 하고 고대하였더니 오늘을 보았다." 하고 "기쁜 것은 서북간도와 아령에서도 과거부터도 힘썼지마는 현재에 국민군의 편성이 진행하는 중이며, 국내에서도 은밀이에 편성하는 중이라." 하여 "우리 민족은 해내에 있거나 해외에 있거나 이제는 독립의 혈전이라는 동일한 목적으로 분기하였으니 우리 목적은 실현된 것이라. 최후의 승리가 우리의 목전에 보인다" 하였소.

33. 인생의 최고 목적

◉ 인생의 최고 목적이 무엇이냐33) (1920. 7. 11.)

여러분! 우리 사람이 일생에 힘써 할 일이 무엇일까요? 나는 우리 사람의 일생에 힘써 할 일은 개조하는 일이라 하오. 이렇게 말하니까 혹은 오늘 내가 '개조'라는 문제를 가지고 말하기 위하여 이에 대한 여러분의 주의를 깊게 하려는 것 같소마는 나는 결코 그런 수단으로 하는 말은 아니오. 내 평생에 깊이 생각하여 깨달은바 참 마음으로 하는 참된 말씀이오.

우리 전 인류가 다 같이 절망(切望)하고 또 최종의 목적으로 하는 바가 무엇이오? 나는 이것을 '전 인류의 완전한 행복'이라 하오. 이것은 고금동서 남녀노소를 물론하고 다 동일한 대답이 될 것이오.

그러면 이 '완전한 행복'은 어디서 얻을 것이오? 나는 이 행복의 어머니를 '문명'이라 하오. 그 문명은 어디서 얻을 것이오? 문명의 어머니는 '노력'이오. 무슨 일에나 노력함으로써 문명을 얻을 수 있소. 곧 개조하는 일에 노력함으로써 문명을 얻을 수 있소. 그러므로 내가 말하기를 "우리 사람이 일생에 힘써 할일은 개조하는 일이라" 하였소.

여러분! 공자가 무엇을 가르쳤소? 석가가 무엇을 가르쳤소? 소크라테스나 톨스토이가 무엇을 말씀했습니까? 그들이 일생에 많은 글을 썼고 많은 말을 하였소마는, 그것을 한마디로 말하면 다만 '개조' 두 글자뿐이오. 예수보다 좀 먼저 온 요한이 맨 처음으로 백성에게 부르짖은 말씀이 무엇이오? "회개하라" 하였소. 나는 이 '회개'라는 것이 곧 개조라 하오.

---

33) 《안도산전서》 증보판. 1999. 641-647쪽에는 개조라는 제목으로 연월 미상의 연설로 실려 있으나, 그의 임정일지에 의하면 이날 교회에서 행한 연설로 확인된다.

그러므로 오늘은 이 온 세계가 다 개조를 절규합니다. 동양이나 서양이나, 약한 나라나 강한 나라, 문명한 민족이나 미개한 민족이나, 다 개조를 부르짖습니다. 정치도 개조해야 되겠다, 모두가 개조해야 되겠다 하오, 신문이나 잡지나 공담이나 사담이나 많은 말이 개조의 말이오. 이것이 어찌 근거가 없는 일이며 이유가 없는 일이겠소? 당연의 일이니 누가 막으려 해도 막을 수 없는 일이오.

우리 한국민족도 지금 개조! 개조! 하고 부릅니다. 그러나 나는 우리 삼천만 형제가 이 개조에 대하여 얼마나 깊이 깨달았는지 얼마나 귀중히 생각하는지 의심스러운 일이오. 더구나 문단에서 개조를 쓰고 강단에서 개조를 말하는 그들 자신이 얼마나 깊이 깨달았는지 알 수 없소. 만일 이것을 시대의 한 유행어로 알고 남이 말하니 나도 말하고 남들이 떠드니 우리도 떠드는 것이면 대단히 불행한 일이오. 아무 유익이나 효과를 얻을 수 없소. 그런 고로 우리 이천만 형제가 다 같이 이 개조를 절실히 깨달을 필요가 있소.

여러분! 우리 한국은 개조하여야 하겠소. 이 행복이 없는 한국! 이 문명되지 못한 한국! 반드시 개조하여야 하겠소. 옛날 우리 선조들은 개조 사업을 잘하셨소. 그런 고로 그 때에는 문명이 있었고 행복이 있었소 마는 근대의 우리 조상들과 현대의 우리들은 개조 사업을 아니하였소. 지난 일은 지난 일이거니와 이제부터 우리는 이 대한을 개조하기로 시작하여야 하겠소..

1년이나 2년 후에 차차로 시작할 일이 못 되고 이제부터 곧 시작하여야 하겠소. 1년이나 2년 후에 차차로 시작할 일이 못 되고 이제부터 곧 시작하여야 할 것이오. 만일 이 시기를 잃어버리면 천만 년의 유한이 될 것이오.

여러분이 참으로 나라를 사랑하십니까? 만일 너도 한국을 사랑하고 나도 한국을 사랑할 것 같으면 너와 나와 우리가 다 합하여 한국을 개조합시다. 즉 이 한국을 개조하여 문명한 한국을 만듭시다.

문명이란 무엇이오? 문이란 아름다운 것이오, 명이란 것은 밝은 것이니 즉 화려하고 광명한 것입니다. 분명한 것은 다 밝고 아름답되 문명치 못한 것은 다 어둡고 더럽습니다. 행복이란 것은 본래부터 귀하고 좋은 물건이기 때문에 밝고 아름다운 곳에 있으되, 어둡고 더러운 곳에 있지 않습니다. 그런 고로 문명한 나라에는 행복이 있으되, 어둡고 더러운 곳에는 있지 않습니다. 그런 고로 문명한 나라에는 행복이 있으되 문명치 못한 나라에는 행복이 없습니다. 보시오, 저 문명한 나라 백성들은 그 행복을 보존하여 증진시키기 위하여 그 문명을 보존하고 증진시킵니다. 문명하지 못한 나라에는 행복이 있지도 않거니와, 만일 조금이라도 남아 있다면 그 상존한 문명이 파멸함을 좇아서 그 남은 행복이 차차로 없어질 것입니다. 이것은 우리가 다 익히 아는 사실이 아니오? 그런 고로 "행복의 어머니는 문명이다" 하였소.

우리 한국을 문명한 한국으로 만들기 위하여 개조의 사업에 노력하여야 하겠소. 무엇을 개조하잡니까? 우리 한국의 모든 것을 다 개조하여야 하겠소. 우리의 교육과 종교도 개조하여야 하겠소. 우리의 농업도 상업도 토목도 개조하여야 하겠소. 우리의 풍속과 습관도 개조하여야 하겠소. 우리의 음식, 의복, 거처도 개조하여야 하겠소. 우리 도시와 농촌도 개조하여야 하겠소. 심지어 우리 강과 산까지도 개조하여야 하겠소.

여러분 가운데 혹 이상스럽게 생각하시리다. "강과 산은 개조하여 무엇하나?" 하시리다 마는 그렇지 않소. 이 강과 산을 개조하고 아니하는 데 얼마나 큰 관계가 있는지 아시오? 매우 중대한 관계가 있소. 이제 우리나라에 저 문명스럽지 못한 강과 산을 개조하여 산에는 나무가 가득히 서 있고 강에는 물이 풍만하게 흘러간다면 그것이 우리 민족에게 얼마나 큰 행복이 되겠소. 그 목재로 집을 지으며 온갖 기구를 만들고 그 물을 이용하여 온갖 수리에 관한 일을 하므로 이를 좇아서 농업, 공업, 상업 등 모든 사업이 크게 발달됩니다.

이 물자 방면뿐 아니라 다시 과학 방면과 정신 방면에도 큰 관계가 있소. 저 산과 물이 개조되면 자연히 금수, 곤충, 어오(漁鰲, 물고기)가 번식됩니다. 또 저 울창한 숲속과 잔잔한 물가에는 철인 도사와 시인 화객이 자연히 생깁니다. 그래서 그 민족은 자연을 즐거워하며 만물을 사랑하는 마음이 점점 높아집니다. 이와 같이 미묘한 강산에서 예술이 발달되는 것은 사실이 증명하오.

만일 산과 물을 개조하지 아니하고 그대로 자연에 맡겨 두면 산에는 나무가 없어지고 강에는 물이 마릅니다. 그러다가 하루아침에 큰비가 오면 산에는 사태가 나고 강에는 홍수가 넘쳐서 그 강산을 헐고 묻습니다. 그 강산이 황폐함을 따라서 그 민족도 약하여집니다.

그런즉 이 산과 강을 개조하고 아니함에 얼마나 큰 관계가 있습니까? 여러분이 다른 문명한 나라의 강산을 구경하면 우리 강산을 개조하실 마음이 불 일 듯 하시리다. 비단 이 강과 산뿐 아니라 무엇이든지 개조하고 아니하는 데 다 이런 큰 관계가 있는 것이오. 그런 고로 모든 것을 다 개조하자 하였소.

나는 흔히 우리 동포들이 원망하고 한탄하는 소리를 듣소. "우리 신문이나 잡지야 무슨 볼 것이 있어야지!" "우리나라에야 학교라고 변변한 것이 있어야지!" "우리 나라 종교는 다 부패해서!" 이 같은 말을 많이 듣소. 과연 우리 나라는 남의 나라만 못하오. 실업이나 교육이나 종교나 무엇이든지 남의 사회만 못한 것은 사실이오마는 나는 여러분께 한 마디 물어 볼 말이 있소. 우리 이천만 대한민족 중의 하나인 여러분 각각 자신이 무슨 기능이 있나요? 전문지식이 있소? 이제라도 실사회에 나가서 무슨 일 한 가지를 넉넉히 맡아 할 수 있소? 각각 생각해 보시오.

만일 여러분이 그렇지 못하다 하면, 여러분의 주위를 둘러보시오. 여러분 동족인 한국사람 가운데 상당한 기능이나 전문지식을 가진 사람이 몇 있소? 오늘이라도 곧 실사회에 나아가 종교계나 교육계나 실업계나 어느 방면에서든지 원만히 활동할 만한 사람이 몇이나 되오? 여러분이나 나 우리가 다 입이 있을지라도 이 묻는 말에 대하여는 오직 잠잠하고 있을 뿐이오.

그런즉 오늘 우리 한국민족의 현상이 이만하고 어떻게 우리의 하는 사업이 남의 것과 같을 수 있소. 그것은 한 어리석은 사람의 일이 될 뿐이오.

세상에 어리석은 사람들은 흔히 이러하오. 가령 어느 단체의 사업이 잘못되면, 문득 그 단체의 수령을 욕하고 원망하오. 또 어느 나라의 일이 잘못되면 그 중에서 벼슬하던 몇 사람을 역적이니 매국적이니 하며 욕하고 원망하오. 물론 그 몇 사람이 그 일의 책임을 피할 수는 없소. 그러나 그 정부 책임이 다 그 벼슬하던 사람이나 수령 몇 사람에게만 있고 그 일반 단원이나 국민에게는 책임이 없느냐 하면 결코 그렇지 않소. 그 수령이나 인도자가 아무리 영웅이요 호걸이다 하더라도 그 일반 추종자의 정도나 성심이 부족하면 아무 일도 할 수 없소.

또 설사 그 수령이나 인도자가 악한 사람이 되어서 그 단체나 나라를 망하게 하였다 할지라도 그 악한 일을 다 하도록 살피지 못하고 그대로 내버려 둔 일은 일반 그 추종자들이 한 일이오. 그런 고로 그 일반 단원이나 국민도 책임을 면할 수 없소. 그런즉 우리는 이제부터 쓸데없이 어떤 개인을 원망하거나 시비하는 일은 그만 둡시다.

　이와 같은 일은 새 시대의 한국사람으로는 할 일이 아니오. 나는 저 스마일스의 "국민 이상의 정부도 없고 국민 이하의 정부도 없다" 한 말이 참된 말이라 하오. 그런즉, 이 우리 민족을 개조하여야 하겠소. 이 능력 없는 우리 민족을 개조하여 능력 있는 민족을 만들어야 하겠소. 어떻게 하여야 우리 민족을 개조할 수 있소?

　한국민족이 개조되었다 하는 말은, 즉 다시 말하면 한국민족의 모든 분자 각 개인이 개조되었다 하는 말이오. 그런 고로 한국민족이라는 한 전체를 개조하려면 먼저 그 부분인 각 개인을 개조하여야 하겠소. 이 각 개인을 누가 개조할까요? 누구 다른 사람이 개조하여 줄 것이 아니라 각각 자기가 자기를 개조하여야 하겠소. 왜 그럴까? 그것은 자기를 개조하는 권리가 오직 자기에게만 있는 까닭이오. 아무리 좋은 말로 그 귀에 들려주고 아무리 귀한 글이 그 눈앞에 벌려 있을지라도 자기가 듣지 않고 보지 않으면 할 수 없는 일이오.

　그런 고로 우리는 각각 자기 자신을 개조합시다. 너는 너를 개조하고 나는 나를 개조합시다. 곁에 있는 김군이나 이군이 개조 아니 한다고 한탄하지 말고, 내가 나를 개조 못하는 것을 아프게 생각하고 부끄럽게 압시다. 내가 나를 개조하는 것이 즉 우리 민족을 개조하는 첫걸음이 아니오? 이에서 비로소 우리 전체를 개조할 희망이 생길 것이오.

　그러면, 나 자신에서는 무엇을 개조할까. 나는 대답하기를 "습관을 개조하라" 하오. 문명한 사람이라는 것은 그 사람의 습관이 문명스럽기 때문이오. 야만이라 하는 것은 그 사람의 습관이 야만스럽기 때문이외다. 그러므로 여러분의 모든 악한 습관을 각각 개조하여 선한 습관을 만듭시다. 거짓말을 잘 하는 습관을 가진 그 입을 개조하여 참된 말만 하도록 합시다.

글 보기 싫어하는 그 눈을 개조하여 책 보기를 즐겨하도록 합시다. 게으른 습관을 가진 그 사지를 개조하여 활발하고 부지런한 사지를 만듭시다. 이밖에 모든 문명스럽지 못한 습관을 개조하여 문명스러운 습관을 가집시다. 한 번 눈을 뜨고 한 번 귀를 기울이며 한 번 입을 열고 한번 몸을 움직이는 지극히 작은 일까지 이렇게 하여야 하오.

어떤 사람들이 말하기를 "그까짓 습관 같은 것이야……" 하고 아주 쉽게 압니다마는 그렇지 않소. 저 천병(千兵)과 만마(萬馬)는 쳐 이기기는 오히려 쉬우나 이 일에는 일생을 노력하여야 하오.

여러분이 혹 우습게 생각하시리다. 문제는 매우 큰 것으로 시작하여 마지막에 이같이 작은 것으로 결말을 지으니까. 그러나 그렇지 않소. 이 세상에 모든 큰일은 가장 작은 것으로부터 시작하였고, 크게 어려운 일은 가장 쉬운 것에서부터 풀어야 하오. 우리는 이것을 밝히 깨달아야 하겠소. 이 말을 만일 한 보통의 말이라 하여 우습게 생각하면 크게 실패하오.

"그것은 한 공상이요 공론이지 어떻게 그렇게 할 수가 있나?" 이렇게 생각하실 이도 계시리다. 그러나 우리는 그렇게만 생각지 말고 힘써 해 봅시다. 오늘도 하고 내일도 하고 이번에 실패하면 다음번에 또 하고…… 이같이 나아갑시다.

여러분 우리 사람이 처음에 굴 속에서 살다가 오늘 이 화려한 집 가운데서 살기까지, 처음에 풀 잎새로 몸을 가리다가 오늘 비단 의복을 입기까지 얼마나 개조의 사업을 계속하여 왔습니까? 그러므로 나는 사람을 가리켜서 개조하는 동물이라 하오. 이에서 우리가 금수와 다른 점이 있소. 만일 누구든지 개조의 사업을 할 수 없다면 그는 사람이 아니거나 사람이라도 죽은 사람일 것이오.

여러분, 우리는 작지불이 내성군자(作之不已 乃成君子, 끊임없이 노력하여 마침내 군자가 됨)라는 말을 깊이 생각합시다. 오늘 우리나라의 일부 예수교인 가운데는 혹 이러한 사람이 있소.

"사람의 힘으로야 무슨 일을 할 수 있나, 하느님의 능력으로 도와 주셔야지!" 하고 그저 빈말로 크게 기도를 올리고 있습니다. 그러나 그들은 큰 오해요. 그들은 예수가 "구하는 자라야 얻으리라. 문을 두드리는 자에게 열어 주시리라" 한 말씀을 깨닫지 못한 것이오. 나는 그들에게 "먼저 힘써 하고 그 후에 도와주시기를 기도하라"고 말하고 싶소. 자조자(自助者)를 천조자(天助者)라는(스스로 돕는 자를 하늘도 돕는다) 귀한 말을 그들이 깨달아야 하겠소.

여러분! 나는 이제 말을 마치려 하오. 여러분! 여러분이 과연 한국을 사랑하십니까! 과연 우리 민족을 구원하고자 하십니까? 그렇거든 우리는 공연히 방황, 주저하지 말고 곧 이 길로 나갑시다. 오직 우리의 갈 길은 다만 이 길뿐이오. 나는 간절한 마음으로 이같이 크게 소리쳐 묻습니다.

"한국민족아! 너희가 개조할 자신이 있느냐?"

우리가 자신이 있다 하면 어서 속히 네 힘과 내 힘을 모아서 앞에 열린 길로 빨리 달려 나갑시다.

34. 전도방침에 대하여

◎ 前途方針에 對하야34) (1920. 11. 27.)

진정하고 명확한 진로를 취하라.

금일 나의 연설은 정부 직원의 자격으로 공표함이 아니오 개인의 사견을 발표함이니 그 책임은 자기가 자부(自負)하오. 목하(目下) 내지(內地)나 서북간도에서 온갖 고초를 당하는 동포에게 충심의 동정을 표하는 동시에 당지에 재류하는 동포에게도 무한한 동정을 표합니다. 혹은 당지 재류 동포를 평하여 사치와 안일에 류(流)한다 하나 제군도 일찍 독립운동에 면력하다가 당지에 래한 후로 경제상 곤란도 있을 뿐 아니라, 광복사업의 지연(遲延)함으로 인하여 정신상 고통도 많이 당하는 줄 아오.

제군이 이미 애국의 적성(赤誠)으로 독립운동에 몸을 허한 이상에는 비록 여하한 고난이 있더라도 낙심치 말고 굳은 결심으로써 전진할지며 전진하는 데는 반드시 진정하고 명확한 방침을 정할 필요가 있습니다.

의사(意思)와 권력을 정부에 제공하라.

언필칭 아 임시정부가 과거 1년 간 무슨 특수한 정적(政績)이 없다 하여 그 무능력함을 비난하니 1년을 경험한 후에 그 무능력함을 책함은 유혹무괴(猶或無怪, 오히려 이상하지 않음)려니와 정부가 설립되기 전부터 미리 장래를 위하여 비난함은 억하심의(抑何心意, 대체 무슨 마음)이뇨? 설혹 정부 설립된 이후로 말하더라도 민간으로부터 상당한 의사와 권력을 정부에 제공하여 정부가 진작 이를 천행(踐行, 실제로 행함)치 않으면 기시(其時)에 당하여 책(責)

---

34) 《독립신문》1920년 12월 25일자. 1920년 11월 27일 민단사무소에서 한 연설이다.

함도 가하고 평(評)함도 가하오. 비유컨대 마(馬)와 차(車)를 주지 않고 그 잘 어거(御去, 다스려 감)치 못함을 책함은 우(愚)함에 심한 자요. 나도 각원 중 일인으로서 그 직책을 극진히 못함에 대하여는 실로 황공하여 땀이 등에 출(出)함을 불각(不覺)하나, 또한 제군과 같이 일 평민의 자격으로서 민간의 불선(不善)한 책을 동부(同負, 같이 부담함)하기를 주저치 않소.

의사는 공통적이 필요하니라.

연즉 의사를 제공하라 함은 하(何)를 말함이오? 이는 개인 개인이 각원을 방(訪)하여 각개의 의견을 술함을 위(謂, 일컬음)함이 아니오. 민간에서 공통적 원만한 의사를 정한 후 이를 정부에 제출하여 채용케 하고 계속하여 힘으로써 조(助)하면 정부는 자연 유력하여질지니 정부가 무력함은 국민이 무력한 증거요. 미국의 대통령이 아무리 위인이라 하되 일반 국민이 그 의사와 력으로써 원조치 않으면 아무 능력이 없소. 공연히 비평만 하면 유해무익하오. 우리는 잃었던 국토와 자유를 회복하려는 처지에 서서 의사가 없으면 어찌 행함이 있으리오. 일개의 소매상을 경영하되 상당한 의사가 없으면 출점(出店, 가게를 냄)키 불능하오. 그런즉 지자(智者)는 지(智) 껏, 우자(愚者)는 우하나마 가능한데까지 획책하여 이 천만인 뇌중에 공통적 계책이 유한 후에야 가히 대사를 성하리라 하오.

여섯 가지 할 일.

대한사람은 남자나 여자나 한 사람도 빠지지 말고 우리나라의 독립을 위하여

1. 달마다 얼마씩 돈을 내시오.
2. 돈을 내기 위하여 반드시 한 가지 직업을 가지고 부지런히 돈을 벌으시오.

3. 날마다 한 사람씩 당신과 같이 돈을 낼 사람을 얻으시오.
4. 나라 일을 위하여 몸을 바친 이를 돕고 그의 가족을 도우시오.
5. 당신이 청년이거든 곧 학교에 들어가시오. 학교에 갈 처지가 못 되거든 통신 교수를 받든지 기타의 방법으로 힘 있는 국민이 되기 위하여 공부를 시작하시오.
6. 당신이 애국자이거든 대독립당을 세우기 위하여 힘쓰시오-머리로, 말로, 손으로, 돈으로.

정부의 허약은 국민의 죄니라.

나는 지금 소견과 의사로써 은휘(隱諱, 꺼리어 숨김)치 않고 공중(公衆)에게 고하려 하오. 우리가 일찍 정부의 내정(內情)을 공중에게 전(全)히 표시치 아니함은 우리 정부 내정 허약을 외인과 적으로 하여금 지(知)케 함이 불리할까 함이니 전기 의회 시에도 정부의 예산과 결산 안을 제시치 못함은 실로 이 때문이었소. 그러나 고식적으로 은휘하여 가다가는 결국은 사실로 드러날 줄 아는 고로 차라리 미리 공표하여 국민으로 하여금 각오케 하여 선후(善後)의 책(策)을 강구케 함이 가한 줄 아오. 정부의 유지비는 실로 성산(成算, 일이 이루어짐)이 무(無)하외다. 정부 유지의 책임은 우리 국민 전반에게 유하니 자기가 먼저 그 의무를 다하고 타인을 권하여 동제(同濟, 함께 구제함)케 하는 것이 득책(得策)이라 하오.

오인(吾人)의 전도는 험난하고 장원(長遠)하다.

사상이 유치한 자는 매사의 속성을 기뻐하고 완성(緩成, 느리게 이룸)을 슬퍼하나니, 우리의 전도는 근이(近易)하지 않고 실로 험난하고 장원하외다. 이러한 험하고 원한 길을 진행하는 자의 요할 바는 오직 내구력(耐久力)이오.

또한 우리 전도는 절로 성취될 바 아니오 오직 스스로 행하여서만 될지니, 적으로 더불어 전쟁하는 것과 외교를 동론(同論)하는 자 있으나, 요행을 바라는 외교로써 내의 혈(血)과 한(汗)으로 싸울 전쟁과 동론함은 도저히 불가한 일이오. 또한 전쟁이라 함은 공담으로 하는 것이 아니요, 전쟁을 가능하게 하여야 될지니, 작년부터 전쟁을 주창하나 금일까지 예정의 전쟁을 개시치 못함은 이 무슨 연고요? 이것이 곧 구설(口舌)로만 전쟁을 주창하고 전쟁할 준비를 못한 연고이오.

전쟁에는 무기 무술 군인 군비....

그러면 이 전쟁을 가능케 할 자는 이 무엇이요? 곧 무기와 무술이오. 또한 무기와 무술보다도 더 한층 필수한 자는 무기를 사용할 군인과 무술을 응용할 군자금이외다. 군비가 있고 군인이 있은 후에야 비로서 작전계획이 있나니, 군인 없는 무기를 누가 사용하며, 군자(軍資) 없는 전술을 무엇으로 활용하리오. 이제 이러한 이유를 누가 모르리오 반문할지나, 알기만하고 연구와 준비가 없으면 이는 모르는 것과 일반이오. 혹자는 말하되 노령 중령에 있는 기백만 명이 무비(無非) 우리의 군인이요, 노국·미국에 있는 금전이 무비 우리의 군자라 하니, 이는 공론에 불과하오. 어느 어느 사람이 군인이라는 지명이 없이 통틀어 군인이라 하는 말과, 나의 자립의 정신이 없이 타국의 력을 의뢰하는 것이 너무나 민망하외다.

독립의 자격은 조직적 자립에 재(在)하니라.

국제연맹이나 미국만 의지하는 것은 스스로 독립할 자격이 없음을 자백함이니, 자력을 믿고 먼저 자립적과 조직적 국가를 성립한 후에야 자력이 있고 외원(外援)이 있는 법이요. 나는 차관이나 청병(請兵)이 절대로 불가하다

함이 아니오. 내가 먼저 자립한 후에야 차관도 가하고 청병도 가하다 함이오.

작년 3월 이래로 정부에 대하여 성충과 의무를 다한 이가 모두 몇 사람이나 되느뇨. 성충과 의무를 다한 자이면 모두 군적에 등록하고 정부에 납세하였을 터인데, 나는 그 등록과 납세의 성적이 양호하다는 말을 듣지 못하였소. 정부는 민력에 의하여 가히 립(立)하는데 국민이 국민된 직무를 다하지 않으면 정부가 어찌 자립하겠소.

자립의 요소는 정령(政令) 순종에 있나니라.

혹이 말하되 현금의 정부는 완전한 정부가 아니오 일개 혁명간부에 불과하니, 타일 독립 완성된 후에 정부에 대한 의무를 다 하겠다 하니 이는 모르는 말이오. 설혹 혁명당 간부라도 의무를 다하는 당원이 없으면 당이 되지 못하오. 우리 독립의 자격은 조직적 자립체의 존재에 유하고, 조직체의 자립은 정령(政令) 순복(順服)에 재하나니 우리 정부의 유지가 국민 일반적 의무에 의하지 않고 부분적 헌성(獻誠)에 의하였음을 유감으로 생각합니다. 내지 동포는 적의 속박하에 재함으로 의무를 다하기 불능하나 외지에 있는 자야 어찌 의무를 다하지 못하리오.

우리의 순복(順服)할 자는 가인(嘉仁)? 재등(齋藤)? 승만(承晩)? 동휘(東輝)?

우리는 가인이나 재등의 명을 복종하는 것보다, 이승만이나 이동휘의 명을 열복(悅服, 기쁘게 복종함)지 않으면 안 되겠소. 가인이나 재등은 아무리 곱고 처사를 잘하나 우리의 적이니 반항하여야 가하고 이승만이나 이동휘는 아무리 밉고 처사를 잘못하되 우리 수령이니 복종하여야 가하외다. 나의 이 말은 수령의 노예가 되라 함이 아니오. 나도 또한 각원 중 1인이니 나를 순복하여 달라함이 아니오. 나도 제군과 같이 평민이 되어 이 주의를 절규하고 싶소. 정부의 징병령과 납세령을 잘 순종하여 개병(皆兵)과 개납(皆納) 주의를 실시하되 오히려 부족함이 있을 때에는 비로소 외국의 원조를 청하는 것이 당연하외다.

의식적 동작이 없으면 사체(死體)와 동(同)하니라.

어느 외국인이 나에게 묻기를 그대 네 정부에 금전이 있느냐? 왈, 없노라. 이천만이 각각 1원(元)씩 내어도 2천만 원이 있을 터인데 어찌 없다 하느냐. 현금 왜적 통치에 임(任)함으로 임의로 출전 불가(出錢不可, 돈을 내을 수 없음)함이로다. 그러나 외지에 재한 대한인도 수백만 명인데 어찌 수백만 원의 금전이 없다하오 하였소.

무릇 사람이 의식적 동작이 없으면 죽은 사체가 됨과 같이 우리 국민도 자립적 또는 조직적으로 활동치 않으면 독립의 자격을 갖기 불능 하외다. 혹이 말하되 미일. 노일 전쟁이 되는 날이면 무기도 있고 금전도 있다 하니 무기를 주면 누가 사용하겠소. 우리가 먼저 무기 사용할 사람도 준비한 후에 요구하여야 공급할 자도 있고 사용할 자도 있으리라 하오.

준비하는 책임은 정부에만 있지 아니하고 민간에 더욱 있나니, 개병주의와 개납주의를 실현함도 민간에서 먼저 이 주의를 널리 선전하여 일반 국민이 찬동할 각오가 생기지 않으면 정부의 힘으로만은 도저히 불가능하오. 이 주의에 적응하는 국민이 100만 명이 못되면 십만 명, 만 명, 단 천명이라도 먼저 조직적 동작을 취한 후에 다시 전하되, 1년에 못되면 6년에 못되면 내지 10년, 20년이라도 결과가 있기까지 하여야 되겠소. 본국이나 미주를 바라보고 금전이 올까 하고 고대하는 것은 불가하외다. 고로 누구든지 방황, 주저하지 말고 학(學)할 자는 학하고 업(業)할 자는 업하되 배움이나 업함이 독립운동의 정지가 아니라 이것이 독립운동을 충실히 하는 방침이 되는 줄 알기를 바라오.

35. 1921년 신년사 및 축하연설

◉ 1921년 新年辭 및 祝賀演說[35] (1921. 1. 1.)

신년사

거(去)년까지 허위와 나타(懶惰, 게으름)의 옛 습성이 있었으나, 신년부터는 성실과 역작(力作)의 새 정신을 가지라.

이것이 곧 해가 새로워짐을 따라 새 복지(福地)로 나아가 새 생활을 짓는 유일의 길이니라.

신년 축하 연설

나의 사랑하는 태극기 아래서 대통령과 의정원 의장 이하 의원 제씨와 국무총리 이하 정부 직원 제씨로 더불어 신년을 영(迎)함은 심히 기쁩니다. 과거 2년 간 무수한 역경에 처하여 금일에 지하였소. 금년에는 순경일까 역경일까 하면 그냥 역경이외다. 그러나 역경에서 잘 걸어 나가면 불원에 반드시 순경이 있으리외다.

금일에 우리들이 능히 역경을 파하고 순경으로 나가겠다는 결심을 가지며 세인은 오인을 가치 있게 보든지 없이 보든지 우리는 큰 가치의 인물로 자처하여 금일의 정신을 발휘합시다.

첫째는 과거 2년보다 더욱 결합력을 더하고 신앙을 두텁게 하여 원근이 다 신앙케 하며, 둘째 역경에는 인내력이 제일 필요하니, 고난을 참으며 실행을 하여 한 가지로 순경으로 들어갑시다.

---

[35] 이 날 미주에서 건너 온 임시대통령 이승만도 참석하였다. 《독립신문》 1921년 1월 1일자.

36. 동오 안태국을 추도함

● 東吾 安泰國을 追悼함36) (1921. 4. 1.)

내가 선생을 영결하던 거년 금일에는 말할 용기가 없었으므로 감히 무슨 말을 못하였더니 1년이 지난 금일에는 다소의 말할 용기가 있으므로 추도사를 술하나이다.

누가 나더러 묻기를 네가 믿는 사람 중에 가장 믿던 이와 네가 사랑하던 이 중에 가장 사랑하던 이가 누구인가 하면 나는 안태국 선생이라 대답하겠나이다. 선생을 믿고 사랑하던 자가 나 하나뿐 아니라, 대한의 애국 남자와 여자로서 선생을 아는 사람은 다 나와 같이 사랑하여 선생을 사랑하는 자가 국중에 많았나이다.

다수의 동포와 내가 왜 이처럼 선생을 크게 믿고 사랑하였는가. 선생은 명예나, 지위나, 세력을 일만 분도 요구치 않고 순전히 국사만 위하는 진정한 애국자인 때문이요, 또는 그의 성격이 탁월하여 모든 이가 열복하게 되었으니, 선생이 국사에 노력하기를 시작한 날부터 세상을 마치는 날까지 변함없이 여전히 진충하였나이다.

선생이 노력하는 국사 중에 특히 담책한 일은 신민회 사업이었소. 일본이 한국에 대하여 5조의 늑약(勒約)을 체결한 후에 당시의 수치를 아파하며 미래의 음악(陰惡, 침략)을 예측하고 장차 일인을 구축하고 국권을 회복할 만한 실력을 준비하기로 결심하고 신민회를 발기하니 그 종지는 일은 단결력이요, 이는 인재력이요, 삼은 금전력이요 하셨더이다.

---

36) 1921년 4월 1일 안태국 선생 1주기 추모식에서 행한 추도사의 요지이다. 흥사단 소식지 《공함》 1960년 9월 10일자.

단결력은 어떻게 준비하려던 것인가. 당시 애국자가 없지는 아니하나 각각 사방에 환산하여 고립한 형태로서 개개로는 그 힘을 발휘할 수 없었으니, 이러므로 동서남북에 산재한 애국자를 정신적으로 규합하여 이천만 민족의 중심되는 공고한 단결을 지어서 장래 거사하는 때에는 그 중심의 동력으로 전 민족이 일치 행동케 하려 함이었소. 국내 각 구역에 기관을 설치하고 경성으로 중앙을 삼아 다대수의 애국자가 응결되어 은연중에 그 세력이 팽창하였소. 이동녕 선생이 그 때 중앙 총관의 임무를 맡아 하셨나이다.

인재는 어떻게 양성하려 하였는고. 곧 단결한 동지가 국내 각 구역을 분담하여 일반 국민에게 교육의 정신을 고취하여 학교의 설립을 장려케 하며, 특별히 각 요지에 중학교를 설립하고 보통의 학과를 교수하는 이외에 군인의 정신으로 훈련하여, 유사지시(有事之時)에는 곧 전선에 나아가 민군을 지휘할 만한 자격자를 양성하려 하였으니, 곧 중학교로써 정신상 군영을 지으려고 하였소.

그 외에는 뜻 있는 청년을 망라하여 무실 역행의 정신으로 수양을 동맹하여 건전한 인격을 작성케 하려고 국내의 유지한 인사들과 합동하여 기관을 설립하고 나아 왔었소.(즉 청년학우회)

금전은 어떻게 준비하려던 것인가. 재산가들을 협박이나 유인의 수단으로 재정을 모집하려 하지 아니하고 기관 내의 동지들이 먼저 직접으로 실업에 노력한 후 국내의 다수 실업가와 연락하여 재원의 토대로 공고케 하여 대사를 성취할 만한 자본력을 준비하려 하였소.

이상의 모든 일은 한 이상과 이론에 붙이지 않고 실지로 착수하여 성적이 양호하여 아 민족 전도에 큰 희망이 있었습니다.(자기회사 등)

우리의 적인 일본은 한국을 병탄하려 할 새 장래 가장 위험한 것으로 발견한 것이 곧 이 신민회인데 이러므로 신민회원들을 암살당으로 구날(構捏, 거짓으로 엮어서)하여 종종의 당옥(黨獄)(105인사건, 안악사건 등)을 이룰 새 그중에 안태국·이승훈을 가장 위험한 인물로 인식하여 비할 데 없는 혹독한 악형을 가하므로 선생이 수십 회 기절함에 이르되, 종시 그 뜻을 굴함이 없었소. 그의 성격은 의지가 강고하여 한번 뜻을 정하고 시작한 일은 중도에 개변함이 없이 끝까지 나아가는 것이 그의 특징이었고 또한 인애와 포용의 덕량(德量)이 과인하여 타인으로 하여금 자기에게 복종케 할 술법을 쓰거나 또는 그러한 의사를 품지도 아니하되, 선생을 아는 사람은 무비충심(無非衷心, 모두가 참된 마음)으로 열복하였소. 선생은 평생에 모든 일을 불평적으로 행함이 없고 화기로써 해결하여 선생이 있어 처사하는 곳에는 무비춘풍화기(春風和氣) 중에서 일이 원만히 되었소.

선생은 극히 총명하여 감각력과 판단력과 기억력이 비상하였으니, 선생이 적의 법정에서 재판을 당할 때에 적은 선생이 이천에 가서 총독을 암살하려 하였다 하는 그 날에 선생은 경성 모 요리점에서 연회할 때 무슨무슨 음식을 얼마나 치른 것과 또 아무 때에 아무 서관에서 무슨 책 얼마를 구입한 것과 아무 상점에서 무슨 물건 얼마를 매도한 것을 일일이 입증하여 장부를 조사하면 모두 여합부절(如合符節, 꼭 들어맞음)이었나이다.

또 선생은 성실 근면하여 직업에 노력하였으니 그가 국사에 분주 노력하기는 남의 10배 이상을 하되, 항상 자기 영업에 근면하여 자가의 자력으로써 자가를 생활케 하였는데 이는 현대 우리 애국자들의 한 모범할 일이라 합니다.

선생이 일찍 국사에 노력함도 다대하였거니와, 아직 더 생존하였더라면 그의 진로가 크게 열려 우리 민족의 전도를 위하여 그의 본능을 발휘할 것이 의심 없나이다. 인물이 귀한 이 때에 우리는 그를 영결함이 얼마나 불행한가요. 그가 작년 이 곳에 와서 병들었을 때에 내가 구호하노라 하였으나, 정성이 부족한 소치로 그를 구원치 못하고 마침내 나의 이 손으로 그의 눈을 감기었으니, 그 날에는 천지가 아득하여 아무 용기와 정신이 없었나이다.

나의 나중 할 말은 남아 있는 우리들은 선생과 같이 변함이 없고 간사함이 없는 애국자의 생활을 끝까지 지어 나가기를 바라나이다.

37. 독립운동의 진행책과 시국문제의 해결방침

● 獨立運動의 進行策과 時局問題의 解決方針37) (1921. 5. 12., 5. 17.)
  - 安昌浩氏의 演說

〈5월 12일 제1회 연설〉
정부에서 나온 이유, 일의 유익을 위할 뿐

여러분! 오늘 이 저녁 처음 나를 대할 때에 먼저 이러한 감상이 있을 줄 압니다. "네가 어찌하여 정부에서 나왔는가? 네가 2년 동안이나 붙들어 오던 정부를 왜 오늘에는 떠나서 밖으로 나왔는가? 그 안에서 누구와 충돌이 생겨 감정으로 나왔는가? 혹은 그 안에서 욕과 괴로움을 많이 당하므로 그것을 피하려고 나왔는가?"

내가 정부를 설립한 처음부터 오늘까지 2년 동안이나 이것을 붙들고 나오다가 오늘 와서 이와 같이 나오게 된 이유를 자세히 설명하자면, 그 말이 장황하여 시간이 허락치 않소. 그러나 간단히 말하면 이렇소.

내가 본시 정부에 있던 것이 누구가 고와서 있던 것이 아니요, 지금 나온 것도 누가 미워서 나온 것이 아니오. 그런즉 나의 들고 남이 조금도 감정상 문제가 아니외다. 또는 만일 내가 정부에 있을 때에 욕과 괴로움이 있다 하면, 내가 밖으로 나온 후에도 그 욕과 괴로움은 의연히 남아 있을 줄로 생각합니다. 그런즉 나온 것은 욕이나 괴로움을 피하려고 나온 것도 아니외다. 그런즉 왜 나왔는고? 내가 나온 오늘에는 내가 노동총판으로서 일하는 것보다 평민으로서 일하는 것이 독립운동에 좀 더 유익함이 될까

---

37) 《독립신문》 1921년 5월 21일 (1) ~ (4) (제107호). 1921년 5월 12일 도산은 임시정부 각원을 사임한 직후, 상해 상현당(尙賢堂)에서 재류 동포들에게 일대 시국강연을 통해 대동단결을 호소하였다. 이 연설은 5월 17일에 다시 계속되었으니, 1920년 신년 대강연에 필적하는 사자후라 할 만하다.

함이외다.

혹은 내가 이번 국무원을 사직한 것은 한때 편의를 위하여 가면적 태도를 가지고 다소 민심을 수습한 후에 다시 들어가 이승만 대통령 밑에 영구히 총리가 되기로 약속하고 위선 자기의 심복인 손정도 등 모모씨를 들여보내었다 합니다. 나는 실로 이러한 약속이나 의사가 없었습니다마는 내일이라도 내가 다시 노동총판으로 정부에 들어갈 필요한 경우가 있으면 마땅히 다시 들어갈 것입니다. 왜? 나는 들고 나며 가고 있는 것을 오직 우리 독립운동에 유익되고 안 됨을 표준 할 것뿐인 때문에.

그런데 여러분은 이러한 섭섭한 생각이 있으리라. "우리가 독립운동을 시작한 후에 선택하여 정부 안에 모은 모모 제씨는 끝까지 변동함이 없이 둥그렇게 앉아서 일하기를 희망하였는데, 오늘에 왜 이같이 더러는 나가며 더러는 있게 되었는가" 하리다.

어찌하여 이같이 된 원인과 누구의 길고 짧은 관계를 말하자면 긴 시간을 요구하겠는 고로 그 내막을 여러분께 자세히 알리지 못함이 유감입니다. 다른 날에 이 내막을 말할 이가 있을는지도 모르고, 나라도 기회가 있으면 말하고자 합니다.

그 내막이 어떤 것은 별문제이고 하여튼 처음 모인 이가 같이 앉지 못하게 된 것은 사실이요, 이것을 섭섭하게 생각함에는 나도 또한 동감자입니다. "그러면 너는 끝까지 그 안에 있을 것이지 왜 너까지 나왔는가?" 나는 독립운동 이후에 정부 안에 모인 소위 두령이란 인물들이 독립을 완성하는 날까지 한 사람도 변동하지 말고 끝까지 같이 나아가야 된다고 절규하였고, 절규할 뿐 아니라 이것을 위하여 노력하여 온 사람 중에 하나임을 자처합니다.

그러나 오늘은 나의 성의와 능력의 부족인지 시세와 경우의 관계인지, 하여간 나의 노력하던 그 희망은 이미 실패를 고하였습니다. 일이 이같이 될 때에 나는 정부 안에 앉아서 "내가 금후로는 어떻게 행동함이 마땅할꼬" 하여 생각을 많이 한 결과로, "이 때는 부득이 정부 안에 있음보다 밖에 나와 평민의 신분으로 무엇을 하여야 되겠다" 하고 이같이 나왔습니다. 오늘부터는 여러분과 같이 한 백성으로서 일하기를 시작하였으니, 나의 하는 일이 옳거든 여러분은 많이 원조하여 주시기를 바랍니다.

연설의 필요함과 연설이 산출된 시기

이제 본론에 들어가기 전에, 지금도 연설을 하거니와, "연설이 무슨 필요로 생겨난 것인가 또 어느 시대에 산출한 것인가"를 잠깐 말하겠습니다. 연설이 신권시대나 군권시대에 산출하였는가? 아니오. 곧 군권시대 말 민권시대 초에 시작하여 민권 시대에 성행하여 왔습니다. 이로 보아도 이른바 공화정치 민주정치의 필요로 산출된 것임을 알겠습니다.

신권시대나 군권시대에 있어서는 신의 의사, 군의 의사나 소수인의 의사를 다수 인민이 복종할 것뿐이요, 민의 의사는 소용이 없으니 연설이 있을 필요가 없겠고, 공화시대에 임하여는 국가의 사업을 그 국민 전체 의사에 의하여 행하는바, 국민 각각 자기의 의사를 표시하여 어느 의사가 국민 다수 곧 전체의 의사임을 알려 하니, 부득불 연설이 산출되었소. 당초에 연설로써 공화를 촉진하였고 공화의 정치를 행함에 연설을 하여 성하였나니, 결코 연설은 한때 연극이나 노름처럼 볼 물건이 아닙니다.

오늘 나라도 대한 국가의 일을 내 단독으로 행할 권세와 능력을 가졌다 하면, 여러분 앞에 나와서 연설할 필요가 없을 것입니다. 나의 오늘 연설함도 나의 의사를 일반에게 제공하여 국민 다수가 취하고 취치 아니함으로 전도 문제를 해결코자 함이니, 여러분은 나의 연설을 하는 것부터 주의하시기를 바랍니다.

우리의 독립운동은 계속할까 정지할까

이제 먼저 물어 볼 말은, "금번에 시작한 우리의 독립운동은 계속하려는가 정지하려는가" 함이외다. 누구나 말하기를, "물론 계속할 것이지 정지한다 만다고 의논할 여지가 있을까" 하겠소마는, 그 입으로는 이와 같이 말하되 그 중심의 진정을 보면 의심이 가득하여, "계속할까—정지할까" 하는 주저가 없지 않소.

먼저 독립운동을 계속하고 아니함에 확단이 없으면 독립운동의 진행책을 말할 필요가 없습니다. 여러분! 먼저 이에 대하여 명확한 단정을 지으시오. 만일 누가 나더러 묻기를 "너는 어떻게 정하였느냐" 하면, 나의 명확한 대답은 "독립운동은 절대로 계속할 것"이라 하겠소.

오늘의 대한사람은 사하나 생사한 성하나 패하나 독립운동을 끝까지 계속하기로 결심할 것이요, 이것이 대한사람된 자의 천직이요, 의무외다. 누구든지 독립운동을 계속할까 말까 주저하는 이도 독립이 싫거나 자유가 싫어서 그 것을 받을까 말까 주저함은 아닙니다. 다만 독립운동이 성공이 될는지 말는지 하는 의심과 상심으로 그리 되는 줄 아오.

아닌 것이 아니라, 얼른 보면 우리에게는 인재도 결핍하고 재력도 결핍하고 기타 무엇도 부족하고 무엇도 없으므로 독립을 성공할까 못 할까 하는 의심이 생길 듯도 합니다마는, 여러분은 조금도 의심하거나 상심하지 마시오. 우리는 독립할 가능성이 확실히 있습니다. 왜? 우리 대한사람은 무엇으로 보든지 근본적 자격이 확실히 있습니다. 왜? 우리 대한사람은 무엇으로 보든지 근본적 자격이 독립할 만족이요, 결코 이민족의 노예의 생활을 오래 할 민족이 아닙니다.

이러한 우리의 민족으로서 독립을 요구하는 이 날에 세계의 시운은 우리의 요구를 응합니다. 보시오, 아라사와 미국이 장차 일본을 치려, 영국과 불란서도 일본을 해하려, 오스트레일리아와 캐나다도 또한 일본을 배척하려는 것이 다 사실입니다. 그런즉 오늘 세계의 현상이 모두 다 일본을 둘러치는 때니 이것이 전에 없던 우리의 큰 기회가 아닙니까.

그런즉 우리 민족 근본적 자체로 보든지 외국의 형세로 보든지 우리의 독립을 완성할 가능성이 있거늘 어찌하여 의심하고 주저하는가. 우리 중에서 독립운동 계속에 대하여 의심하고 주저한다 하면, 그 가장 큰 원인은 이것입니다. 실질적으로 독립운동을 진행하기 위하여 우리 자체의 경우와 처지를 살펴 그 경우와 처지에 합당한 방침과 계획을 세우고, 그것을 밟아 나아가기로 노력하지는 아니하고 공연히 턱없는 요행과 우연을 표준하고 과도한 욕망을 품고 기다리다가, 그 턱없는 욕망대로 되지 않는다고 의심이니 상심이니 비관이니 하는 것이 생깁니다.

지금에 흔히 들리는 말이 피인도자는 인도자에게 대하여 부족한 것을 한하고, 인도자는 피인도자에 대하여 부족한 것을 한하여, "이런 인도자를 가지고 무엇을 할꼬, 이런 동포를 가지고 무엇을 할꼬" 하는 소리가 많습니다. 그밖에도 "무엇이 부족하니, 무엇이 부족하니" 하는 소리가 따라서 많습니다.

여러분 생각하여 봅시다. 우리의 인도자니 피인도자가 부족하다고 가정하고 부족한 인도자를 자꾸 욕한다고 그 인도자가 일조에 변하여 족하여 질까? 피인도자를 못났다고 나무란다고 일석에 변하여 잘난 백성들이 될까? 또는 무엇 무엇이 부족하다고 팔짱 찌르고 돌아서서 원성과 한탄을 지른다고 그 부족한 것들이 다 변하여 족하여 질까. 그럴 리가 만무합니다.

그런즉 오늘날 우리가 크게 각오할 바는 우리는 이러한 인도자·피인도자를 가졌고 이러한 부족한 경우에 처함을 밝히 보고 이 경우와 이 처지에서 우리는 어떻게 어떻게 진행하여야 오늘에 부족한 것을 내일은 족하게 하여, 기어이 독립을 완성하기로 나아갈 것이 아닙니까.

이러한데 소위 낙심한다 상심한다 하는 그네들은 아무 요량도 없고 자기의 노력할 의무도 다하지 아니하고 "이승만이 독립을 실어다 줄까, 이동휘가 독립을 찾아다 줄까, 또 기타 모모가 가져다 줄까" 하다가, 그것이 뵈지 않는다고, 또는 "미일전쟁이나 갑자기 생겨서 가만히 앉았다가 독립을 얻을까" 하다가 그도 속히 되지 않는다고 소위 낙심이라 원망이라 하는 것이 생깁니다.

여보시오, 여러분! 우리 국민이 이러하고서 무엇을 희망하겠소. 오늘에 크게 각오하여 시간의 원근을 꺼리지 말고 우리는 우리 처지에서 우리 생활 방침을 세워 가지고 용왕직진(勇往直進, 용감하게 나아감)합시다.

과거의 독립운동은 어떠한 독립운동?

그런데 금후의 독립운동은 어떻게 진행할까 함을 대강 생각합시다. 이것을 말하기 전에, "우리가 과거의 독립운동을 어떻게 하였는가"를 말하리다. 과거의 운동은 독립을 선언하고 만세를 부름이었소. 옥에 갇히고 총검에 찔리고 생명을 희생하며 한 모든 것이 만세 운동을 행함이었소.

그 후에는 압록강 연안으로 시작하여 작탄 단총(炸彈短銃)의 시위운동이 있었고, 두만강 연안에서 시작하여 다소의 전투적 운동이 있었고, 구주와 미주에 선전운동이 있었소. 이 과거 운동의 그 결과가 무엇인가 하면, 그 만세 소리로 적이 쫓겨 가기를 바람도 아니요, 다소의 작탄과 국부적 전투로 적을 능히 구축하리라 함도 아니요, 그 결과가 우리 국민의 독립의 의지와 자유의 정신을 밖에 발표하여, 첫째는 우리 국민이 서로 "우리 국민 전체가 동일하게 독립할 의지가 있다" 함이 알려지고, 또한 "크게 독립운동 할 약속을 이루게 된 것"이요, 둘째는 세계 열방으로 하여금 "우리 민족의 의사와 용기의 어떠함"을 알게 함이요.

과거의 독립운동이 과연 크다고 할 만하외다. 그러나 미래 독립운동에다 비하여는 그리 크다고 할 수 없습니다. 우리 민족이 일찍 국가적 큰 운동을 지내봄이 별로 없었으므로, 과거의 운동을 시작한 것뿐이요, 독립운동할 의사를 대내 대외에 선전한 것뿐입니다. 그렇다고 과거 운동을 무가치하고 적은 일이라고 말함은 아닙니다. 과거에 그와 같이 시작하여 이 앞에 진행할 독립운동이 장원하고 광대한 것을 절실히 생각하기 위하여 말함이외다.

금후의 독립운동은 어떠한 독립운동?

그러면 장래의 독립운동은 무엇인고. 우리가 독립운동, 독립운동하고 모호한 가운데서 지내서는 안 되겠고 먼저 무엇이 독립운동인지를 알아야 하겠소.

독립운동은 독립을 이루기 위하여 동작하는 모든 일을 가리킴이라 하겠소마는, "모든 동작 중에 그 요령이 무엇인고?"라는 이것이 여러분의 의사와 내 의사가 서로 부합하는지 알고자 합니다.

우리 독립운동의 요령을 말하면, 아래의 여섯 가지 큰 것입니다.

1. 군사운동, 2. 외교운동, 3. 재정운동, 4. 문화운동, 5. 식산운동, 6. 통일운동

독립운동이란 것은 이 여섯 가지 운동을 종합한 명사입니다. 그런 고로 이 여섯 가지의 운동을 바로 진행하면 독립을 성공하게 되겠고, 이 여섯

가지 중에 하나라도 궐하면 다른 다섯 가지가 다 진행되지 못하여 독립을 성공하기 불능하겠습니다. 그러므로 누구든지 이 중에 무엇 한 가지만 혹 두 가지만 하여야 된다 하는 이는 나는 믿을 수 없소. 이 여섯 가지 중에 어느 것이 경하고 중한 것이 없이 다 똑같이 힘써야만 될 것입니다.

그런즉 우리는 공연히 세력이니 권리니 야심이니 하고 허공 중에서 그림자를 가지고 빈 싸움을 짓지 말고, 각각 나의 자격과 경우를 따라서 군사운동이나 외교운동이나 기타 어느 운동이나 이 여섯 가지 가운데 무엇이든지 하나씩 자기에게 적당한 것을 분담하고, 그 일이 이루어지도록 최후까지 꾸준히 나아가기를 결심합시다.

6대 운동의 필요와 그의 경중 동일시

첫째, 군사운동이 어찌하여 필요한고 함에 대하여는 물론 아무도 의심할 이가 없을 줄 아오. 왜? 독립을 성공하려니까 독립전쟁을 하여야 되겠고 독립 전쟁을 하려니까 군사운동을 불가불 하여야 되겠다고 누구든지 얼른 대답할 줄 압니다.

둘째, 외교운동에 대하여도 이론이 없소. 우리가 강한 일본으로 더불어 싸워 이기려면 열국의 동정을 얻어야 되겠고 열국의 동정을 얻으려니 불가불 외교운동을 하여야 되겠다고 논의가 일치할 것이오.

셋째, 재정운동으로 말하면, 이상의 말한 군사운동이나 외교운동과 기타 모든 운동을 하려면 다 금전이 있어야 될 터이니 재정운동은 아니 할 수 없는 것이라고 다 말할 줄 압니다.

그러나, 넷째, 문화운동은 무슨 필요가 있는가, 오늘날 이 때 어느 여가에 문화운동과 같은 것을 하고 천연세월(遷延歲月, 차일피일 시간을 보냄) 하겠는가, 어서 하루바삐 나가 싸워 죽어야지 하고 교육을 받는 자나 교육을 베푸는 자에게 비난하는 일도 없지 않습니다.

　하물며, 다섯째, 식산운동에 이르러서는 왜 독립운동을 아니 하고 이따위 일을 행하느냐 하여 이 식산운동이 독립운동의 부분되는 가치까지도 부인하는 이가 있을 줄 압니다마는, 내 이제 그렇지 않은 이유를 간단히 말하리라.

　이 세상 모든 일에 성하고 패하는 것이 그 지식이 길고 짧음에 있음을 깊이 깨달아야 하오. 우리나라가 왜 외적에게 망하였느냐 하면 다른 연고가 아니라, 우리의 지식이 저들보다 짧은 까닭이오. 그러므로 오늘 우리 대한의 사람들은 지식의 일촌 일척을 늘이는 것이 곧 우리의 독립을 일촌 일척을 더 가깝게 함인 줄을 깊이 깨달을 것이오. 이 문화운동이야말로 근본적 문제입니다. 지금 우리의 걱정하는 바 통일이 잘못된다, 분규가 생긴다 하는 이것도 또한 우리의 지식 정도가 유치함에 원인한 것이오. 진정한 독립에 뜻이 있는 우리 민족의 지식을 높이기 위하여 진정한 노력이 있을 것입니다.

　식산운동으로 말하면 여러분 과거 구주전쟁 때에 이 식산운동을 각국이 평시보다 어떻게 힘썼는지를 아시겠지요? 내가 미주에서 직접 목도하였거니와, 이 때 미국사람들은 어떤 계급을 막론하고 이 운동에 전력을 다합디다. 여자는 섬섬한 옥수에 호미를 들고, 부호는 그 화려한 공원을 채전을 만듭니다. 기타 저들은 온갖 방법, 온갖 수단을 다하여 식산을 경영하는 것을 내 눈으로 보았소. 식산운동이 잘되어야 따라서 재정운동이 잘될 것은 췌론(贅論, 잡다하게 거론함)할 필요가 없을 것이오.

　나는 우리 독립운동자 중에 소비자뿐이고 생산자가 1인도 없음을 볼 때에 나의 가슴이 답답하외다. 서북간도를 보라. 아령을 보라. 북경을 보라. 이 상해를 보라. 소위 독립운동을 한다는 사람치고 생산하는 자가 그 누구인가? 오직 소비자뿐입니다. 이것이 우리 독립운동 장래에 큰 험악한 문제라고 합니다. 만일 저들이 다 각각 생산자가 되어 저들의 현금의 소비하는 그 금전의 전부가 임시정부의 금고로 들어오게 되면, 우리의 독립 사업이 얼마나 잘 진흥될는지 모르겠습니다. 그러므로 다수는 이것을 심상시하지마는 기실은 식산운동이 우리 독립운동에 큰 관계가 있습니다. 물론 나의 말하는 본지가 다른 운동은 다 경하고 이 문화운동과 식산운동이 가장 중하다는 것이 아니라, 이것 역시 여섯 가지 필요한 중에도 필요한 것임을 말함이외다.

6대 운동의 구체적 진행방침과 실행

이상에 말한 여섯 가지 운동에 각각 그 진행의 방식을 말하자면, 첫째 군사운동에 대하여 어떠한 방침을 취할꼬? 과거에는 다만 몇십 몇백이라도 나가서 싸워야 된다 말하고, 말할 뿐만 아니라 그러한 사실도 있었소마는, 금후의 군사운동은 그와 같이 하여서는 안 되겠소.

기왕에 몇 명씩 소수로 나가서 싸우자는 이에게 그 무슨 의사인가 물으면 혹은 이렇게 함으로 세계에 선전 자료를 만든다 하며, 혹은 이같이 함으로 적을 패케 하겠다 함이 아니요, 다만 붉은 피를 흘려 우리 민족에게 독립 정신을 끼쳐 주자함이로다 합니다.

내가 그 열렬한 뜻에 대하여는 탄복하거니와, 그네의 의사를 보면 하나는 외계의 구조를 의뢰할 뿐이요, 둘째는 독립을 성공할 신념이 없는 데서 나왔다 하겠습니다. 금후의 우리는 군사운동을 하되, 그러한 의미로 할 것이 아니요, 적을 구축하여 항복받기를 표준하고 운동할 것입니다. 일찍 우리의 흘린 피만 하여도 선전 자료나 후손에게 끼쳐 줄 독립 정신을 완성하기 위하여 흘린 것입니다.

그러면 첫째 군사를 모집할 것이니, 먼저 지원병 3만 명 이상 5만 명 이하만 모집하여 잘 단결하더라도 이것을 기본하여 기십 기백만의 독립군을 모집할 수 있을 것입니다. 이와 같이 지원병을 모집함도 일조일석에 물 먹듯 쉽게 되는 것이 아니고, 다대한 노력을 허비하여 이 달에 몇 백 명 내달에 몇 천 명씩 모집하여 나아가면 그 예정 수에 달할 것입니다.

또는 우리 군사운동에는 사관 양성에 힘쓰되 다른 나라에 비하여 일층 더 전력할 필요가 있습니다. 다른 나라 군사로 말하면, 다 훈련을 충분히 받은 군사이므로 사관이 적어도 가하거니와, 우리 군사는 훈련을 받지 못한 군사이므로 훈련 없는 군사에게는 지도 통솔할 사관이 더 많아야 되겠습니다.

내가 오늘 저녁 이 여섯 가지 운동에 대하여 그 진행책의 대강이라도 말하려 하였더니, 나의 말할 기력도 부족하거니와 이 장소에서 열 시 안으로 떠나야 되겠는 고로 그것을 다 말하지 못하고 약할 수밖에 없으니 매우 유감됩니다. 다만, 내가 여러분에게 바라는 바는 군사가 안 된다, 외교가 안 된다, 재정이 안 된다, 기타 문화와 식산과 통일이 안 된다 하여 독립운동에 낙망하지 마시오.

군사나 외교나 재정이나 문화나 식산이나 통일이 다 원만히 되었다 하면, 독립운동을 하나도 할 필요가 없지 않습니까. 없는 군사를 있게 하도록, 없는 재정을 있게 하도록, 기타 모든 없는 것을 있게 하고 부족한 것을 족하게 하는 것이 독립운동이 아닙니까. 그런즉 우리는 6대 운동을 목표로 삼고 진행할 방침을 연구하여 상당한 계획을 세우고 나아가고 나아갈 뿐입니다.

제반 운동의 성패는 통일의 성부(成否)에 유재(唯在)

이제 다른 것은 다 약하겠거니와, 통일운동에 대하여 말하겠소. 이상에 말한 바 군사운동이니, 외교운동이니 하며 기타 모든 운동에 성하고 패함이 통일운동의 성하고 패함에 달렸소. 내가 통일을 한다고 많이 부르짖는 고로 '안창호의 통일 독립'이란 별명까지 있지마는, 독립을 완성하려면 우리 민족적 통일력이 아니고는 될 수가 없으니, 독립을 기망(期望, 이루어지기를 바람)하는 우리는 통일의 완성을 위하여 노력 아니 할 수 없습니다.

내가 이제 그 이유를 말하면, 오늘날 우리의 군사운동도 외교운동도 왜 잘 아니 되는가 하면, 군사운동을 하되 불통일적 군사운동이 되고 외교운동을 하되 불통일적 외교운동인 때문이외다. 기타 모든 운동의 성취가 못 됨이 다 그 까닭입니다. 북경에서도 군사운동, 서간도에서도 군사운동, 북간도에서도 군사운동, 아령에서도 군사운동, 또 어디서도 군사운동을 하여 그네들이 그 군사운동에 다대한 시간과 노력을 희생하였으되, 각기 국부적 분열한 소수의 군사운동이므로 그 성적이 저같이 영성하여 오늘까지 대한민족적 군사운동이 실현되지 못한 것이오.

외교운동도 재정운동도 역시 그러합니다. 외교로 말하여도 북경에서 따로, 아령에서 따로, 미주에서도 따로, 또 어디서도 따로, 갑과 을이 각각 내가 대한민족 대표라 하고 외국인을 교섭하니, 누가 그 진정한 대한민족의 대표자라고 인정하리오? 이러므로 오늘까지 대한민족적 외교운동이 실현되지 못하여 외교할 만한 날에 외교의 성효를 거두지 못합니다.

재정으로 말하여도 내가 일찍 국민개납주의를 철저히 실행하자 말하였거니와, 이가나 김가나 각각 분열적으로 재정을 운동치 말고 전 국민이 모두 통일적으로 대한 임시정부의 국고를 향하여 재정을 바쳐 왔다면 우리의 독립 사업이 얼마나 발전되었을지는 모르겠소. 그런데 이것도 또한 통일의 궤도를 잃음으로 재정운동의 실현이 오늘까지 못 되었습니다.

이것뿐일까. 아까도 말하였거니와, 모든 운동의 실현 못 됨이 다 이 통일의 궤도를 잃은 때문이외다.

통일의 제1방법은 중앙기관에 총집중

그런즉 통일은 불가불 하여야만 되겠다는데 그 통일은 어떠한 방법으로 할까? 통일하는 방법 중에 가장 큰 것이 두 가지니, 그 하나는 전 민족적 통일기관을 설치한 중앙 최고 기관에 전 국민의 정신과 마음과 힘을 집중하여 중앙의 세력을 확대케 할 것이요, 이는 사회의 공론을 세우고 큰 사람이나 작은 사람이나 물론 어떠한 사람이든지 다 그 공론에 복종케 할 것이오. 지금 어떠한 이들은 대한 임시정부와 의정원을 부인하노라는 발표까지 하였으니 그 용기가 과하고 대한사람으로서 못할 일을 하였다고 합니다.

우리 임시정부와 의정원이 이미 성립된 지가 2년의 시간을 지냈고, 대내로 말하더라도 압록강·두만강으로부터 저 부산까지 제주도까지 가면서 한국사람 보고 묻기를 너의 정부와 의정원이 있느냐 하면, 예, 우리 정부와 의정원이 상해에 있습니다라고 대답합니다. 또는 중령(中領)이나 아령(俄領)이나 미령(美領)을 막론하고 해외에 있는 일반 교민이 다 우리의 의정원과 정부는 상해에 있다고 합니다.

그런즉 현존한 우리의 의정원과 정부를 전체 국민이 인정하는 것은 사실입니다. 또는 열국으로 말하여도 법국이나 영국, 미국이나 아국, 중국이나 기타 어느 나라를 막론하고 아직 우리의 정부와 의정원을 정식으로 승인을 하지 아니하였으나 현존한 우리의 의정원이나 임시정부의 존재를 인정합니다. 우리가 이러한 경우를 얻지 못하였다면 몇 천만 원의 금전과 다수의 생명을 희생하여서라도 이러한 경우를 지으려 하겠거늘, 이미 3년이 지나고 대외·대내 간에 다 인정되는 우리의 의정원과 정부를 부인한다 함은 너무도 실수한 일이라고 합니다.

바로 불충실한 것을 충실하도록, 불원만한 것을 원만하도록 개선한다 함은 마땅하거니와, 어찌 부인한다고 하리오? 그런즉 기위 성립된 우리의 의정원과 정부는 더욱 충실하게 하고 더욱 공고케 하여 민족적 통일기관이 되게 할 것이요. 만일 전 국민의 힘을 중앙으로 집중하는 도(道)도 실행치 않고 각각 제가 영웅이라고 분파적 행동을 취하면 100년을 가더라도 통일을 이룰 수 없을지라, 그러므로 통일운동의 첫 방침이 중앙 집중이라 합니다.

통일의 제2방법은 공론의 성립과 복종

통일하는 방침의 둘째 되는 공론을 세우고 그 공론에 복종케 하자 함이 또 중요한 문제입니다. 우리나라 사람들이 이 까닭에 통일이 못 된다, 저 까닭에 통일이 못 된다 하지만 그 실상은 공론에 복종할 줄을 모를 뿐 아니라, 공론을 세워 보지도 못하고 갑은 갑론을, 을은 을론을, 각각 자기의 논을 주장하여 싸우기만 하는 까닭입니다.

흔히 들리는 말이 "소위 우리의 수령이라, 인도자라 하는 자들이 서로 싸움들만 하는 때문에 통일도 안 되고 일도 안 된다"고 욕합니다마는 그런 것이 아니오. 여러분은 깊이 깨달으시오. 만일 진정한 인도자면 진정한 싸움을 하는 자입니다. 누구든지 소위 인도자가 되고서 국가에 대한 자기의 주의와 확신이 있으면 성충을 다하여 싸움을 아니할 수 없습니다. 만일 싸우지 않으면 성충 있는 인도자라고 할 수 없소. 김가나 이가나 각각 자기의 주장을 세워 싸울 때에 인민된 자는 냉정한 눈으로 그 싸움을 잘 살펴보아 김가가 옳으면 김가의, 이가가 옳으면 이가의, 그 어느 편이든지 옳은 편으로 따라서 그 옳은 편에 다수의 의사가 집중하여 그 옳은 편 사람으로 복종케 할 것이니, 이것이 이른바 공론을 세움이외다.

공론이란 것은 그 국민 다수의 공번된 의사를 가리킴이외다. 그러므로 인도자가 싸우므로 통일이 못 됨이 아니라, 그 백성이 공론을 세우고 못 세움에 있다 합니다. 미국의 예를 들어 말하면 루스벨트, 윌슨이나 브라이언이나 하딩이나 그네들이 다 미국의 큰 인도자요, 세계적 위인이라 합니다. 그러나 이들은 항상 싸웁니다. 그이들을 인도자라, 위인이라 하는 것은 싸움을 성충으로 한 때문입니다. 루스벨트와 윌슨 사이에는 50년 동안이나 간단없이 싸워 왔소. 몇 해 전에 루스벨트는 육해군을 확장하자고 주장하고, 윌슨은 그것을 반대하여 양방이 크게 싸울 때에 미국 백성들은 그 싸우는 내용을 살펴 시비를 판단하여 가지고 다수가 윌슨 편에 섬으로 루스벨트는 그에게 복종하였소. 그 후에 브라이언과 윌슨 사이에는 사분이나 공분으로 매우 가까운 친구요, 브라이언의 운동으로 윌슨이 대통령이 되었고 윌슨이 대통령이 된 후에 브라이언은 이를 반대하여 그 총리의 직까지 사면하고 크게 싸우다가 미국의 다수 국민이 윌슨 편에 섬으로 브라이언이 할 수 없이 그에게 복종하여 통일적으로 미국전쟁을 행하였소.

또 근간에 윌슨은 국제연맹회를 주장하고, 하딩은 이것을 반대하여 크게 싸울 때에 윌슨 편에 섰던 다수 국민이 하딩 편에 옮겨 섬으로 윌슨은 그에게 복종할 수밖에 없이 되었소. 저 미국 백성들은 자기의 인도자들이 싸울 때에 덮어놓고 "저놈들은 싸움만 한다"고 인도자 전부를 배척치 않고 그 싸움의 이해와 곡직을 살펴 이(利)하고 직(直)한 것을 주장한 인도자를 후원하여 다 그이를 복종케 함으로 통일을 이루게 함이라.

우리의 인도자도 싸운다고 하여 그 시비와 흑백을 묻지 않고 그놈들은 다 때려 치울 놈이라 하면 어찌 공론이 설 수가 있겠소? 우리 사람들의

연설

입으로 흔히 대한의 인도자, 애국자는 다 죽일 놈이라 하니, 설마 한들 다 죽일 놈이야 되겠소? 또 누구든지 일생에 죽일 놈의 일만 하기야 하겠소?

내가 연전에 서양 신문기자를 대할 때에 그이들은 우리의 독립운동을 비관으로 말하는데, 그 내용은 서로 싸운다 함이었소. 내가 반박하기를, "그대네 나라 사람들은 싸움을 더 많이 한다" 한즉 그이들의 말이, "우리들의 싸움과 너희들의 싸움은 크게 다르다. 우리는 싸우되 공론에 복종할 줄을 알므로 좋은 결과를 얻고, 너희들의 싸움은 시작한 뒤에 지는 편이 없는 것을 보니 공론에 복종할 줄을 모르는 싸움이라. 그러한 싸움으로는 통일을 이루지 못하고 분열이 되므로 망할 수밖에 없다"는 박절한 말을 합데다.

여러분! 이 신문기자가 바로 보지 못했다고 할까요? 우리도 남과 같이 통일을 요하거든 한 의형제적 수단으로 사교를 짓거나 교제적 수단으로 접대의 잘하고 못 함과 통정을 한다 안한다 하는 그 따위 수단으로 통일을 취하려면 100년을 가더라도 얻을 수가 없으리다. 우리사회의 현상을 보면 하급은 말할 것 없거니와, 소위 중류 이상 고등인물까지도 국가 사업의 통일을 한 교제적 수단으로 이루기를 꾀하니 유치한 것이 어찌 한심치 않으리오? 이제부터 크게 각오하여 공론을 세우고 공론에 복종하는 것으로 통일의 도를 이루어야 하겠습니다.

현하 문제 해결책은 국민대표회의 소집

이제 통일을 이루기 위하여 중앙에 집력(集力)함과 공론을 세우는 두 가지 방법을 실행키 위하여 행할 한 가지 일은 '국민대표자회'라 칭하든지 혹은 다른 명사를 취하든지, 여하간 각 지방·각 단체의 대표자들이 한 번 크게 모임이 필요한 일로 생각합니다. 왜?

첫째, 각 방면의 의사가 한 곳으로 집중한 후에야 각 방면의 정신과 마음과 힘이 한 곳으로 집중될 것이요, 각 방면의 의사를 집중하려니까 불가불 국민대표가 있어야 되겠다 합니다.

둘째에, 공론을 세우려 하면 한 지방이나 몇 개 단체의 의논으로는 공론이라고 인정할 수 없고, 즉 국민 다수 의사를 공론이라 하겠는데, 국민 다수 의사를 발전케 하려니까 불가불 각 방면의 대표가 모여야 되겠소. 공론을 세워야만 된다 하고 공론을 세울 실제가 없으면 소용이 없습니다. 그러므로 각 방면 대표가 모이는 것으로써 공론을 세우는 실제라 합니다. 혹은 말하기를 국민을 대표한 의사 기관의 의정원이 있는데 다시 국민대표회를 모은다 함은 의정원을 부인하는 것이라 무시하는 것이라 하나 그렇지 않습니다. 본시 공화정치로 말을 하면 중앙기관은 국민의 여론에 복종하고 국민 각 개인은 그 중앙기관을 복종하는 것이오.

이제 중앙기관으로서 국민의 여론을 복종하려면 여론이 있은 후에야 될 것인데 각 방면의 대표가 모여 다수의 의사를 표시하기 전에는 여론이 성립될 수 없소. 국민의 여론을 성립하기 위하여 한때 각 방면 대표가 모이는 것이 어찌 의정원을 부인한다, 또는 비법 행위라고 말하리오? 이것은 형식상 이론이거니와, 우리의 실질상 이면을 들어서 말하면 이곳에 의정원과 임시정부가 성립된 이후로 여러 가지 분규와 복잡한 문제가 있어 오다가 오늘에 그 위기의 도수가 점점 높아지는 것이 사실입니다.

이 분규 되는 복잡한 문제를 그냥 방임하여 두면 독립운동 진행에 장애가 다대하겠고, 이것들을 해결하여 시국을 정돈하려면 각 방면 대표들이 모여 크게 공론을 세워야 될 줄로 생각합니다. 이 곳에서 의정원과 정부를 세울 때에 일을 원만히 하지 못한 것은 사실입니다. 서간도나 북간도나 아령이나 미령의 의사를 묻지 않았을 뿐 아니라, 한번 물어 보지도 않았고,

하물며 각원으로 피선되는 모모 제씨에게까지도 조직 여부를 알게 하지도 않았습니다.

과거사는 용서(容恕), 연정 타협의 필요

우리가 현존한 정부와 의정원을 절대로 인정하지만 과거의 불충분하게 일한 것은 자인할 수밖에 없습니다. 그 때에는 초창시대라 어떠한 경우에 시기의 절박으로 그렇게 된 것이라고 용서는 하겠거니와, 그 불충분한 것을 그대로 고집하고 더 충분케 하기를 꾀하지 아니함은 불가하니다.

일찍 일을 시작할 때에 충분히 못한 결과로 아령과 북간도 방면에서 우리 중앙기관의 존재는 인정하더라도 이 중앙기관에 귀순하여 협동치 못한 것은 사실입니다. 아령 사람들이 선하여 그렇든지 악하여 그렇든지 우하여 그렇든지, 지하여 그렇든지, 그것은 별 문제고, 그같이 분열되어 있는 것은 방임할 수 없지 않습니까. 내가 일찍 국무총리 대리로 있을 때에 아령과 타협을 짓기 위하여 현순·김성겸 등을 보내어 타협을 진행타가 그 역시 실패를 당하였소.

그러나 나는 조금도 낙심하지 않고 타협하여 합동되기를 계속하여 노력하려 합니다. 우리가 아령·중령의 국민 대다수를 제하여 놓고 누구로 더불어 무엇을 지으려고 합니까. 혹자 생각하기를 "우리의 독립운동은 우리 민족의 힘으로 성공키 불능하고 미국이 도와주고 안 도와주는 데 달렸다"고 하여 미국만 쳐다보고 있을는지 모르거니와, 이것은 독립 정신에 위배일 뿐더러 설혹 미국의 도움을 받기를 바란다 하더라도 적신(赤身)으로 외롭게 서서 손을 벌리면 미국이 그같이 어리석어서 몇 개인만 보고 원조를 하여 주겠는가? 남의 도움을 받기를 원하더라도 먼저는 자체가 통일하여 민족적 운동임을 실현시켜야 될 줄을 깨달읍시다.

혹은 말하되, "이것저것 다 쓸데없다. 돌아오거나 말거나 몇 사람이라도 막 밀고 나가면 된다" 하니, 왜 이같이 어리석은 용기가 과도합니까. 우리가 혹 몇 백만의 군사와 몇 억 원의 자본을 가지고 세력이 굉장하여 반대자를 능히 잡아다가 참치포지(斬之砲之, 칼로 베고 총으로 쏨)할 수 있다 하더라도 자민족을 위력으로 누르지 아니하고 덕의로써 화충(和沖, 원만한 가운데)하여 귀순하기를 도모하겠거늘, 한푼의 실력이 없어 가지고 덮어 놓고 "적법이건 비적법이건 너희 아령 놈들은 와서 복종만 하라" 하면 어찌 될 수가 있으리오? 이러므로 한번 크게 모여서 서로의 양해를 요구하며 공론을 세워 일치 협동할 도를 시험하자 함이외다.

이 국민대표회 촉진에 대하여 반대하는 이들의 의사를 보건대, 일방에서는 "이 국민대표회는 수모(誰某)를 내어 쫓기 위하여 행하는 수단인즉 반대하자" 하니, 각각 자기의 뜻을 이루지 못하게 될까 하여 국민대표회를 저어하는 줄 압니다. 나의 주장하는 바는 옹호주의자나 반대주의자나, 가령 안창호를 역적이라고 논하는 자나 충신이라고 논하는 자나, 어떠한 주장, 어떤 논을 가진 자를 물론하고 각방이 다 모여들어 한번 크게 싸워 큰 해결을 지어 크게 평화하고 크게 통일하여 가지고 군사운동이나 외교운동이나 모든 운동을 일치한 보조로 통일 진행하기를 바랍니다.

여보시오, 여러분! 우리 국민의 정도가 국민대표회 한번 할 만한 자신도 없다 하면 독립운동을 어찌하려 합니까. 너무 주저하지 말고 되도록 일치하게 노력합시다.(제1회 연설 끝)

38. 대한의 일은 대한의 사람이

○ 大韓의 일은 大韓의 사람이[38] (1921. 5. 19.)
　- 第二回 演說會에서 述한 安昌浩 先生의 演說

〈5월 19일 제2회 연설〉

대한의 일은 누가 할까

오늘 내가 이 연설회를 주최한 이로부터 "이 연설회 끝에 처리할 사건이 있으니 말을 길게 하지 말아 달라"고 하는 부탁을 받았으므로 오늘은 할 수 있는 대로 간단히 말하겠습니다. 대한의 일은 누가 할꼬? 내가 이왕에 이러한 말을 하였소.

"영국의 일은 영국의 사람이 하고, 미국의 일은 미국의 사람이 하고, 중국의 일은 중국의 사람이 하고, 아라사의 일은 아라사의 사람이 하더라, 그러면 대한의 일은 어느 사람이 할꼬" 하였습니다.

다시 묻습니다, 여러분! 대한의 일을 뉘에게 맡기려 합니까. 영국사람에게 맡길까? 중국사람에게 맡길까? 미국이나 아라사나 어느 다른 나라 사람에게 맡길 것인가? 아니오. 영국의 일은 영국사람이 하는 것처럼, 대한의 일은 대한의 사람이 할 것입니다. 그런즉 대한사람인 우리는 대한의 일에 성충을 다함이 피치 못할 의무와 천직이 아니오니까.

어떤 이는 우리 일의 잘되고 못 되는 것을 대통령이나 각원에게만 책임을 지우고 자기는 아무 책임이 없는 줄로 생각하니, 이는 자기의 의무와 책임과 천직을 모르는 사람이요, 자기의 권리를 포기하는 사람이외다. 어

---

[38] 《독립신문》1921년 5월 31일자 제109호. 상해 한구로(漢口路) 예배당에서 국민대표회의 소집을 요구하며 행한 연설이다.

떠한 직책, 어떠한 지위를 물론하고 대한사람인 이상에는 동일한 책임이 있소, 그런즉 우리는 결단코 대한의 일에 대하여 무의식한 태도로 방관할 수가 없고, 모두 다 들어붙어 각각 자기의 능력을 다하여 오늘·내일·모레, 날마다 간단없이 꾸준한 노력을 하는 자가 대한인의 책임을 다하는 자라고 하겠소. 그러면 오늘 저녁 이 자리에 많이 모인 우리들이 무슨 구경을 하려거나 놀러 모인 것이 아니라, 다만 우리의 책임을 다하기 위하여 일하려고 왔습니다.

우리의 일은 무슨 일인가

그러면 일은 무슨 일인가? 곧 독립운동을 하는 일이오. 내가 일전에 말한 바 "독립운동은 군사·외교·재정·문화·식산·통일, 이 여섯 가지 운동을 이름이라" 하였소. 오늘 저녁에는 특별히 독립운동의 하나인 통일운동을 말하려 함이외다. 왜? 독립운동을 하려면 통일운동은 아니 할 수 없는 까닭이요, 독립운동에 관한 무슨 일을 지으려 하든지 통일 한 가지가 없으면 다른 것은 할 수가 없지 않습니까?

그러므로 통일운동이 곧 독립운동이라 하였소. 우리가 이같이 중대한 문제, 곧 전 민족의 통일을 위하여 모였은즉 이 저녁에 잠깐 지내는 시간이 심상한 시간이 아니요, 우리의 긴중한 시간이라 합니다. 내가 일찍 말하기를 "독립운동은 절대로 계속해야 되겠다. 죽으나 사나 괴로우나 즐거우나, 어떠한 경우를 당하든지 끌고 나아가야만 되겠다" 하였소. 그러면 끌고 나아가면서 분투노력하자는 것이 무엇인고? 이는 곧 전일에도 말하고 이 저녁에도 말한 여섯 가지 운동이외다.

일할 우리는 언제까지?

우리 대한사람이 모두 일어나 만세를 불러 보아 만일 독립이 안 된다고 그냥 주저앉고 말면 이것은 독립할 자격이 없음을 스스로 증명함이외다. 우리가 당초에 독립운동을 시작할 때에 앞에 무수한 위험과 곤란이 있을 것을 미리 알고 시작하지 않았는가요? 우리 독립선언서에 "최후의 일인까지, 최후일각까지"라 함은 "마지막 사람이 마지막 핏방울을 흘리기까지"라 함이오. 이 말은 하나도 살아 있지 말고 다 죽자고 함인 줄로 생각하는 이가 있소마는, 어떻게 죽자는 말이오? 약을 먹고? 목을 메어? 칼로 찔러 자살하여 죽자 함인가? 아니오. 독립을 위하여 일하다가 하나가 죽어도 그냥 하고 둘이 죽어도 그냥 하여 맨 나중 핏방울을 흘리기까지 일하자 함이오.

오늘에 일하여 이루지 못하면 명일에, 금년에 일하여 이루지 못하면 명년에 그냥 하여 1년·2년, 10년·20년 언제까지든지 독립을 완성하는 날까지 쉬지 말고 일하자 함이외다. 그런즉 우리는 우리의 천직을 다하여 끝까지 쉬지 않을 사람인 줄을 각각 알아야 될 것이오.

통일 방법은 하나뿐인가

오늘 저녁에도 통일의 방침을 강구·실시하기 위하여 모였거니와, 나의 주장하는 바 통일의 방침은 국민대표회라 칭하든지 혹은 다른 명사로 칭하든지 그 명칭의 여하는 불구하고 원근 각지에 있는 우리 인민의 대표자들이 한번 일처에 모여 서로 의사를 양해하며 감정을 융화하고 전술의 대 방침을 세우며 국민의 큰 공론을 세워 가지고 큰 사람이나 작은 사람이나 남자나 여자나 김가나 이가나 대한의 사람은 다 그 공론에 복종케 함이 가장 필요하다 함이오. 마는, "통일의 방법이 이것 하나뿐이니 이것만 하고 말자"는 것이 아니외다. 다른 여러 가지 통일의 방법도 실시하고 그 방법 중의 하나인 국민대표회도 행하자 함이오. 또는 "한번 국민대표회를 하면 다시는 분규가 없고 영구한 통일이 되리라" 함도 아니오. 이번에 국민대표회를 성립하여 통일의 길을 취하고 또한 다른 날 다른 경우에는 또 다른 방식으로 통일을 운동하여 이 간절한 통일운동이란 독립운동도 끝까지 계속하고 계속하여 장원한 계속을 하여야 될 것이오. 한번 운동을 하여 보고 아니 된다고 낙심하여 중단할 것은 아닙니다.

아직 불성공이 무슨 까닭

그런즉 통일하는 방침의 하나 되는 국민대표회 기성에 대한 문제를 좀더 절실하게 생각합시다. 우리가 3년 동안이나 독립운동을 하였으나 무슨 특별한 성공이 없는 것은 통일이 못 된 까닭이라 합니다. 통일이 못 되었다 함은 곧 전부 국민의 힘이 집중되지 못하였다 함이요, 전부의 힘이 집중되지 못한 까닭은 전부의 정신과 의사가 집중되지 못함이외다.

이제 전부의 힘이 집중되기 위하여 그 정신과 의사를 집중하려면 한번 크게 모집하여 크게 의론을 행치 않고 동에서 서에서 남에서 북에서 서로 격막하여 의심하고 비난만 하며 김가는 김가의 자설만 주장하고 이가는 이가의 자의만 고집하고 있으면 통일을 얻어 볼 날이 없겠소이다. 그러므로 각 방면의 사람이 한번 크게 모임이 우리의 요구하는 통일의 실제라 합니다. 또한 이것이 우리 독립운동의 정당한 행위라 합니다.

대표회 회의 왈가왈부

나는, 이에 대해서 여러 가지 의심들이 있습니다. 첫째는 "국민대표회를 모으는 것이 가하냐 부하냐" 하여 혹은 가라 혹은 불가라 하는데, 불가라는 이의 말은 이것이 법리상에 불합하니 불가하다 하오. 왜? 의정원이 있는데 또다시 무슨 국민대표회가 있을까. 이것이 곧 의정원을 부인하는 성질을 포함하였다 하오.

나는 일찍 이에 대하여 대답하기를, "본래 공화국이란 것은 국민의 여론에 의거하여 행사하는 것이라. 그런데 국민의 여론을 세우려면 김가·이가가 각각 자기의 주장만을 끝까지 주장하고 차단·피단이 각각 자기의 의사만을 끝까지 고집하면 될 수가 없다" 하였소. 그런즉 각 방면의 다수의 사람이 집합하여 의논한 후에야 진정한 여론이 성립되겠소. 그러니까 불가불 국민대표회를 회집하여야 되겠다 함이외다.

진행할 궤도와 순서?

우리의 진행할 궤도와 진행의 순서를 생각하여 봅시다. 어떠한 나라에서든지 혁명사업을 행하되 그 시작할 때에 다수 국민이 거의 빠지지 않고 합동하여 되기가 어렵고 처음에 다소의 뜻 있는 사람들이 의논하여 시작한 뒤에 다시 그보다 크게 합동하고 크게 합동하여 마침내 전 민족의 대동 일치한 운동을 일으키게 됩니다.

우리도 역시 이 모양으로 더 크게 모여 그 마음과 정신이 더 크게 모임으로 큰 힘의 뭉침이 더욱 커지겠습니다. 우리가 원만하게 모이려면 전국 13도의 남녀가 모조리 투표하여 대표자를 뽑아 내어 모이게 할 것이로되 이것은 현금에는 사실상 불가능한 것이요, 그 버금에는 교민이 거처한 지방에서 남녀가 다 투표하여 대표자를 뽑아 보내어 모이게 함이 합당하겠으나 일찍 각 지방의 평균한 조직체가 없으니 실행하기가 곤란하겠고, 또 그 버금에는 각지의 각단 대표자가 모이는 것이 가능한 일이외다.

아령으로 말하면 국민의회에서 대표를 보내는 동시에 그 국민의회에 동정을 하는 단체거나 반대를 하는 단체거나 다 같이 보낼 것이오. 그런즉 우리의 과거와 미래를 생각하면 처음에 상해에 얼마간 모여 일을 시작하였고 이제 각 단 대표자가 모여 일을 더 크게 하고 이후에 해외 교민 전체의 대표가 원만히 모이게 될 날이 있을 것이외다. 그런즉 각 방면 대표가 한번 크게 모여 하자는 것이 우리 일을 진행함의 궤도요, 순서요, 전 민족적 운동으로 나아가는 정로(正路)이외다.

이론보다는 감정이 대세

이 궤도와 순서를 버리고 어떠한 방법으로 통일을 구하려고 이것을 반대하는지 참 알 수 없는 일이외다. 내 생각에는 이론보다도 감정의 힘이 더 큰데, 현시 우리 사람에게 있어서는 흔히 이론은 아무 효력이 없고 전부 감정적 지배가 많습니다. 그런 고로 우리 사람들은 국민대표회 문제뿐 아니라, 무슨 일에든지 찬성하고 반대할 때에 정면에 나서서 이론을 주장하지 않고 어두운 방 속에서 쑤군쑤군 하여 서로 꼬이고 이간하고 중상하는 휼책(譎策, 속임수)을 사용하며 요언부설(妖言浮說)을 암전(暗傳, 은밀하게 전함)하기를 크게 힘씁니다.

예로 말하면 "이것이 표면에는 옳은 듯하나 그 내용은 무엇이 어떻다— 무엇이 어떻다" 하여 사람의 의혹을 일으키고 감정을 일으키므로 우리의 사회가 흑암(黑暗)한 동공(洞空)에 침침(浸沈)하게 됩니다. 내 바라는 바는 방 속에서 쑤군거리는 비열한 행동을 그만 두고 국민 앞에 나와서 다 내어놓고 정론하기를 시험합시다.

딴 내용이 있다는 의혹설

근간에 국민대표회 촉진에 대하여 반대하는 방면에서 의혹과 감정을 일으키는 종류를 몇 가지 들어 말하겠습니다. 첫째는 안창호의 말대로 그렇게 되었으면 좋겠으나 그렇지 못할 것이 그 가운데 딴 내용이 있다. 그 내용인즉 이승만을 쫓아내려는 이동휘나 상해 정부를 깨치려는 원세훈이 안창호를 이용하여 자기네의 목적을 달하려고 하는 것이니 속지 말라, 음모자들의 획책이다 하여 의혹을 일으킵니다.

여보, 여러분! 그 의혹을 일으키는 사람의 말과 같이 이동휘나 원세훈이 무슨 딴 목적을 가지고 국민대표회를 촉진한다고 가정합시다. 그렇다고 이후 국민대표회에 모이는 사람이 다 이동휘의 자녀나 제질(弟姪, 아우와 조카딸)만 오게 될까요? 결단코 그렇지 못할 것이오. 이동휘·원세훈 씨 등은 어떠한 마음을 가졌든지 국민대표회는 각 방면으로 각종의 의사를 가진 사람이 모여 의론하여 다수의 공결을 취할 터인데 무엇을 의심할까요? 어느 개인의 무슨 내막이 있다고 국민대표회 촉진에 대하여 의심하는 것은 참 어리석고 못난 일이외다.

나의 주장하는 국민대표회는 이동휘 대표회나 원세훈 대표회나 기타 어느 개인의 대표회가 아니요, 명사와 같이 곧 국민의 대표회를 말함이외다.

분쟁만 하리라는 의혹설

그 다음에 의혹하는 말은 그 말이 과연 옳다, 각 지방 대표자들이 모이면 원씨나 이씨를 찬성하는 자도 있을 것이요, 반대하는 자도 있을 터이니 원씨나 이씨가 조금도 문제가 되지 않는다. 그러나 다 원만히 모여 다 원만하게 해결하였으면 좀 좋으리오마는 우리 인민 정도에 소위 대표자란 것들이 모여야 싸움만 하고 말 터이지 무슨 좋은 결과가 있을까. 우리

3년 동안이나 지내 본 바 이승만이니 이동휘니 안창호니 이동녕이니 모야모야가 다 국민대표자의 자격들이지마는 서로 싸움들만 하지 않던가 하여 국민대표회가 모여서라도 호과(好果)는 없는 악과(惡果)가 있으리라고 의혹하는 말을 방출하오.

그 사람의 말대로 이동휘나 안창호나 모야모야는 싸움만 하는 사람이라고 가정하고 이 사람들이 모여 싸웠으니 이후에 오는 다른 대표자들도 싸움만 하고 말 것이라고 속단하지 마시오. 왜? 이완용이가 매국적인 고로 이재명도 매국적이 되었소? 송병준이가 매국적인 고로 안중근도 매국적이 되었소? 이완용·송병준이가 있는 동시에 안중근·이재명도 있었소. 그러면 어찌 모야모야가 싸움하였다고 다른 대한사람도 싸움만 하고 말리라는 것이 어찌 정론이라 하겠소?

우리 사람들 중에 어느 두 사람이나 세 사람이 잘못하면 그밖에 모든 다른 사람이 다 잘못하겠다 하여 두 사람만 싸워도 우리나라 놈은 싸움만 하니 모두 때려죽일 놈이라 하니, 왜 두 사람이 싸우는데 대한사람은 다 때려죽일 놈이라는 것이 너무 과도한 말이 아니오? 또는 국민대표회가 좋기는 좋지만 대한사람의 정도가 낮은 때문에 모이면 싸움만 하겠다 의심하여 그만 두자 하면 독립운동은 어찌할까요? 싸움을 무서워 모이지 못하면 의정원도 정부도 천도교도 예수교도 청년당도 모든 것이 다 못 모일 것이 아닙니까. 우리 인민의 정도가 싸움이나 하고 대표회를 할 수 없다 하는 그 말이 독립운동을 할 수 없다는 말과 동일한 말로 봅니다.

잘해도 내가 못해도 내가

나 역시 국민대표회의 집합이나 집합한 뒤에 의논이 모두 순서로 탄평(坦平)하게 진행하게 되리라고 확신하기 어렵소. 여러 가지 곤란이 많을 줄 압니다마는 먼저도 말하였거니와, "대한의 일은 대한의 사람이 한다. 못났어도 대한사람, 잘났어도 대한사람, 정도가 낮아도 대한사람, 정도가 높아도 대한사람"이오. 어떠한 자격을 가졌든지 대한의 일은 대한의 사람이 할 수밖에 없지 않습니까.

대한사람의 정도가 낮아서 대한의 일을 대한사람이 못 한다 하면 정도가 높은 미국사람이나 영국사람에게 위임하자는 말인가? 그렇지 아니하면 그 중에 잘난 몇 사람이 전제를 하자는 말인가? 싸우거나 아니 싸우거나 잘되거나 안 되거나 대한의 일은 대한의 사람이 저희의 자유로 의논하여 일하는 것이 원리와 원칙입니다. 그런즉 싸움만 하여 안 될까 하여 대한사람의 대표자가 대한의 일에 모이지 않게 하려고 꾀하지 말고, 잘 모이고 모인 후에 싸움 없이 일이 잘 진행되도록 다 합력합시다.

혹은 말하기를 지금 국민대표회를 촉진하겠다고 하는 사람들은 정부에서 나온 총·차장과 기타 정부를 반대하는 사람들뿐이라고 하나 내가 실지로 보는 바에 의하면 정부에서 나온 총·차장이 있는 동시에 다른 사람들도 있고 종전에 정부를 반대하던 사람들이 있는 동시에 찬성하는 사람도 있습니다. 미상불 증왕(曾往, 이미 지나간 때)에는 서로 격막과 오해가 없지 아니하였으나 국민대표회를 촉진하자는 주지로 모이기 시작한 후로는 옛날의 격막과 오해가 풀리고 그 모임의 공기가 원화(圓和, 주위가 원만함)한 것을 볼 때에 나는 기뻐하였습니다. 이와 같이 옛날에 어떠한 감정 어떠한 의사를 가졌던 사람이든지 각각 새 정신을 가지고 다 원만히 모여들어 국민대표회를 성립시키면 장래 싸움도 없으리라고 생각합니다.

이편도 의심 저편도 의심

또는 근간에 소위 국민대표회 찬성 측과 불찬성 측 양방의 인사들이 각각 내게 와서 말하기를, "당신 조심하시오, 양방이 다 의심합니다" 하며 혹은 가만히 있으라고 합니다. 그 의심하는 조건이 무엇인가 하면 하나는, "안창호가 국민대표회를 주장하는 본의가 본시 대통령 될 야심이 있는 고로 이승만을 몰아내고 자기가 대통령 되려는 계획이다" 하는 일방의 의심이 있고, 또는 "안창호가 이승만 위임 통치의 연루자인 고로 자기의 죄과를 엄호키 위하여 국민대표회를 열어 가지고 이승만 대통령을 절대 옹호하려고 한다"고 말합니다.

마는 국민대표회를 촉진하는 것이 가하다고 말하는 안창호의 마음이 어떠한 것을 의심하거나 겁내지 말고 다만 국민대표회란 그 물건이 가한가? 부한가? 이할까? 해할까만, 생각하시오. 왜? 아까 국민대표회는 이동휘의 아들이나 딸만 모이지 않을 터이란 말과 같이 안창호의 뜻을 이루어 줄 사람만 모일 이치가 없지 않습니까. 안창호는 아무리 어리석더라도 각 방면의 대표는 안창호에게 통령이나 총리나 시킬 사람만 오리라고 믿지 않으므로 딴 희망을 둘 수 없습니다.

나는 금후에 어떻게 할까

이것이 오늘 말하는 문제와 별로 관련 없는 말이나 내 개인에 관한 의사를 잠깐 말하겠소. 세상은 나에게 대하여 여러 방면으로 의심과 주목이 있지마는 나의 스스로 생각하는 금후의 행동은 이러합니다.

나는 독립운동에 대하여 내 힘껏 노력하되 내가 직접 군사운동을 행할 자격자가 못 되므로 직접 군사운동의 책임자가 되지 못하나, 누가 군사운동의 책임자가 되든지 나는 그를 후원하여 군사운동을 조(助)하고, 또한 기타의 외교나 재정운동과 모든 운동에 대하여도 나의 가능한 한도 안에서 원조할 터이오.

내가 직접으로 담책하여 하고자 하는 것은, 첫째 현하의 분규한 것이 융화되고 통일되기 위하여 이 국민대표회 촉진에 대하여 무슨 명의상 직위는 띠지 아니하고 나의 책임을 다하여 성립되도록 힘쓸 터이며, 이것이 성공되거나 실패되거나 금후로는 아래의 둘 중의 하나를 취하려 합니다.

  1. 우리사회 각 인물의 선하고 악한 것과 이롭고 해로운 모든 내막을 국민에게 공개하여 국민으로 하여금 명확한 판단을 짓는 데 참고코자 함이오. 왜? 현시 우리 국민 중에 누가 선한지 악한지 그 실지는 모르고 요언사설에 취하여 암흑리에서 신음하고 광명한 길이 열리지 아니하므로 우리민족의 모든 일이 정체되는 것이 너무도 통석하므로 이것을 책임할 뜻이 있다 합니다. 만일 이것이 아직 할 시기가 아니라 하여 그만 두게 되면,

  2. 독립운동의 하나인 문화운동을 직접 책임하여 노력하려고 합니다.

기왕 될 일을 원만하도록

다시 본 문제에 들어가서 말하면 국민대표회 촉진에 대하여 비난하는 말과 의혹이 그 밖에도 여러 종류가 더 있으나 이것을 일일이 대답하자면, 하 말스럽지 않은 것도 많아서 그만 두거니와, 여러분은 이 위에 대답한 것을 가지고 미루어 생각하면 그 다른 것들도 잘 양해가 될 줄로 믿습니다.

이제 여러분이 한 가지 깊이 생각할 것은 이 국민대표회가 생겨나게 된 것은 형세에 면할 수 없이 되었소. 국민대표회가 각방의 원만한 찬성으로 성립이 되면 그 결과가 따라서 원만할 것이요, 불행하면 장래에 대결렬할 수밖에 없습니다. 이 말을 들을 때에 "그러면 국민대표회를 그만 두었으면 그런 염려가 없지 않을까" 하겠지만 지금 된 국세를 보면 여기 여러분이나 내가 몇 사람이 국민대표회를 그만 두게 하려 하여도 그만 두게 할 수가 없고 국민대표회가 생길 것은 피치 못할 사실이외다.

찬성자는? 반대자는?

여러분! 이후에 결렬이 되면 그 선하고 악한 것은 누구에게 있든지 별문제이고 하여간 우리 대사는 그릇되지 않겠습니까. 참으로 국가와 민족을 사랑하시는 여러분은 이 국민대표회의 문제를 질시하거나 냉정시하여 방관하지 마시오. 이번에 일이 잘되고 못 되는 데 우리의 운명에 영향이 적지 않습니다. 그러면 먼저 국민대표회의 촉진을 찬성하는 여러분은 아직 양해를 얻지 못하여 반대하는 측에 있는 이들에게 감정적·지향적 태도로 대하지 말고 호감적으로 양해 얻기를 꾀하여 북경 사람들과 연락을 요구하는 동시에 또 다른 곳 사람과 우리 임시정부나 의정원측에 있는 이들까지 다 악수하여 일치 협진하기를 힘씁시다.

또 국민대표회의 촉진을 반대하시는 여러분! 이 국민대표회를 일 방면 사람에게 맡겨 두고 방관하시거나 감정론을 하며 원근에 의혹을 일으키는 선전을 하지 말고 다 같이 들어와서 이미 되는 일을 원만히 되게 하여 전 국민의 정신과 힘을 한번 크게 집중하여 통일의 도를 이루어 독립운동의 비운이 변하여 행운이 되도록 합시다.

대표회라는 대조건 하에

여러분! 금일에 있는 각방의 절규를 무조건으로 없애려면 실로 불가능한 일이외다. 가령 증왕에 아령 인도자 중에서 아령 교민에게 대하여 우리 임시정부와 의정원에 대한 악선전을 한 것은 사실이외다. 그이들은 무슨 까닭에 그리하였든지 그것은 딴 문제이고 그이들이 지금 와서는 "우리가 이같이 분열하고는 서로 망하고 말리라" 하여 다 합동할 뜻이 생겨 아령에 있는 교민을 끌어서 상해와 북경으로 협동케 하려 하되 저토록 악선전하던 사람이 갑자기 무조건으로 다 합동하자 한다고 아령 동포가 그 말을 들을 수 있겠소?

그런즉 무슨 조건이든지 가히 합동될 만한 조건을 세워 가지고 합동을 요구하는 것이 지혜롭지 않을까요? 그러므로 국민대표회라는 한 큰 조건을 가지고 비단 아령뿐만 아니라, 각 방면 사람이 한번 다 크게 모여들자 함이니 이에 대하여 무엇을 의심할까요? 우리의 앞길이 장원하니 여러 가지 운동을 각각 담책하고 용진하는 날에, 이 통일운동에 대하여는 더욱이 동일한 노력을 다합시다.

39. 태평양회의 외교후원에 대하여

○ 太平洋會議 外交後援에 대하여39) (1921. 9. 1.)

태평양회의에 대한 외교후원을 토론할 필요가 무엇인가. 다름 아니라, 우리가 이번 외교에 승리하면 우리에게 이익이 있겠고 실패하면 해가 있겠는 고로. 그러면 태평양회의란 무엇인가. 외교의 후원이란 어떻게 할까. 세상 사람은 무엇이라 하든지 나는 국민을 속이는 언론을 하고자 아니합니다. 독립운동의 사생과 흥망이 이 회의에 달렸느니, 또는 우리가 이번에 하기만 하면 독립이 꼭 될 터이니 외교를 후원하여야 되겠다는 등의 말을 하면, 이는 국민을 속이는 말이오.

왜? 독립운동의 흥하고 망하는 것이나, 임시정부의 살고 죽는 것은 모두 우리 자신이 잘하고 못 함에 있지, 태평양회의에 달릴 리가 없음이외다. 다만 우리는 이 기회를 잘 이용하면 이익을 얻겠고 잘못하면 해를 입을 터이니, 이 기회에 힘을 아니 쓸 수 없습니다. 태평양회의란 무엇인가. 태평양회의는 일종의 의문이오. 이는 차차 설명하려니와 우리의 외교후원은 어떻게 할까.

나는 세 가지가 있다 하오. 첫째는 대표 되는 인물을 과거에는 친하였거나 원수였거나 대표로 나선 이상에는 거국일치로 응원하여야 하겠습니다. 대개 태평양회의의 외교후원은 대표 한 개인의 문제가 아니요 전 민족의 이해를 위함인 까닭입니다. 외교후원의 둘째는 의사와 금전을 제공함이외다. 외교후원의 셋째는 재료를 공급함이외다.

---

39)《안도산전서》증보판. 1999. 718-723쪽. 1921년 9월 1일 대(對) 태평양회의외교후원회 석상에서 행한 연설이다.

돈을 어떻게 낼까. 내 힘껏 많으나 적으나 낼 것이오. 의사는 어떻게 바칠까. 내 정성껏 생각할 것이오. 재료 공급은 어떻게 할까. 우리에게 자치할 능력과 독립할 자격이 있는 증거를 보일 것이오. 만일 우리가 자치할 능력과 독립할 자격이 없다는 재료를 세계에 공급한 뒤에는 아무런 금력과 아무런 선전이 다 무슨 쓸 데가 있겠습니까?

먼저 태평양회의는 의문이라 하였습니다. 그 성질에 대하여 세 가지 해석이 있습니다.

어떤 이는 이번에 세계열강이 전쟁의 참화에서 깨어서 진정한 세계평화를 도모하려고, 따라서 동양평화를 유지하려고 모이는 것인즉, 진정한 동양평화를 짓기 위하여 한국의 독립을 승인하리라 합니다.

또 둘째 사람은 이번 일은 다만 미·영 양국이 일본 사람의 세력을 축소시키기 위하여 독립을 승인하리라 합니다.

그러나 맨 나중 사람은 무어라 하는고 하니, 평화의 소리는 가면에 불과하다 합니다. 먼저 헤이그의 평화회의가 있었고, 또 '파리'의 평화회의라, 국제연맹이라 하여 미·영·불·이·일 제국이 늘 부르는 소리가 세계의 평화요, 일본은 더욱이 날마다 동양평화를 부르지마는 왜 한 번도 성공을 못하느냐, 다만 그 열강들이 입으로는 평화를 부르나 이는 가면에 지나지 못하고 진정한 평화의 필요를 각오함이 없고 평화를 구할 방법을 바로 찾지 못한 까닭이다.

일본이 동양평화의 책임이 자기에게 있노라고 날마다 한인에게, 중국인에게 말한다. 한국과 중국을 병탄하면서도 그냥 평화를 하자 한다. 독립과 자유의 정신이 없는 민족이 세상에 없거늘, 금일의 소위 강국된 자는 약국을 무시하고 이를 약탈하면서 평화를 부르짖으니 먹는 자는 좋거니와 먹히는 자는 불행하지 않겠느냐, 강자의 가면적 평화로는 세계의 평화가 되지 않는다 합니다.

　이상 세 가지 해석 중에 어느 것을 택하더라도 우리가 독립을 하려면 자치할 능력과 독립할 자격을 세상에 보이어야 하겠습니다. 만일 세계가 일본의 세력을 축소시키기 위하여 한국을 분리시키려 할지라도 우리가 그 자격 없음을 세계에 알리면 세계가 우리를 믿지 못하매 독립을 승인하기 어려울 것입니다. 또 세계 강국이 진정한 평화를 원한다 하더라도 독립의 자격이 없는 민족을 독립시켜 놓으면, 그 민족이 스스로 도탄에 들어갈 것이니 차라리 어떤 나라에게 통치케 함이 진정한 평화를 위하여 이롭다고 할 것입니다.

　만일 그 마지막 태도를 취한다 하면, 우리가 자치할 능력과 독립할 자격을 보이더라도 무슨 소용이냐 합니다. 소위 5대 강국이란 자들이 약국을 무시하고 동등 대우도 하지 않는데 우리가 자격을 보이더라도 소용이 없다 합니다.

　그러면 먼저 그들이 왜 세계를 무시하고 침략을 일삼느냐, 이는 머리에 깊이 박힌 사상의 힘입니다. 그들이 평화를 부르짖는 것도 실은 전혀 거짓이 아니외다. 전쟁의 참화를 목도할 때에는 세계가 진정 평화를 자연히 부르짖게 됩니다. 다만 전쟁이 다 지나가고 참상이 보이지 않게 되면, 또 이전에 머리에 젖었던 약육강식의 사상이 나오는 것이외다.

　일본을 볼지라도 만일 저희들이 실로 세계의 대세를 본다 하면, 어서 한국과 중국을 친구 삼아 아세아의 형세를 든든하게 하면, 미국의 발 아래에서 부들부들 떨 필요가 없을 것입니다. 그러나 그들의 소위 자유주의자라는 자까지도, 국내에서는 자유를 주장하다가도 국외 일에는 침략을 찬성하는 것은 그 침략적 사상이 깊이 박힌 까닭입니다.

그러면 이상 세 가지 태도 중에서 어느 방향으로 보든지 우리의 선결 문제는 우리 자신이 자치할 능력과 독립할 자격이 있다는 재료를 제공하여야지, 그것 아니고는 다른 아무 것이 헛것이겠습니다. 무엇이 자치할 능력과 독립할 자격이 있는 표준이 되겠습니까. 자기 일은 자기의 돈과 자기의 지식으로 하는 사람, 자기를 자기의 법으로 다스리는 그 사람입니다.

그러면 말하기를 우리에게 무슨 돈과 무슨 지식이 있어 그런 힘을 보일까. 돈 많은 사람은 많으니만치 살고 가난한 사람은 가난한 사람만큼 살 것입니다. 남의 돈 빌려 쓰지 않고 제가 제 세납 바쳐서 쓰면 가난하더라도 독립입니다. 지식이 많거나 적거나 우리 지식이 다 한 깃발 아래 들어와 통일적으로 일하면, 제가 세운 법률로 스스로 다스려 나갈 각오만 있으면, 이는 자치의 능력이 있는 증거입니다.

우리가 아직 강토를 회복치 못하였으니 해외에 있는 200만이라도 제가 스스로 대의사를 뽑아 그 입법에 복종합시다. 정부를 세우고 이에 복종함도 개인의 사유(私有)를 복종함이 아니요, 국민의 입법을 위한 최고 기관을 복종함입니다. 이것이 실로 우리의 사활문제가 아닙니까. 민족의 본체가 이런 후에야 독립을 감히 말할 것이 아닙니까. 오늘날 우리가 실력 없다고 낙심치 말고 마음에 명세하여 오늘부터 기초를 닦아 나아갑시다.

우리에게 자치할 능력과 독립할 자격이 있으면, 태평양회의가 없더라도 독립이 될 터이요, 아무런 침략자라도 반성 아니치 못할 것입니다. 나는 내 눈으로 멀리 바라보건대, 장차 대한청년의 손에 아지 못할 무엇이 생겨서 일본을 크게 징계할 날이 있습니다. 아직은 그 시기가 아니다.

그러면 언제? 우리가 제 돈, 제 지식을 내고, 제 법으로 저를 다스리는 그 날입니다. 앞에 이러한 희망과 계획이 없이 다만 태평양회의니, 폭탄이니 하더라도 이는 다 입에 발린 거짓뿐입니다.

여러분, 그러면 우리가 태평양회의에 임하여 각오할 것이 무엇입니까. 태평양회의를 잘 이용하면, 우리에게 이익이 있고 못 하면 해가 있겠다. 우리가 태평양회의에 외교를 잘하자면, 이전에 있는 모든 분쟁은 딴 문제로 버리고 단독행동을 취하지 말고, 전 국민이 일치로 후원하는 데 있을 뿐이외다. 전 국민이 일치하여 자치할 능력과 독립할 자격을 보이는 데 있을 뿐입니다.

어떻게 하면 전 국민이 다 합할까. 타인의 뺨을 때린 뒤에 사죄도 아니하고 외교를 위하여 합하자 함은 모순입니다. 서로 해하려는 것을 그치지 않고 합하자고 하여도 아무 쓸 데 없습니다. 또 국민은 어떤 이들이 서로 싸움한다고 둘 다 역적이라고 욕함도 싸움을 그치는 것이 못 됩니다. 먼저는 서로 양보함을 취하고 그래도 안 될 때에는 공리로써 선·불선의 판단을 내려야 싸움을 결말할 수 있을 것입니다.

나는 이 기회에 다시 역설하거니와, 우리 국민이 통일하자면 국민대표회가 완전히 성립되어야 한다 합니다. 각종의 주장이 상대할 때에는 각지의 대표가 직접 모여 앉아 그 시비를 결단함밖에 도리가 없습니다. 나의 주장하는 대표회는 아무 선입 조건 없이 다만 다수 국민의 의사로써 과거의 분규를 획정하고 장래의 방침을 세우기 위하여 국민의 대표를 소집하자 함입니다. 우리가 이를 하고 못 하는 것도 우리에게 자치할 능력과 독립할 자격이 있고 없음을 나타낸다 합니다.

전에 《대륙보(大陸報)》 기자 패퍼가 나더러 말하기를, "내가 한국에 들어가서 여자들이 독립운동을 위하여 그 노리개 반지를 빼서 주는 것을 볼 때에 참으로 한국 일을 위하여 힘쓸 마음이 있더라. 그러나 그 후에 한인들 가운데 서로 분쟁하는 것이 자꾸 내 눈에 보일 때에 한인은 아직 독립할 자격이 없다 하였노라" 합니다. 내가 왜 이런 말을 합니까. 우리의 내용의 허약한 것을 일본이나 세계가 다 압니다. 불쌍한 조선사람만 모르지.

여러분 최후에 부탁합니다. 우리가 외교를 후원하려거든 근본적으로 통일부터 합시다. 통일을 하려거든 국민대표회의 완성을 힘씁시다. 왜 대표회를 아니 보고 개인의 색채만 보고 꺼립니까. 개인을 보지 말고 대표회의 정신을 보시오. 대표회의 정신은 지금 서로 세우고 있는 여러 기를 다 내리고 그 가운데 국민 다수의 공론을 따라 한 기만 세우자 함이외다. 이 석상에 모인 우리부터 먼저 반성하여 전날의 불평을 다 잊어버리고 진정한 통일의 운동을 위하여 노력합시다. 이것이 후원의 근본 문제요, 독립운동의 사활문제입니다.

40. 국민대표회를 지지하자

○ 國民代表會를 支持하자[40] (1922. 4. 6.)

여러분, 지금 나는 매우 어려운 자리에 나섰음을 깨닫습니다. 왜? 이 때의 우리 경우는 가장 절박하고 우리의 일반의 심리는 가장 긴장한 때문입니다. 오늘 내가 말함에 대하여 여러분이 다른 때보다 비상한 주목이 있을 줄 압니다. 그런데 내가 어려운 자리에 섰다 함은 비상한 주목을 관계함이 아니요, 나의 말 한 마디를 바로 하고 그릇 하는 것이 전체에 큰 영향을 줄까 하여 말하기가 매우 조심스럽습니다.

여러분, 지금 경우가 과연 절박하며 일반의 심리는 과연 긴장합니까? 다시 말하면 우리의 독립운동을 끊어 장사하게 되었습니까, 아니 되었습니까? 아무 근거 없이 빈말로 호담스럽게 우리의 독립운동이 어찌 끊어질 리가 있으리오 함은 소용이 없는 말이외다. 왜? 옛날에 사천 년을 지켜 내려오던 국가의 생명을 끊은 것을 돌아보아 생각하시오. 잘하면 국가의 생명을 잇고 못하면 국가의 생명을 끊는 것같이, 잘하면 독립운동의 생명을 잇고 못하면 독립운동의 생명을 끊을 것을 깊이 생각합시다.

그런데 어찌하여야 독립운동의 생명을 끊어 장사하지 아니하고 그 생명을 이어 적극적으로 진행하겠습니까. 먼저 판단할 것은 여기 있습니다. 우리 한국민족의 생명이 끊어지면 따라서 우리 독립운동의 생명도 끊어질 것이요, 우리나라 민족의 생명이 살아 있으면 우리 독립운동의 생명도 살

---

[40] 《안도산전서》 증보판. 1999. 723-729쪽에 "국민대표회를 지지하자"라는 제목으로 수록되어 있다. 그 글에서 편자는 "1922년 4월 6일 봄에 상해에서 국민대표회준비회가 발족된 후 도산이 '개인의 자격'이란 전제 하에 국민대표회 소집에 대한 해명 연설을 하였다고 기술하였다. 그 요지를 차리석이 필기한 바 있는데, 불행히 하반부가 누락되었으나, 그 전반이 보존되었으므로 여기에 수록한다"고 하였다. '안도산 선생의 연설'이라는 제하에 게재되어 있는 《독립신문》 1922년 4월 15일자의 내용은 《도산안창호전집》 제6권. 2000. 577쪽과 약간 상이한 부분이 있으나 그 요지에는 큰 차이가 없다.

아 있을 것이외다. 오늘 이 자리에 앉으신 남녀 동포는 살았는가, 죽었는가. 스스로 물어 보시오. 여러분이 독립운동의 생명을 살리어 계속하려거든 여러분이 먼저 스스로 살아야 할 것이외다.

어떠한 사람이 독립운동을 살릴 만한 사람이며 어떤 사람이 독립운동을 그칠 만한 죽은 사람일까요? 우리 독립운동에 대하여 희생적 정신으로 자기의 책임을 다하여 지성으로 독립운동에 관한 방침을 지성으로 연구하고 지성으로 토론하고 지성으로 실행하는 자는 독립운동을 살리는 산 대한 사람이라 할 것이요, 이와 반대로 독립운동에 대하여 아무 생각과 실행이 없이 방관하고 앉았는 사람은 독립운동을 죽이는 죽은 대한사람이라 하겠습니다. 그런즉 우리 독립운동이 죽기를 원치 아니하고 살리어 활동하기를 원하는 여러분은 이 시간부터 진정한 성의와 청정한 두뇌로 깊이 연구하고 실행을 꾀합시다.

그런데 우리 독립운동의 문제로 지금 크게 현안된 것은 국민대표회 문제외다. 이 문제에 대하여 1년이 넘도록 왈가왈부라 하여 우리 국민의 큰 토론 재료가 되었습니다. 이렇게 되는 것도 우리의 정도가 전보다 좀 진보된 듯합니다.

내가 지금 국민대표회 소집된 본의를 말하겠소. 이것은 내 개인의 의사일 뿐만 아니라, 국민대표회 주비처 전체의 의사를 대표한 것이라고 하겠습니다. 만일 그러나 당신들의 생각에 내 개인의 말이지 어찌 주비처의 의사를 대표하였단 말인가 의심이 나거든 내가 이같이 공개하고 말한 후에 내일이라도 주비처에서 부인한다는 표시가 없거든 이것을 곧 주비처의 의사라고 인증하여 주시오.

국민대표회의 본의

그러면 국민대표회의 본의가 무엇인가. 국민대표회를 소집하는 본의는 어느 개인이나 어느 기관을 공격하거나 반대하기 위하여 함도 아니요, 또는 어느 개인이나 기관을 찬성하기 위하여 함도 아니외다. 국민대표회를 발기한 이후로 우금(于今, 지금까지) 1년이나 남아 국민대표회를 소집하는 이유를 연설로 혹 논문으로 여러 번 공개 표시하였으되 여론이나 문자로서 어느 개인이나 기관을 대하여 공격하거나 악선전을 한 일이 한 번도 없었습니다.

그러면 국민대표회를 소집하는 본의가 무엇인고. 곧 각 방면에 헤어져 있는 대한민족 전부의 성력과 물질을 중앙의 일방으로 집중하여 오늘에 가진 힘보다 좀 더 큰 힘을 이루어 가지고 우리의 독립운동을 적극적으로 진행하기 위하여 모임이외다. 국민대표회를 모이는 본의는 어느 개인이나 기관을 공격하거나 반대하기 위하여 함이 아니요, 각 지방에 헤어져 있는 대한민족의 성력과 물력을 중앙 일방으로 집중하여 큰 힘을 이루어 가지고 크게 진행키 위함이외다.

우리가 큰 힘으로 독립운동을 적극적으로 진행하려면 성력과 물력을 집중할 필요가 있을까 없을까. 성력과 물력을 집중하려면 국민대표회를 소집하여야 할까 아니하여야 될까. 이것이 우리가 한번 생각하여 볼 것이외다. 이것은 과거와 현재를 살펴보면 밝은 판단이 있을 줄 압니다.

과거에 원수의 속박 아래서 신음하다가 가슴에 사무친 아픈 것이 폭발되어 만세 소리로 독립운동을 세계가 놀랄 만하게 시작하였습니다. 그 후에는 2년이 원년보다, 3년이 2년보다, 4년이 3년보다, 점점 떨어져 와 오늘에 와서는 운명 문제를 말하게 되었습니다. 이것은 사실이라, 숨기려고 하여도 숨길 수가 없고 감추려고 하여도 감출 수가 없이 되었습니다. 여러분, 여기 대하여 아픈 마음이 어떠합니까.

이같이 된 원인이 어디 있을까. 이것은 우리의 힘이 부족한 때문이니 곧 성력과 물력이 아울러 소진한 때문이외다. 이 성력과 물력이 소진한 원인은 무엇이고? 우리 민족은 다 근본적으로 독립운동에 대하여 성의가 없는 사람인가. 또는 토굴을 파고 사는 인디언과 같이 일분의 생산력이 없는 사람인가. 아니오, 우리 민족의 성의는 결코 남보다 떨어지지 않고 물력도 남에게 비하여는 다소 빈궁하나 독립운동을 계속하지 못하게 물력이 없다고는 못 하겠습니다. 이것은 사실이 증명하는 것이외다.

성력으로 말하면 독립 만세를 부른 후로 지금까지 독립운동을 위하여 귀한 시간과 귀한 재산을 소비하여, 귀한 생명을 희생한 자가 여러 만 명에 이르지 아니하였습니까. 또한 물력으로 말하더라도 저간 아령·중령·국내·미령 등지에서 동한 재산이 거액이 아닙니까. 그러면 이와 같이 성력도 있고 물력도 있는데 왜 없다고 하는가. 이것은 있기는 있어도 그 있는 것이 각각 헤어져 있고 한 곳에 집중되지 못한 때문에 있고도 없는 것같이 되어 오늘 이와 같은 절박한 경우를 당하였습니다.

조직적 통일

그런데 이 성력과 물력이 집중되지 못하는 원인이 무엇인고. 혹은 말하기를 대한사람은 어리석고 악한 때문에 그 힘을 집중할 수 없다고 합니다. 우리가 미상불 어리석은 것을 자탄할 적도 있고, 불선한 것을 자책할 점도 없지 아니하나 그러나 이와 같이 집중이 되지 못함은 어리석고 악한 것만이 원인이라고 할 수 없고, 과거의 형세가 그럴 수밖에 없었습니다.

과거의 운동이 통일적인가 아닌가. 과거의 운동이 통일적이외다. 한때에 일어나 만세를 부른 것을 보든지, 지금의 대한 남녀의 각 개인의 심리를 들여다보면 목적이 다 독립운동이요, 동에서나 서에서나 다 독립운동을 한다고 합니다. 그런즉 이것이 다 통일적이오. 그러나 통일적은 통일적이나 다만 정신상 통일뿐이요, 실무상 조직적 통일을 못 되었습니다. 이 조직적 통일을 이루지 못한 것이 악의로나 고의로나 된 것이 아니라 형세가 그같이 되었다 합니다.

내지에서 독립운동을 시작하여 다수의 의남충녀(義男忠女)가 결박을 당하며 옥에 갇히며 피를 흘릴 때에, 전 민족이 다 같이 일어나 독립운동을 시작할 새, 내지뿐만이 아니라, 아령·중령·미령 어디를 물론하고 해내·해외에 일체로 동하였습니다마는, 실무상 조직적 통일을 이루지 못한 것은, 내지로 말하면 원수의 엄계(嚴戒, 엄중하게 경계함)와 압박 밑에서 실제상 조직일을 실행키 불능하였고, 바다 밖으로 말하면 각 방면에서 각각 일어나 뭉친 후에 조직적 지식도 부족하려니와, 더욱이 교통이 불편하여 서로 화합하며 소통하기 불능하여 실제상 조직을 실행하기 어려웠습니다.

이러므로 실제상 조직적 통일을 이루지 못하고 자연 정신은 같지마는 각 방면이 각각 깃발을 각각 세우고 분립한 가운데 서로 격막이 되고, 또는 각 방면이 각각 착오와 과실도 있겠고, 각 방면이 격막하고 착오가 있는 동시에 음언(陰言, 어두운 말)과 부어(浮語, 쓸데없는 소리)는 한없이 성행하여 오해와 감정이 높아지며, 오해와 감정이 높음을 따라 서로 원수같이 보게 되므로, 참 원수인 원수에게 대하여서는 대적할 마음이 부지중 박약하고 동족 간에 대적하게 되었습니다.

또 다른 점으로 북적거리고, 그러한 중에 열렬한 청년 독립군들은 믿을 곳도 없고 희망할 데도 없으므로 자연 방황 중에 기지(氣志, 기운과 의지)가 타락되고 상심 낙망하여 한을 부르짖게 되었습니다. 이러하므로 일방에 집중력은 고사하고 각방·각자의 힘이 소진하는 지경에 이르게 되었습니다. 다시 말하면 이것이 근본 고의와 악의로 된 것이 아니고 형세가 이렇게 만들었습니다.

이것은 과거와 현재의 현상이거니와, 오늘에 깊이 생각할 바는 그 막힌 담과 착오된 것과 오해와 감정과 분규를 그대로 방임하여 두고는 성력과 물력이 집중하여도 우리의 독립운동이 살아 계속될까 아니 될까 우리가 크게 판단할 것이외다.

또는 이상과 같이 격막된 가운데 각방의 의사가 집중되지 못하여 의사가 분열되므로 따라서 집중이 되지 못하는 것이 사실이외다. 각방의 의사가 그 같이 분기된 것을 그대로 방임하여 두고도 독립운동이 살아 계속될까, 아니 될까, 한번 크게 생각할 것이외다. 그런즉 과거에 각각 분립되어 격막하였고 의사가 집중되지 못하므로 성력과 물력이 집중되지 못하였고 그것이 집중되지 못하였으므로 오늘 이와 같은 곤란을 당합니다.

그런즉 우리 독립운동이 이같이 절박한 경우를 짓게 된 것은 성력과 물력이 집중되지 못함이요, 성력과 물력이 집중되지 못함은 각방이 분립하여 격막과 오해와 분규가 있고 따라 의사가 집중되지 못한 때문임을 밝히 알겠습니다.

그런즉 오늘에 우리가 할 일이 무엇이오? 곧 우리의 성력으로서 이 격막을 깨치고 그 오해와 과실을 씻어 버리고 그 오해와 감정을 장사(葬事)하고 다시 새 정신과 새 기운으로 큰 계획을 세워 가지고 독립운동을 적극적으로 진행할 수밖에 없습니다. 이 밖에 다른 큰 방법이 있다 하면 곧 이 자리에 나와서 말씀하시오. 이상에 말한 바와 같이 격막과 오착과 오해를 다 제하고 다시 공통적 의사로 대 계획을 세워서 성력과 물력을 집중하게 하려면 한번 각 방면을 크게 모아 크게 의사를 소통할 것이 면치 못할 일인 줄을 압니다.

대표회가 할 일

그런즉 이와 같이 크게 모이는 것은 필요하나 어찌하여 국민대표회로 모이자 하는고? 그 이유는 지금 아령에 있는 단체가 각방을 부르면 다 올까. 중령에 어떤 단체가 각방을 부르면 다 올까. 이것은 도저히 아니 될 것이외다. 그러면 현 임시정부에서 부르면 다 올까. 그것도 아니 되겠습니다. 왜? 아니 되는 이유는 어디 있든지 현상의 사실을 보면 그러하외다. 이것은 일찍 격막한 가운데 이러한 현상을 지은 것이외다.

그러므로 여기도 저기도 치우침 없는 국민대표회 명의로 각방을 소집하는 것이 현재에 아니 할 수 없는 경우로 생각합니다. 나의 바라는 바는 어떠한 명의로든지 어서 속히 모여 이 성력과 물력이 집중되기를 원하는 바외다.

그런데 국민대표회에서 진행할 강령은 우리가 모이므로 과거의 격막과 착오와 오해와 감정을 다 끊어 버리고 새로 독립운동의 대 계획을 세우기 위함이라 한바, 큰 계획을 세우는 강령의 내용이 무엇일꼬.

그 대체는 이러하겠습니다.

1. 중앙기관을 어떻게 공고케 할까.
2. 중앙기관과 각 지방 사이에 어떠한 방법으로 연락을 취할까.
3. 기관 유지와 사업 진행책을 어떻게 할까.
4. 일반 인민에게 금전상 담부를 어떻게 할까.
5. 중앙 정무를 어떠한 사람에게 위탁할까.

그리고 독립운동 기간에 서로 엄히 지킬 맹약을 세울 것이오. 예로 말하면,

1. 군사는 중앙의 명령 외에 자유 행동을 취하지 못할 것.
2. 인민에게 재정을 늑정(勒定, 억지로 정함)하지 못하게 할 일.

3. 공금을 횡령하지 못할 일.

등이오. 이것은 나의 결정적 말이 아니오. 다만 이런 종류의 필요한 규약을 세우게 되리라 함이외다……(미완)

41. 천진에서 한 강연

● 안창호가 천진에서 한 강연41) (1922. 4.)

　이번 상해로부터 북경을 거쳐서 천진으로 온 것은, 가정부(假政府, 임시정부)에 대하여 종종 의혹을 품은 자 및 금년 4월 가정부 간부원의 사직에 관하여 낙담 실망한 사람에 대해 요해(了解, 깨달아 알아들음)시키기 위함이다. 전 간부의 사직은 조금도 대국의 영향에 의한 것이 아니며, 최근 일본 및 중국에서 내각 경질이 있는 것과 거의 동일하여 국가의 변동은 없을 것이다.

　다음 국민대표회 소집설은 나의 주창에 의한 것이다. 우리 독립운동은 4년 전, 하루 아침에 독립선언서가 배포되자 2천만 동포는 이구동성으로 만세를 고창하였다. 이것은 10년 간 은인(隱忍, 마음 속에 감추어 참고 견딤)한 사상이 일시에 발로한 것인데, 일본의 이들에 대한 취체(取締, 단속함) 정책은 극히 교묘하므로, 금후는 종래의 각 단체를 일환으로 하고 크게 그 대책을 강구하지 않으면 아니 된다.

　그런데, 우리 독립운동자의 현상을 보면 서로 주의를 달리하여 갑과 을이 서로 배치하고 분규 알력은 점차 민심을 이산시키려는 상태이다. 즉, 군인은 북만의 황야에서 방황하고, 문화독립당은 서로 반목하며 양보하지 않는 것은 진실로 개탄할 일이다. 국가의 운명은 국민의 노력 여하에 있다. 4년 전 대동일치의 장거를 하여 일본인의 심담(心膽)을 서늘하게 한 효과는 하루 아침에 물거품으로 돌아가고, 지금 우리 독립운동은 진퇴 양로의 분기점에 서 있다. 우로 가거나 좌로 가거나 오직 여러분의 각오 여하에

---

41) 《독립운동사자료집》 9. ;《도산안창호전집》 제6권. 2000. 590-591쪽, 그러나 이 자료는 일제의 정보문서이므로 문면 그대로만 믿을 수 없으며 독해에 깊은 주의가 필요하다.

속하여 있는데, 이 일대 전기에 즈음하여 오인이 주장하는 국민대표회 소집설은 원근이 서로 호응하고, 중외가 일치 찬성할 것으로 믿는다.

현재 재미·재중·간도 방면의 우리 동포 제군은 크게 용기를 고무하고 열심으로 운동하여 국민대표회기성회 등의 성립을 보기에 이른 것으로 나는 기뻐하는 바이다. 본 회의 목적은 시세의 진운에 따라 민중의 요망에 응하고 과거 모든 분규 알력을 삼가 배제하고, 완전한 국책을 수립하여 통일적 조직적으로 매진하고자 하므로 제군도 이 취지를 양해하고 이 달성에 노력해 줄 것을 바란다.

다음에 학생 제군은 크게 배워 그 다음 각자가 향하려는 방향으로 노력할 것이고, 배우다가 궤도를 벗어나서 부질없이 비분강개하지 말고 전심으로 학업에 힘쓸 일이다. 그 길이 제군들 갈 길이라는 것은 판연(判然 확실하게 드러남)하다.

우리 조선인은 시기심이 있어서 단결의 관념이 희박하니, 이것을 잘 교정하여야 한다. 그렇지 않으면 큰일을 하기 어렵다. 제군은 학적에 있으면서 서로 당파를 만들고 그 세력끼리 다툰다고 하는데 심히 유감된 일이다. 지금이야말로 우리 동포는 서로 반목하고 서로 다툴 시대가 아니고, 국민 모두가 마음을 가라앉히고 변변하지 않은 일을 버려야 하며, 큰일에 대한 대적을 놓쳐서는 아니 될 것이며, 독립의 실현을 보지는 않았지만 대한국이라고 칭하며, 또 일본에 대하여서 왜국이라 하고 일본인을 가리켜 왜놈이라 하는 것 같은 말은 소인이 하는 말로서 제군은 대국민의 금도로써 매진하여야 한다.

근세 사회에는 현저하게도 사상의 변화를 보게 되고, 그것이 우리들에게 좋은 기회를 주는 것으로서 그 가장 현저한 것은 데모크라시 사상과 군국주의의 철거이다. 그리고 군국주의의 철거는 일찍이 그 수괴였던 독일이 멸망함으로써 세계 각국에 일대 영향을 주어, 영·미·일은 점차 이 철거에 노력하고 있다.

 동시에 다른 나라를 병탄하고 차지함은 부질없이 국무의 번잡을 가할 뿐으로 하등의 이익이 없는 것은 병합의 무의미를 뜻하는 것이다. 이것을 그들은 자각한 듯하다. 영국이 행한 아일랜드 및 이집트의 경우, 미국이 행한 필리핀의 경우, 일본이 행한 조선의 경우와 같이 근래 열국 정치가의 사상 상에 일대 변화를 가져오고 있는 것은, 오인(吾人, 우리)에 대하여 장래 새로운 활로를 주려는 것이 되므로 제군도 크게 분려 노력하기를 바람 운운

42. 국민대표원 제군이여

◉ 國民代表員 제군이여[42] (1923. 1. 31.)

국민대표회에 대표되신 제군! 제군은 다 한 지방이나 한 단체의 대표자이외다. 제군은 이번 이 회의에 오기 전에 일찍 각 방면에서 우리의 독립을 위하여 많이 노력하고 또한 중대한 책임을 가졌을 줄 압니다. 그러나 제군이 일찍 얼마나한 노력을 하였든지 또는 어떠한 책임을 가졌든지, 이번 회의 대표의 책임과 같은 중대한 책임은 없었을 줄 압니다.

또 제군이 이번 이 대표회의를 마치고 돌아간 뒤에도 또한 각각 중대한 책임을 질 줄 압니다. 그러나 장래에 어떠한 책임을 맡든지 이번 회의에 대표된 책임보다 더 중대한 책임은 없을 줄 압니다. 다시 말하면 제군이 금일에 전무후무한 중차대한 책임을 가졌다 함이외다. 이천만 민족이 자유를 얻고 못 얻음도 제군의 손에 있고, 반만년 역사를 가진 조국이 독립되고 못 됨도 제군의 손에 있고, 다시 말하면 우리 국가와 전 민족이 죽고 사는 것이 제군의 손에 달렸습니다. 제군은 응당 각각 그 책임의 중대함을 생각하고 전전 긍긍하여 잠을 평안히 이루지 못하며 뇌를 잠시 쉬지 못하고 타인은 상상치도 못하기까지 노심초사할 줄 압니다.

그런데 제군은 이 중대한 책임을 어떻게 이행하기로 생각을 정하였습니까? 우리의 전 민족이 통일적으로 독립운동의 대방침을 세워 가지고 국권 광복의 대사업을 완성하자 함이 물론 이번 모인 국민대표회의 유일한 정신이요 목적일 것이외다. 이를 이루기 위하여 전심과 전력을 다할 최요한 점이 무엇일까요? 군사·재정·외교, 기타 실업·교육 등에 대한 적당한 방침

---
[42] 《독립신문》 1923년 2월 7일자. 1923년 1월 31일 국민대표회 정식 개회식에서 연설한 환영사의 요지이다.

을 세우기와 제도와 기관을 이상적으로 개선하기와, 중추의 인물을 지혜롭게 선용하기에 전심과 전력을 다할 것인 줄 압니다. 제군이 이미 이를 깨닫고 또한 성의로써 이에 대하여 노력하는 줄 압니다.

그러나 제군은 이보다 더 중요한 것이 있는 줄 밝히 아는가, 모르는가? 나는 알건대 무엇보다도 가장 먼저 중요시할 것이 이번 모인 국민대표회의 자체를 원만히 하는 것이라 합니다. 우리 민족이 목마르게 바라는 바는 통일이요, 또 통일입니다. 그런데 그 통일의 방법을 과거에는 무엇이라 하였으며 미래에는 무엇이라 할는지 모르거니와, 현시 우리 전 민족이 통일되고 못 됨이 이 국민대표회의 자체의 원만과 불원만에 있습니다. 다시 말하면 통일의 유일한 방법은 이번의 국민대표회의 자체의 원만과 불원만에 달렸다고 생각합니다.

아, 대표원 제군이여! 제군은 이천만 민족을 참으로 사랑하고 또한 제군의 몸을 자중하여, 이 '국민대표회의 자체의 원만'이란 문제에 대하여 재삼 깊이 생각하기를 바랍니다. 이번 모인 대표원 100명만이 잘 합하면 이천만이 통일되고 따라 독립을 완성할 기초가 확실히 세워질 것이외다.

제군이 만일 진심으로 합하지 아니하면 통일의 방법과 및 이상을 아무리 말할지라도 통일이란 그것이 실현될 수 없고, 따라서 군사니 무엇이니 하고 독립운동의 방침과 이상을 아무리 말하더라도 일종 공상으로 돌아가고 말 것이외다. 그러므로 국민대표회의 자체의 원만과 불원만이 무엇보다도 선결한 문제라 합니다.

종래의 우리 민족의 불통일을 위하여 걱정하는 이가 많지마는 그 걱정거리가 누구입니까. 우리 독립운동을 위하여 들에서 김매어서 돈 벌어 바치는 농부도 아니요, 앞으로 나아가 죽자면 죽는 군인도 아니요, 시정에서 머리 숙이고 돈 벌어 바치는 상민도 아니요, 광산과 철로에서 땀을 흘리고 돈 벌어 바치는 노동자도 아니요, 오직 불통일의 걱정거리는 어느 지방이나 단체의 대표될 만한 이들의 문제외다. 또한 독립운동에 대하여 장해를 준다 안 준다 하는 문제도 각 방면의 인도자급에 있는 사람들이외다.

제군이여! 제군은 우리 이천만이 이번 모임에 대하여 얼마나 주목하고 또한 의구하는 마음이 있는 줄 압니까 모릅니까? 독립선언 후 4년간에 독립운동을 위하여 또는 각 방면의 통일을 위하여 독립운동자의 모임이 한두 번이 아니지마는 한 번도 인민의 희망을 이루어주지 못하고 오히려 불호한 영향을 주었을 뿐이외다. 북간도에 모였던 결과, 혹하에 모였던 결과, 북경에 모였던 결과, 서간도에 모였던 결과, 또 어디어디에서 모였던 결과, 손으로 그 얼마를 꼽든지 꼽는 대로 그 모임에서 좋은 일이 생기지 않는 것은 고사하고 도리어 모인 그 자체부터 실패를 고하였으므로 어디서 독립운동자가 모인다 하면 흔히 믿는 마음보다 의심하는 마음이 많고 반가운 마음보다 두려운 마음이 많았음이 사실이외다.

그런데 이번 이 모임은 그 모이는 명의가 가장 아름답고, 그 모이는 형세가 가장 거대하고, 그 모이는 시기가 가장 적당하고, 그 모이는 목적은 가장 원대하외다. 이러한 위대한 모임이 있게 됨이 우리 대한민족의 한 큰 기회요 운수가 아닙니까. 제군이여, 제군은 이 기회와 이 운수를 어떻게 응용하려 합니까?

지중지대한 책임을 지고 가장 어려운 경우에 처한 대표원 제군은 국민대표회의 자체의 원만을 기도할 것이 가장 중요한 문제임을 과연 깊이 각성하나이까? 만일 그렇게 생각한다 하면 그를 원만케 할 그 도가 무엇이겠습니까. 이는 대표회의의 규모나 형식 문제가 아니요, 오직 대표원 제씨 각 개인 심리상 여하에 있다 합니다. 대표 된 각 개인이 여하한 심리를 가져야 이 국민대표회 자체를 원만히 할까 함이 깊이 연구할 만한 조건이외다.

나는 이에 대하여 몇 가지로써 고하고자 합니다. 즉 첫째는 과거의 감정을 망각할 것, 둘째 피아를 일시동인(一視同仁, 한 눈으로 보아 평등하게 대함)할 것, 셋째는 일만 표준하여 공평·정직할 것, 넷째는 흉금을 피력할 것, 다섯째는 공결에 열복(悅服, 기쁘게 복종함)할 것 등이외다.

첫째로, 이번 모인 대표 제군이 평시에 서로 의심하던 것을 그냥 의심하고, 미워하던 것을 그냥 미워하고, 배척하던 것을 그냥 배척하고, 싸우던 것을 그냥 싸운다면 아무리 원만을 구하고자 하나 얻지 못할지니, 그러므로 먼저 과거에는 어떠한 관계가 있었든지 그 쌓였던 모든 감정을 다 잊어버리고 오직 서로 믿고 사랑하여야 회의의 자체는 원만하여지고 대표자 된 자의 책임을 다하는 것이 될 것이외다.

둘째로, 제군은 한 단체나 지방에서 선출한 대표자나, 한 번 이 회의에 출석하는 순간부터는 어느 한 단체나 지방의 대표가 아니요, 전 민족의 대표자니 전 민족을 대표한 자의 도량으로는 이천만 민족 중 어떠한 개인이나 단체나 지방을 구별하여 편파하지 않고 일시동인하는 굳은 덕량이 있어야 회의의 자체는 원만하여지고 대표된 자의 책임을 다하는 것이 될 것이외다.

셋째로, 제군이 어떠한 이론을 진술하고 어떠한 안을 제출하든지 각각 그 자신이나 친구나 당파의 이해를 표준하여 외공내사(外公內私)하면 구하는 원만 이해는 절대 희생되고, 오직 일만 하는 순결한 마음으로 회의 석상에서 공평과 정직을 주장하면 설혹 이세(理勢, 이치)로써 싸움의 치열함이 어떠한 정도까지 도달할지라도 아무 위해가 없고 도리어 회의 자체는 원만하여지고 대표된 자의 책임을 다하는 것이 될 것이외다.

넷째로, 제군이 다 한민족을 대표하여 같은 혁명사업을 하기 위하여 모인 자리에서 국제간의 외교자들과 같이 서로 마음을 가리고 진정을 토치 아니하면, 아무리 원만을 취하고자 하나 어디로부터 이것이 생기겠소?

그러므로 친소도 교계치 말고 설혹 초면의 사이라도 우리는 다 같은 대한 혁명당의 대표라는 견지에서 각각 흉금을 열고 서로 진정을 피력하면 이로부터 회의 자체는 원만하여지고 대표된 자의 책임을 다하는 것이 되겠습니다.

다섯째로, 어떠한 모임에서든지 만일 공결에 복종하지 않으면 일치와 원만을 내리지 못할 것은 더 논할 여지가 없거니와, 우리 간에 과거의 모인 경험을 살피건대, 모여 일을 의논하다가 결정되는 일이 자기 의사에 조금만 불합하면 곧 탈퇴하고, 혹은 형식으로 탈퇴는 아니 하더라도 이면으로는 열복치 아니하여 매양 일치 원만을 결함이 사실인 바, 현시 우리 민족의 불통일된 원인 중 가장 큰 것은 즉 회합의 원칙인 공결 복종을 이행치 아니함이니, 그러므로 이번 이 모임에서는 한 큰 모범적으로 하여 공결된 바에 열복하면 자연 회의의 자체는 원만하여지고 대표된 책임은 다하는 것이 될 것이외다.

제군이 만일 이번 모이는 국민대표회의 원만과 불원만이 우리 한국민족의 사활문제요, 또 대표원 각 개인의 한 큰 심판길인 줄을 깊이 양해하실진대, 제군은 이 국민대표회의 자체의 원만을 위하여 아무런 것이라도 아끼지 말고 다 희생하소서. 또한 아무리 원하지 않는 고통이라도 잘 참고 받으소서.

43. 로스앤젤레스 동포 환영회석에서

○ 로스앤젤레스 환영회석에서43) (1924. 12. 17.)

〈제1회 분〉《新韓民報》1924년 12월 25일 자〉

참 세월이 빠릅니다. 내가 이곳을 떠날 때에 베이비들이 오늘 저녁에 나 위하여 환영가를 하여 주는 것을 들을 때에 세월이 빠른 것을 깨달았습니다. 나는 나의 제2 고향인 미주에 다시 와서 여러분을 대할 때에 그 기쁜 것은 다만 형식이 아니요, 진정한 기쁨이 있습니다.

미주에 있는 남녀 동포들이 공익을 위하여 금력과 심력을 합하여 썼습니다. 그러다가 3·1운동 이후에 마음과 힘을 다하여 국가사업에 진충갈력(盡忠竭力, 충성을 다함)하였습니다. 나는 여러분과 아메리카에서 고락을 같이하다가 3·1운동 시에 주신 사명을 만분지일이라도 이루지 못하고 이제 여러분을 대할 때에 마음이 두렵습니다. 겸하여 돈을 주시고 성력을 다하여 독립운동의 사명을 나에게 맡긴 것을 생각하면, 과연 두렵고 황송합니다.

만일 내가 우리 독립운동의 책임자이었노라고 말하면, 이는 우리 전체 동포를 무시함이외다. 그러나 나는 책임자 중에 일분자는 확실히 되었습니다. 그래서 나는 어떻게 하면 나의 맡은 책임을 다할까 하는 생각으로 마음에 고통도 많았습니다. 혹시 극단으로 생각하여 봤습니다. 나 할 수 있는 데까지는 하여 보았습니다. 이제는 나 개인에게 대한 말을 그만 두고 여러분의 듣고자 하는 것을 드리고자 합니다.

---

43) 미주로 건너간 도산이 동포들의 환영회 석상에서 약 한 시간 동안 연설한 내용으로서 《신한민보》에 1924.12.25.(1회), 19251.1(2회), 1925.1.8.(3회). 등 3회에 걸쳐 소개되었다.

우리가 3·1운동 이후에 여러 가지 실지적 시험을 하여 보았습니다. 파리 강화회의에 대표도 보내어 보았고, 상해 법조계에 의정원과 국무원도 조직하여 보았고, 워싱턴에 구미위원부도 두어 보았고, 모스크바에 대표도 보내어 보았고, 런던에 선전부도 두어 보았고, 아령에 국민회의도 있었고, 북경에 군사통일회의도 하여 보았고, 서북간도에 간민회(墾民會)도 하여 보았고, 만주에 군정처도 있었고, 통의부도 있었고, 대한독립군총사령부도 있었고, 국민대회도 하여 보았고, 작탄도 던져 보았고, 무엇무엇 다 실지적 시험을 하여 보았습니다.

그러나 만세 일성은 우리 전 민족적 행동이었지마는 이상 무엇하는 활동은 다 국부적 활동이라고 할 수 있습니다. 누구나 다 말하기를 자기네 하는 활동이 전 민족을 대표하여 하노라고 하였지마는 사실상 국부적 행동에 지나지 못하였습니다.

그러면 이 국부적 행동에 우리가 얻은 것은 무엇인가? 우리 대한민족이 대경험을 얻었다고 합니다. 우리 민족의 실지적 대실험을 하여 보았습니다. 이 경험 때문에 우리는 많은 교훈을 받았습니다. 우리가 3·1운동 이전에는 이러한 실험을 하여 본 적이 없었으나 만세성 이후에 이와 같이 고귀한 실지 실험을 하여 보았습니다. 우리 가운데 혹 어떤 이는 생각하기를 우리 독립운동에 허다한 금전과 허다한 정신력과 그보다 더 귀한 수만의 피를 희생하여서도 아무 결과가 없다고 실심 낙망하는 이도 있습니다.

그러나 우리의 경험으로 인하여 장래 방침에 유익될 것이 많습니다. 그런 고로 내가 오늘날 미주에 회환(回還, 다시 돌아옴)한 것은 무슨 성공이 있다고 하는 것이 아니며 또한 실패하였다고도 아니합니다. 우리의 경험을 성의로 연구하고자 합니다. 만일 이 경험을 성의로 연구하여 장래에 잘하여 나아갈 것을 생각지 아니하면, 우리의 금전력과 정신력과 생명을 희생하여서 얻은 이 실험이 소용없이 되겠습니다. 우리가 성의로 연구하지 아니하면, 내가 무슨 좋은 방침을 생각하여 내기는커녕 남이 장래 좋은 방침을 연구하여 준다고 하여도 그것을 이해할 수 없습니다. 아무 연구가 없는 뇌에서 나올 것이 없습니다. 우리는 성의로 우리의 과거 경험을 연구하여 보아야 되겠습니다.

과거의 경험을 의지하여 몇 가지 요령을 들어 말하려 합니다. 우리의 병통은 먼저 아무 계획을 정하지 않고 되는대로 덤비어 봅니다. 계획은 정하지 않고 행여나 될까 하고 마구 하여 봅니다. 우리가 다리밋방을 하려 하여도 그 계획을 먼저 하여 가지고 이것은 이렇게 하여야 되겠고, 저것은 저렇게 해야 되겠다 하는데, 우리 국가사업에는 계획을 먼저 정하지 않고는 될 수 없습니다. 혹 어떤 이는 말하기를 혁명사업을 언제 계획을 정하여 가지고 하나 합니다. 어찌하여 작은 장사에는 철저한 계획을 실지적으로 정한 후에 하는데 혁명사업에는 철저한 계획이 없이 되겠습니까.(생략)

국가사업을 빈말로만 하지 말고 실력을 무시하지 말고 공상적으로 하지 말고 실제적으로 합시다. 우리 가운데서 준비독립운동자를 무시하는 자도 없지 않으나 우리는 실제적 준비를 하여 장래에는 유계획·유조직한 독립운동을 하여야만 되겠습니다. 앞으로는 실력을 준비하는 사람이 많아야 하겠고, 또한 과거보다 실력준비자가 늘어 가야 하겠소. 원년도에 우리 독립운동자들이 만일 전부 직업 있는 자가 되었더면 독립운동에 큰 도움이 되었을 것입니다. 대부분 직업이 없었기로 방해가 많았습니다. 독립운동자 중에 다 직업이 있었다면 정부에 재정수입도 많았겠고 따라서 독립운동을 계속적으로 하였겠습니다. 직업이 없기 때문에 당장 밥 먹을 것이 없는데 어떻게 운동을 계속할 수 있으며 또한 정부의 재정수입도 엉성할 수밖에 없습니다.

이제 나는 보편적 실력과 특수적 실력을 말하려 합니다. 그러면 보편적 실력이란 무엇인가? 보편적 실력이란 전체 민족의 실력을 준비하자 함을 가리켜 말함이외다. 그러나 이 보편적 실력준비는 참말 어렵습니다.

(보편적 실력준비의 어려운 이유로, 내지에 있는 동포들은 그 정치기관·경제기타·교통기관·교육기관, 기타 모든 기관이 일인의 손에 있는 것과, 3·1운동 이후에 된 일을 상세히 말하다.)

그러나 이 보편적 준비도 아주 할 수 없다는 것은 아니외다. 우리 경제발전은 그만 둘까, 우리의 교육발전은 그만 둘까 함은 아니외다. 가급적으로 준비할 수도 있으며 하여야만 되겠다 합니다.

특수적 실력준비는 그 무엇인고? 우리가 무엇 무엇을 만들어야 하겠다 함을 이름이외다. 이 앞에 할 일은 공상으로 하지 않고 실제로 하자 함입니다. 우리는 일이 개 영웅이나 일이 개 단체가 운동을 하지 말고 전 민족이 계획이 있어서 그 일에 다 각기 상당한 자격이 있는 자, 즉 그 일에 특수한 자격이 있는 자가 그 일을 맡아 하자 함이외다. 가령 작탄을 던지자 하면 작탄 제조에 전문적 특수의 준비가 있는 자라야 되겠고, 외교에도 어느 나라 국어나 좀 안다고 내세우지 말고 외교에 전문적 특수한 준비가 있는 자에게 맡기자 함이외다.

내가 원동에 있을 때에 내가 미국에서 왔다고 미국 공사나 영사를 교섭할 일이 있으면 나더러 가라고 하는 이도 있었습니다. 그러나 영어도 잘 통하지 못하며 또는 영어를 잘하는 통역도 없기 때문에 나는 사양하고 가지 않은 때가 많았습니다. 그러면 우리 독립운동에는 무엇무엇 할 것 없이 그 일에 그 사람을 얻어 써야 하겠고 또한 특수한 전문 학식가가 많아야 되겠습니다.

연설

　나 이제 우스운 이야기를 한마디 하려 합니다. 우리 가운데서 흔히 말하기를 불란서 사전에 무불능이라는 말이 있다고 하며 세상에 아무 일이든지 다할 수 있다고 합니다. 그러나 법국 사람들의 해석과 우리의 해석이 다릅니다. 가령 법인(프랑스인) 보고 누가 묻기를 이 사기를 어떻게 만드는가 하면 그 법인은 대답하기를 내가 사기를 만드는 학교에 가서 그 방식을 철저히 배운 후에 자본을 모아 공장을 설립하고 저 물잔이나 기타를 만들겠다 합니다.

　그러면 우리의 해석은 무엇인가? 우리의 해석은 이렇습니다. 누가 묻기를 저 잔을 만들 수 있습니까? 예 만들지요. 어느 학교에서 그 만드는 법을 배우셨습니까? 그까짓 것을 누가 배워서 아나요, 만들면 만들지요. 또 묻기를, 자본이 있습니까? 그까짓 거 만드는 데 자본은 해서 무엇 하나요, 하면 하지요 합니다. 이것이 불란서 사람의 무불능이란 해석과 우리의 무불능이란 해석입니다. 우리는 공상으로만 무엇을 덮어놓고 다 한다고 하지 말고 무엇을 하든지 특수한 준비를 가지고 실질적으로 해야만 되겠습니다.

　그러면 이 앞으론 무계획한, 무준비한 일을 하려 들지 말고 특수한 준비를 철저히 하여 가지고 하자, 공상적으로 하지 말고 실지적으로 하자 합니다. 우리의 요구하는 실력준비는 보편적 실력준비를 가급적으로 해야 되겠고 특수적 실력준비를 철저하게 하자 함입니다.

　여러분, 내가 말하고자 하는 사건이 많습니다. 그러나 오늘 저녁에는 시간이 없으므로 이 다음 기회를 기다릴 수밖에 없습니다. 그러나 내가 최종으로 여러분께 드리려 하는 것은 이것입니다. 우리 한인사회의 좋은 공기는 따스한 공기라는 것입니다. 내가 원동에서 떠날 때에 추운 공기가 가득하므로 초목이 다 말랐더니 따스한 공기가 가득한 하와이에 와서 본즉 풀이 푸르고 산이 푸르러서 정말 별유천지와 같습니다.

그러면 따스한 공기란 무엇인가? 이는 사랑의 공기입니다. 우리사회는 이것이 박약합니다. 내가 원동에 있을 때에 무슨 일을 하여 보려고 산과 들을 홀로 다닐 적에 마음이 처참한 때가 많았습니다. 왜 그렇습니까. 우리 한인계에는 따뜻한 사랑이 부족함이외다.

우리가 미국사람이나 영국사람이나 어느 나라 사람을 대할 때엔 무슨 공포심이 없으며 내지 일인을 대할 때에도 공포심이 없지만 우리 한인을 대할 때에는 공포심도 있고 질투심도 있음은 그 무슨 까닭입니까. 우리 가운데 따뜻한 사랑의 공기가 없음이외다. 어디를 가든지 우리 한인에게는 추운 공기가 보입니다.

내지에서는 해외에 있는 동포가 싸움을 한다 하지마는 실상 내지에도 그러한 공기가 있습니다. 이것이 과연 우리의 큰 결점입니다. 우리 앞에 공통한 것은 우리의 원수 일인이며 그 반면에는 피가 같고 뼈가 같은 우리 전체 민족이 서로 서로 사랑하며 서로서로 용서하고 따뜻한 공기를 빚어내야만 우리의 일이 성취될 수 있습니다.

여기 앉으신 여러분은 이 예배당에 주일마다 모여서 따뜻한 공기를 빚어내는 줄 압니다. 샌프란시스코에 계신 동포의 유일의 책임은 모여 서로서로 사랑하여 샌프란시스코 한인의 공기를 따뜻하게 하며, 새크라멘토에 계신 동포나 스락톤에 계신 동포나 어디에 계신 동포나 다 막론하고 서로서로 사랑하여 우리 전 민족의 공기가 따뜻하게 되면, 이것이 우리 장래 성공에 무엇보다도 절대 필요한 것입니다.

만일 피가 같고 뼈가 같은 우리 동포 간에 서로서로의 사랑이 부족하면 우리는 무엇을 준비하든지 또 무슨 활동을 하든지 다 헛것이 되고 말 것입니다. 그러면 오늘 우리가 깊이깊이 생각할 점은 누구나 서늘한 공기를 만드는 자 되지 않기로 성력을 다할 것이며 누구나 추운 공기를 빚어내는 자 되지 않기로 결심하고 이것이 우리 운동의 앞에 오는 성공에 절대 요구되는 바이며 사람사람이 준비해야만 될 것이라 합니다.

(선생이 결론의 말을 할 할 때에는 그 쇠약한 기질에 기침도 잦아서 정신을 진정하기에 이마를 손으로 집는 때가 많았는바 처음으로 선생의 연설을 듣는 이가 보기에는 연설하면서 머리 만지는 습관이 있다고 한다. 안도산은 전기 연설을 필한 후에 자리에 나가 앉았다가 다시 일어서며 말씀하시기를)

나는 아메리카에 계신 동포들이 두 가지 사건에 일치 행동을 하기를 바라는 바, 첫째 아메리카에 계신 동포들이 상해 임시정부에 인두세 1원씩 우선 상납하기를 요구합니다. 우리 임시정부는 피로 세운 정부이며 우리 국민된 자 받들 의무가 있은 즉, 과거에 어찌 되었는지 또한 임시정부 안에 있는 각원들을 여러분들이 좋아하며 아니 좋아함도 가리지 말고 유지하여갈 의무가 있습니다.

만일 임시정부를 받들어 주는 자가 없어 유지를 못한다면 이는 비단 여러분의 수치가 될 것이 아니며 또한 전체 민족의 수치가 될 것입니다. 그런즉 임시정부의 내막이 어떠함을 묻지 말고 여러분의 마땅히 할 의무, 즉 인두세 1원부터 다들 국민회로 보내어 상해 임시정부를 받들어 줄 수 있으니 그냥 차츰 능력에 의하여 할 일이거니와 우선 당장에 일치행동으로 인두세 1원씩을 남녀 물론하고 다 각기 국민회로 보내어 상해정부로 상납케 하기를 바랍니다.

둘째는 아메리카에 계신 동포들이 국민회에 대한 의무를 일치하게 하심을 바랍니다. 내가 하와이에서도 이와 동일한 의사로 하와이에 계신 동포들은 다 민단에 대하여 의무해야 된다고 하였습니다. 미주 한인의 오래고 유일한 대단체 국민회를 위하여 일치하게 의무를 내시기를 바랍니다. 누구나 다 같이 소단체 사업을 그대로 하여 나아가면서 국민회에 대한 의무를 하셔야 될 줄 믿습니다.

이와 같이 아령이나 중령에서 일치하고 미주와 하와이에서 일치하면 장차 해외 한인이 일치 행동하게 될 수 있으므로 나는 이상 두 가지 조건을 어느 지방에 가든지 그 지방 동포에게 말씀하려 합니다. 여러분 이상 두 가지에 일치하여 주시기를 바랍니다.

〈제2회 분〉(《新韓民報》 1925년 1월 1일 자)

오늘 이 자리에서 여러분을 대하매 아무 생각이 없고 다만 울고 싶은 마음 밖에 없소이다. 6년 전에 나는 여러분의 사명을 띠고 상해에 건너갔다가 오늘에 아무 성공이 없이 돌아와 미안함이 없지 안합니다. 또한 여러분이 그 사이에 좋은 소식이나 좋지 못한 소식을 많이 들었을 줄 아옵니다. 그 모든 것이 다 우리 사람으로부터 된 일이니 나도 그들 중의 하나이올시다. 그러므로 나도 그 책임을 지나이다. 여러분의 부탁을 이행하랴고 하였으나 사세가 허락지 아니하여 효과를 얻지 못하였습니다.

우리 사람의 보통 책임 이행성이 부족이라 합니다. 나는 미·포·묵(미주, 하와이, 멕시코)에 재류하는 동포에게로 받아 가지고 간 책임을 감당치 못하였소마는 최후 결심은 나의 남아 있는 생명을 국가 사업에 희생코저 하나이다.(박수갈채) 오늘 저녁에 내가 지금과 장래에 어떻게 할 것을 말하겠지오마는 시간이 넉넉지 못하여 대강 말하겠소이다.

여러분이 아시는 바와 같이 6년 전에 독립운동이 시작된 후로 밖으론 파리강화회의 모스크바와 와싱턴 군비감축회의 등 회의에 대표를 파송하였으며, 그 외에 상해에 임시정부와 아령에 국민회의와 서북간도에 무수한 대한독립군 총사령부와 군정서 등과, 상해에 청년단 의용단 등이 조직되어

하다한 금전을 허비하고 피를 흘려 만세를 부름이 민족적으로 되었으며, 그 외 여러 종류의 신문 잡지 선전을 과거 6년간 하였는데 지금 여러분이 보기에 결과가 있다고 하겠습니까?

내가 알기에는 여러분이 실패라고 하겠지오마는 이런 판단은 각 개인 관찰에 따라서 혹은 아니라고 하겠습니다. 민족운동에 경험을 얻어 민족성이 족하고 부족한 것을 분명히 해석할 수 있으므로 올시다.(박수갈채) 내가 이 말 하기는 스스로 부끄럽지마는 우리 민족은 이전 오랜 시일을 두고 이런 경험이 없었으므로 이런 일에 판단력이 부족하다 합니다. 혹 몇몇 사람은 있는지 아지 못하나 민족적으론 못되었다 합니다.

그러나 이번 독립운동이 생긴 후에 민족운동에 시험이 되어 우리 장래 일에 큰 교훈인 것이 증명되었습니다. 그러나 내가 생각하기까지는 우리가 얼마 더 깨달음이 있어야 하겠다고 합니다. 과거에는 무의식적으로 한 일이 없지 않았는바 장래를 연구치 아니하면 실패되리라 합니다. 그러면 과거를 거울하여 이후로는 어떠어떠케 할 것을 나와 당신네 두뇌에 두고 조용한 곳에서 이 앞에 어떻게 할 것을 판단한 자는 정치에 판단이 있는 사람이 될 것이올시다. 그러나 이런 판단이 그다지 쉬운 것이 아니라 하나이다.

오늘 내가 이 자리에서 이후 어떻게 군사활동을 하며 국회를 무슨 모양으로 조직하고 임시정부를 어떻게 처리할 것을 말씀드리겠지오 마는 우선 두 가지 요긴한 것을 말하겠습니다.

첫째는 과거 운동은 완전한 계획 하에서 된 것이 아니오 한 때 시험적으로 된 일이니 오늘 우리는 이후에 할 것을 완전히 계획해야 하겠습니다. 예컨대 우리 로스앤젤레스에 있는 동포가 익히 아시는 과일전 설치에도 경험과 조직을 요구함이 사실이올시다. 여러분 아는 바와 같이 원인 없는 결과가 없는 법이올시다. 그러하지마는 과거에는 상당한 계획으로 일한 사람이 심히 적었습니다. 우리가 세계 각국과 같이 살려 하여도 그렇고 또는 우리 원수와 대항하려도 다소간 준비가 있어야 될 것이올시다. 아무렴 불소한 인사들이 이런 계획을 부인하고 하면 된다고 혹 심히 말하는 사람들은 말하되, "흥! 준비만 하다 말겠군. 일이란 것은 하면 되는 것이지" 하지마는 오늘 우리가 당하여 보는 미국이라든지 구라파 같은 나라들의 한 것을 보아도 상당한 계획이 있거늘 우리도 마땅히 계획이 있어야 하겠다 합니다.

둘째는 실력이란 것이올시다. 과거에 우리 사람이 힘을 비교치 않고 일을 하였음으로 실패가 많았나이다. 그러므로 힘을 비교치 않고 큰 일만 바라게 되다보니 사람사람 사이에 불평과 분쟁이 생기었나이다. 그러므로 힘과 일이 항상 수평에 처하여야 된다고 합니다.

내가 원동에서 실력준비를 흔히 말하였음을 반대하는 사람들은 혹 연설식에서 말하기를 준비독립운동자라고 하는 불평이 많으므로, 내가 말하기를 실력준비자를 죽이는 대신에 왜적을 한 놈이라도 더 죽이라고도 하여 보았소이다. 또한 어떠한 인사들은 말하되 불란서 사전에는 불능 두 자가 없다고 하면서 준비를 말하는 사람은 나약한 인물이라고 합니다. 그러므로 이것을 그 나라 사람에게 물어본즉 답 왈 배우면 된다는 뜻이더이다.

여러분, 그래서 우리 운동에 두 길이 있는데 첫 번째는 보편적 민지(民智, 국민의 슬기) 발전인데 그것을 하자면 일본과 같이 학제로 말할지라도 상당한 유치원과 소중대학이 있어야 될 것이며 모든 것이 동등에 처하여야 할 것이올시다. 미주나 하와이에 있는 어떤 학생의 말을 들으면 혹은 내지에 경제발전을 말하지마는 나는 도저히 힘 드는 일이라 합니다.

이유는 금융 및 교통기관이 일인의 손에 있어 모든 것을 우리 한인을 위함은 조금도 없으며 은행에서도 한인에게는 신용과 실력 유무를 물론하고 이익 있는 사업을 위하여 정치하는 것을 알기만 하면 빚을 주지 아니합니다. 또 다른 예를 말하자면 가령 평양에서 부산항에 있는 물건을 들임을 보게 되는 경우에는 한인 상업가들은 같이는 말고 일인보다 먼저 주문을 하였을지라도 교통기관이 일인의 손에 있으므로 일인의 물화를 먼저 운송하여 그 우세한 시세를 일인들이 이용케 되며, 설령 같은 시간에 상품이 시장에 나는 경우에는 자본이 비교적 많은 저 일본인들은 헐가로 방매하여 우리로 하여금 손해를 당하게 합니다. 그러므로 보편적 실력운동은 능치 못합니다.

교육 방면으로 나아가 살피건대 우리의 경제력이 부족하다보니 시골사람들로써 경성 유학은 고사하고 지기 지방 부근에 있는 학교에서도 의식이 없어서 입학을 하지 못하고 부르짖는 이가 다수이니 이것이 다 우리가 경제 방면으로 일인들과 대항할 힘이 없는 까닭이라 합니다. 이같이 말하는 것이 그러하다고 영영 낙심하자는 것이 아니오 우리 처지대로 준비 활동을 하자는 것이올시다.

특수한 실력은 특수한 준비로야 되는 것이올시다. 그런즉 우리는 살기 위하거든 한번 특수한 방법을 연구 실행해야 되리라 합니다.(박수) 독립운동에 어떠어떠한 요구가 있느냐 하고 묻게 되면 그 대답은 민족적 대자각이라 합니다.

그러하므로 첫째는 지식을 요구하고 그 다음은 재정을 요구하며 셋째는 인물을 요구한다 하나이다. 가령 이 테이블 위에 놓인 유리잔을 가지고 말할지라도 이것이 보기는 용이할 것 같지마는 그것을 전문한 유리 공장사가 아니고는 만들 수 없을 것이올시다.

아무렴 우리의 지금 처지로 살펴 보건대 혹 누가 묻기를 당신네가 이 유리잔을 만들 수 있습니까 하면 거의 다 대답하기를 그까짓 거 무엇 못할까 하는 답을 합니다마는 그 원료를 어떻게 쓰며 분량도 어떻게 조정하는 것을 묻게 되면 답하지 못하나이다. 이유는 그에 대한 지식이 없음으로라 하나이다.

〈제3회 분〉(《新韓民報》 1925년 1월 8일 자)

우리가 이러한 정도에 있는 까닭으로 내가 과연 몇 해 동안 상해에 있을 때에 혹 북경에 있는 미국 공사를 교섭 같은 것을 할 것이 있으면 별 이론 없이 모든 사람이 말하기를, 자! 이것은 도산 선생이 아니고는 할 수 없으니라고 할 때에 내가 능치 못한 것을 아지마는 억지에 못 이겨서 갑니다마는, 여러분이 짐작하실 바와 같이 외인을 교제할 때에는, 첫째 언어에 능통하여야 될 것이어늘 내가 어디 그렇습니까? 그러므로 변변치 못하게 되곤 하였습니다.

이러한 이유로 황진남 씨가 일등 외교가가 되었습니다. 그러한 이유는 언어에 능통하며 영문을 잘 짓는 동시에 사상도 우리가 전에 보던 어린 황진남 씨와는 다른 사람이올시다. 여러분 웃을 것이 아니올시다. 참 사실은 황 씨가 일 많이 하였습니다. 그 이유는 여하간에 불란서 사람이나 그 외 다른 외국인들을 교제할 때에 무수한 곤란이 많았나이다. 그 후 황씨가 파리로 간 후로 나는 영미 인사들을 교제하는 데는 그만 계속하지 못하였나이다.

우리의 군사상 형편으로 말하면 소위 총사령관이니 무엇무엇 하는 것이 내가 연전에 멕시코 왕래 시에 본 것과 같이 멕시코말로 소위 ○○○이라고 하는 이들과 같다고 할 수 있소이다. 그 사람네가 군사상 지식이라고는 없이 이름만 띠어 있는 이가 많습니다. 그리하여 우리의 소위 사령 장교들은 한번 고함이나 크게 지르고 이놈 죽일 놈 저놈 박살할 놈 하고 떠드는 사람이면 군략 유무는 불문하고 총사령관이라고 합니다. 그에 대한 예를 말하자면 년래 서북간도에서 우리와 일인 사이에 병화(兵禍, 전쟁의 재난)가 종종하던 처지에 연전에 어떠한 우리 장교 한사람이 상해에 왔을 때에 환영회 석상에서 말하기를 일병 몇 백 명을 추호만한 손해가 없이 박멸하였다고 하니까 청중이 박수갈채를 합디다마는 나는 그것을 믿지 아니하였나이다.

이유는 다름 아니라 지금 서북간도에 주둔하고 있는 일병으로 말하면 과거 수십 년을 두고 그곳을 경영하기 위하여 여러 가지로 탐험하여 왔는 바, 그렇듯 호락히 지리를 알지 못하고 또한 군율이 미숙하여 거연히 패망을 당한 것은 사실 밖이라 하였나이다. 저기 앉으신 서영환 씨도 이런 형편을 자세히 아는 터이올시다.

이외에도 우리가 아는 바와 같이 연래 경성 남대문 밖과 기타 여러 곳에 총독 재등(齋藤實)같은 이를 박살하려고 작탄을 던진 일이 있었지마는 다수는 터지지 아니하여 실패한 까닭이 무엇입니까? 그 이유는 다른 사람들, 즉 중국사람이나 혹은 러시아 사람들이 만든 작탄을 그 내용이 어떻게 되었으며 그것이 얼마나한 거리에서 어떠한 방법으로 던져서 어떻게 하여 터지는 것도 모르고 무작정 무작법 하게 사용하니 그것이 어찌 실수가 없겠습니까. 그러니 이런 것도 하려면 먼저 화학에 능하여 제조할 때에 분량을 적당하게 하여야 될 것이라 하나이다.

그러므로 내가 말하기는 무엇이던지 실력이 없고는 그 결실을 바라지 못하리라고 하나이다. 그런즉 어떤 일에든지 계획과 준비가 있어야 될 것이며 이것을 함에는 과거에 경험이 큰 도움이라 하오며 오늘 저녁에 사회하신 이가 발표한 순서를 보니 좀 쉬어서 한다고 하였소이다. 잠간 쉬어서 계속하겠습니다.

내가 이것을 좀 지루하게 말씀드리는 것을 용서하소서. 계획과 조직에 대하여 더 말하겠지만, 아예 우선 말씀드릴 것은 다름 아니라 즉 동족을 사랑하는 것이올시다. 이에 대하여 혹 어떤 분은 말씀하기를 저 사람이 강도(講道, 강의)를 하는가 하리다마는 이것이 우리에게 가장 긴요한 것임이올시다.

지금 우리사회가 자못 분요(紛擾, 어지럽게 얽힘)한 상태에 있는 것은 사실인 바 누구나 말하기를, 오! 나는 중립이야 하면서 스스로 말하기를 편당을 짓지 아니하고 가급적 평화를 주창한다고 합니다. 아닌 것이 아니라 과연 그런 마음이 다 있는 것이올시다. 그 이유는 다름 아니라 누구든지 단합과 통일을 원하는 것이 상정인 까닭이올시다. 이 좌중에도 모두 이것을 주창할 뿐만 아니라 진정인 줄로 아옵니다. 그러면 왜 어떻게 되지 못하느냐 하고 묻는 경우에는 연구할 문제올시다.

첫째로 말하자면 우리 민족의 본성이 좋지 못하여서 그러냐 하고 묻게 되면 그것도 아니오, 다만 한갓 결점은 그에 대한 지식 즉 전문지식이 부족한 까닭이며 또 달리 말하자면 단체 생활에 경험이 부족한 연고라 하나이다.

전일 사화(士禍)에 양반 즉 동반 서반이 있었고 그 가운데 노론 소론이 있었지마는 사실은 정치에 대한 의견을 피차 발휘하기 위함이 아니오, 다만 작록(爵祿, 벼슬)이나 탐하였으므로 연유를 살펴보건대 누군가 글 한자만 내 의견에 합하지 않게 써도 그것을 만방으로 트집 잡아 역적이니 무엇이니 하여서 그 화를 당자에게만 있게 하지 않고 대대손손 계속하여 가면서 저놈은 어떤 일을 한 아무 놈의 손이라 하여 출세를 제외하였으니, 이것을 보면 국익을 위함은 아닌 것이 사실이올시다.

그 다음 유교 성황 시대를 미루어 살피건대, 서원(書院) 그것 역시 진정한 교리를 위함이 아니요 유림 중에서 소위 양반이니 하는 사람들이 집세(執勢,

세력을 모음)하여 작폐(作弊, 폐를 끼침)하는 것을 보고 불가불 대응책을 써야겠다는 뜻으로 조직되어 소위 훈장(訓長) 장의(掌議) 등 소임을 더하여 명색이 불합하는 일을 하였으며, 그 외에 보부상들의 조합(組合)이 있었으나 상업발전을 위함은 아니요, 다만 상업을 천히 보는 양반파 유림들을 대항하자는 데에 지나지 못하였습니다. 그러하다 보니 경제발전과 산업진흥에 대한 단체들은 없었다고 하여도 거짓말이 아니라고 하나이다.

이러한 유습이 남아 있는 우리사회는 다른 사람이 어떠한 단체를 조직하거나 혹 별 다른 것을 하게 되는 때에는 그 목적과 내용은 살피지 않고 반대부터 하여 피차 질시하는 것이 현시 상태라 하나이다.

그 다음 이른바 민족합동은 외국과 간섭이 있을 때에 잘 되는 법이나 그 역시 내용은 완전치 못한 것이올시다. 우리 목전에 당한 것을 말한 것은 여러분 중에도 혹은 말씀하시기를 미주와 하와이와 기타 각처에 있는 우리 사람들이 합하기는 파의(罷議, 불가능함)라 할 이가 있겠지요마는 나는 된다고 하나이다. 저기 앉으신 안석중 씨도 증거하는 바, 그전에 우리 두 사람이 의사가 합치지 못하여 피차에 내가 옳으니 네가 옳으니 하여 언거언래(言去言來)가 있었지마는 그 다음에 만나면 우리가 싸우지 아니할 일 가지고 공연히 그러하였다고 하였습니다.(박수)

다른 예를 들건대 과거에 한국 안에 일진회 예수교 천도교 불교가 있어 피차 상대하여 왔지마는 이번 3월 1일에 독립을 위하여 부르짖는 데는 저 교회와 혹은 저 단체에서 하니 우리는 아니하겠다고 하지 않고 거국일치로 되었는데 이것은 일본을 항거하기 위하여 즉 우리의 독립을 위하여 된 것이올시다. 그러므로 우리는 인도의 인디안 민족과는 판이합니다. 저 인도 사람은 만일 자기가 속하지 않은 종교에서 하는 일이면 심지어 나라일 즉 독립운동일지라도 아니하는 사람들이올시다.

그 다음 앞으로 나아가는 길에 제일 아름다운 길은 사랑의 공기라 합니다. 이 말에 대하여 혹 어떤 분은 평론하기를 한 종교가가 왔나보다 하게 되겠지마는 실로 사랑함이 없으면 무엇이든지 아니 된다 하나이다. 참 애국심이 있으면 이 로스앤젤리스로부터 상해까지 다 합동될 수 있소이다. 못하여도 왜놈을 대항함에는 합동력으로 하리라 합니다. 여보시오! 왜놈들이 우리를 무엇을 보고 두려워 하겠습니까? 만일 단합성이 없으면!

그러면 이 로스앤젤레스에 있는 우리 한인 사이에서부터 피차 동포 상종과 동정을 표하는 것을 연극장이나 혹은 활동사진에 가서 일시 즐기는 것보다 낫게 여기겠지요. 이런 것을 할 때에 사회를 위하여 하시오 이것이 우리 국민의 복리를 위함이올시다.(박수) 불소의 인사들은 중립이라고 하지마는 그 책임이 전체에 있다 하나이다.

그러나 많은 사랑 가운데 여러 가지의 사랑이 있소이다. 예컨대 자기 아내에 사랑하는 사랑과 다른 사람의 아내에게 대한 사랑과 부모자식 사이에 하는 사랑이 분별이 있소이다. 만일 다른 사람의 아내를 자기 아내 사랑하듯 하면 되겠습니까? 아니 될 것이올시다.

그러면 이 말은 사태를 분간치 않고 사랑을 하기로 생각하여 다른 사람이 자기를 친족 사랑하듯 안한다고 불평 생기는 것이 큰 병증인 바, 이것이 공동을 공동으로 생각지 않고 사정(私情, 사사로운 뜻)에 부치어 생각하는 까닭이라 하나이다. 그러므로 내가 생각하기 까지는 사정은 사정이오 공동은 공동이라고 하나이다. 가령 말하자면 내 아내나 내 부모 자식 간에는 사정이 각별하되 희락회 같은 것을 할 때나 기타 공통적으로 하는 일에는 일치하게 아무 다른 관념 없이 즐깁니다. 이에 대하여는 긴 설명을 하지 않겠습니다.

사람 사귀일 때에 개인적으로 하지 말고 나의 종족이라는 관념으로 하십시오. 우리의 제일 악습은 사람이 나와 같지 않다고 평론하는 것이올시다.

사람이 본래 자라날 때에 각각 다른 성질을 타고 났으니 어찌 나와 같기를 바라리오. 내가 미국사람들의 가정을 많이는 살펴보지 못하였지마는 본데까지 말하건대, 어떠한 집에는 맘(엄마)의 성미가 너무 과격하고 딸의 성미는 심히 온순하며 또 다른 집에는 그 반대로 된 집도 있지마는 특별 분쟁이 없이 지나간 것을 보면 그것은 다른 이유 없이 남의 성질을 양해하며 권리를 침해하지 않는 까닭이라 하나이다.

우리는 그 반대로 다른 사람이 남녀 간에 혼인하는 비평까지 하는바 왜 저 처녀는 저러한 남자와 혼인할까 혹은 저 남자는 왜 저 여자와 혼인할까 하는 사사로 무익한 비평을 하는 이가 불소한바 이것이 다 인권 무시와 남을 양해하지 못함에서 나옴이라 하나이다.

우리가 자식 기르는 것은 봉제사(奉祭祀, 제사를 받듦)를 위함이었지마는 그것만 아니라 압제하는 자리에까지 한다고 하나이다. 그런즉 자식일지라도 너무 압제적으로만 하지 않는 것이라야 합니다. 예컨대 아이들에게 저 윈도우를 열라고 할 마음이 있거든 압제와 명령으로 하지 말고 그 문을 열면 공기가 좋은 것을 깨닫게 하여 감화 감동으로 하게 하시되 명령적으로는 마시오. 이 말은 인권을 박탈하지 말라는 뜻이올시다.

종교와 정치 제도 다 분별치 말고 독립운동에만 뜻하십시오. 그러려면 인권을 중히 하시오. 작금 우리 사람들은 피차의 죄악을 말하지마는 나 안창호는 민족운동이면 그만이라 하나이다. 마는 이완용 송병준은 빼놓고 말이올시다. 이것은 한 주일만 우선 시험하여 보십시오,

라성에 있는 한인의 피로된 우리는 민족적 운동을 위하여 모든 것을 다 희생할 것이올시다. 그 외 미주 각처에서 다 이렇게 하면 얼마 아니 되어서 모두 허허 웃고 우리가 그전에 왜 이러 하였느뇨 하고 후회하는 뜻으로 말씀하실 것을 믿나이다. (끝)

44. 시카고 한인들에게

◉ 시카고 한인에게 한 연설44) (1925. 4. 19.)

약 10년 전에 이곳을 지나갈 때에 장씨에게서 냉면을 대접 받은 일이 있었습니다. 다시 와보니 참 반갑습니다. 그 이유는 일반이 많이 진보됨인 까닭이외다. 제1 학업, 제2 산업, 또한 따라서 다른 방면으로도 진보가 많은 줄 압니다. 다른 제사(題辭, 주제)를 제(除)하겠습니다.

여러분이 나에게 들으시고자 하는 것이 많을 줄 압니다. 과거가 어떠하였으며 진행 방침이 어떠한 것을, 그러나 오늘은 그만 두고 후일 다른 기회에 말씀 드리겠습니다. 오늘은 우리의 성공과 불성공이란 문제로 몇 말씀 드리겠습니다.

일본에 대하여 어떠한 태도를 취할 것, 통일문제, 재정방책, 군사 등 실제 문제는 후일로 미루고 정신에 대한 문제부터 말씀 드리겠습니다. 이 문제를 말씀드리기 전에 잠깐 리승만 박사와 안창호 양인에 대한 것을 말씀하겠습니다. 이는 이 두 사람의 문제가 아메리카 한인사회에 많은 여론이 있으므로 간단히 몇 말씀 드리는 것이 필요할 줄로 압니다.

상해에서는 안창호가 리 박사를 돕는다는 비평이 많았습니다. 미주에 와 보니 안창호가 리 박사를 해한다는 비평이 또 있습니다. 캘리포니아주에서 어떤 친구가 나에게 말하기를 우리 시국에 제일 긴요한 것은 리·안 양인이 속히 악수함이 급무라 하기에, 내가 묻기를 내가 어떤 때 어떤 일로 리 박사를 해롭게 한 일이 있더냐고 물은 즉, 씨는 대답하기를 후일 조용히 이야기 하겠다 하고 과연 그 후에 다시 만나게 되었습니다. 다시

---

44) 《신한민보》 1925년 5월 28일 자. 이용설이 필기하였다.

물은즉, 씨는 한참 묵언히 앉았다가 대답하기를 내가 한 가지는 압니다. 즉 리 박사는 외교를 주창하고 안 선생은 외교를 반대하여 양인이 합일치 못한다고 합니다. 내가 다시 묻기를 안창호가 어떤 때 어떤 외교에 대하여 반대한 일이 있는지 아시면 말씀해 주시오 한즉 씨는 묵언할 따름이올시다. 사실이 없으니 대답 못할 것은 당연한 일이지요.

리·안 양인이 합하지 않는다는 것은 사실은 없이 단지 추측으로 사실처럼 알게 되었습니다. 리 박사와 안창호는 원수가 아니올시다. 또한 친구도 아니올시다. 친구가 아니라 하는 것은 참 지기의 친구를 맺을만한 기회가 없었음이외다.

처음 리 박사를 알게 되기는 경성에서 독립협회 시에 일석에 회합하였으나 긴 담화도 못해 보고 안창호는 미주로 오고 리 박사는 옥중 생활을 하게 되었습니다. 그 후에 내가 가주에 있을 때 리 박사가 미주로 오신다는 말을 듣고 기뻐하여 씨가 오시면 회의에 한인 수령을 삼을 생각이 있었습니다. 그래서 박용만 씨와 의논한 즉 박 씨의 생각은 나와 같지 않습니다.

리 박사께서 미주로 오신 후 씨와 한 15분간 가주에서 담화한 일이 있은 후에 리 박사는 동방으로 가시고 나는 한국으로 나오게 되었습니다. 그 후에 나는 망명하여 미주로 다시 오니 그때 리 박사는 학업을 필하시고 본국으로 다시 나가셨습니다.

그 후 리 박사께서 한인 평신도 대표로 가주에 오신 후 몇 시간 담화하게 되었습니다. 그때 리 박사는 교회 일과 교육 사업을 힘쓰겠다고 하였습니다. 저는 찬동하였습니다.

그 후 리 박사는 하와이로 가셨습니다. 제가 가주에서 소위 국민회 중앙 총회장으로 있을 때에 하와이에서 리 박사, 박용만 양씨 간에 불평이 발생하여 국민회까지 양립하게 되었습니다. 그리하여 국민회 총회장의 명칭으로 양파의 중재를 시키려고 하와이에 나갔었습니다. 그 당시 리 박사와 긴 시간 담화하였습니다. 그러나 양인 간 화의를 소개치 못하고 몇 곳 한인에게 연설한 후에 칼리포니아주로 돌아왔습니다.

그 후 파리 강화 시에 대표 파송할 일로 잠간 회합한 일이 있은 후 상해에서 다시 만났습니다. 이렇게 된 사실을 보면 우리 양인이 상담할 기회가 많지 못하였으니 친절한 교의를 결할 시기를 얻지 못하였습니다.

또 양인 간에 무슨 주의 주장이 상반되는 일도 없음은 사실이외다. 리 박사는 하와이에서 기독학원을 힘쓰시고 나는 가주에서 흥사단과 실업회사를 하고 있었습니다. 양인 간에 충돌될 주의가 없을 것은 사실이외다. 주의 충돌이 혹 있었다 할지라도 태평양을 격하여 두고 싸울만한 세력이 없는 것은 분명한 사실이외다. 이 두 사람 사이에 상반할 만한 사실이 없는데 이런 비평이 나게 된 것은 알 수 없는 일이올시다.

이 회중에 계신 이라도 만일 아시는 사실이 있으면 나에게 알게 해 주십시오. 천만 사례하겠습니다. 이 위에 말한 것은 다 독립운동 전의 사실이외다. 근일 한 가지 비평하는 점은 이것인 줄 압니다. 즉 구미위원부에서는 공채를 모집하여 쓰고 안창호는 애국금을 모집하여 쓸 야심으로 두 사람의 싸움이 끊치지 않는다고 합니다. 그 사실을 좀 설명하리다.

의정원에서 독립운동에 쓸 재정을 애국금으로 충당하자고 가결이 되었습니다. 그러므로 가주 국민회에도 통지하여 애국금을 모집하라고 하였습니다. 리 박사께서 워싱턴에서 전보하시기를 (안창호가 내무총장으로 있을 때에) 공채권 5백만 원을 허락하라고 하였으므로 정부 각원이 생각하기를 이는 리 박사께서 외인에게 재정운동을 해놓고 외국 공채를 발행하려는 줄 알고 곧 허락하였습니다. 만일 리 박사가 청한 것이 애국공채인줄 알았으면 다시 정부에서 애국공채로 정부에서 인정케 됨은 이치에 합당합니다.

그때 한인사회의 형편을 보아 어찌 애국공채로 5백만 불을 누구에게 청할 가망이 있었겠습니까. 그러니 외국 공채인줄 알게 되었습니다. 그후 전보를 받으니 벌써 공채와 애국금 모집으로 미주에서 싸움이 났다고 하였습니다. 정부에서는 두통거리가 되었습니다. 그리하여 의정원에서 공채와 애국금 모집을 다 중지시키고 정부에서 직접으로 재정위원을 미주에 두려 하였으나 위원부에서 반대함으로 그냥 그대로 두게 되었습니다.

정부 조직으로 분쟁이 있었을 때는 나는 아무 관계를 못하게 되었습니다. 그 후 위원부와 국민회에서 불합하게 될 때도 나는 직접 관계가 조금도 없었습니다.

내가 한인의 파송을 받아 상해로 나올 때 한인사회(대한인국민회)에서 작정하시기를 나에게 매월 5백 원씩 주고 가족에게 매삭 5십 원씩 주기로 하였습니다. 그 후 가족에게 5십 원씩 2차 준 일이 있고는 나에게나 가족에게 지불한 일이 없었습니다. 이렇게 말씀하는 것은, 즉 어떤 이는 생각하기를 가주에서 모집된 금전은 안창호가 다 쓰는 줄 압니다. 이 오해를 풀고자 함이외다. 임시정부에도 재무부가 있습니다. 부원들이 목석이 아니면 어찌 가주에서 오는 돈을 안창호 혼자 쓰라고 할 수가 있습니까.

또 가주에서 들으니 '카터필드'의 책자를 강영승 씨가 흥사단을 대표하여 썼다고 합니다. 강씨는 흥사단 단원이 아니올시다. 무근한 허설이 사면에 생김으로 무식한 동포를 요동시킵니다. 진정한 애국자이시면 리나 안의 잘못하는 것을 진정한 마음으로 충고하시오. 공연한 무근의 추상적 시비만 함은 가석한 일이올시다.

근일 가주 《신한민보》와 하와이에 《국민보》가 상쟁하는 것도 안창호는 아무 관계가 없습니다. 가주 국민회 회장을 택하는 것은 국민회원의 의사요 안창호는 상해에 있어 아무 간섭도 없었습니다. 내가 정부에서 사표를 제출케 됨도 아무 야심이 없는, 다만 자기가 정부 각원으로 있는 것보다 평민의 자격으로 일하는 것이 정부나 독립운동을 위하는 것으로 자신한 연고이올시다.

그러나 외인의 평론은 천만 가지올시다. 한 말로 하면 우리는 사실을 모르고 말하는 것이 폐단이올시다. 우리 운동에 성공을 못하는 것이 무슨 까닭이냐 물으면 흔히 말하기를 재정이 없고 지식이 없는 연고라고 합니다. 그러나 재정이 적을지언정 한 푼도 없을 수가 없습니다 지식이 적을지라도 4천년 역사를 가진 민족이 지식이 전무 할 수가 있습니까. 우리의 정도에 합하는 사업을 하였으면 성공이 있을 줄 압니다.

그러면 결점이 어디 있습니까? 즉, 계속이 없는 까닭이올시다. 김옥균 씨의 혁명운동 때로부터 오늘 우리의 운동의 한 일을 보면 하다가 그만두고 또 좀 하다가 그만 두었으니 성공을 바랄 수가 있습니까. 만일 우리 능력이 있는 한도 안에서 계속적으로 했으면 작일 불성공이 금일에는 성공이 되었을 것이외다.

그러면 왜 계속이 안 됩니까.

1. 자포자기 합니다.
2. 낙심하는 연고이외다.

이 두 가지 원인으로 계속적 운동을 못합니다. 무슨 사업을 하다가 자기 지식의 부족 혹은 재능의 부족을 탄하고 그만 안하고 맙니다. 그새 동안에 시작한 일이 많습니다. 그러나 그만 두기 때문에 그동안 허비한 시간, 금전, 우리의 뿌린 뜨거운 피가 얼마나 많은지 여러분도 아십니다. 그러나 성공은 없습니다.

낙심하는 연고.

1. 돈이 없으므로. 금전은 혁명에 없지 못할 것이올시다. 멕시코 혁명사를 보더라도 그들은 기천의 당원이 있었고 기백만 원의 금전이 있었습니다. 우리의 사실을 봅시다. 필시 임시정부 각원이나 기타 해외 소위 선도자로 금전의 구속을 안 받은 사람이 없소이다. 지금 구주에 긴한 외교할 일이 있어 대표를 파송한다 합시다. 금전이 있어야 보내지요. 그러니 낙심할 만하지 않습니까.

2. 지식이 없으니 낙심하지요. 우리 운동에 한 가지 일을 각각 분담해야 할 만한 사람이 몇 명이나 됩니까? 우리는 외교를 늘 주장합니다. 그러나 상당한 외교를 할 만안 지식이 있는, 즉 국제적 관계를 잘 아는 사람이 몇 사람이나 있습니까. 그와 일반으로 군사, 경제에 특수한 지식과 기능이 있는 사람이 없으니 낙심할 만하외다.

3. 그런 중에 상조상부하는 정신까지 약하여 서로 헐뜯기로 일을 삼게 되니 어찌 한심치 않습니까. 즉 내외가 단합하는 인도자도 없으니 모든 일을 시작은 힘쓰나 결실치 못하니 낙심할 만합니다.

4. 개인에 대하여는 어떠합니까. 열심히 있던 사람이라도 어떠한 때 자기가 사회에 대한 과실을 생각하야 혹은 자기의 자격에 부족을 자탄하여 그만 성의와 일심이 다 없어지고 낙망에 빠집니다.

우리에게 묻기를 우리 운동이 되겠느냐고 물으면 된다고 대답합니다. 언제 되겠는고 물으면 속히 된다고 합니다. 그러나 조용히 물으면 실망에 낙담뿐 이올시다. 요사이 신지식을 배우는 우리의 일본 유학생의 형편은 어찌 합니까. 그들은 자기 일 개인 생활에 너무 분주하여 월급이나 좀 많이 받고 고등한 생활할 정신이 많아서 사회에 대하여서는 무심이올시다.

일분의 성의가 없는 것 같습니다. 그러면 식자는 개인생활에 분주하고 무식한 사람은 무식하여 못하니 우리의 장래는 어떠하겠습니까. 이대로 가면 멸망뿐이올시다.

생을 구하면 생에 합당한 일을 하게 됩니다. 이후에 말한대로 우리는 생을 구하는 사람으로 생을 구하기에 합당한 것을 먼저 심읍시다. 심지 않은 밭에서 추수하려고 하는 생각은 큰 착오이올시다. 그러면 먼저 재정, 지식, 인도자, 단결의 생활 종자를 심읍시다. 단결이 안 된다고 걱정도 하고 시비도 합니다. 그러나 언제 단결을 지을만한 계획이 있었습니까. 미국에서 구주 대전장에 참가하려고 할 때 대통령 혼자 하지 않았습니다. 먼저 허다한 금전을 들여 신문 잡지로 연설로 민의를 합하게 하였습니다. 그러면 우리가 먼저 할 일이 즉 계획과 준비이올시다.

그 다음에는 우리에게 금전과 지식과 단결이 적을지언정 아주 없지는 않습니다. 아메리카에 혁명 시작할 때 오늘과 같이 금전이나 군력이 없었습니다. 만일 그들이 그 때에 금전이 부족하다고 지식이 무하다고 낙심하였다 하면 오늘과 같은 미국을 산출하였을 수가 없으며, 또 일본에 유신 시대에 된 일을 보시오. 혁신 당원들이 얼마나 구차하였습니까. 의복이 없이 옷 한 벌을 가지고 나갈 때면 서로 바꾸어 입었다 합니다. 그러나 낙심치 않은 고로 오늘날에 일본을 보게 되었습니다. 만일 우리에게 다 풍부히 있으면 무슨 희망을 하자 인내를 하자 할 까닭이 없습니다.

개인으로 생각해 봅시다. 안창호 자신이 인도자가 못됩니다. 그러나 낙심치는 않습니다. 우리가 만일 실수하여 사회에 잘못된 일을 하였으면 전보다 더 성의껏 힘써 일할 것 뿐 이올시다. 그러면 나의 있는 것으로 우리의 부족만 생각지 말고 나에게 합당한 일을 각기 성의껏 힘쓰면 없던 것이 있게 되고 적던 것이 커질 터이올시다.

우리 일은 우리가 다 해야 될 것이오 결코 한 사람이나 두 사람이 할 것이 아니올시다. 우리 동족이 동에 있으나 서에 있으나 자기의 맡은 일을 각기 하여 이가 하다 죽으면 김이 또 이어 하고 끝치지 않으면 성공을 기약할 날이 반드시 있을 줄 믿습니다. 안이나 이나 개인이 못할 일이지만 2천만이 합하여 하면 성공할 것이올시다.

우리는 사업을 하는데 실패가 많습니다. 그러나 우리는 죽을 날까지 희망을 가지고 일하다 죽습니다. 그 사람은 죽을지언정 이 정신을 가지고 희망 속에서 각기 힘써 일하면 우리의 앞길은 광명합니다. (끝)

45. 여자들이 그 가정을 먼저 개량한 후에

◉ 여자들이 그 가정을 먼저 개량한 후에[45] (1925. 9. 20.)

(기원 4298년 9월 20일 하오 7시 반에 대한인 여자애국단의 주최로 '힐스추리튼' 한인 예배당에서 단장 박경신 씨가 개회하고 애국가를 병창한 후에 한승곤 목사가 기도하다. 본 애국단에서부터 안도산 선생을 청요(請邀)하여 귀중한 말씀을 듣고자 벼른 지가 오래였었는 중 오늘은 선생의 기운이 좀 불건한 중에 계시지만 다시금 청구한 바 지금 선생의 말씀을 듣게 되었나이다.

림보배 여사가 독창한 후에 안도산 선생이 등단하여 말씀을 시작한 바 그 대요는 여하하니,)

"나는 오늘 저녁에 첫 마디로 여러분께 들어서 판단을 짓고 앞으로 나아가기를 원합니다. 첫말이 기억이 잘 안됩니다. 첫말은 다름이 아니고 여자가 남자만 못한가 나은가? 이를 각기 생각해 보시오. 여러분, 여자가 남자보다 낫소 못하오? 물론 나은 점도 많소. 그러나 나는 말하기를 여자들이 남자보다 못하오. 내가 여자회에 와서 여자가 남자보다 못하다고 하면 여러분 여자 중에 혹 불평이 있으리다.

무엇이 못한고? 외양으로 볼품은 도리어 여자가 남자보다 승하오. 그러면 무엇이 못한가? 여자들의 불평이 일생 남자들이 여자를 업수이 여긴다고 합니다. 그러나 남자가 여자를 업수이 여김보다 여자가 남자를 업수이 여기는 점이 많소. 그러면 이것이 곧 여자가 남자만 못하다 함이외다.

---

[45] 《신한민보》 1925년 10일 15일자.

연설

여자가 근본 남자보다 낫소. 그는 도덕상으로 말하면 작죄자가 남자보다 적소. 또한 남자가 하는 일을 여자는 하되 여자가 하는 일을 남자는 못하는 일이 많소. 그러나 습관상으로 남자들의 말이 여자들의 그것을 하나 하면 여자들이 스스로 말하기를 우리는 여자인대 우리가 그것을 하나 하는 스스로 업수이 여기는 일이 많소. 그래서 이상에 내가 여자가 남자만 못하다 한 것이 곧 이것이외다.

이제 내가 말하려고 함은 우리는 일본 원수의 압박과 고통 중에 있는데 이는 곧 원인이 있소. 팥을 심으면 팥을 거두고 콩을 심으면 콩을 거둠은 원리외다. 그러면 우리는 고통을 심은 일이 많소. 여러 가지 교사와 반복 거짓, 이 모든 것을 심었기 때문에 오늘에 고통을 거둡니다.

그래서 우리는 이 근본 악한 씨를 버리고 새 씨를 심어야 하겠소. 이 새 씨는 무엇인고? 과거에 내려오던 악한 습관 거짓, 이 모든 것을 버리고 참된 씨를 심어야 한다. 과학이 발달된 이 시대에는 더구나 깨닫기를 무엇이나 심은 그대로 나온다. 그러면 이 심을 씨는 무엇인고? 우리사회가 지금 떠드는 곧 개조를 힘쓰자 함이외다. 그래서 집이나 신문으로 개조하자 하오.

그러면 이 개조의 가장 힘 있는 이는 남자보다 곧 여자들이외다. 언제든지 일가가 개조할 이 개조된 집이 모여 한 사회가 되면 이는 곧 개조된 사회요 이러한 사회로 된 국가는 곧 개조된 국가이외다. 그래 근본인 가정을 개조함에 그 여자가 개조치 않으면 그 사회 그 국가는 언제든지 개조가 못되오. 그래 이 망한 사회를 개조함에는 남자들이 아무리 떠들되 개조에 근본 되는 여자들이 개조에 힘을 아니 쓰면 언제든지 개조치 못한다고 단언합니다.

그래서 나는 이 개조 사업을 생각할 때에 여자들을 크게 믿소. 그런즉 이 미국에 계신 여자들 특히 학교에 다녀보지 못한 부인들 개량이 잘 되었소. 이전 본국에 있을 때도 다 많이 개량이 되었소. 우선 의복, 음식, 교제, 아이들 기르는 법, 이 모든 것이 다 전보다 개량되었소. 내가 알기는 본국 있을 때보다 음식 짓는 것이 많이 개량되었소. 내가 본국에서도 밥을 얻어 먹어 보았고 그 부인께 이곳 와서도 법을 얻어 먹어보아서 더욱 잘 아오. 우선 나라 사랑하는 마음이 더욱 개량되었소. 우선 아이 기르는 법이 개량 되었소.

그러면 이 모든 것이 잘 개량되는 것을 보매 이 앞으로도 잘 개량될 줄 아오. 그러나 여러분 꼭 정직한 말로 대답하시오. 이 위에 말한 모든 개량을 국가와 민족을 위하여 개량할 결심을 가지고 개량하였소? 이 개량 이 미국에 와 있는 때문에 저절로 개량이 되었소? 여러분이 개량해야 되겠 다는 결심을 품고 이를 뜻하여 왔으면 더욱 잘 되었을 줄 아오. 여러분, 개량에 왜 특별한 주의를 두지 않소? 그래 내가 벽두에 한 말이 여자가 남자보다 못하다 함이 여자가 여자를 스스로 여자가 남자보다 못하다 함 이, 여자가 여자를 수시로 무시하고 책임을 지지 않음이, 곧 스스로 업수히 여김이외다. 혹은 "우리 여자가 왜 남자만 못해?" 하고 대드는 여자도 있지 만 그것은 장난거리로 그러지, 정말 여자가 남자만 못하지 않다는 결심을 마음에 꽉 품고 그러하는 여자가 있소?

그런즉 우리가 지금 멸망해 가는 이 사회가 개량에 특별히 힘써야 할 책임자는 곧 여자이외다. 그런즉 여자가 중하다고 공연히 겉으로 주제넘게 꺼떡대는 그것은 도리어 여자의 본위를 손상케 함이외다. 여자는 자기를 잘 깨달아서 더욱 겸손하외다.

여러분 지금 우리 본국에 있는 농촌 개량과 낡은 습관 개량, 이 모든 것을 누가 하겠소. 여러분은 일찍 이 개량이 잘된 백인 사회를 보고 백인 여자들 같이 한가히 놀지 말고 부지런히 역작함으로 개량의 힘을 다합시다.

여자는 여자의 본령을 잃지 않아야 되겠소. 여자의 본령이 무엇이뇨? 생긴 모양도 남자보다 본령이 다르오.

인생의 본령은 곧 3종인데

(1) 지식, (2) 정, (3) 의지라 합니다.

지식의 본령은 남녀가 별로 분간이 없으나 지약(至若), '정'에 이르러서 여자는 정의 본령이 강하고 남자는 '의지'의 령이 강하오. 그래서 인류사회의 따뜻한 기운을 돌게 함은 곧 여자이외다. 한 가정에도 여자의 동정심이 많아야 따스한 가정이 됩니다. 그래서 적십자 사업이나 간호원이나 자선사업 이 모든 사업은 곧 여자가 많이 함은 동정심이 많은 연고요.

여러분, 여자의 본령을 따라서 동정심을 잘 길러야 하겠소. 우리사회는 무엇을 할래야 동정심이 박약함이 제일 큰 문제인데 이 동정심을 잘 길러내려면 동정심의 본령을 많이 가진 여자들이 힘을 써야 하겠소. 그러면 여러분 먼저 적은 일부터 동정심을 좀 길러 봅시다. 우선 내 집에 찾아오는 손님부터 찾아오면 오는가 보네, 가면 가는가 보네, 동정심을 표합시다.

우선 집안에서 가장에게 부터 남자는 동정심이 적으니까 남자를 나무려 말도록 꼭 힘쓰시오. 여러분 우리 한인에게 동정심이 많은 스튜어트 부인을 보시오. 우리 아이들의 생일을 알기만 하면 꼭 캔디를 보내오. 내가 아는 서양 여자들은 모두 동정심이 많습니다. 그래 우리도 슬픈 일이 있는 이에게는 같이 슬퍼하고 기쁜 일이 있는 이에게는 같이 기뻐하는 동정심을 잘 기릅시다.

여러분 집안 살림에 이르러 심지어 의자를 한 개 바로 놓는 일에라도 개량의 결심 곧 주의를 하시오. 이 여자애국단도 부주의 중에서 하지 말고 지금 남자 사회가 차고 찬데 우리 여자 사회는 동정심을 더욱 발하여 따뜻한 정을 일으키겠다는 주의 중에서 하시오. 지난 구라파 대전란에나 우리

3·1운동에도 여자의 동정심으로 안하여 감동력이 더욱 많았소.

그런즉 이 모든 것을 밟아 나아갈 때에 그 힘의 적당한 만큼 해야 하겠소. 여러분 처음에는 고기와 간장을 아니 먹고 그 돈을 모았지요. 지금도 그려 하시오. 지금이라도 그렇게 하자고 하면 몇 주일은 할런지 몰라도 장구한 주의가 아니외다. 이렇게 회의 모임도 열심이 날 때에는 매주일 모이오. 그러나 주의가 없이 함인고로 늘 계속하지 못하오.

이 모든 것을 다 힘에 적당한대로 하여야 하오. 그래서 여러분 무엇을 하냐고 할 때에 힘의 적당한 주의를 품고 점점 개량합시다. 그러면 내가 먼저 말한 여자가 남자만 못하다고 할 때에 놀라는 분도 있습니다. 그러나 이는 여자들이 스스로 여자를 업수이 여기는 그 점을 말함이오 근본으로 못하다는 말은 안 되외다."

46. 독립운동을 계속하자고

○ 독립운동을 계속하자고[46] (1926. 5. 22.)

(지난 5월 22일 저녁 8시에 상해 법조계 3·1당에서 있었던 선생의 환영회 석상에서 선생은 약 한 시간 가량이나 장시간 연설을 하였는데 사리에 처절한 말씀은 일반에게 깊은 흥미를 주었는데 그 연설의 대강을 기록하면 아래와 같더라.)

1년 만에 돌아와 본즉 사랑하던 친구들 중에 죽은 사람이 몇 분 있습니다. 얼마나 섭섭한지 다 말할 수 없습니다. 먼저는 미국 방문기를 간단히 말씀하고 그 다음에 나의 생각한 것 중 몇 가지를 말씀하겠습니다.

미주의 형편은 전에 내가 보던 땅에 비하면 여러 방면으로 진보된 것이 많습니다. 혹시 이러이러한 분쟁을 말씀하기를 거기서도 분쟁이 있는데 무엇이 전보다 진보하였는가?, 하겠지마는 지금 그 분쟁이 점점 합동하여 가는 중에 있습니다.

실업 방면을 보아도 전보다 많이 늘어난 형편입니다. 구주전쟁 당시에는 몇 만원씩 가지었던 이가 지금은 많이 줄어든 형편에 있기는 하지마는 그 때에 폭리도 있었던 것을 빼고 제대로 된 재산을 보면 전보다 많이 늘은 형편에 있습니다. 거기에 있는 동포의 수효는 1,700 명 가량인데 대개는 노동자의 자리에서 떠나 직업 방면으로 들어갑니다.

학생계로 보아도 매우 낙관이외다. 학생 수효가 모두 4백 명 내지 5백 명인데 전에 내가 있었을 때에는 학교를 마치는 것도 명예나 얻기 위하여 할 뿐이더니, 이번에 가본즉 실업 학술을 얻기 위하여 힘씁다. ○○박사

---
[46] 《신한민보》 1926년 7월 15일자, 5월 22일 상해 환영회에서 행한 연설이다.

의 박사를 얻는 사람이 매년 증가하여 집니다. 어떤 학생들은 공부를 마치고 본국에 돌아와 무엇이던지 사업을 하겠다고 결심한 이도 있습니다.

미주 소식은 이만 그칩니다.

이제 우리 독립운동에 대한 말씀을 하려 합니다. 먼저 말씀하려 하는 것은 우리의 운동이 성공될까? 실패할까? 하는 것을 여러분에 묻습니다. 이 문제가 여러분 중에 있고 또 어떤 실패를 염려하여 비관 중에 있는 줄로 압니다. 혹시 어떤 선생들은 공중에 나서서 말하기를 독립운동이 성공한다고 합니다. 그러나 사사로이 대할 때는 비판하는 말로 '되기는 무엇이 되야' 합니다.

그러면 어찌 공중에 대하여는 그렇게 말하였는가 하면, 그는 대답하기를 말도 그렇게 못하겠는가 합니다. 이것은 아무 생각이 없는 말이라고 합니다. 이제 나는 성공될 수 없다고 의심하고 비판하는 이들을 대표하여 그들의 생각하는 바는 무엇인가?

1) 우리는 인구가 적고 지식이 부족하고 돈이 없고 힘이 없고 무력이 없으니 무엇으로 어떻게 강한 일본을 대항하겠는가. 하고자 하는 욕망은 있지마는 적은 강하고 나는 약하니 할 수 없다고 합니다. 이는 일본의 강함을 두려워하는 말입니다.

2) 소위 독립운동 영수들이 일하기를 고사하고 자기 일신을 보호할 방책이 없어서 상해에서 신뢰감을 주지 못하고 있고, 청년들이 모여 무엇을 하려고 하되 몇 백원 몇 십원의 돈이 없어서 하지 못하니 어찌 독립운동을 할 수 있으랴.

3) 우리는 무력이 없다. 혹시 서북간도에서 몇 개의 단포(短砲, 소총)를 가지고 적을 향하여 나간다 하지마는 어찌 적의 대포와 군함과 많은 군인을 당하랴.

4) 그런데다 내면으로 다투기만 하고 합하지 못하니 어찌 희망이 있으랴. 이와 같이 서로 비판하는 중에 있습니다.

그러면 여러분이 나에게 묻거늘 너는 어떻게 생각하느냐 하면 나는 대담하게 대답하기를 성공이 꼭 되리라 합니다. 이는 절대로 말 뿐이 아니오 분명한 조건이 있습니다.

1) 현재 우리는 우리의 운동이 오늘날 시대에 적합한가를 생각하여 볼 것이외다. 만일 시대에 부적합한 것이라 하면 모르겠거니와 시대에 적합하다고 하면 성공하리라 합니다. 한 적은 실례를 들어 보면 눈 올 때에 파종하면 비시(非時, 제때가 아님)인고로 수확이 없을 것이지마는 시기에 적당하게 파종하면 수확이 있을 것이외다.

그러면 지금은 어떠한 시대인가? 소약 민족은 점점 앞으로 진보하여 나가고 강한 민족은 점점 쇠퇴하여 가는 시대올시다. 전에 압박을 받던 민족은 점점 고개를 들고 남을 압박지른 민족은 점점 힘이 줄어져 갑니다.

내가 이번 미국에 가본즉 동양 사람의 대우가 전보다 매우 많습니다. 일부에서는 동양 사람에게 아첨을 하고 일부에서는 두려워하여 방어책을 연구합니다. 그 이유는 만일 중국과 감정상 충돌이 된다하면 제 나라 물건을 중국에 가져다 팔지 못하게 될까 봐 이해상 관계로 아무쪼록 호감을 사기 위하여 중국사람에게 아첨을 하는 것이오. 또는 시대의 변천을 따라 소약민족이 점점 전진하여 가는 것을 보는 유식계급에서는 미국인이 장차 황인종에게 망하게 되겠다고 염려하는 까닭에 그 방어책으로 전에는 무시하던 일인을 지금은 배척하는 것이외다.

지금 우리가 중국의 각 군벌파가 서로 쟁투하는 것을 볼 때에 아무것도 아닌 것이라고 하지마는, 전체를 보면 그 정도가 점점 늘려가는 중에 있습니다. 전에는 중국인을 5분종이라고 웃은 일이 있어도 대단히 높이지 아니하였지만 5분종이 점점 변해서 10분종, 나아가 20분종 내지 50분종까지 이르게 되었습니다. 수년 이래 일어난 반외 운동으로 보아도 전보다 매우 조직적이요 희생적입니다. 그러므로 미인(미국인)도 멸시보다 도리어 아첨을 하는 것이외다.

이런 것으로 보아도 소약 민족은 점점 진흥하고 강한 민족은 점점 떨어져 가는 시대올시다. 그러므로 우리의 운동은 이 시대에 적합한 운동이라고 보는 동시에 성공하리라고 하는 것이외다.

2) 우리는 실력이나 무력이 없고 약한데 적은 무력과 실력이 풍부하니 어떻게 저항하겠느냐 하지만 그 실상은 일본은 매우 힘한 지경에 처하였습니다. 일본의 제국주의는 시대를 따라 점점 흑암에 떨어지게 되는 것입니다. 그 나라 안에도 분명한 두뇌와 지식을 가진 자들은 저희들의 현상이 시대에 부적합한 것을 보아 알지만, 제국주의를 그대로 고집하는 일부의 신사조에 무식한 자들과 또는 알고도 관습에 끌려서 실행치 못하는 자들이 있는 까닭이외다.

그러므로 얼마 더 가지 아니하여 점점 시대에 뒤떨어진 것이 될 것입니다. 국제상 관계로 보아도 러시아와의 전쟁은 없지 못할 것이외다. 이해상 관계보다 주의상 관계로 세력을 펴서 이를 얻으려고 힘쓰고, 러시아와도 서로 아시아에 세력을 펴려고 힘쓰는 까닭에 언제든지 서로 충돌이 될 것입니다.

미국과의 관계도 지금은 평온한 가운데 있지마는 그 내용은 매우 어지러워집니다. 이번에 가서 본즉 군비축소를 한다고 떠들기는 하지만 이면으로 중학생부터는 심지어 내 자식까지라도 군인의 자격을 만들었습니다.

나는 금번에 돌아오는 길에 영국에서 싱가포르에 포대 쌓는 것을 보았습니다. 이것은 누구를 상대로 하는 것입니까. 필리핀이나 인도나 중국군을 두려워하여 하는 것이 아니요 분명히 일본을 표준하는 것인 줄 압니다.

또 내부로 보더라도 일본은 4대 강국에 든 나라이라. 그런 것을 남보다 떨어지지 않도록 하려니까 금전을 요구하게 되는 고로 인민의 돈을 자꾸자꾸 거두게 됩니다. 그래서 자본주의는 점점 더 강해지는 동시에 빈민은 더 많아지게 됩니다. 이에 따라 새로 일어나는 청년들은 사회주의와 공산주의와 무정부주의를 자꾸 연락하게 되니까 그 청년 그 무산대중이 어찌 그대로 있겠습니까. 불가불 인민을 살 수 없도록 굴러가는 제국주의와 자본주의를 타파하자고 일어날 것은 추측 뿐 아니라 분명한 일이라고 봅니다. 그러나 우리가 어떻게 거기에 간섭된 것은 말하지 않습니다.

3) 실력문제에서는 지금은 과학시대이므로 과학상에 적합하도록 돈을 모으지 아니하면 불가합니다. 앞으로 과학적 두뇌를 가진 사람들이 독립운동을 위하여 나아오면 과거 8년 동안 서북간도에서 단포를 가지고 불상한 동포의 피땀을 흘리며 받은 몇 푼의 금전을 빼앗듯 하는 방법으로 하지 아니할 것이요, 또 러시아에서 도와주는 금전을 가지고 무엇을 하여보려고도 아니할 것이외다. 무슨 방법으로 돈을 얻어 쓸 것은 모르거니와 과학상 정당한 방법으로 할 것이외다.

4) 그렇게 된 것을 염려하지마는 이때 어느 민족이나 혁명 초기에 있어서는 분열이 있는 것이 역사상으로 증명되는 것입니다. 분열은 합동의 경로입니다. 우리의 싸우고 찌르는 것이 지금 있는 고로 가까운 장래에 통일이 있으리라고 봅니다. 만일 지금 분열이 없으면 이 다음에 있겠으니까 합하는 것은 더 먼 장래에 있겠지마는 과거 8년 동안 싸웠은 즉, 앞으로 시간은 얼마라고 말할 수 없으나 합해야지 하는 시간에 합한다고 합니다. 합하는

것은 분명히 경로를 밟지 않고는 합하지 못하는 것이 원칙이라고 합니다.

여러분! 프랑스 혁명을 찬성하지 않습니까. 그 혁명 초기에 있어서 얼마나 싸우고 죽였겠습니까. 총질도 우리보다 많았고 등사판도 우리보다 많았고 죽이기도 우리보다 많이 하였습니다. 그런 결과로 합한 것이 있고 동시에 성공이 된 것입니다. 우리의 일도 과거에 서북간도에서 무슨파 무슨파가 서로 싸웠지마는 결국 우리끼리 망하고 말 것임을 깨달은 고로 잠시라도 합하였던 것입니다. 지금 분열이 되었으나 이 다음 합할 때는 전보다 더 나은 형편으로 합하게 되겠으니까 이것이 곧 합하여 나아가는 길이라고 봅니다.

그러면 우리는 어떻게 할까? 우리가 이 일을 하는 데는 세 가지 요구할 것이 있습니다. 1) 모험객이 있어야겠다. 2) 운동을 지배할만한 지식과 두뇌를 가진 이가 있어야 하겠다. 3) 이상 두 가지 인물들로 하여금 일을 하도록 뒤를 도와줄 물질을 만들어낼 사람이 있어야 하겠다. 이 세 가지입니다.

이 중에 제일 귀한 것은 몸을 희생하고 나아가 적을 파괴하는 것입니다. 나의 말은 내일이라도 총을 들고 나아가 일본영사관을 습격하라는 것이 아니외다. 매우 넓은 범위로 말하는 것입니다. 다시 말하면 모험객은 모험객끼리 모험 사업을 연구할 것이요, 지배할만한 지식을 가진 사람들은 새로 지배 방법을 연구할 것이요, 돈 벌 수 있는 줄로 자신하는 자들은 돈을 벌도록 힘쓸 것이외다. 이처럼 각각 부분을 또 부문 안에서 역시 각각 부문적으로 분업적 운동을 하여야 할 것입니다.

만일 내가 스스로 생각하기를 나는 모험 사업에 적당한 자격이 있다고 하면 공정한 심리로 하늘과 땅을 증거하여 스스로 물어볼 것이외다. 그래서 주저 없이 대답하기를 과연 그렇다, 나는 모험할 자격이 있다 할 것

같으면 그 일을 할 것이오. 만일 거기에 적당한 자격이 아니라 하면 다시 지배할 지식이 있는가? 혹은 돈 벌기에 적당한가? 생각하여서 자기의 자격에 적당한 줄 아는 대로 할 것이외다. 그래서 각각 자기의 분수대로 적당하게 쓰이도록 헌신하여 부문적 사업을 하여야 할 것이외다.

혹은 말하기를 우리는 인물이 없어서 할 수 없다고 하나 그러나 각 방면에서 전문적 지식을 연구하는 이들이 많습니다. 일본과 중국과 미주와 해외 각지에서 일제히 과학적 지식을 연구하는 이들이 나오는 때는 인물이 부족하지 않으리라고 합니다.

이 자리에 있는 부인들도 독립운동을 할 수 있습니다. 유럽전쟁 때에 남자들은 모두 군인으로 나가고, 여자들은 밭을 갈며 농사를 지어 군량을 당하였고 각 공장에서 모든 기계와 탄작(彈炸, 폭탄)을 만들어 내어서 그 싸움의 뒤를 당해 주었습니다.

이처럼 우리는 각각 부분적으로 자기에게 적당한 일을 할 것이외다. 그러므로 나 무식한 안창호는 지배하는 자리에 있고자 아니합니다. 언제든지 훈련한 과학적 지식을 가진 이들이 나오는 때는 그들의 지배 하에서 일하려 합니다.

불가불 한 가지 말씀할 것은 사회주의자와 민족주의자 사이의 관계올시다. 이 두 가지 주의가 합하지 못하는 것을 염려하지마는, 독립운동을 위하여서는 합동전선에 나설 수 있는 것이외다. 그러나 근본주의로 말하면 도무지 타협할 수 없는 것이외다. 어떻게 사회주의를 좀 까고 민족주의를 좀 까서 일치하게 만들 수 있겠습니까?

그 주의와 주의 사이에는 서로 변통할 수도 없고 타협할 수도 없으나 다만 적을 대하여 나가는 데는 협조할 수 있는 것이외다. 우리가 독립국이 있으면 이 두 주의는 서로 싸워야 할 것입니다. 만일 싸우지 않으면 그는 둘이 다 불철저한 것이겠습니다. 사회주의 측에서는 반드시 우리가 정권을 잡아야 우리 민중의 행복스러운 설비를 하겠다 하고, 민족주의자 측에서도 역시 그러하여 서로 싸울 것입니다.

그러나 우리는 우리의 정권을 민족주의자가 잡은 것도 아니요, 왜놈이 빼앗아 가진 것인즉 정권을 빼앗으려고 대항할 적은 오직 왜놈뿐이외다. 그러면 민족주의자의 적을 사회주의자도 적으로 하는 것인즉 전선이 합동 되겠다고 하는 것이외다.

누구는 말하기를 우리는 사회주의자도 있고 민족주의자도 있으니 2중의 혁명을 하겠다고 무서워합니다. 다시 말하면 일본을 쳐 이기는 다음에는 다시 우리끼리 두 주의가 싸워야겠다고 합니다. 그래서 누구는 말하기를 차라리 우리끼리 먼저 주의 싸움을 하여서 한 힘을 만들어 가지고 적을 대항하는 것이 낫다고 합니다.

그러나 이것은 도저히 불가능한 일이외다. 다만 우리가 생각할 것은 우리는 민족주의나 사회주의를 실현할 시기에 있지 않고, 빼앗긴 정권을 찾도록 혁명하는 시기에 있은 즉 서로 적대시할 것이 아니요, 다만 왜놈을 향하여 싸울 것뿐입니다. 그래서 우리가 정권을 찾은 다음에 사회주의가 실현이 되든지 민족주의가 실현이 되든지 각각 연구를 절실히 한대로 그중 나은 것이 실현되어야 될 것이외다.

우리의 처지에서는 나는 사회주의자요 저놈은 민족주의자이니 저들이 우리의 적이야, 그대로 두지 못할 것이다, 죽여야 한다, 할 수 없을 것이외다. 사회주의자나 민족주의자나 각각 그 주의를 알지 못하는 사람에게 다 널리 알도록 하여서 혁명분자가 한 명이라도 더 많아지기를 힘쓸 것이외다. 신진 청년들은 더 많은 사람이 신자료에 어둡다고 그저 늙은이는 다 죽어야 한다고만 하지 말고 늙은이에게라도 무엇이 어떻고 어떻다고 분명히 설명하여 줄 것이외다. 그것이 즉 선전도 되고 같은 주의자를 많이 얻는 일도 됩니다.

나는 아직 사회주의자도 아니요 민족주의자도 아니오. 말하자면 이때까지 해온 대로 독립운동자라고 합니다. 나도 지금 이것을 연구하는 중에 있습니다. 연구한 결과는 어떻게 되는지 알지 못합니다. 이 자리에도 혹시 사회주의자가 있는지 모르겠지마는 사회주의던지 민족주의던지 그 주의만 철저히 연구할 것이오. 공연히 남을 미워함으로 저놈은 반사회주의자니 없애야 한다고 하지 마시오.

우리가 혁명전선에 있는 때는 각각 주의는 주의대로 덮어 놓고 서로 협조하여야 할 것입니다. 유럽전쟁에 영국 여자들은 여권을 주장하여 큰 분란을 일으켰지마는 전쟁이 발생하자 일제히 그 주장을 덮어 놓고 싸우는 일을 같이 힘썼습니다.

그런다고 그 주장하는 것이 소멸하는 것은 아니외다. 우리의 3·1운동 때로 보아도 예수교와 불교와 천도교와 유교가 주의 상으로는 도무지 합동될 수 없는 것이지마는 독립하기를 부르짖는 데는 다 같이 하였습니다. 이제 민족주의와 사회주의가 주의 상으로는 합동될 수 없는 것이지마는 독립운동에는 협조되리라고 하나이다.

이제 잠깐 그 싸우는 이유를 들어 말하면 주의가 달라 싸우는 것이 아니요, 서로 시기하여 싸우는 것이외다. 사람마다 처음에 일을 위하여 일어날 때에는 허영이 없었지마는 일을 붙잡고 본즉 허영이 동하는 것입니다. 그래서 남을 미워하여 저들은 나와 반대되는 주의를 가진 자라고 합니다. 심하여서는 자기의 사람으로 하여금 저놈은 민족주의자니 죽여야 한다, 또는 저놈은 공산주의자니 죽여야 한다고 합니다.

주의에는 간섭이 있건 없건 미운 자를 넘어뜨리기만 꾀하느라고 주의를 빙자하게 되는 것입니다. 나는 미주에 가서 공산주의자라는 지목을 받았습니다. 만일 러시아에 가게 되면 반공산주의자 즉 자본주의자라는 지목을 받을 것이외다. 실상은 주의 여하를 말함이 아니요 미워서 그리함이외다.

청년들은 흔히 말하기를 누구를 선생이라 할 것이냐. 오늘날은 인권 평등인데 제나 나나 일반이지 제가 선생 자리에 있어서 높은 대접을 받아? 하지마는 그도 역시 평등주의를 가지고 그리하는 것이 아니요, 그가 선생 노릇하는 것을 시기함에서 그리하는 것이외다. 그 청년도 자기의 말을 쫓는 청년들을 모아 가지고 그 중에서 선생 노릇을 하고 있습니다. 그런즉 어떻게 평등주의라고 하겠습니까. 모든 시비가 다 이와 같은 것이외다.

그런즉 우리는 이상에 말한 대로 각각 자기의 처지대로 분업적으로 일을 할 것이오. 남을 간섭하지 말 것이며 임시정부를 중심으로 하여 운동의 통일을 힘써야 할 것이외다. 이런 말을 하니까 혹시는 생각하기를 자기가 국무령에 당선되었으니까 그런 소리를 한다고 하겠지마는 가까운 시간 안에 내가 있던 자리에 다른 선생을 여러분은 볼 것이외다.

이에 대하여 오해하지 마시오. 우리가 통일을 하고자 함에는 남을 헐뜯는 것이나 남을 간섭하는 것이 없이 할 것이외다. 그뿐만 아니라. 동족끼리 싸우는 것을 볼 때에도 화합하도록 간절히 권면하고 그렇지 않은 이유를 설명하여서 알도록 할 것이오. 절대로 말하기를, "이놈, 종족 전쟁을 하여!" 하고 총을 가지고 가지 마시오. 총을 들고 가는 때에는 그 종족 전쟁은 벌써 한 부문이 더 커지는 것입니다. 그러면 언제 우리는 통일을 하여 적을 향하여 나아갈 수 있겠습니까.

말하지 않을 수 없는 것 한 가지 있습니다. 누구는 말하기를 산업이 발전되어야, 교육을 힘써야 한다고 합니다. 그러나 이것은 공상이외다.

우리는 정권이 없고 교통상 편리한 기차, 기선, 비행기 하나 없습니다. 은행이나 기타 금융기관이 없습니다. 우리가 가질 만한 것은 다 왜놈이 가졌습니다. 그런즉 어떻게 산업을 발전하여서 적과 비등하거나 혹은 적을 대항할 만큼 되겠습니까. 설혹 다소의 진보가 있을지라도 국권을 우리가 가지기 전에는 적의 발전이나 나아가는 것을 따르지 못할 것인 즉 산업을 발전하여 독립하겠다는 것은 공상 뿐이오. 공상도 못할 것이외다.

또 교육을 힘써 지식을 얻어야 하겠다는 것도 공상이외다. 본국의 형편을 보면 경제상 압박으로 시골 유학을 하지 못하는 자 얼마며 이웃 학교에도 가지 못하는 자 얼마입니까. 언제 산업을 발전하여 경제력을 얻고 교육을 장려하여 지식을 얻어 독립할 수 있겠습니까. 이는 모두 공상이외다. 그러나 그렇다고 교육을 부인하고 독립운동에 힘쓰자 하는 것도 공상이외다. 무엇을 먹고 무슨 힘으로 일하겠습니까.

그러면 어찌할 것인고? 산업도 힘쓰며 학술도 연구하며 독립운동을 계속하여야 할 것이외다. 다시 말하면 독립운동하며 산업도 힘쓰며 학술도 연구할 것이외다. 그러면 이것은 곧 이상에 말한대로 각각 분업적으로 자기의 신분에 당한대로 공부할 수 있으면 공부하고 돈 벌 수 있으면 돈 벌고 일을 연구할 수 있으면 일을 연구하여 우리의 운동이 쉬지 않고 성공하기까지 진행되도록 하여야 할 것이외다. 이만 그칩니다. (끝)

47. 상해 삼일당 연설

○ 上海 三一堂 演說[47] (1926. 7. 8.)
　- 우리 革命運動과 臨時政府 問題에 대하여

〈1회분〉

오늘 내가 여러분 앞에 말하려 하는 것은 특별히 지금 곤란 중에 있는 임시정부 유지책에 대하여 말하려 하는 것입니다. 그러나 나는 예정한 대로 더 오랜 시간을 여러분과 같이하지 못하고 떠나게 되는 고로 떠나기 전에 단순히 임시정부 유지책에 대한 것뿐만 아니라 통지서에 쓰인 대로 '우리 혁명운동과 임시정부 유지책에 대하여' 이 두 가지를 가지고 말하게 되었습니다. 그러므로 먼저 우리 혁명운동에 대하여 말하고 그 다음에 우리 임시정부 유지책에 대하여 말씀하려 합니다.

우리 혁명운동에 대하여

나는 혁명에 대하여 말하려 하되 어젯날 혁명이나 내일의 혁명이 아니고 오늘의 혁명을 말하려 합니다. 그러면 오늘의 혁명이 무엇이오? 하겠지요. 이에 대하여 먼저 말을 정하여야 하겠습니다.

그런데 먼저 혁명이 무엇인가를 생각하면 많은 이론이 있겠지마는 나는 간단히 말하려 합니다. 혁명은 곧 재래의 옛 현상을 새 현상으로 바꾸어 놓는다 함이외다. 다시 말하면 옛 현상을 파괴하고 새 현상을 건설하자!

---

[47] 1926년 7월 8일 상해 삼일당에서 〈우리 혁명운동과 임시정부 문제에 대하여〉라는 제목으로 행한 도산의 연설로, 《신한민보》에 네 차례 (1회:1926.10.14일자(995호), 2회:10.21일자(996호), 3회:10.28일자(997호), 4회:11. 4일자(998호) 로 나뉘어 게재되었다. 한편 《일본외무성육해군성문고》에도 매우 소략하게나마 실려 있기도 하다. 국회도서관 편, 《한국독립운동사료》, 1976, 599~600쪽.

재래 현상을 버리고 새 현상이 있게 하자! 이것이 곧 옛날 현상을 새 현상으로 바꾸어 놓는다는 뜻이외다. 혁명이 곧 이것입니다.

그런데 옛 것을 없이하고 새 것을 있게 하는 데는 두 가지 방도가 있습니다. 일(一)은 교화의 정책으로 점진적 개조를 하는 것이요, 이(二)는 무단의 정책으로 급진적 개조를 하는 것이외다. 교화의 정책은 정신상 개조에 필요하고 무단의 정책은 조직체를 파괴하여 새 조직체를 건설함에 유익한 것이외다. 정치의 현상을 파괴하고 새 정치를 실현하는 것, 즉 군주정치를 민주정치로 만들자는 것과 같은 것은 정치적 혁명이라 하고 종교의 나쁜 정신을 깨뜨리고 좋은 새 정신을 가지자 하는 것은 종교적 혁명이라 하겠습니다.

옛날 저먼(독일인) 루터 같은 사람이 곧 종교의 혁명을 한 사람이외다. 그 외에는 사유재산제도를 파괴하고 공유제도로 만들자 하는 것을 곧 경제혁명이라 하겠습니다. 이뿐 아니라 과학혁명, 도덕의 혁명, 무엇무엇 할 것 없이 모두 나타난 현상을 혁신하자는 것이 무수하게 있습니다.

그러면 우리가 원하는 혁명은 무엇인가? 오늘 우리의 혁명은 정치적 혁명이 아닙니다. 왜 아닌가 하면, 가령 우리가 어떠한 정치가 있다 하면 정치의 혁명을 요구하려니와 우리는 군주정치도 없고 민주정치도 없는 고로 정치적 혁명을 일으킬 필요가 없습니다. 그러면 우리의 혁명은 경제의 혁명인가. 나는 그도 아니라 합니다. 경제 그것도 우리가 가진 판도 안에서 그 제도가 악한 즉 그것을 파괴하고 새 제도를 건설하자고 말할 것인데 우리는 그만한 경제적 시설을 가지지 못하였습니다.

혹은 이에 대하여 반대하기를 오늘날 경제혁명이 세계 보편적으로 일어나는 그 대세를 따라야 할 우리 혁명이 어찌 경제의 혁명이 아니라 할 수 있으랴. 또는 우리는 일본의 정치를 파괴하고 새로운 정치를 건설하려

함인즉 어찌 정치혁명이 아니라 하겠습니까 하지마는 나는 그렇지 않다 하나이다. 이 정치혁명으로 말하면 합병 전에 우리에게 있었습니다. 혹시는 장래 독립한 후에도 있을 것입니다. 그러나 오늘 현상으로는 이 혁명이 우리에게 적당치 않습니다.

우리가 우리의 사회의 일부분을 표준하여 말한다 하면 혹시 우리의 혁명이 경제적 혁명이라고도 할 수 있겠지마는 그 한 부분을 들어서 이것이 우리의 혁명이라 하면 이것은 너무 범위가 좁습니다. 다시 말하면 경제혁명이 우리 운동의 일부분적 운동은 될 수 있을지언정 그것으로 우리의 전 운동이라고는 못 할 것입니다.

내가 말하는 이 혁명은 넓은 범위로 말하는 것입니다. 경제혁명은 경제 한 부분뿐이요 종교혁명은 종교 한 부분뿐입니다. 우리나라 안에 불교에 신파나 구파가 있고 예수교에 신파나 구파가 있고 천도교에 신파나 구파가 있으나 그것이 우리 혁명을 대표하지 못합니다. 그러므로 이 여러 부분적 혁명은 우리의 혁명 속에 포함해야 할 것이외다.

그러면 오늘날 우리의 혁명이란 무엇인가? 우리의 혁명은 민족혁명이외다. 민족적 혁명은 무엇인가. 비민족주의자를 깨뜨려 민족주의자가 되도록 하자는 것이 아닙니다. 이상에 말한 대로 재래의 현상을 새 현상으로 바꾸어 놓자는 것이외다.

그러면 오늘 우리 민족은 어떤 현상을 가졌는가? 우리는 일본에게 압박 받는 현상을 가지고 있습니다. 이 현상을 변하여 자유스러운 생활을 할 수 있는 현상을 짓도록 일본의 압박적 현상을 파괴하고 새 현상을 건설하자는 것이외다. 이는 곧 민족적 감정과 이해 타산과 사활문제를 원인으로 하여 일으키게 된 민족적 혁명이외다.

왜 내가 이것을 말하는고 하면 우리의 과거 혁명이 잘 되지 못하였으므로 오늘은 어떠한 혁명을 하여야 이민족 압박현상을 파괴하고 우리 민족을 자유롭게 할까 함에는 먼저 우리의 오늘 혁명이 무엇인 것을 알고 가야 할 것인 연고이외다. 이제 말한 대로 재래의 현상을 파괴하고 새 현상을 건설하자. 그것이 우리의 혁명이외다.

그러면 우리는 일본의 압박적 현상, 즉 불의한 제도를 파괴한 후에는 어떠한 제도를 건설하여야 할까 하는 문제가 생깁니다. 이에 대하여는 어떠한 방안이 있어야 할 것입니다. 이것이 없으면 그 혁명은 무의미하고 무가치한 것이 되겠습니다. 지나간 혁명에는 이것이 없었으므로 힘이 맹렬하지 못하였습니다. 이에 대하여 문제가 많습니다.

혹은 이천만 민중이 공동생활 제도를 세워 놓은 후에 혁명을 해야겠다는 이도 있습니다. 그러나 이것은 될 수 없습니다. 왜 그런고 하면, 첫째는 너무 긴 시간을 요구하는 까닭에 될 수 없습니다. 또는 지금 혁명의 주장점은 공산주의로 하자! 민주제로 하자! 무정부주의로 하자! 복벽운동을 하자! 하여 각각 자기의 의사를 주장합니다. 지금 어느 때라고 복벽을 말하겠습니까마는 경상도 방면으로는 복벽을 주장하는 이가 많습니다. 이것이 우리의 실제인즉 그 주장점이 다르다고 서로 다투지 말고 단순히 우리는 민족혁명을 하여야겠다는 각오를 가지고 대혁명적 조직을 성립한 후에 일치적 행동을 취하여야 할 것입니다.

그래서 성공한 후에는 어떠한 주장이 실현되든지 각각 철저히 연구한 대로 많은 수효를 가진 그가 세력을 가지게 될 것인즉 장래에 어떻게 되는 것은 각각 연구하는 점에 맡기고 어떠한 주장점을 가진 혁명가든지 현상에 당해 있는 우리 민족을 건지기 위하여 개인의 사리를 붙이지 말고 큰 혁명당을 조직하도록 힘써야 할 것입니다. 그러므로 나는 어제 혁명을 말함도 아니요, 내일 혁명을 말함도 아니요, 오늘 혁명을 말하는 것입니다.

혹은 나에게 묻기를 네가 갖는 주의는 무엇이냐 하겠지마는 나의 가진 주의가 무엇인지 나도 무엇이라고 이름지을 수 없습니다. 민족주의도 아니요, 공산주의도 아닙니다. 그러나 나는 사유재산을 공유하자는 데 많이 동감합니다. 왜 그런고 하면 우리 민족은 전부 빈민의 현상을 가지고 있는 까닭에 부자와 자본가의 권리를 깨치지 않고는 빈민의 현상을 바꾸어 놓을 수 없는 연고이외다.

그러나 오늘날 우리의 경제 곤란이 심하다고 단순한 경제혁명으로만 할 수는 이미 말한 대로 될 수 없으되 우리 민족을 압박하는 일본을 대항하며 나가자는 민족적 현상 타파를 절규함에는 자기의 주의가 무엇이든지 같은 소리로 나갈 수 있습니다. 대한사람이면 어떤 주의 주장을 물론하고 이 민족혁명에 같이 나갈 수 있습니다.

우리 독립운동에 대하여 이러한 것을 주장하는 이가 있습니다. 이것이 늘 문제되는 고로 말하고 가려 합니다. 우리의 독립은 순서를 밟아야 한다고 참정이니 자치를 주장하는 자가 있습니다. 이러한 자들은 자기의 사욕을 채우기 위하여 일본놈에게 아첨을 하며 떨어지는 밥풀로 배를 채우려 합니다. 그래서 지금 우리 현상은 일본의 현상을 당할 수 없고 우리의 힘을 다 합한다 하더라도 일본의 일부분을 당할 수 없는 것인즉 순서적으로 먼저 자치를 얻고 후에 독립을 하자 합니다. 이러한 비루한 인물이 있는 것은 유감천만이외다.

나는 이에 대하여 말하려 합니다. 우리의 독립운동자 가운데도 이런 말 하는 이가 없지 않습니다. 드러내 놓고 체면상 관계로 말을 못 하나 그러나 친한 친구에 대하여는 이런 말을 한 이가 있습니다. 그러나 그는 일본놈에게 아첨을 하는 뜻으로 그런 것은 아닙니다. 나는 얼마 전에 상당한 인격자인 친구를 방문할 때에 이런 말을 들었습니다. "우리 운동은 먼저 자치를 하여야 한다"고 합디다.

이렇게 말하는 것을 보면 사람마다 각각 주견이 다른 고로 자치를 먼저 얻어야 독립을 할 수 있다고 생각하는 이들이 있는 줄 알겠습니다. 우리 민족은 혁명적 가능성이 없으니 자치나 참정 운동을 하여야 한다는 것은 그의 식견이 어리석은 까닭이외다. 나는 자치나 참정이 악하다는 것이 아니라 그 생각이 어리석음을 말함이외다.

만일 우리가 장래에 독립할 수 있을 정도가 될 만한 자치를 얻을 수 있다 하면 그는 곧 자치보다 독립을 얻기에 더 용이할 것이외다. 보시오. 지금 일인은 우리에게 자치를 주려 합니다. 왜 자치를 주려 하는고? 그는 우리의 민족을 영멸시키자는 계획이외다. 보시오 경제의 압박이 얼마나 심한가? 상업이나 공업이 우리의 수중에 있는가. 우리는 다만 토지를 근본 삼아 농사를 주업으로 하여 오는 민족인데 경상남북도·전라남북도 어디 어디 할 것 없이 옥야(沃野, 기름진 들) 천리가 모두 일본 놈의 수중에 들어가고 말았습니다.

그뿐 아니라 서북이나 경기도에도 다 그러합니다. 서울도 큼직큼직한 가옥은 모두 일본 놈의 것입니다. 서울뿐 아니라 원산이나 부산이나 다른 각 항구에도 큰 집을 가지고 있는 자들은 전부 일본 놈이외다. 나는 일전에 정주 사람을 만나 그 곳 현상을 물은 즉 이렇게 말합디다. 초가는 없고 와가만 있으니 개량은 썩 잘되었지요. 그러나 우리 사람은 있을 곳이 없어서 걱정이라고 합니다.

이처럼 전국에 있는 부동산이 일본 놈의 소유가 되어 있는 까닭에 일인은 아무쪼록 속히 자치를 세우려 합니다. 자치가 되는 때는 경제의 주인 되는 일인이 주장하게 될 것은 정한 이치외다. 그러므로 오늘날 일인의 주장은 한인에게 자치를 주어 가면적으로 한인에게 만족을 주고 내면으로는 자기네의 착취 세력을 영원히 보전하자는 것입니다. 행정관으로 그들이 누구를 임명할 줄 압니까. 일본 놈이 아니면 아주 일본화한 조선 놈이겠습니다. 그런고로 이러한 위험성이 있는 자치를 하기 위하여 운동하는 것은 어리석은 일이라고 합니다.

〈2회분〉

그 다음 문제는 무엇인가. 이것도 말하고 가려 합니다. 지금 우리가 공연히 떠들기만 하면 될 수 없다. 첫째 실력을 준비하는 식산운동을 하자. 그래서 문화와 식산이 진흥되면 독립은 자연 되겠다고 합니다.

여러분 이것이 합리합니까? 그렇지 않습니다. 그도 어리석은 일이외다. 정치와 경제 압박 하에 있는 우리가 문화와 식산을 진흥되도록 하기에 능치 못합니다. 겸하여 우리는 많은 재산을 가진 자 없고, 있다 할지라도 정치의 후원을 가진 일인이 우리와 경쟁을 함에는 우리는 자연 멸망되고 말 것입니다. 그런즉 먼저 민족적 혁명을 한 후가 아니면 문화도 식산도 할 수 없습니다.

"내가 듣기에는 안창호가 흥사단 뒤에 있어서 문화운동을 한다는데 지금은 이렇게 말하니 그게 무슨 소리이냐"고 할 듯 하외다. 그러나 나의 이상은 자치 운동을 하자는 문화운동에 있지 않습니다. 내가 말하는 교육이나 식산운동은 독립운동의 일부분 보조되는 것이외다. 다시 말하면 운동을 길게 하여 감에는 교육이 있어 지식을 돕고 식산이 있어 경제를 도와야 할 것입니다.

그러면 우리가 앞으로 어떻게 할까? 나는 이에 대하여 할 말이 많으나 다 약하고 하나만 말하려 합니다. 이는 재래의 운동 현상을 파괴하고 새 현상으로 운동하자! 옛 현상의 운동은 무엇이었는가? 옛날 현상은 비조직적 혁명이었다. 이후로는 조직적으로 하자! 어찌하여 옛날 현상은 비조직적이였던고?

우리의 과거 운동은 어떠하였는가 생각합시다. 해내 해외에서 손실된 재산과 희생된 생명이 얼마나 많았는가. 그렇지마는 오늘날 현상은 끝이 점점 빨라가니 이것이 무슨 까닭인고 하면 이제 말한 대로 비조직적이었던 까닭이외다. 그러므로 앞으로는 조직적으로 하여야 할 것이외다. 그렇지 않으면 혁명운동의 효과를 얻을 수 없습니다.

그러면 조직을 이루는 것이 무엇에 있으며 그 조직을 실현시키는 것이 어디 있는가. 먼저 대혁명당이 조직되는 데 있습니다. 그렇지 않으면 될 수 없는 것이 무엇인고. 김가는 김가, 이가는 이가 각각 제 주견대로 나아가는 까닭에 될 수 없습니다. 그런즉 이것을 다 총괄하여 김가든지 이가든지 일제히 대혁명당의 자격을 가지고 활동하는 것이 조직적 혁명체가 되는 것이외다.

5조약(을사늑약) 전에도 일본에 대하여 불평이 있었고 조약 후로 지금까지 많은 감정이 쌓이어 오는 바이지마는 그동안 혁명이 성공되지 못한 것은 무슨 까닭인가? 그 원인이 셋이 있나니, 일(一)은 대표적 인물이 없다. 이 말을 듣고 여러분 놀라리라. 혁명당을 조직하는 데는 반드시 대표적 인물이 있고야 됩니다. 러시아에 레닌이 있고 미국에 워싱턴이 있고 중국에 손문이 있습니다. 이와 같이 우리도 큰 혁명당을 조직하려 함에는 그만한 인물이 없고서는 대중을 인도하여 갈 수가 없는 것이며 계획을 실행할 수 없는 것입니다. 내가 말하는 이 대표적 인물은 벼슬시키자는 큰 인물이 아니외다. 대체적 원리가 대표가 없고는 그 혁명이 성공될 수 없는 것입니다.

이(二)는 중견 분자가 있어야겠다. 즉 대표적 인물을 보조하며 대중을 인도하여 사업이 성공하도록 할 중견인물이외다. 내가 보기에는 다수한 군중이 있으나 그 중에 중견 될 만한 분자가 없습니다.

삼(三)은 대다수의 군중이 비록 훌륭한 지식은 없다 할지라도 보통적 상식은 있어야 하겠습니다. 과거에는 이것도 없었습니다.

그러면 첫째 어떤 종류의 대표적 인물이 있어야 할까? 신망이 있고 혁명의 본의대로 몸을 바친 사람이라야 할 것입니다. 과거에도 이런 이가 있었는데 숨어 있는지는 모르나 나는 보지 못하였습니다. 둘째 어떠한 중견 인물이 있어야 할까? 대표적 인물을 넉넉히 도와줄 수 있고 동지에 대하여 사랑하며 의리와 신조를 지키고 비밀이라면 자기의 어머니와 아내에게도 말하지 않아야 하겠고 또 무슨 일이나 맡아 할 만한 한 가지 기능이 있어야 할 것입니다. 만일 이것이 없으면 중견 될 수 없습니다. 과거에는 시기하고 질투하여 어떤 잘못한 것이 있으면 그 허물을 모두 윗사람에게 미루고 자기는 책임을 면하려는 교사한 수단을 써서 이랬다, 저랬다 하는 고로 중견 분자가 제 자리를 지키지 못하였습니다. 셋째 군중은 어떠하여야 할까? 과거에는 보통 식견도 없었습니다. 그러므로 그들은 혁명이 무엇인지 그 본의를 아는 사람이 적었습니다. 그들에게 위대한 창조력이 있기를 기대는 못할지언정 명석한 판단은 있어야 할 것입니다.

그러면 내 말이 조직을 하여야 하겠다고 하니 지금은 어떻게 하겠는가 하고 물으리라. 지금도 역시 이 세 가지의 어려움이 없지 않습니다. 그러나 우리는 그간 많은 훈련을 받았는 고로 앞으로는 새 조직을 건설하기에 쉬운 형편이 당하여 온다고 합니다.

전번에도 말하였거니와 나 같은 위인이 인도자의 자리에 그대로 있으면 우리의 혁명은 어렵다고 합니다. 내 생각에는 지금 큰 인도자가 올 듯

올 듯합니다. 동경이나 미국이나 내지나 어디서 생길는지 모르나 반드시 과학적 두뇌를 가진 인물이 나와야 우리의 사업을 진행할 수 있다고 합니다. 중견 분자로 말하여도 과거보다 많은 훈련을 받은 중에 있으니까 앞으로는 조직적 사업에 나가기 용이로워 합니다. 군중의 편으로도 역시 많은 훈련을 가지고 있습니다. 전에는 어떤 등사판 글만 보아도 그것이 누구를 잘못한다는 것이면 그만 성이 나서 그놈을 때려라 죽여라 하였지만은 지금은 하도 속아 온 까닭에 그럴 지라도 에그 또 거짓부리 하누나 합니다. 그러므로 우리는 조직적으로 나가기에 전보다 나은 형편이 있다고 합니다.

⟨3회분⟩

오늘날 우리가 대혁명당을 조직함에는 준비할 것이 많습니다. 인물 그것뿐 요구하는 것이 아니라 경제 준비 등 즉 돈도 요구합니다. 그러나 나는 당연한 몇 가지 준비에 대하여 말하려 합니다.

첫째는 모이는 범위를 넓혀 하자는 생각으로 힘써야 할 것이외다. 우리 중에 합하기 어려운 조건이 무엇인가. 누구나 자기가 한 가지 조건을 가진 것이 있으면 다른 이의 가진 조건을 무엇이든지 반대합니다. 예를 들어 말하면 파괴의 성질이 있는 자가 파괴해야 할 조건을 각오하였다 하면 외교하는 자를 반대하여 말하기를 외교가 무엇이냐, 이때가 어느 때라고! 우리는 다 폭탄을 들고 나가야 한다고 떠들고, 또 외교하는 사람은 말하기를 공연히 젊은 놈들이 작탄께나 가지고 그리하면 우리 독립이 되나 하고 있습니다.

이는 각각 그 심리가 단순한 까닭이외다. 그런 고로 심리상 이러한 것은 변치 않으면 안 되겠습니다. 혁명사업은 심히 복잡하여서 일, 이 인으로 감당할 수 없는 것이외다. 전에도 말하였거니와 분업적으로 하여야 하겠습니다. 나는 여러 가지 일을 다 해 나갈 수 없는 고로 한 가지만 해 나가는데, 누가 다른 것을 해 나가는 것을 보면 나는 기뻐하여야 할 것이외다.

그렇지마는 우리가 서로 자기의 하는 것만 옳은 줄 알고 그것만 하여야 한다고 하는 것은 우리의 뇌가 너무 단순한 까닭이외다. 다시 말하면 한 가지만 알고 두 가지를 모르는 까닭이외다. 이는 우리의 혁명에 대한 두뇌가 어린아이 같은 까닭이외다. 가령 어린아이가 여기 있는데 안경을 보고 달라고 합니다. 어른은 비록 꾸짖고 나무랄지라도 듣지 않고 자꾸 보이는 그 안경만 달라고 합니다. 그럴 때에 어른이 특별한 수단으로 저기 기러기가 날아가는 것 보라고 하면 어린아이도 기러기 보기에 몰두하여서 안경 생각을 잊어버립니다. 어른은 안경이든 기러기든 책상도 의자도 모두 생각하지마는 어린아이는 생각이 단순하여서 안경이면 안경만, 기러기면 기러기만 보는 까닭입니다.

그러므로 과거에 우리들이 서로 많이 싸워 온 것은 너무 생각이 단순하였던 까닭이외다. 실례를 들어 말하면 과거에 동경 지진이 있을 때에 나는 북경에 있었는데 상해에서는 적이 힘이 약할 때에 우리는 무력을 가지고 하여야 한다고 떠들며 지금이 어느 때라고 교육이니 상업이니 할 시대이냐. 적이 지금 저렇게 되었으니 우리는 무력을 가지고 나가야 한다고 떠드는 동시에 한편으로서는 준비독립운동자는 다 때려 죽여야 한다고 야단하였습니다.

그런데 이런 일도 있었습니다. 교과서 쓰던 사람이 (누구라고는 말하지 않겠습니다.) 교육이 소용없다고 연설하였습니다. 그러나 돌아가서는 다시 교과서를 썼습니다. 이것은 정신이 너무 단순하여서 연설할 때에는 아까 교과서 쓰던 생각을 잊었고 다시 교과서 쓸 때에는 아까 연설한 것을 잊어버린 까닭이외다. 총을 가지고 나가 죽는 것이 옳다고 하는 사람은 문학자가 쓸데없다고 합니다. 혁명에는 총과 칼이지 문학자가 무슨 일을 하겠는가고 합니다. 그렇지마는 혁명에는 가장 모범이 되는 러시아 혁명의 공산주의 선전을 보아도 문학자들이 있어서 프로파간다(선전서)를 만들어 사방으로 돌리매 그 주의가 오늘날 세계에 퍼지는 것을 봅니다.

이만하여도 문학의 위대한 힘이 얼마나 혁명을 돕는지 알 수 있습니다. 나의 이 말은 문학만이 주장한다는 것이 아니라, 무력가의 관찰로 혁명사업에 도무지 소용없다는 문학이지마는 그 돕는 힘이 그만치 크다는 것이외다.

또 조화책을 연구하는 사람이 있다 하면 그도 혁명운동에 소용이 있다고 합니다. 혁명운동이란 그저 들고 나와서 부수는 것이지 조화는 해서 무엇을 하겠느냐, 하지마는 조화하는 자가 없으면 일을 합하여 진행할 수가 없습니다. 그렇다고 조화만 모두 주장하자는 것이 아닙니다. 소용없는 것 같지마는 역시 소용이 있다는 것이외다.

또는 우리 사람은 혁명당을 조직하는 데 성현당을 조직하려 합니다. 누가 조금만 잘못되는 것을 보면 목을 베일 놈이라고 합니다. 결백한 자가 아니고는 참가할 수 없으면 그는 성현당일 것이외다. 혹시 독립운동자라는 누가 좀 한가히 있기만 하여도 저놈 그렇게 열렬한 운동자라 하며 이때까지 죽지 않고 있으니 때려 죽여야 한다고 떠듭니다.

전에 나는 이러한 것을 보았습니다. 국민대회 때 사람이 많이 모였던 때올시다. 어느 회석에서 어떤 청년이 일어나 말하기를, 당신네가 소위 인도자들이라 하며 왜 이때까지 죽지 않고 있느냐고 질문을 하였습니다. 그 때에 김동삼 씨가 이렇게 대답하였습니다. 너는 왜 죽지 않았느냐. 만일 죽은 열사의 혼이 와서 우리를 책망한다면 달게 받으려니와 너 같은 청년이 책망하는 것은 불가하다고 하였습니다. 그 때 그 청년은 아무 말 없었습니다. 김동삼 씨의 이 대답은 매우 잘한 대답이었습니다.

또는 가령 무슨 일을 위하여 연조(捐助)를 하는데 100원을 낼만한 사람이 10원을 내면 벌써 욕합니다. 그놈 도무지 사람이 아니다. 두드려 주자고 합니다. 나는 이번에 미주에 가서 누구에게 임시정부를 위하여 기부를 청하였습니다. 그는 나에게 100원을 내겠다고 허락하였습니다. 그 다음에 누가 묻기를 그 사람이 얼마나 내기로 하였는가? 100원 내겠다고 하였다는 대답을 하였습니다. 그는 성이 나서 말하기를, 선생님 그것 받지 마시오. 100원이라니 그게 무엇입니까? 그는 양옥에 피아노 놓고 있지요. 요리간이 둘이나 있습니다. 100원이라니요. 1000원도 적습니다. 나는 대답하기를, 1원도 고맙다고 하겠다 했습니다.

이와 같이 군중의 정도는 하나같지 않습니다. 한 길 되는 이도 있고 한 자 되는 이도 있고 최저로 한 치 되는 이도 있습니다. 그뿐 아니라 각 사람은 각각 가진 이만큼 정도가 다릅니다. 그런데 그 중에 특수한 사람은 안중근 같은 이가 있습니다. 이런 특수한 인물에 대하여는 특수한 대우를 하여야 할 것은 사람마다 안중근 같기를 바랄 수 없기 때문입니다.

그런데도 불구하고 사람마다 다 특수하지 못한다고 사람마다 다 성현이 아니라고 나무랄 수 없는 것이외다. 만일 누가 고물전에 가서 명주 두루마기를 사서 입었으면, 아! 저놈 보게, 독립운동자라는 놈이 명주 두루마기를 입고 그 돈이 어디서 났을까, 벌써 욕하고 의심합니다. 이런 고물이나 사 입는 것이 흠은 아니지마는 사람이 성인이 아닌 이상에야 어찌 흠이 없겠습니까. 혁명당을 모으는데 성현을 모으려 하며 모두 인도의 간디를 보려 하니 사람이 어찌 다 간디 같을 수 있습니까. 국민대회 때에는 상해에서 침상에서 잠자는 놈은 모두 때려 죽여야 한다고 야단이 났었습니다. 침상에서 잠자는 것이 무엇이 독립운동에 죄 된다고 그리 합니까. 상해에서는 보통 생활 제도가 그러한 것을 간도에 있다 온 사람이 보면 호강한다 합니다. 이러한 것은 모두 시기하는 데서 나는 것인데 사람마다 자기의 친구가 아니면 비록 특수한 사업을 하는 이라도 특수한 대우를 할 줄 모르는 까닭이외다. 아까도 말하였거니와 우리는 특별한 일하는 사람을 특별히 대우할 줄 알아야 하겠습니다. 사람마다 자기에게 가깝지 않다고 시기하고 질투하면 언제든지 우리 일해 나가는 데는 큰 장애가 될 것이외다.

그런데 지금 내가 말한 대로 민족혁명, 이것은 곧 이민족의 압박적 현상을 파괴하고 본 민족의 자유적 현상을 건설하자는 철저한 각오 하에서 일어난 것이므로 정치적 혁명이나 경제혁명이나 종교혁명과 같은 부분적 성질에 있지 않고 우리 민족으로는 누구나 다 같이 어떤 혁명분자나 다 같이 힘 쓸 결심을 하여야 할 것이외다.

오늘날 이 민족적 혁명은 막을래야 막을 수 없는 민족적 감정이 깊어 있는 원인으로 된 것입니다. 이는 과거와 현재에 있는 사실이 그렇지 아니할 수 없는 까닭이외다. 그런 고로 일본 놈의 통치하에서는 하루에 세 번을 먹고 편히 산다 할지라도 그것은 원치 않고 독립한 후에는 하루 한 번을 먹는다 할지라도 그것은 좋아합니다. 이는 잘 살자는 경제문제보다도 민족적 감정이 깊은 까닭이외다.

보시오. 피를 흘리고 나가 죽은 청년들이 자기네 잘 살기를 바라고 그리하는 것 아닙니다. 살래야 살 수 없으니까 이래 죽으나 저래 죽으나 죽기는 일반이라는 민족적 감정에서 난 것입니다. 그래서 우리가 이민족의 압박을 벗으면 살고 그렇지 않으면 멸망하고 말겠다는 이해타산과 사활문제로 이 혁명이 일어난 것입니다. 그래서 나가 죽는 그들이 자기의 행복스러운 생활을 목적함이 아니요, 기왕 죽게 된 이상에는 동족의 행복이나 위하여야겠다는 것입니다.

본국의 현상을 보시오. 일인에게 토지를 팔면 안 되겠다는 것을 말하는 바이지마는 경제와 정치의 세력으로 덮어 누르는 아래에서 견딜 수 없으니 자연 팔지 아니할 수 없게 되는 것입니다. 그래서 토지와 가옥을 잃은 사람들이 날로 대판과 고베와 요코하마로 건너가게 됩니다. 그뿐 아니라 만추리아(만주)로 들어가는 사람은 얼마입니까. 이처럼 누르는 이민족의 압박은 본 민족의 사활문제인 까닭에 불가불 민족혁명을 아니할 수 없게 된 것입니다.

그러므로 우리는 각각 그 정신과 주의와 장단은 불계하고 대혁명당을 조직하도록 합하여야 하겠습니다. 각각 협애(狹隘, 아주 좁은)한 주의와 생각은 버리고 전 민중을 끌어 동일한 방향으로 나가야 할 것입니다. 이렇게 하려 함에는 아까 말한 대로 대표적 인물이 있어야 하겠습니다. 나는 진정으로 이것을 붙들고 나갈 만한 인도자를 목마른 것처럼 기대합니다. 지금 나는 생각에 내일 올 듯 모래 올 듯합니다.

혹은 말하기를 인도자 되는 이가 제 자격이 있으면 되는 것이지 어떻게 만들겠느냐 합니다. 과연 그렇습니다. 제가 자격이 있으면 되는 것입니다. 그러나 같은 자격이 있을지라도 군중이 인증치 않으면 될 수 없습니다. 소크라테스 같은 이는 많은 군중이 따랐었지마는 마지막 죽을 때에는 한 제자가 없이 죽었습니다. 그가 상당한 자격이 없는 것이 아니지마는 군중이 배척하는 데는 할 수 없는 것입니다.

우리나라에도 이순신 같은 이로 말하면 상당한 인도자의 자격이 있는 이지마는 시기하여서 아무것도 할 수 없는 땅에 두었다가 필경 급하게 되니까 죽을 땅으로 내몰은 것이외다. 그러므로 그는 승전하고 돌아오면 어떠한 시기가 있을지 몰라서 차라리 죽는 것이 낫다고 부러 적의 살에 맞아 죽었습니다.

오늘 이 자리에 모인 여러분. 우리는 이제부터 누구의 장단과 대소를 말하지 말고 단결하여 나갑시다. 전 민족적 운동을 할 배포를 가집시다. 하루바삐 민족적 일대 혁명을 기성하기 위하여 노력합시다. 우리 운동이 과거의 많은 경험을 가졌는 고로 큰 조직을 이룰 만한 큰 인물이 나오게 되었습니다. 그러므로 내일 올 듯 모래 올 듯하여 갈수록 나올 날이 가까이 온다고 생각합니다. 이 다음에는 인도자 될 만한 인물이 나오면 여간한 흠점이 있더라도 이것을 말하지 말고 더 크게 넓은 것을 바라보고 나갑시다.

중견 분자 될 만한 여러분은 앞으로 대혁명당을 조직할 만한 준비를 할 날이 오늘이외다. 그런즉 나와 및 여러분은 대혁명당이 실현되도록 각각 사견을 버려 공리를 도모키 위하여 민족적 혁명 정신으로 힘써 나갑시다. 그래서 우리의 대혁명적 기치 하에 대중이 단합되도록 하여야 하겠습니다.

내가 오늘 말한 대략한 취지는 오늘 우리의 혁명이 무엇인고 하면 즉 민족혁명임을 말하였고, 그 다음에 과거의 이 운동이 어떠한 결함이 있는 것을 들어 고치어야 할 것을 말하였고, 마지막으로 우리의 힘을 더욱 모으기 위하여 우리의 목적을 달하기 위하여 제일 필요한 대혁명당을 실현시키기에 노력하여야 할 것을 말하였습니다.

잠간 쉬었다가 임시정부 문제에 대한 말씀을 하겠습니다.

(쉴 동안에 애국가를 부르다. 때는 9시 50분이더라.)

〈4회분〉

임시정부 문제에 대하여

지금은 임시정부 문제에 대하여 간단히 말하겠습니다. 나는 오늘 낮에 어떠한 감촉을 받은 일이 있어 매우 처참하였습니다. 나는 임시정부에 대하여 죄악이 많다고 합니다. 어찌 죄가 있은 줄 아느냐 하면 우리의 시작하였던 것은 이것저것 다 없어지고 따라서 사람까지 없습니다. 전에 우리가 세운 임시정부는 얼마나 쇠약한가? 우리의 쇠잔한 이것은 남에게 책임이 있지 않고 우리 잘못에 있습니다. 그러므로 우리는 새 각성을 가지고 죄를 회개하고 나가야 하겠습니다.

임시정부 문제에 대하여 오늘날 그대로 보존하여야 할까? 걷어치우고 말까? 하는 문제가 있습니다. 다시 말하면 누구는 없애 버리자, 있으면 그것 때문에 싸움만 한다고 합니다. 우리의 싸움하는 것이 임시정부 문제가 아닙니다. 임시정부 때문에 싸우는 그네는 정부가 없더라도 싸울 것입니다. 그 싸우는 것은 정부 까닭이 아니요, 각각 자기에게 깨끗지 못한 심의가 있는 까닭이외다. 아이가 관계되는 것은 밥의 죄가 아니요, 밥을 잘못 먹은 죄입니다.

그와 같이 우리의 싸우는 것이 죄요 임시정부의 죄가 아닙니다. 이런 것을 불구하고 임시정부 까닭이라 하면 우리의 죄는 한층 더합니다. 그뿐 아니라 임시정부 까닭이라는 것은 그 말부터 헛소리올시다. 어쨌거나 지금 이것을 버릴 수는 없는 것이외다. 그 이유를 말하면 첫째로 역사적 관계입니다. 이 임시정부는 '조선은 독립국임을 선언함' 한 종지 위에 건설한 것으로 우리의 생명은 없어질지언정 임시정부는 없이할 수 없습니다. 둘째로 독립운동의 방략상 될 수 없습니다. 8년 동안 있어 온 것이 지금 와서 없어진다 하면, 첫째 본국에 있는 인민들이 어떻게 생각하겠습니까. 외국에서도 역시 한국에 임시정부가 있는 줄 다 알게 된 것인데 지금 없어진다 하면 세상 사람이 어떻게 생각하겠습니까. 아무리 하여도 이것을 버릴 수 없는 것입니다.

그런데 지금 임시정부는 조그마한 농장 집세를 주지 못하고 국무령 할 사람이 없어서 그만 두었다 하면 이 어찌 우리의 죄가 아니겠습니까. 만일 이것이 없어진다 하면 우리는 세계적으로 민족적 타락을 받을 조건이 되겠습니다. 혁명사업이 실패에 있고 곤란이 극심한 오늘에 이것을 유지할 수 없다 하나 우리가 힘써 유지하여 나간다 하면 이 다음에 큰 힘으로 해갈 수 있을 기회가 있으려니와 만일 끊으면 우리의 생각을 끊는 것과 같습니다. 그러므로 불가불 유지하도록 하여야 하겠습니다.

나는 이번에 오스트레일리아에서 올 때에 배 안에서 중국사람을 만났는데 그는 우리 임시정부는 근래 형편이 어떠하냐고 묻습디다. 또 그는 말하기를 한국 임시정부와 우리 국민정부가 서로 연합하여 약소민족을 압박하는 제국주의를 파괴하도록 하면 좋겠다고 합디다. 사실로 그러하거니와 환경도 그러하니 불가불 붙들어 가지 않으면 안 되겠습니다.

그런데 과거에는 우리가 임시정부에 대한 책임심이 없어서 그렇게 하였습니다. 이승만 씨가 있든지 이상룡 씨가 있든지 박은식 씨가 있든지 임시정부는 우리 것이라고 생각하지 못한 착오이외다. 정부 안에 있는 자연인은 설혹 부족하다 할지라도 그 책임은 개인에게 돌릴 것인데 우리는 그것을 정부에 돌리었습니다. 그래서 과거에 누구누구 잘못한 것을 지금까지 정부에 미루는 고로 그 책임이 지금 있는 사람에게 덮쳐 씌워집니다.

그래서 임시정부에서 무엇을 하였느냐고 합니다. 정부가 책임지는 것은 대외 하여서 될 것이지 국내에서는 될 수 없습니다. 외국에서는 언제든지 국제상 책임은 어떤 내각에서 하였든지 정부에서 책임을 지되 국내의 책임은 잘못한 그 내각이 지고 정부는 그대로 신성하게 받들어 올립니다.

그러나 우리는 그렇지 않습니다. 어떻든 잘못된 사실이 있으면 그 사실뿐이요 그 자연인뿐 잘못이지 그렇다고 정부를 배척하는 것은 불가합니다.

이와 같이 정부가 잘못한 일이 있어서 그렇다는 것보다도 첫째 책임심이 없어서 그런 것이요, 둘째는 정부를 가벼이 여기는 까닭이외다. 그런즉 우리는 과거에 누가 있었든지 지금은 누가 있든지 장래는 누가 있게 되든지 말하지 말고 또 그 중에 누가 잘못하든지 말든지 정부는 아무쪼록 붙들어 가야 할 것입니다.

우리가 지금 정부가 왜 저 지경에 있는 것을 보고 어떻게 해야겠다고 생각해 본 적이 있으면 왜 그렇게 되었겠습니까. 전에 우리는 정부에서 여간 집세를 주지 못할지라도 아무쪼록 숨기고 우리끼리 서로 힘써 주선하도록 하였습니다. 만일 외국 사람이 알게 되면 수치 되는 일이라고 그렇게 하였습니다. 그러나 지금은 이러한 사정을 왜놈이 다 압니다. 정부의 집세 못 주는 사정뿐 아니라 기타 사소한 것까지라도 다 압니다. 지난 일은 어떻든지 지났은즉 이제는 아무쪼록 잘 유지하도록 해야겠습니다.

그러면 임시정부를 존재케 하는 데는 어떻게 할까? 첫째는 인물이 있어야 하겠고 둘째는 돈이 있어야 하겠습니다. 인물이 곤란하다면 혹은 말하기를 우리가 다 한인인데 국무령 할 사람이 없으랴. 없으면 아무라도 하겠지 하지마는 그렇지 않습니다. 과거에도 임시정부 승인파, 불승인파가 있었는데 자연 인물은 승인파에서 선발할 수밖에 없었습니다. 그러므로 일파에서는 반대하고 일파에서는 붙들어 갈려니 오늘날은 몰락적 상태에 빠지게 된 것입니다.

그렇거든 대혁명당을 조직하자는 이때에 한 국부에서만 인물을 선발할 수 없는 것은 사실이외다. 그러므로 쌍방을 협조할 만한 인물을 요구하게 되는 것이매 곤란하지 않을 수 없습니다. 그러나 사실은 사실대로 할 수밖에 없는 것인즉 그렇게 되지 않는다고 낙심하고 말 것은 아닙니다. 할 수 있는 한도까지 하여 나가며 잘될 수 있는 기회를 짓도록 힘쓸 것입니다.

그런즉 누구나 해보려는 이가 있은즉 하게하고 우리는 같이 힘써야 할 것입니다. 혹은 나에게 말하기를, 그러면 왜 너는 정부를 유지하도록 취임하지 않고 그리하느냐 하겠지마는 나도 정부를 위하여 나가지 아니함이외다. 이는 자신의 문제인 까닭에 긴 말을 하지 아니합니다.

이러한 때에 진강 가 있는 홍진 씨가 정부의 생명을 지속하여 주기 위하여 나왔습니다. 그는 본래 어느 편에 가담한 적이 없고 제일 욕먹지 아니한 분입니다. 나는 일찍이 그의 말을 들은즉 그는 나의 말과 같이 국부적으로 하지 아니하고 앞으로 대단결을 지어서 나가야 한다고 합디다. 또 그는 우리의 대단결을 위하여 서적까지 만든 것이 있습니다. 과거에 우리는 편당이 있었고 그 편당에 간섭되지 않은 자 없었지마는 홍진 씨는 아무 간섭이 없었습니다. 그런데 그거 사양치 아니하고 나와 주는 것은 우리에게 얼마나 다행한지 다 말할 수 없습니다. 그래서 우리는 인물에 대한 한 문제를 덜었습니다. 아시는 분도 많으시겠지마는 그는 오늘 오후에 취임까지 하였습니다.

둘째로 돈을 요구하는 것은 첫째 집세도 주어야 하겠고, 그 나머지 비용도 써야 하겠습니다. 그런데 여러분 돈 어디서 납니까. 혹은 러시아에서 얻어다 쓰게 하자 광동정부에서 얻어다 쓰게 하자 합니다. 왜 러시아 사람이나 광동사람이 돈을 내겠습니까. 이것이 러시아 사람이나 광동사람의 정부입니까. 이것이 대한사람의 임시정부이면 대한사람이 돈을 바쳐야 할 것입니다. 과거에 이승만 씨를 고얀 놈 고얀 놈 하기만 하였지 정부를 위하여 단 돈 5원이나 내면서 그렇게 하였습니까. 이승만 씨가 비록 나폴레옹 같은 재능이 있은들 어떻게 하겠습니까. 그런즉 러시아 사람은 러시아 사람의 정부를 위하고 대한사람은 대한사람의 정부를 위하여 세납을 바치며 의무를 이행하여야 할 것입니다.

그런즉 나는 이에 대하여 더 긴 말을 하지 아니하려 합니다. 대한사람의 정부는 대한사람이 지키고 법에 의하여 인구세를 동맹하고 또 특별 담부로 1년에 1원 이상으로 몇 원이든지 각각 그 힘에 의하여 바치기로 맹약하여야 하겠습니다. 그러면 각 사람은 매년에 2원 이상을 부담을 하는 것이 되겠습니다. 혹시는 머리 둘 곳도 없는 사람도 있겠지마는 그렇다고 1년 내에 1, 2원의 금전 낼만한 기회가 아주 없을 리는 만무한 것입니다. 지금 이것을 할 수 없다고 하면 그는 양심이 없어 그런 것이지 할 수 없는 것은 아니겠습니다. 그런즉 우리는 이처럼 맹약하고 실행하여 나가며 상해 이외에 남경과 만주와 미주로 이 취지를 선전도 하면 자연 향응될 것입니다.

혹시는 정부에 있는 자연인을 미워서 바치지 않는 이도 있겠지마는 하는 사람끼리라도 하여 나가면 운동 발전상 역시 큰 도움이 되겠습니다. 그리고 우리가 지금 홍진 씨를 국무령이라고 그를 표준할 것이 아닙니다. 나는 그이와 친하니까 내겠다, 나는 그이와 친하지 못하니까 내지 못하겠다 하지 말고 우리의 공동한 그릇을 붙들어 가야 하겠다는 뜻으로 미우나 고우나 바치어야 하겠습니다. 그러니까 정부에 있는 자연인을 문제 삼지 말고 정부 유지만 힘써야 하겠습니다.

혹시는 말하기를 아! 그러면 돈만 내고 정부에는 부적합한 사람이 들어가도 말을 말란 말이요 하고 질문하겠지마는 그 문제는 따로 갈라서 그것을 말하기를 원하는 사람끼리 딴 회를 조직하여 가지고 말 할 수 있습니다. 나는 전에도 누구에게 이런 말을 한 적이 있지마는 우리는 경제만 후원하고 정치문제는 일절 간섭을 말자. 그러되 단독적으로 후원한다 하면 힘이 약한 까닭에 합동적으로 하자. 이런 취지로 우리는 한 회를 조직하되 정부에 있는 자연인의 합·불합도 말하지 말고 그 외에 일절 정치도 간섭치 말고 단순하게 하자. 그래서 우리는 한 당적 책임을 가지고 나가자. 이렇게 말하였습니다.

우리가 우리의 혁명사업이 성공되도록 하는 데는 제일은 대혁명당을 조직하여야 하겠고 제2는 대혁명당이 조직되기까지 임시정부를 어떻게든지 붙들어가야 할 것이외다. 대혁명당이 조직되는 동시에 임시정부보다 더 큰 어떤 조직체가 생기면 그 때에는 그만 둔다 할지라도, 그것이 실현되기 전에는 자체의 내부로서 드러내놓고 임시정부를 집어치운다 하면 우리의 운동은 부흥시킬 여지가 없이 되겠습니다. 그런즉 임시정부를 붙들어가는 것은 오늘날 우리들의 마땅히 할 책임으로 알고 일치 협력하여 대조직체가 실현되기까지 유지하여 가도록 하기를 바랍니다.

나는 오늘밤에 우리의 앞길을 밟아 나갈 것으로 일, 새로운 대혁명당을 조직할 필요를 말하였고 이, 지금 임시정부를 유지할 필요와 방침을 말하였습니다.

그런데 잠깐 알고 싶어 하는 것은 여러분의 뜻이 어떠한지 우리 임시정부를 남에게 의뢰하지 말고 우리로서 유지하여 가도록 매년 2원 이상의 돈을 바칠 마음이 있는 이는 손을 들어 표하여 주시오.(전부 들더라) 감사합니다.

48. 안동현 한인청년회 주최 만찬회에서의 연설

◉ 安東縣 韓人靑年會 主催 晚餐會席上에서 最後演說[48] (1935. 9. 20.)

(안동현 한인청년회장인 편자의 사회로 도산 선생께서 식탁에서 기립, 대중 열광 환영 박수)

이곳은 만주 입구라고 하나 거금 1천 2백여 년 전 고구려 전성시대에 이곳에서 원동 7백리가 우리 조상이 차지하였던 땅입니다. 그리하여 이곳에서 좀더 가면 고려문(高麗門)이란 정거장이 있고 동변도(東邊道) 집안현(輯安縣) 일대에는 이때 성벽 기타 고적이 있습니다. 그러나 지금 우리는 빈천한 처지에 있으니 선조를 대할 면목이 없습니다.

그런데 나는 대전감옥에서 나온 후 삼남 일대를 돌아 이곳까지 오는 동안 친지와 동지들에게 오래 간만에 정담은 물론 회식도 20인 이내 제한을 받게 되는 나의 신변으로 유구무언 할 말도 없거니와 하고 싶지도 않습니다. 그러나 나는 금일 이 회석을 주최한 수양중심 청년회라는 수양 두 자가 무엇보다도 눈에 띄입니다. 나는 언제나 수양 두 자에는 수양 즉 힘이오 수양 즉 ○○('독립'을 말함-엮은이)이라고 합니다.

중용(中庸)에 성자(誠者)는 천지도야(天之道也)요 성지자(誠之者)는 인지도야(人之道也)라 하였으니 성(誠)이란 참이요 천지가 참으로 유지되어가니 한번 참이 깨어지면 천지는 즉각에 부서지리라고 생각하오. 모든 별들이 제 궤도

---

[48] 이 연설의 출처는 강제환(姜齊煥) 편 《도산 안창호웅변선집》, 1950. 웅변구락부출판부, 126-135쪽이다. 편자 강제환은 이 책의 상권에서 24장의 도산 관련 연설, 대담, 보고서 등을 웅변의 사례로 소개하였는데 그 사례들이 대부분 출처가 불분명하고 사실 관계에 오류도 적지 않다. 그러나 이 연설은 편자 자신이 안동시의 한인 청년회장으로서 도산을 직접 초청하여 연설회를 주관하고 기록하였다고 하므로 어느 정도 신뢰할 수 있는 연설로 판단된다.

를 갑네 하고 딴 길을 가고 시서(時序, 때와 순서)가 어그러져 봄이 되는 척하고 겨울이 된다고 하면 천지는 파괴가 되고 혼란이 되리라고 생각하오. 나라도 그와 같아서 모든 벼슬아치와 모든 백성이 다 참을 지키는 동안은 결코 망치지 아니할 것이오 그와 반대로 그 중에 어느 하나가 참을 버리고 거짓의 길로 가면 벌써 그 나라는 어지러워진다고 생각합니다.

그러면 참이라는 것은 거짓이 없다는 것입니다. 그러면 우리 민족이 망하게 한 원인은 이 거짓과 공론에 일대 원인이 있는 것입니다. 중국민도 근대에 추락하여 허위가 많지마는 그들은 그래도 상업에서만은 신용을 지킵니다. 그래서 그들은 남양제도와 북미주까지도 상권을 장악하고 있지마는 우리 민족은 상계(商界)의 신용까지도 실추되고 말았습니다. 이(異) 민족에 대한 신용 없이 어찌 우리의 상공업이 발달되며 상공업의 발달이 없이 어찌 우리가 빈약을 면하고 부강을 획득할 수 있으랴. 그런데 민족 자체 내의 상호 신용이 없이 어찌 국제적으로 신용을 박(博)할 수 있으며 민족의 자존인들 보장할 수 있으랴.

우리 민족은 일상 생활에 거짓과 친하기 때문에 다른 민족도 다 이러하려니, 사람이란 본래 이러한 것이니, 이렇게 생각하는 이가 많습니다. 나는 일상 다른 사람이 이런 말을 할 때마다, 그럴 리가 있소? 영·미국사람이 우리 모양 거짓이 많을진댄 영미국도 우리나라 모양으로 망하였을 것이오. 거짓 많은 국민으로 아니 망하는 국민이 어디 있으며 거짓 많은 채 부흥한 국민이 어디 있소? 이렇게 단언합니다. 그러므로 우리 민족이 거짓에서 벗어나는 날이 곧 쇠망의 비운에서 벗어나는 날이오 한인의 말은 믿을 수 있다 하고 외국인에게 신뢰 받게 되는 날이 우리 민족이 창성하는 날이라고 확신합니다.

그리고 우리 민족성의 추락에서 찾아 내인 둘째 병통은 '입'입니다. 공담공론입니다. 남에 대한 비평입니다. 빈 말로만 떠들고 실천실행이 없는 것입니다. 저는 아무 것도 아니하면서 무엇을 하고 있는 남을 비판하기만 일삼는 것입니다. 그리하여 나는 이조 5백년의 역사는 거짓과 공담과 공론의 역사라고 봅니다. 그러하기 때문에 이조 5백년간 경제적으로는 위대한 유산이 적고 오직 갑론을박 뿐이었습니다. 이런 악인(惡因)을 뿌려놓은 이조 5백년이 우리 민족을 금일 이 빈천(貧賤)과 이 모양, 요 꼴을 만들어낸 것이 아니고 무엇이겠습니까!(청중은 부지불식 중 숨이 가빠졌다.)

과거 우리나라 대신은 이름만 대신이지 대신 자리에 앉아서 사리사욕에만 눈이 벌개서 당파싸움과 사대사상만 길렀습니다. 입으로는 수신제가, 치국평천하라고 하면서 교육이나 산업이나 치산, 치수, 국방에는 아무 여념이 없고, 마치 '소'에게 무엇을 먹여야 가장 좋다고 토론의 세월을 보내다가 '소'만 굶겨 죽였습니다.(청중은 박수)

그러므로 나는 40년 전 국내에서 청년학우회, 30여 년 전 미국에서 흥사단을 통하여 일관 부르짖는 것은 개인에 있어서는 건전인격이 제1의 주장입니다.(청년학우회와 흥사단의 창립은 각기 1909년과 1913년이므로 40년 전과 30년 전이라는 숫자는 착오이다. -엮은이) 이 건전한 인격이 없고는 고도민족(高度民族)을 완성할 수 없고, 개인으로나 민족으로나 '힘' 있는 자가 되지 못하고, 이 힘이 없이는 결코 목적하는 바 소원을 성취할 수 없습니다. 쇠퇴하였던 민족의 운세를 왕성케 한다는 소원은 모든 소원 중에도 제일 큰 소원이기 때문에 이것을 달하기 위해서는 모든 '힘' 중에 가장 큰 '힘'을 필요로 하는 것이니, 민족이 가장 큰 '힘'을 발하는 길은 오직 하나 딴길 없는 오직 한 길, 즉 민족 각 개인의 인격을 건전하게 하는 길입니다. 만일 민족 전체가 다 건전한 인격자가 되었다면 그야말로 소향(所向, 어느 곳을 향함)에 무적이오 일 치고는 못할 일이 없을 것이나 이것은 오직 구원한 세월의 불휴(不休)의 노력으로만 달할 것이어서 성급한 우리 생각으로 백년하청을 기다리는 감이 없지 아니합니다.

이래 가지고 언제 ○○을 하랴 하는 한탄을 발할 이도 있을 것입니다. 그러나 민족 전체가 모조리 왼통 다 건전한 인격이 되는 완성의 날까지에는 수없는 계단이 있습니다. 민족의 천분의 일이 혹은 백분의 일이 이 모양으로 건전한 인격이 되는 완성의 수와 전 인구 수와의 비례 관계가 증진함을 따라서 민족의 역량이 증진하며 민족 내에서 건전한 인격 증가율이 가속도적으로 촉진될 것이오, 만일 각 건전한 인격주의자가 끊임없이 하나가 한 사람씩을 동지로 끌어넣는다면 이 인격수양 동지의 수는 기하급수적으로 약진할 것입니다.

이와 같이 수양한 건전한 인격자가 많이 생기면 그들이 정치가도 되고 교육가도 되고 실업가도 되어서 건전한 사회를 이룰 수 있다고 믿소. 건전한 인민이 많은 나라에서는 부정한 개인이나 당파가 국사를 못할 것이니 국민을 건전케 하는 기초라고 할 것입니다.

왜 그런고 하면 민족 개인의 자아가 허위에서 성실로, 이기에서 애국애족으로 상호증오 상호배제에서 상호부조, 상애상경으로 고식(姑息, 임시 변통)에서 원려(遠慮, 앞의 일을 깊이 생각함)로 개인에서 단결로 혁신되지 아니하고는 민족이 무신용에서 신용으로 상극에서 화합으로 무력에서 유력으로 혁신될 수 없고 이렇게 민족이 혁신되지 아니하고는 도저히 국가의 ○○과 민족의 번영이 있을 수 없기 때문입니다.

예나 이제나 우리는 우리나라에 인물이 부족함을 한탄하는 소리를 듣습니다. 다들 '인물이 없어서'하고 한탄합니다. '왜 우리 중에는 인물이 없나?' 나는 이에 대하여서 이렇게 대답하겠습니다. "우리 중에 인물이 없는 것은 인물이 되려고 마음먹고 힘쓰는 사람이 없는 까닭이다. 인물이 없다고 한탄하는 그 사람 자신이 왜 인물 될 공부를 아니 하는가?"

집을 지으려도 재목이 없습니다. 재목은 외국에서 사들일 수도 있습니다. 나라를 세우려는데 사람이 없습니다. 사람은 외국에서 사들일 도리가 없으니 세월이 걸리고 힘이 들더라도 국내에서 양성할 도리 밖에 없습니다. 말하자면 학교가 국가를 위한 인재를 양성하기 위한 묘포(苗圃)이지마는 그것은 오직 묘포입니다. 정말 이 인물이 되고 안 되는 것은 제게 달렸습니다. 그러므로 우리나라에 인물이 많이 나는 길은 오직 하나입니다. 그것은 저마다 인물이 될 결심을 하고 공부를 하는 것입니다. 저마다 성현을 기하고 인격을 수양하는 것입니다. 최저한도로 저마다 한 국민 구실을 할 만한 자격을 갖추기 위하여 덕, 체, 지를 수양하는 것입니다.

이밖에는 길이 없습니다. 더구나 모든 것에 있어서 열강에 뒤떨어지고 세계적 빈천자인 우리 민족으로서는 인일아십(人一我十, 다른 사람이 하나를 하면 나는 열을 함)하는 기개로 속성급취(速成急就, 속히 이루어 취함)하는 모든 방법을 강구하지 아니하면 안 됩니다. 그리하여 민족 신용의 한난계(寒暖械)의 영하에 떨어진 수은면(水銀面)을 우리의 성과 열로 비등점에 인상하지 아니하고는 도저히 국제적으로 존경하는 평등하고 유력한 일원이 될 수는 없는 것입니다.

현재 세계에서 영미인이 가장 우월한 지위를 점령하고 있으니 그것이 우연일 리가 없소. 반드시 우월한 지위를 점유할 국민성과 우월한 수양과 노력이 있기 때문이라고 믿소. 왜 그런고 하면 세상만사 우주의 모든 현상은 다 정확한 인과관계의 지배를 받는 것이므로 영미인이 탁월한 지위를 가진 것이나 우리 민족이 빈천한 처지에 있는 것이나 죄다 인과관계지 결코 우연이 아니라고 생각하오. 그러므로 우리가 잘사는 남과 못사는 우리를 비교하면 우리의 진로가 분명해지리라고 생각합니다.(박수)

그리고 우리 동포 각자가 산업에 힘쓰시고 부(富)는 각자 가지시오. 유태국 사람은 나라는 없어도 개인의 부력은 세계에 제일이라. 어디를 가던지 개인 대우로는 소향활발(所向活潑, 향하는 바마다 활발함)함이오, 자기가 하고 싶은 무엇이나 하고 있지 않습니까? 우리 민족은 건전한 인격의 힘을 모아 한 덩어리가 되어 있고 민족의 부력까지 준비하고 있습시다. 그러면 언제든지 좋은 기회는 오는 법입니다. 준비 없는 민족에게는 기회가 온들 무엇하겠습니까. 춘경(春耕) 없는 농가에서 추수가 있을 수 없습니다.

제1차 구주대전이 휴전되어 세계 약소민족 자결의 기회를 놓치고 말았습니다. 준비 없고 계획 없는 운동, 즉흥운동은 우리 민족의 과거의 결점이오 습관입니다. 그리하여 나는 과거 경술년부터 기미년에 이르는 10년 간 '나가자' '죽자' 식으로 민력배양을 등한시하는 급진논자를 배격하고 '나가자' '죽자' 대신에 나갈 준비를 하고 죽을 수 있는 준비를 하자는 십년생취(十年生聚, 10년 동안 살아서 모음), 십년교훈(十年敎訓)을 적극 주장하였던 것입니다.

나는 최후로 국가제일 민족지상의 이념에서 내 나라를 부하게 하고 내 민족을 흥하게 함에는 민족자본주의를 주장하며 최근 사회혁명사상에는 민족평등, 정치평등, 경제평등, 교육평등 등 이상 4대 평등인 대공주의를 적극 주장합니다.

(1935년 9월 20일 안동현에서 이 강연으로써 선생의 강연은 이 세상에서 종막을 내리었다. 당시 선생은 58세 그 당시 3천만 우리 민족은 선생의 바다 같은 그 웅변을 얼마나 요구하였느냐? 그러나 극악무도한 일본이 무조건 항복을 약속하던 최후 횡포의 전야.)

49. 기독교인의 갈 길

● 기독교인의 갈 길49) (1936. 10. 4.)

(이것은 지난 10월 4일에 평양 감리교회 연합 예배로 남산현 교회에 집회되었을 때에 하신 말씀을 초록한 것입니다 - 문귀재 기자).

이번 집회에 와 달라고 보내신 청첩 중에 "말씀은 못 하더라도 한번 와서 얼굴만 뵈어 주어도 일반 교우는 감사를 마지 않겠습니다". 한 이 구절을 읽고 참으로 평양성 중에서 부족한 이 사람을 성심으로 보기를 원하는구나 하고 도리어 황송하기 짝이 없었습니다.

나는 오늘 저녁 여러분을 대하여 간단히 말한다면, "나의 경애하는 동포들아 나아가자. 너도 나아가자. 오늘도 내일도 모레도 나아가자. 나아가지 않으면 죽는 것이오, 나아가면 산다." 이 같은 소리가 내 귀에 똑똑히 들리는 듯합니다. "너희들은 왜 슬퍼하느냐 나아가자. 나아가지 않으면 죽는다." 이런 소리가 내 귀에 똑똑히 들리는 듯합니다. "떨치고 나아가자. 나아가면 된다는 믿음으로 머뭇거리지 말고 나아가자. 우리의 처지를 생각하면 꼭 나아가야 한다." 나아가야 하는 말은 곧 옛 발자국에서 떠나서 새 발자국을 디디는 것이외다. 우리 조선사람이 옛 발자국에서 떠나서 두려워 말고 새 발자국을 디디며 나아가자. 다시 말하면 옛 사람을 벗어버리고 새 사람을 옷 입듯 하여 옛날 앙화(殃禍, 재앙)받던 그 자리에서 떠나서 나아가자.

---

49) 전영택이 발간한 잡지 《새사람》 제1집(1937) 1월호에 게재된 것으로 도산 선생이 평양감리교회 집회에서 말씀한 내용을 정리한 것이다.

우리는 스스로 자기를 혁신하여야 합니다. 기독교인의 나아가는 목적지는 천국이외다. 그러면 어떠한 길로 나아가야만 될까. 예수께서 말씀하시기를 "영생의 길은 좁고 험하다"고 했습니다. 다시 말하면 예수 그리스도인이 할 일이 무엇인가. 그리스도인은 거룩한 생활을 해야 될 것이오. 그 포부가 위대해야 할 것입니다. 그리스도인 된 자는 마땅히 이 죄악 세상을 구원하기 위하여 예수를 대장으로 삼고 용감스럽게 나서야 하겠습니다.

예수교인은 먼저 자기를 검토하여 양심의 안심을 얻지 아니하면 안 됩니다. 심령의 안심, 즉 구원의 자각을 얻은 다음에는 다시 남을 구하려는 생각을 가져야 하겠습니다. 이런 용기를 얻어 가지고 "내가 세상을 구원하리라" 하는 위대한 포부가 있어야 하겠다는 말이외다. 이러한 생각이 없으면 과연 예수교인이라 할 수 없습니다.

죄악에서 지성으로 나아가야 합니다. 만 가지 고생은 죄악에서 나왔으니 우리는 먼저 죄악에서 옮겨서 지성으로 나아가야 합니다. 이것은 자기 가정으로부터 동리, 동리로부터 사회에까지 실행하여야 할 것이외다. 죄악이 무엇입니까? 그 수가 많지요. 간음, 도적, 시기, 원망, 비방이 모두 죄악이외다. 그러나 이 모든 죄악은 사랑하지 않는 데서 생깁니다.

그러면 지성의 골자는 무엇입니까? 예수께서 가라사대 "내가 너희에게 새 생명을 주노니 너희는 서로 사랑하라. 내가 너희를 사랑하듯 너희도 서로 사랑할지니라" 하셨거니와 〈신약〉 처음부터 〈묵시〉 마지막 장까지 전권의 골자는 곧 사랑이외다. 죄를 회개하라 함도 사랑하지 않는 데서 사랑으로 옮겨 나오라는 말이겠지요.

요새 들리는 말에 정통, 비정통, 영적, 비영적하여 성경 주석을 각기 자기의 뜻대로 내어 가지고 자기의 주석과 같지 않으면 다른 사람의 주석을 비정통이라고 하고 다른 사람의 행동이 자기의 행동과 다르면 "저 사람은 비정통하다" 합니다. 서로 모해하기 위해서 이단이라 합니다.

여러분은 무엇으로 정통과 비정통을 판단하렵니까? 내 생각에는 사랑으로 하는 자는 곧 정통이요, 그렇지 않은 자는 제 아무리 주석을 신·구약을 통하여 수천 권을 내었댔자 (사랑이 없으면) 곧 비정통이요, 이단이외다.

요새에 동리 사람들이 내게 와서 "요나가 고래 배 속에 들어가서 사흘 동안이나 있다가 살아 나왔다 하니 이것이 참말입니까?" 하고 묻기에, 이에 대하여 나는 "그런 사실을 묻지 마시오. 남을 내 몸같이 사랑하라, 사랑은 모든 율법을 폐한다 했으니 사랑이면 전부요. 이것이 하나님 앞에서 진리요, 정통이외다. 성경 문구를 가지고 말하고 이단이니 무어니 할 것이 아니라 사랑하고 안하는 것으로 판단할 것이외다." 하고 대답했습니다.

또 영적 비영적은 무엇입니까? 어떤 목사가 설교하는 것을 듣고 어떤 부인이 말하기를 "그 목사는 설교할 때 목소리를 떨기도 하더구만. 참으로 신령하데……" 이런 것은 다 망상이외다. 하나님의 뜻대로 사는 것이 신령한 것이외다. 하나님의 뜻은 곧 사랑입니다. 하나님께서 예수를 이 세상에 보낸 것도 인생으로 하여금 불애에서 애로 옮기기 위하여 하신 것이오, 예수의 33년 생활도 인류를 죄에서 사랑으로 옮기려는 것이 목적이었습니다. 사랑에 화한 세계를 만들려고 하는 것이 하나님의 목적이요, 또한 우리의 목적이외다.

맘에도, 얼굴에도, 행동에도 사랑을 표현하여 가정에서 식구를 대할 때나 동리에서 이웃 사람을 대할 때나 선한 사람이나 악한 사람이나 어떤 사람을 대하든지 사랑으로 하여야 우리의 목적이 이루어질 것이외다. 세상에서 내가 사랑할 만한 사람도 없고 나를 사랑하는 사람이 하나도 없다면 이 얼마나 쓸쓸한 생활이겠습니까? 불애의 세계를 보면 슬프나 애의 세계를 보면 기쁩니다. 우리를 통하여 구원을 받을 세상이 도리어 우리의 추태를 보고 웃음거리를 삼는 것이 하나 둘이 아니니 기막히는 일이외다. 이것이 곧 사랑이 없는 까닭이외다. 바리새 교인을 위선자라고 책망한 것도 곧 사랑이 없음을 말한 것입니다. 말에나 행동에나 실천적 사랑이 없음을 보시고 예수께서 심히 책망하셨습니다. "보는 사람을 사랑하지 않고 어떻게 보이지 않는 하나님을 사랑할 것인가" 하는 것도 실천적 사랑을 말한 것이외다. 너의 믿음이 산을 옮긴다 하더라도 사랑이 없으면 무슨 소용이 있느냐 하신 것도 사랑의 절대선을 말한 것이외다.

예수께서 비유로 세상에 다시 와서 하실 일을 말씀하실 때에, "내가 나그네 되었을 때나 감옥에 갇혔을 때나 병들었을 때에 나를 대접한 자는 영생을 유업으로 얻을 것이나 그렇지 않은 자는 벌을 받으리라" 하신 이 말에, 사람이 묻기를 "주여 어느 때에 그같이 병들고 감옥에 갇히고 나그네 되었을 때가 있었습니까", 이 때에 예수께서 대답하시기를 "소자를 대접함이 곧 나를 대접함이라" 했습니다. 이는 곧 실천적 사랑을 말함이외다.

예수 믿는 사람이 유치원이나 학교를 경영하면 이는 하나님의 일이 아니라고 하여 웃는 이가 많은 모양이나 이는 큰 잘못이외다. 어떤 곳에서든지 하나님의 사랑을 실천할 수 있는 것이 아닙니까? 교회에서 삼남수재에 구제를 하니까 그것은 하나님의 일이 아니라고 하여 웃는 자가 있었다고 하니 이는 과연 큰 잘못이외다. 우리의 살 길은 오직 사랑을 목표하고 나아가는 데 있습니다. 옛 자리에서 새 자리로, 옛 사람에게서 새 사람으로 자기를 혁신해 나아가야 하겠습니다.

대개 역사를 통하여 보면 새로 흥하는 나라들은 모두 이전의 잘못을 통회하고 분(奮)내어 나아가는 데 있는 것입니다. "너의 마당을 깨끗이 쓸고 방도 깨끗이 쓸어라" 하고 나는 농촌 여러 젊은 사람들에게 가끔 말합니다. 조선사람이 서로 이같이 하면 우리 살림이 얼마나 깨끗할까? 여러분 모두 선봉대가 되어 나아가야겠습니다. 남이 벌써 수십 보를 앞섰는데 어떻게 내가 따라 갈 수 있을까 낙심하지 말고 나아갑시다. 어떤 이들은 예배당으로 나아가기 싫을 때 공연히 목사와 전도사가 보기 싫어서 아니 나간다는 핑계로 거룩한 생활을 안하려 합니다.

아무리 도덕인이라도 자기의 말한 도덕을 다 실행치 못하는 것이외다. 실행 못 했다고 낙심할 것도 없습니다. 인도하는 사람 가운데도 결함이 있지요. 그러나 그들 가운데 사랑을 가진 자도 있다는 것을 생각하고 기뻐하며 나아가야 하겠습니다. 독일은 일찍이 영국과 불란서의 압박을 몹시 받은 때도 있었습니다. 참으로 그들보다 수천 보나 뒤떨어졌습니다. 그러나 낙심하지 않고 그냥 나아갔으므로 오늘날 독일은 강국이 되었습니다.

예전에 백인은 일본을 몹시 천시했습니다. 그러나 명치유신 후로 힘써 나아갔으므로 오늘날은 세계에 강한 나라가 되지 않았습니까. 인류는 진보합니다. 우리도 사람이니 진보 안 될 것이 무엇이오? 진보가 빠른 민족도 있고 더딘 민족도 있습니다. 덥거나 찬 지방에 사는 민족은 그 진보가 더디니 남양군도 같은 곳은 그 진보가 더디나 온대 지방은 진보가 빠르니 삼천리 반도는 진보가 빠른 곳이외다.

내가 본국에 돌아와 보니 첫째로 놀라운 것은 향학열이 성해서 봄이면 곳곳마다 입학난이요, 그리고 길거리에 씩씩하게 걸어 다니는 청년들도 많고 공장에서 일하는 소리가 몹시 요란한 것입니다. 찬양대의 그 노래와 맵시가 30년 전보다도 훨씬 낫고 대동강에 여름이면 모래찜, 겨울은 스케이팅 이것은 곧 보건 운동이외다. 아침이면 조기(早起)하여 달음박질 하는 것도 눈에 띄는 큰 자랑이요, 우리 마라톤 선수 손기정 군이 올림픽에서 우승한 것은 더욱 큰 자랑이 아닙니까.

우리 그리스도교인은 민중의 선각자가 되어서 먼저 실천적 사랑의 생활을 하고 모든 방면에 나아가고 새로워져서 이 강산에 천국을 세우도록 나아갑시다.

제2장 담화

제2장 | 담화

1. 《대양보》를 위하여 유지제군에게 고함

○ 《大洋報》를 위하여 유지 제군에게 고함50) (1911. 11. 15.)

건국 기원 4244년 11월 15일,

비창한 바람과 처참한 빗소리에 꿈을 놀래어 멀리 반도강산을 바라보니 캄캄한 구름이 일월의 광명을 가리워 우리의 사랑하는 부모형제가 암흑한 천지에서 한마당 참담한 연극을 빚어내었도다.

아! 일제 마귀(魔鬼)의 철사 주사(鐵絲蛛絲, 철사줄과 거미줄)는 우리의 수족을 묶었으며 원수의 대포 총검은 우리의 미래를 내리 눌러 숨소리도 크게 쉬지 못하니, 하가(何暇, 어느 틈)에 아프고 쓰린 말을 토할 수 있으리오. 이미 남의 나라를 삼켜 먹은 마염(魔焰, 침략의 불길)은 다시 남의 민족을 식멸(熄滅, 흔적도 없이 없애버림)코자 하여 신문 잡지를 끊어 언론의 길을 막으며 장차 국어 국문을 없애고자 하여 서적을 불살라 정신을 마멸케 하니, 참혹하도다. 생각이 이에 미침에 뉘가 피가 끓고 뼈가 떨리지 아니하리오.

---
50) 《도산안창호전집》 제5권. 2000. 724쪽

이때에 과연 대한 정신으로 실낱만큼 남아 있는 한줄기 생명은 다만 해외에 나와 있는 우리의 단체뿐이라. 그런고로 우리는 힘의 고단함을 돌아보지 아니하고 무거운 짐을 두 어깨에 지고 앞으로 나아가나니 오늘에 미주 하와이 원동에서까지 신문은 곧 우리의 국혼이며 우리의 생명이라. 어찌 우리가 힘과 정성을 다하여 보호하며 배양할 바 아니리오. 이제 《신한민보(新韓民報)》와 《신한국보(新韓國報)》는 우리의 눈앞에 있는 고로 그 아파함과 가려워함을 서로 알 수 있거니와, 저 해삼위(블라디보스토크)에서 출간하는 《대양보(大洋報)》는 비록 동포의 수효가 많은 곳에서 생겼으나 그 정간되는 날이 출간하는 날보다 더 많게 됨은 그 무슨 연고이뇨?

그 원인은 구태여 말하지 않아도 가히 짐작할지니 누누이 설명할 필요가 없거니와 진실로 뜻이 있는 자는 오늘의 《대양보》가 우리의 앞길에 더욱 큰 관계를 가진 줄을 깨달을 지니 이때를 당하여 많고 적음을 의논치 말고 각각 힘을 따라 얼마씩이라도 동정을 표하는 일이 있는 것이 마땅하옵기로 이에 발기하오니. 유지 제군은 가작(佳作, 좋게 만듦)한 정성으로 우리의 천직을 행할 때에 저 《대양보》로 하여금 쉼 없이 우리의 뜻을 원동에 있는 수십만 동포에게 전파하여 신성한 민족의 가치를 나타내어 반도의 참담한 구름을 걷어 밝히고 다시 광채 있는 국가를 건설하게 하기를 간절히 축수하나이다.

건국기원 4244년 11월 15일

안창호 황사용 최정익

[연조금(捐助金)은 다소를 불구하고 신한민보사 강영소에게로 보내옵소서.]

2. 독립선언의 포고

○ 獨立宣言의 布告[51] (1919. 3. 9.)

〈역문〉

독립선언의 포고

건국기원 4252년 3월 9일,

대한인국민회 중앙총회는 거룩한 3월 1일에 대한민족 전체를 단결한 조선독립국민단이 선언한 조선독립선언서와 동 공약 3장을 동월 동일에 대한인국민회가 선언함이요, 결의서임을 선포한 동시에,

조선독립국민단 대표 33인원은 대한인국민회의 동일한 대표임을 자에 공포함.

건국기원 4252년 3월 9일

대한인국민회 중앙총회장 안창호

〈원문〉

獨立宣言의 布告

建國紀元四千二百五十二年 三月 九日

大韓人國民會中央總會는 거룩한 三月 一日에 大韓民族 全體를 團結한 朝鮮獨立國民團이 宣言한 朝鮮獨立宣言書와 同公約三章을 同月同日에 大韓人國民會가 宣言함이요 決議書임을 宣布한 同時에,

---

51)《일본외교사료관자료》;《도산안창호전집》제5권, 2000. 898쪽, 독립선언의 선포(1919. 3. 9)

朝鮮獨立國民團代表 三十三人員은 大韓人國民會의 同一한 代表임을 茲에 公布함.

　　　　　　　建國紀元 四千二百五十二年 三月 九日

　　　　　　　　　大韓人國民會 中央總會長 安昌浩

3. 중앙총회가 각국 평화대사에게 보낸 전보

○ 중앙총회가 각국 평화대사에게 보낸 전보[52] (1919. 3. 29.)
　- 합중국(미국)·브리탠(영국)·프랑스·이탈리아·중국 5대사에게

1919년 3월 29일

[대한인국민회 중앙총회에서 평화회(파리강화회의)에 참석한 월슨 대통령과 합중국(미국)·대브리탠(대영국)·프랑스·이탈리아·중국의 강화 대사들에게 전보를 발하였는데, 그 전문은 대략 아래와 같더라.]

"각하께서 이 세계 일에 대하여 새로운 공의적 정신을 위하여 싸웠으며 또한 경영하시는데 대하여 우리는 깊이 존경하는 동정을 표합니다.

우리는 각하로 더불어 민족자결주의를 믿으며 국제연맹회를 믿으며 큰 나라나 작은 나라가 동등권을 가지는 것을 믿나이다. 우리는 한국 문제에 대하여 공평된 것을 가지고 즐거운 맘으로 각하에게 드리는 이상에 말한 몇 가지 조건으로 근원하여 결정하여 주시기를 바라나이다.

한국의 독립운동을 두고 보아도 우리 국민의 정신이 아직도 죽지 않고 살아 있으며, 우리가 절대적 독립을 원하는 것을 아시리이다. 각하는 영원한 평화를 요구한즉 우리 이천만 한인의 공의와 자유를 위하여 부르는 소리를 대답하기 전에는 영원한 평화가 없을 것이외다.

유럽에서 노예 속박을 받던 민족은 다 자유를 허락하였은즉, 왜! 4천여 년의 국가 생명과 문명이 있는 한국의 자유를 저와 같이 승인치 않습니까?

우리는 진실로 열심으로 바라기는 각하께서 현금 파리에 있는 우리 대표

---
[52] 《신한민보》 1919년 4월 3일자.

자 김규식 씨에게 출석권을 허락하시라 합니다. 김규식 씨는 우리 국민을 대표하여 세계의 공의와 인도를 요구하며, 또 우리는 각하께서 옳은 일을 위하여 공의대로 처결하여 주시기를 간절히 바라옵니다.

1919년 3월 29일
대한인국민회 중앙총회장 안창호"

4. 통일의 첩경은 두령의 취합

○ 統一의 捷徑은 頭領의 聚合[53] (1919. 9. 4.)

〈역문〉

안 대리총리 말씀(談)

민심 통일책에 대하여 안 대리총리는 왕방(往訪, 찾아온)의 기자에게 말하여 왈, "전 국민의 견고하고 조직적인 통일은 국가의 현재 및 장래에 대하여 특히 중요한 일이라. 저는 통일의 제1도를 국민의 선도라 할 만한 인사의 취합협력(聚合協力, 한데 모아서 서로 도움)에 구하노니 독립운동 개시 이래로 임의 6개월에 해외에 있는 지도자가 일처에 회집하여 협력치 못한 것을 유감으로 여기며 특히 각 총장의 직을 띄게 한 요인이 아직 취합치 못한 것을 한하노라. 저는 누차 각지에 산재한 주요 인사에게 다음 뜻을 전하고 종속히 일처에 모이기를 간청하였노니 제위도 역시 저와 동감일지라. 불원에 우리들의 모든 선배와 동지가 일 당(堂)에 취합하여 건국의 대사업에 관하여 동심합력할 날이 올 줄 확신하노라" 하고 경히 말을 이어서 "다행히 정부개조안이 의정원을 통과하면 국무원 중에 다섯 사람의 유력한 동지를 더하게 됨이니 이만 다행함이 없다" 하더라.

〈원문〉

統一의 捷經은 頭領의 聚合

安代理總理談

民心統一策에 對하야 安代理總理는 往訪의 記者에게 語하야 曰 "全國民의

---

[53] 《독립신문》 1919년 9월 4일 자.

堅固하고 組織的인 統一은 國家의 現在及將來에 對하야 最히 重要한 事라 余는 統一의 第一要道를 國民의 先導라 할 만한 人士의 聚合協力에 求하노니 獨立運動開始 以來로 임의 六閱月에 海外에 在한 指導者가 一處에 會集하야 協力치 못한 것을 遺憾으로 넉이며 特히 各總長의 職을 帶한 要人이 아직 聚合치 못한 것을 恨하노라 余는 累次 各地에 散在한 主要人士에게 此意를 陳하고 從速히 一處에 會하기를 懇請하엿노니 諸位도 亦是 余와 同感일지라 不遠에 我等의 諸先輩와 同志가 一堂에 聚合하야 建國의 大事業에 關하야 同心協力할 日이 來할 줄 確信하노라" 하고 更히 言을 繼하야 "幸히 政府改造案이 議政院을 通過하면 國務員中에 五人의 有力한 同志를 加하게 됨이니 이만 幸함이 업다" 하더라.

5. 여운형씨 도일에 대하여

● 呂運亨씨 渡日에 對하여54) (1919. 11. 20.)

〈역문〉

안 노동국총판 말씀

금번 여운형 씨 일행의 도일(渡日)에 대하여 상해 재류 동포 간에 여론이 비등하는 모양이며, 또 국무총리가 발한 포고문에 대하여도 혹은 언론이 과격하다 하며 혹은 연약하다 하는 비평까지 있거니와, 그 어조와 문구는 여하하던지 포고문의 본의는 오직 여 씨의 이러한 행동이 단순히 개인의 자격으로 함이요, 정부와 무관함을 성명할 뿐이라.

나 개인의 의사로 말하건대, 여 씨 도일의 지부지(知不知)와 그 결과의 양불양(良不良)은 다음 기회를 기대하며 또 일반 공론에 맡기려니와, 여 씨의 국가를 위하는 순결열렬한 성충에 대하여는 나는 절대로 이를 신임하노라. 여 씨가 다수 동지의 반대와 만류를 거절하고 이러한 행동을 단행함도 그 동기가 일단 성충에서 발함이요, 조금도 민원식 등과 같은 불의에서 나올 바 아닐 뿐더러, 여 씨의 다음 번 행동은 여하던지 정부나 기타 아무 단체와는 관계가 없고 다만 개인의 행동이니 국민은 이에 대하여 과도히 경동할 배 아니라 하노라.

---

54) 《독립신문》 1919년 11월 20일 자.

〈원문〉

安 勞動局總辦 談

　今番 呂運亨氏一行의 渡日에 對하야 上海在留同胞間에 輿論이 沸騰하는 모양이며 또 國務總理의 發한 布告文에 對하야도 或은 言論이 過激하다 하며 或은 軟弱하다 하는 批評까지 잇거니와 그 語調와 文句는 何如하던지 布告文의 本意는 오직 呂氏의 此行이 單純히 個人의 資格으로 함이오 政府와 無關함을 聲明할 뿐이라 余個人의 意思로 말하건대 呂氏 渡日의 智不智와 그 結果의 良不良은 下回를 待하며 또 一般公論에 맛기려니와 呂氏의 國家를 爲하는 純潔熱烈한 誠忠에 對하야는 余는 絶對로 此를 信任하노라 呂氏가 多數 同志의 反對와 挽留를 拒絶하고 此行을 斷行함도 그 動機가 一團誠忠에서 發함이오 죠금도 閔元植 等 갓흔 不義예서 出한 배 아닐 뿐더러 呂氏의 今次行動은 如何하던지 政府나 其他 아모 團體와는 關係가 無하고 다만 個人의 行動이니 國民은 此에 對하야 過度히 驚動할 배 아니라 하노라

6. 시위운동을 계속할 3개 조의 급무

○ 示威運動을 繼續할 三個 條의 急務[55] (1919. 12. 7.)
　- 勞動局總辦 安昌鎬 閣下

　(오래 벼르던 노동국총판 안창호 각하를 오늘 7일에야 비로소 방문하다. 각하는 임시정부가 성립된 후로 금일까지 국가 대임을 일신에 짊어지고 근무하시다가 일전에 각 총장이 취임하신 후로는 지난 일과 오늘 일을 토의하기에 일층 분발하신 모양이다. 도착하는 대로 곧 방문하려 한 것이 오늘날까지 목적을 달하지 못하였다. 이날은 결심하고 문외에 3~4시간을 주류(周留, 두루 머무름)하다가 국무원으로 돌진하여 들어갔다. 각하 엄중한 목소리로 아래와 같이 말씀한다.)

　3월 이후로 금일까지 이르도록 우리의 피로 눈물로 활동한 결과는 세계에 대파동을 일으키었소. 종종의 서양 신문 잡지를 보면 어느 신문 잡지상에든지 우리 국민의 독립운동이 문명적이오 정의 인도적임을 무수히 찬양하였소. 어찌하면 그렇게 강악(强惡)한 일본의 무력 하에 돌 하나 안 들고 나무 하나 안 들고 맨주먹으로 맨손으로 백절불굴하고 총검을 저항하며 홀로 빠져나와 끝끝내 자유를 위하여 부르짖었고, 차(此)는 인류 역사 이래로 초유한 문명적 운동이라 칭찬하였소.

　이만하면 오늘 우리 민족의 지위가 세계 어떠한 점에 처한 것을 대강 짐작하겠지요. 안으로는 활동이 이와 같이 되었고. 밖으로는 여론이 저와 같이 되었으니 오늘날 우리는 다만 양자에 상응하여 가장 적합하도록 행동을 취할 뿐이오. 그러면 우리는 어떻게 운동을 하여야 할까?

---

[55] 《혁신공보(革新公報)》 1919년 12월 25일 자.

一, 시위운동 계속

내지에 있는 우리 동포는 시위운동을 계속하는 것이 무엇보다도 필요할 줄 아오. 그렇다고 폭발탄이나 단총이나 돌멩이를 가지고 난폭한 것이라 무슨 방법으로든지 무슨 수단으로든지 철저히 영구히 다만 맨주먹으로 맨손으로 우리는 너의 칼에 다 죽더라도 너의 총에 다 거꾸러지더라도 절대로 너의 법령 하에는 복종할 수 없다는 의사만 표시할 것뿐이오. 이리하여 세계 각국과 저 맹악(猛惡, 사납고 악함)한 일본에까지 깊은 각오를 얻게 함이 우리 국민의 가장 필요한 운동이라 하오.

二, 외교 발전

그뿐 아니라 오늘날 세계가 우리의 사정을 알게 된 이때에 우리는 이 기회를 놓치지 말고 일층 더 명확하게 알릴 것이 우리의 급무라 하오. 다시 말하면 우리의 사정을 세계에 대대적으로 선전하여야 하겠소. 어떠한 사람은 외교가 무슨 필요 있나 하지만 온 세계가 일국같이 교통되는 금일에는 결코 열강의 동정을 무시할 수 없소. 그러므로 다른 강한 나라라도 일부러 수백만의 생명과 수천만의 재산을 허비하여 가면서라도 세계의 동정을 사려고 구하려고 애를 쓰오. 그러나 우리는 생명은 많이 희생하였으나 아무 돈도 한 푼 들이지 않고 힘도 쓴 것이 없이 세계가 동정을 이만큼 표하게 된 것은 우리 국운의 흥왕할 시운이라 하오.

나는 조금도 우리 국민을 속이지 아니하고 외교 발전 되어 가는 것을 바로 말하거니와 서양 각국이 다 우리에게 무수히 동정을 표하는 중 미국은 일층 더 깊은 동정을 표하오. 정치계로든지 종교계로든지 학자 교육계 일반사회가 다 철저히 표하오. 심지어 모모 주(州)에서는 국경일에 의례히 대한 국기를 자가 국기보다 더 크게 만들어 달고 독립국인 뜻을 표하오.

따라서 타주 인민도 이것을 보고 아무 말 없이 좋다고 그냥 보고 있는 것을 보면 전국이 동감인 것이 의심할 바 없소.

이와 같이 미국이 우리에게 특별한 동정을 표하는 것은 미국 국민이 원래 정의 자유를 극히 사랑함으로 각 소약국을 보호하는 의협적 특성이 있을 뿐 아니라 우리 사정이 비교적 미국에 완전히 선전된 영향이라 하오. 그런즉 우리의 외교상 진행한 일은 영미법 등 제 강국에만 한한 것이 아니라 독일 서반아 이태리 어느 나라든지 국제연맹에 참가된 제 각국에 선전하여 국제연맹국 각 위원이 반수 이상만 동정하도록 하면 그만이오. 이것이 어려운 일인 줄로 생각하지마는 이것 같이 쉬운 일은 없다 하오. 오늘날 세계에 배일이 많고 친일이 적은 것은 사실이 아닙니까. 그뿐 아니라 현금 우리 문제는 우리 역사 이후 처음으로 가장 큰 세계적 대문제가 되었으니 우리는 다만 이 기회를 타서 세계 각국 배일당과 악수하여 활동하면 사반공배(事半功倍)로 성공될 줄 아오.

三, 군인 양성

지금 우리나라 청년 가운데 흔히는 외교니 무엇이니 할 것 없이 막 들고 부셔야지 다문 기십 명 기백 명이라도 작대(作隊, 무리를 이룸)하여 한 놈이라도 때려죽이고 죽여야지 하는 사람이 많은 모양이오. 말이야 좀 통쾌하오 마는 나는 이것이 도리어 외교상에 방해가 아니 될까 하는 염려가 있소. 우리가 설사 한 4, 5백 명이 단결하여 집이라도 때려 부시고 절사(節死)한다 하면 죽은 사람이야 순전한 진 애국자이지마는 세인은 크게 본다 하더라도 과격사상의 발현이나 아닌가 하는 오해가 생할 터이니 이는 우리 국민의 가장 주의할 점이라 하오.

만일 불행히 우리 행동이 과격주의로 오인되는 날에는 물론 동정을 유실할 것이오. 또 민주주의의 특징인 무력주의의 증오니 독일의 실패함이 이 까닭이오. 그럼으로 지금은 무력을 필요함이 무하다 하오. 그러나 일후에 무력을 하지 아니하면 아니 될 시기가 이를 터이니 불가불 우리는 한편으로 비밀군 양병에 힘쓰지 아니할 수 없소.

담화

7. 안태국 선생 서거에 대하여

○ 東吾先生 逝去에 對하여[56] (1920. 4. 2.)

명예·지위·권력 이 모든 것에 조금도 거리낌 없이 오직 성충(誠衷, 충성)을 다하여 20년을 시종 여일하게 위국 분투하시는 안 선생의 성격과 열성은 내 입으로 다 말할 수 없소. 나 보는 한인 중에는 진실로 유일한 애국자요. 선생의 다년 옥중 생활과 적의 악형이 선생의 그 좋던 얼굴과 체격을 상하게 하고 금에 또 돌아가시게까지 한 것이오.

선생은 또 정신상 고통을 많이 받았소. 선생의 동지인 전덕기 목사·이갑 씨, 선생의 심복인 송종원·김근영 씨의 서거는 선생에게 비상한 정신상 고통을 주었소.

선생은 이번 중·아령의 대동 단결에 대하여 정부와 의논하려고 오신 것이오. 정부에서는 선생에게 정부 내에서 무슨 일을 보아 달라고 청하였으나 선생은 돌아가서 중·아령의 통일을 위하여 힘쓰겠노라 하고 고사하였소. 그래서 불원간 정부 특파원으로 지정되어 발정하시려던 터에……
(하략)

---

[56] 1920년 4월 2일 동오 안태국이 불의의 병으로 급서한 후 도산이 신문기자에게 말한 내용이다. 《독립신문》 1920년 4월 13일자, 제64호.

8. 안창호 씨 담

○ 安昌浩氏談[57] (1921. 4. 2.)

최후의 승리는 혈전에 있나니 혈전을 하려면 그 성의와 그 용기가 있어야 되리로다.

진정한 성의와 용기가 있는 자는 입으로 혈전하지 않고 그 혈전이 실현되도록 몸으로 노력하리라.

혈전을 실현케 함에는 무장(武裝)도 군수(軍需)도 여러 가지가 있어야 함은 물론이나 가장 없지 못할 근본 문제는 지식과 양식이니라.

그러므로 혈전을 기대하는 용감한 우리 대한의 남아는 방황하지 말고 배움에와 벌이함에 지성을 다할 지어다.

---

57) 《독립신문》 1921년 4월 2일자에 발표된 짧은 담화이다.

9. 신년의 갱진

● 新年의 更進58) (1922. 1. 1.)

아 민국(我民國)의 나이 높아 감이여. 따라서 지각이 높아 가도다.

적을 적할 마음이 점점 강함이여. 동족을 적하는 사혐(私嫌, 사사로운 일로 꺼려함)이 점점 스러지도다.

나누이면 패하고 모이면 공성(功成)할 줄을 깨달음이여. 중앙정부 기치 하에 모여 들리로다.

새로 나아갈 방향이 점점 정하여 짐이여. 질서 있는 운동의 길에 점점 들어가도다.

허화(虛華)를 버리고 근본을 존중히 함이여. 자체의 토대가 공고하여지리로다.

실력의 가치를 점점 깨달음이여. 각각 그 직업에 충성하리로다.

국민의 의무심이 점점 높아 감이여. 납세와 징병의 일이 점점 실현되리로다.

크게 모여 크게 의논함이여. 큰 방침이 세워지리로다.

큰 방침이 세워짐이여. 큰 힘이 중앙에 집중하리로다.

큰 힘이 중앙에 집중함이여. 큰 진행의 원동력이 비치되리로다.

아아, 일반은 이것을 점점 각오함이여. 기대하던 국민대표회가 쉬 실현되리로다.

---

58) 《독립신문》 1922년 1월 1일에 발표된 도산의 신년사.

10. 국민대표회를 맞으면서

● 국민대표회를 맞으면서[59] (1923. 1. 24.)

묻노니 동포여! 동포는 어떠한 심리로써 이번 모이는 국민대표회를 맞는가? 반가운 마음으로 맞는가, 공경하는 마음으로 맞는가? 싫은 마음으로 맞는가, 미워하는 마음으로 맞는가? 공경하는 마음으로 맞는가, 무시하는 마음으로 맞는가? 다시 말하면 이 국민대표회를 축복하는가, 저주하는가? 이제 이것을 일반 동포에게 한번 물어 알고자 하노라. 왜? 국민대표회의 잘되고 못 됨이 물론 그 국민대표회 자체에 있거니와, 그 국민대표회 주위에 있는 일반 동포의 심리 여하와 태도 여하가 막대한 영향을 주는 때문이다.

내가 우리 한인사회에 대하여 자못 섭섭히 여기는 점이 많은 중에 한 가지 크게 섭섭하게 여기는 바는 곧 우리 동포 중에서 누가 무엇을 시작하든지 일반 사회는 먼저 믿음보다 의심이 있고 사랑보다 미움이 있고 공경보다 무시가 있어 축복하는 자는 없고 저주하기를 좋아함이로다. 우리 속언에 "입 도둑에 망한다"는 말이 있나니 과연 우리 한인 중에 될 만한 일도 저주 때문에 망한 것이 많도다.

예로 말하면, 누가 한 학교를 설립하여도 "그 놈의 학교가 잘될까, 몇 날이나 갈까", 누가 한 단체를 발기하여도 "그 놈의 단체가 잘 될까, 몇 날이나 갈까", 누가 한 영업을 시작하여도 "그 놈의 영업이 잘 될까, 몇 날이나 갈까". 통틀어 말하면 대한사람으로서 대한사람의 일에 대하여 찬성이나 축복을 하기는커녕 비방이나 저주를 하는 것이 우리 대한사람의 한 큰 습관을 이루었다 하여도 과언이 아닐지라.

---

[59] 1923년 1월 상해에서 정식으로 국민대표회가 개최됨에 도산은 1월 24일자로 대표들을 맞이하는 일반 국민의 각오를 촉구하는 담화를 발표하였다. 《안도산전서》 증보판. 2000. 729-731쪽.

제군은 깊이 생각할지어다. 인류사회의 만반 사위(事爲, 일을 성취함)가 다 피차에 상조하는 데서 되는 법이요, 또 인류의 상조는 먼저 자기 민족끼리로부터 시작하는 것이 과거나 현재의 사실이 아닌가. 이치와 사실이 이러하거늘 우리 대한사람은 자기 동족 중에서 여하한 좋은 일이 생기더라도 한 마디 말일 망정 도우려고는 하지 않고 오히려 비방하고 저주하니 무슨 일이 되어 볼 수 있겠는가.

과거와 현재에 우리 민족의 실패한 원인이 많겠지마는 그 중에 가장 큰 원인은 우리 민족 간에 서로 돕지는 않고 서로 저주한 것일지라. 한번 독립을 선언하고 다수 동포가 피를 뿌린 나머지에 독립을 표방하고 일어난 단체도 많고 일어난 군대도 많으며 국치 이후 10년 만에 실현된 임시의정원과 임시정부도 있었지마는 그 모든 것이 오늘 와서는 다 쇠퇴한 경우에 이르렀도다. 이렇게 된 것이 각각 그 자체의 불선한 이유도 있을 것이거니와, 필자는 말하되 그 자체의 불선만으로 그렇게 된 것이 아니요, 뭇 사람의 저주로 말미암아 그와 같이 되었다고 하노라. 동포 제군은 이 점에 대하여 크게 각성하기를 비노라.

그런즉 이제 유사 이래에 가장 크게 모이는 이 국민대표회, 독립운동 이후에 가장 원만히 모이는 이 국민대표회, 전 민족의 통일을 표방하고 모이는 이 국민대표회, 독립운동의 대방침을 세우기 위하여 모이는 이 국민대표회에 대하여 먼저 의심으로, 미움으로, 저주로 맞지 말고, 믿음으로, 사랑으로, 축복으로 맞을지어다. 그리고 이렇게 하는 것이 이 대표회에 모이는 대표 그 개인을 위함이 아니요, 전 민족을 위함임을 각오할지어다.

그같이 믿음과 사랑과 축복하는 성의로써 맞고 후원하다가 혹 국민대표회의 의사가 그릇되는 때에라도 감정적으로 비방하며 책망하기를 일삼지 말고 성의로써 그 그릇된 길을 교정키 위하여 각각 자가(自家)의 의사를 동 대표회에 줄 것이며, 또는 일이 그릇되기 전에 각각 자가의 지력을 다하고 성력을 다하여 좋은 방침을 제공할지라. 이와 같이 하면 그 대표된 사람들도 성의가 더 발하고 힘과 기운이 더 생하여 기쁨과 공정한 마음으로써 국민대표회의 결과가 원만하게 되어 모든 사업이 그 공을 주하면 이는 국민대표회에 참석하였던 대표 그 개인의 복리가 아니요, 우리 대한 전 민족, 즉 동포 일반의 복리일지라.

그런데 더욱이 이때는 전술한 바와 같이 3·1운동 이래 4년간 우리의 독립운동은 연년이 퇴보하여 독립운동이 거의 중단되는 지경에 이르렀고 또한 각방의 분규 착잡은 여지없는 경우에 처하여 적을 적할 마음은 점점 쇠진하여 가고 경내의 동족 간에 자상잔멸(自傷殘滅)한 경우에 임하지 아니하였는가. 이러한 경우에 처한 우리로서 한번 독립운동을 만회하여 원만한 통일을 이루고 장래의 대방침을 세워 대사업을 진전케 하려는 이 국민대표회를 어찌 성의로써, 사랑으로써 맞지 않으리오.

이에 임하여 한 번 더 간절히 바라는 바는, 즉 대한의 피를 가진 대한 남녀는 이 국민대표회에 대하여 무책임한 이방인과 같이 방관 냉소의 태도로써 저주의 말을 배알지 말고 있는 성의를 다하여 축복하라 함이로다.

11. 대표회의 의장이던 양씨의 담

○ 代表會議 議長이던 兩氏의 談[60] (1923. 6. 13.)

[국민대표회의 전 의장 김동삼 씨와 동 부의장 안도산 씨는 이번 국민대표회가 파열된 데 대한 소감을 듣기 위하야 왕방(往訪, 찾아온)한 기자에 대하여 좌(아래)와 같이 말하더라.]

"이번 모였던 국민대표회가 마침내 파열된데 대하여는 통애(痛哀, 괴롭고 슬픔)함을 어떻다고 말할 수 없습니다. 우리는 대회가 파열된 이후 일부의 집회로써 결의한 모든 일에 대하여는 일체 책임을 지지 아니하고, 따라서 그 회집에서 산출된 소위 국민위원회와는 아무 관계가 없습니다.

그러나 이번 모임이 실패됨에 대하여 우리 자신의 불선무능(不善無能)함을 자책하고 우리의 책임을 이행치 못한 것을 동포 앞에 사과할 뿐이요, 타방에 대하여는 시(是)와 죄를 말하고저 아니 합니다.

그럼으로 6월 3일 김철(金澈) 등 5십여 인의 연서(連署)로 발한 성명서에 우리의 성명이 기입되었으나, 이것도 우리들의 본래 원한 것이 아니외다. 이번에 이와 같은 큰 실패를 당하였으나 결코 이것으로써 우리 전도(前途)의 영원한 실패를 짓지 않고 동포의 편달 하에서 스스로 책려(策勵, 채찍질)하여 장래를 의하여 여하한 방법으로든지 더욱 노력하려 합니다."

---

60) 《독립신문》 1923년 6월 13일.

12. 미국으로 떠나는 환송 석상에서의 답변

● 赴美歡送席上에서의 답변61) (1924. 11. 20. 경)

1. 경제의 곤란. 아국의 기천만 석 부자라도 타국에 비하면 빈자.
2. 지식 결핍. 신문화를 늦게 받았기 때문.
3. 결단력 박약. 자농이식(自農而食, 겨우 자급자족함) 고(故)로 무 경제전쟁, 민본 정치가 아닌 고로 정치 단결이 못 되고, 국제적 경쟁이 못되니 국제 경쟁이 없었음.

그러니 누구든지 활동 못 한다. 그런 고로 일이 잘 안될 때에 개인이나 부분을 원망치 말라.

괴롭고 어려운 것을 잘 견디는 사람을 요구할지라.

1) 동지를 규합할지니 노소 남녀가 지방과 주의와 종교를 물론하고 민족 해방하자는 자이면 된다.
2) 불건전한 사람을 건전한 인격자로 작성, 정부·의원·군사·외교에 다 인격자가 있음.
3) 신성한 단결을 조성할지니 믿는 일과 믿는 동지를 못 가졌다.

이상의 일은 국내외에서 할 것.

---

61) 《안도산전서》 증보판. 1999. 735-736쪽. 1924년 겨울 도산이 미주로 가기 위한 출발을 앞두고 남경에서 흥사단 동지들의 환송회가 있었는데, 그 자리에서의 질문들에 대한 도산의 단편적인 답변 요지이다. 도산의 3차 도미는 1924년 11월 24일 상해를 출발하여 하와이를 거쳐 12월 16일 샌프란시스코에 도착하였으므로, 남경에서 동지들과의 환송 모임은 11월 20일 전후로 보인다.

해외에서 할 일은 경제의 기반과 교육의 기관을 만들어야 되겠다.

부탁 건

1) 모범적 사회를 온애(溫愛)로써 만들 것.
2) 인도자를 후원할 것.
3) 학원을 잘하여 나갈 것.

13. 동부 여행에서의 유익과 유감

○ 동부 여행에 유익과 유감이 많다고[62] (1925. 5. 26.)
  - 도산 안창호씨의 말씀

5월 26일, 금차 동방에 학생들을 대하여 본즉 위로받을 점이 많습니다. 학업에 대하여 실심으로 연구하는 것은 물론이고 우리 민족에 대한 생각도 부허한데 있지 않고 착실하여 뿌리가 깊어졌더이다. 나를 대하여서 일종 교제적으로 대하지 않고 우리 전도에 관한 문제를 실제로 해결코자 하여 성심으로 토론하자고들 하더이다. 나의 의견을 그네들에게 준 것도 있거니와 그네들한테서 얻은 것도 많습니다. 그러므로 이번 동방 여행에 유익을 많이 취하였고 위로를 받음이 많습니다.

한 가지 유감되는 것은 시간 관계로 찾아오는 학생들만 만나게 되고, 노동하시는 형제들과는 공석에서만 잠시 보고 사석 면회를 많이 못함이외다. 다시 시카고와 그 근경에 가서 재미가 많을 것을 예상합니다.

워싱턴에 가서 허정 남궁열 양씨와 똘푸 씨를 찾아뵈옵고, 똘푸 씨에게 비록 적은 예물이나마나 표정(表呈, 드러내 보임)하여 우리 일에 진정으로 성의를 써주신 것을 기념코자 하였나이다. 그리고 그네들과 만찬도 같이 나누었나이다.

또 한 가지 유감되는 것은 즉 구미위원부 폐지와 이 박사의 면직과《신한민보》의 논평이 모두 안창호가 시킨 것이라고 그릇 생각하는 동포들이 적지 아니한데, 이로 인하여 나에게 대한 호감이 없으므로 나의 말을 환영치 아니하오니, 유감 될 뿐이고 어찌할 수는 없습니다. 나는 참으로 불행이

---
62) 《신한민보》 1925년 6월 4일.

많은 사람이라. 공교스럽게 내가 오래간만에 미주에 건너온 이때에 그런 문제가 일어났으므로 나에게는 괴로움과 고통이 되나 그러나 이 역시 어찌 할 수 없는 일인 고로 유감입니다.

14. 서 박사 여비에 관한 안 도산의 전보

◉ 서 박사 여비에 관한 안 도산의 전보63) (1925. 6. 7.)

6월 7일 시카고 발 안창호 씨의 전보에 의하면,

"서재필 박사는 범태평양 청년회 대회에 참석하려고 준비할 시에 하와이 민단과 상항(샌프란시스코)의 국민회가 그 여행 경비를 담당하는 줄로 알았었습니다. 그러나 지금 민단에서 그 여비를 지출하지 못한다 하며 또한 국민회에서는 협찬하지 않는다고 알게 되므로 서 박사가 국민회의 태도를 오해할 듯합니다. 서 박사는 여비로 1천 5백 원을 요구하는데 민단에서 모집한 것은 다만 5백 원뿐이라 합니다. 그리고 부족 조 1천원은 바라볼 수 없게 되었습니다.

그래서 서 박사는 국민회에서 5백 원을 지출하기를 희망한다 합니다. 그런 고로 나(안창호)는 제의 하는바 비록 만시지탄이 있지마는 국민회와 흥사단의 협력으로 이 총액을 모집하기를 제출합니다. 서 박사는 금 16일에 필라델피아에서 꼭 떠나야만 된다고 하나이다. 만일 국민회에서 나의 제의를 옳게 결정이 되면 곧 회전하여 주시며 2백 50원짜리 은행표를 곧 보내주시오. 흥사단에도 동일한 전보를 하였나이다."

안창호 (서명)

(부기) 서 박사의 여비 부족 문제에 대하여 심히 유감 되는 일이다. 최초에 금년 1월 경에 하와이 교민단에서 국민회에 통신하여 요구하기를 서 박사 여비에 대하여 《필라델피아》로 상항(샌프란시스코)까지 오고 가는 여비를 전

---

63) 《신한민보》 1925년 6월 11일.

담하라 한 바, 이 문제에 대하여 국민회에서 임원회를 모집하고 토의하여 본 바 서 박사의 상항까지 내왕 경비를 적더라도 5, 6백 원을 가졌어야 쓸 듯 하며, 또한 서 박사의 통신을 보건대 여비가 넉넉지 않으면 떠나지 않겠다는 말씀도 있고, 또한 그 시에 내지 동포의 기근 구제금을 모집하는 동시에, 국민회에서 서 박사의 여비를 청연(請捐, 지급함)하기도 어려운 문제이며, 설혹 청연하더라도 기근 구제금 같은 것도 국민회를 경유하기 원치 않는 고로 직접 내지로 보낸 지방이 여러 곳인 즉, 하물며 서 박사의 여비 연조도 국민회에서 주장한다면 절대로 동력하지 않을 것이 사실이다. 이런 사실에 의하여 국민회에서 유감은 유감이나마나 서 박사의 상항까지 왕반비(往返費, 왕복여비)를 판비(辦備, 변통해 준비함)할 수 없는 양으로 하와이 민단에 회답하였었다.

이제 안창호 씨의 전보 사의(辭意, 글 내용)를 보면 우선 안 도산부터 국민회를 오해한 듯하다.

"서 박사가 금 16일에 필라델피아를 떠나야 된다고 하시면서, 국민회에서 2백 50달러의 직전(職錢, 맡아 둔 돈)을 지출하라 제의하셨으니, 예산 외의 큰 재정을 각 지방 대의원에게 문의하지 않고 지출할 수 없는 것은 말 말고라도, 국민회 재무에게 2백 달러의 여재금(餘在金)이 있어 본 때가 심히 드문 중에도, 지금 이 시기는 5월 말로 결산해야할 시기이므로 서양 사람에게 갚을 것을 갚고 본즉, 당장 밥 먹어야 할 사무원 두 사람이 외상 밥 먹고 있는 터인데, 현금(現今) 2백 50달러를 어떻게 보낼 수 있습니까? 또한 6천명 동포가 산다는 하와이에서 겨우 5백 달러를 보내겠다는 것을 보더라도 국민회를 오해하지 않아야 할 것입니다.

하여간에 안 전보 사의를 보면 서 박사 여비 중에서 五백 달러만 부족이 되는 듯한 즉, 지금 있는 돈 가지고 떠날 수 있은즉 서 박사께서 기위 경영하신 여행을 떠나시면 그 회환(回還, 돌아 갈) 여비는 우리 각 단체의 협력으로 의심 없이 될 듯한데 어떻게 계획하는지 알 수 없으나, 그러나 우리의 경애하는 서 박사를 환영할 기회가 아직도 있는 줄 알고 낙관으로 고대하는 바이다."

담화

15. 화교배척사건에 관한 담화

● 화교배척사건에 관한 담화[64] (1928. 1. 9.)
 - 재만 한교와 재한 화교가 겪은 참화는 모두 일본인들의 음모가 빚은 결과

1. 동삼성 한교(韓僑)의 상황

최근 몇 년 사이에 경제적 이익을 좇아 일본·소련·영국·미국 등 여러 나라의 외국인들이 남·북만주에 몰려들기 시작하였다. 이들과는 달리 동삼성으로 이주한 한교들은 모두 경작을 업으로 삼는 농민들이다. 한교들은 중국인들이 버려둔 계곡과 산비탈의 황무지를 열심히 개간하여 생활의 터전으로 삼았다. 이들은 만주에서 경제적 이익을 탐할 능력도 없고, 중국을 침략하거나 중국인을 착취할 의도는 추호도 갖고 있지 않다. 따라서 동삼성에 거주하는 한교들은 중국인에게는 이익을 가져다주면 주었지 절대 손해를 입히지 않을 것이다.

목하 동삼성에 거주하는 한교는 반일과 친일 두 파로 나눌 수 있다. 정의부·신민부·참의부 등은 반일파의 중심기관이다. 보민단(保民團)은 일본의 앞잡이 노릇을 마다하지 않는 친일파의 기관이다. 전체적으로 놓고 볼 때 동삼성 거주 한교의 대부분은 반일파이며, 친일파는 기껏해야 만 명

---

64) 《대한민국임시정부자료집》 39권, 중국보도기사 I. 한국에서 벌어진 화교배척사건에 관한 한국혁명당 영수 안창호의 담화. 《광주민국일보(廣州民國日報)》, 1928년 1월 9일자에 게재되었다.
한국에서 발생한 화교배척사건의 진상을 알아보고, 이 사건에 대한 한국혁명당의 태도를 살피기 위해, 세계신문사 기자는 프랑스 조계 모처로 한국임정부 전 국무총리 안창호 선생을 찾아가서, "안 선생은 한국혁명을 위해 30여 년을 분투해온 인물로 모든 한인들이 극도로 경애해 마지않는, 아국의 중산(中山, 손문) 선생과 다를 바 없는 인물이다. 작년에 동삼성에 머물고 있던 선생은 일본인들의 요구에 의해 길림성 경찰청에 구금되기도 하였으나, 한인과 아국 인사들이 힘을 합쳐 노력한 결과 석방될 수 있었다. 지금은 상해에 잠시 머물고 있는 선생은 한국과 동삼성의 상황에 대해 매우 밝다. 따라서 선생이 밝힌 참안(慘案)의 내용과 의견은 아국인들에게 많은 참고가 될 것으로 믿는다. 이에 안 선생의 담화를 소개하고자 한다"라고 기록하였다.

가운데 한 명 정도에 불과하다. 반일파는 일본인에 대한 반항심이 강하기 때문에, 기본적으로 이들은 모두 친화파(親華派)라 할 수 있다.

동삼성의 관민 가운데는 극히 관후한 태도로 한교를 보호하는 이들이 없지 않지만, 시도 때도 없이 한인을 능멸하고 모욕하는 자들도 적지 않다. 군인들이 특히 이런 경향이 심하다. 동삼성에 거주하는 일반 화인들 사이에서도 반일사상이 극히 보편적으로 퍼져 있다. 다만 동삼성에서도 일본인들이 상당한 위세를 떨치고 있기 때문에, 직접적으로 적대감을 표시할 수 없을 뿐이다. 반대로 동삼성에 거주하는 한인들은 대부분 약하고 무력하기 때문에 일반 화인들의 멸시를 받는 경우가 허다하다.

한교들이 일반 화인들로부터 무시당하고 있는 사정을 잘 알고 있지만, 한교 지도층은 일반 한교들에게 참고 견딜 것을 바라고 있다. 이는 일본제국주의 타도를 위해서는 중·한 두 민족이 긴밀히 협조하고 연계할 필요성이 절실함을 잘 알고 있기 때문이다.

2. 축출령이 내려진 뒤 한교의 피해 상황

동삼성 당국이 '한교축출령(韓僑逐出令)'을 내린 뒤, 동삼성 전역 각지의 한교들이 일률적으로 축출되기 시작하였다. 한인이 운영하던 학교와 각급 기관이 봉쇄되고, 한인 농부들의 지조권(地租權, 토지조세권)이 박탈되었으며, 축출에 저항하거나 미처 떠나지 못한 한교들이 강제로 쫓겨나고, 심지어는 참혹하게 살해되기까지 하였다. 어떤 곳에서는 수십 수백 명의 남녀노소를 마차에 강제로 태워 찬바람 몰아치는 눈밭에 버려두어 동사자와 아사자가 속출하기도 하였다.

일부 불량한 중국인들은 한교들에게 폭행을 휘두르고, 한교의 재산을 강탈하는가 하면, 부녀자를 겁탈하기까지 하였다. 공황상태에 빠진 한교들은 목숨이나마 부지하기 위해 황급히 몸을 피했다가, 눈 덮인 황야에서 방황하며 하늘을 향해 통곡하였다.

3. 한인들의 대응

동삼성에 거주하는 한교들이 겪은 참상이 한국 국내에 전해지자, 한국 인민들은 동족을 아끼고 사랑하는 마음에 격분하지 않을 수 없었다. 국내 한인들이 느끼는 비통함과 분노는 해외에 거주하는 한교들의 그것에 비해 훨씬 강력하였다. 이에 국내 한인들은 각종 후원단체를 조직하고 대책을 강구하기 시작하였다. 동시에 일본의 신문과 잡지의 과장된 보도에 현혹된 일부 군중들에 의해 폭동이 발생하였다. 그 결과 다수의 재한 화교들이 피해를 입은 사실에 대해 심히 유감스럽고 미안하게 생각한다.

이상의 사태에 대해 목하 한인의 대응방식은 크게 두 가지로 나눌 수 있다. 그 하나는 중·한 두 민족의 우의와 호감을 계속 유지하기 위해 노력하고, 분규와 문제를 합리적으로 해결하려는 움직임이다. 다른 한 가지 방식은 극단적인 경향을 띠고 있는데, 이로 인하여 무단적이고 과격한 행위가 발생하고 있다. 그 결과 재한 화교 가운데 사상자가 발생하였다. 그러나 일전 상해 각 신문이 안동에서 들어온 소식이라며 '50명의 사망자와 500명의 부상자가 발생했다'고 보도한 것은 사실과 크게 다르다.

한편 한국에 거주하는 화교는 대부분 산동 출신이다. 한국에 들어온 산동 출신 불량배들이 이전에 여러 차례 부녀자와 어린 여자아이를 유괴하거나 납치하여 산동 등지에 팔아넘긴 사건이 있었다. 이런 까닭에 산동 출신에 대해 좋지 않은 감정을 지닌 한인이 적지 않았다. 이들 가운데 일부가 이번 혼란한 시국을 틈타 보복에 나선 것으로 보인다. (미완)

16. 중국 혁명동지들에게 삼가 고하는 글

○ 安昌浩先生 謹告中國革命同志書[65] (1928. 5. 15.)
  - 痛斥 日本橫暴力 勤中·韓協作

(세계 신문사 … 본사에서 작일에 한국혁명당 영수 안창호 선생이 기고한 〈근고 중국혁명 동지서〉라는 제목 하에 발설한 전문이 다음과 같더라.)

이제 북벌전사(北伐戰士)가 신속 전진하는 가운데 있어 중국을 통일하며 혁명을 완성할 것을 날을 가리켜 기대하며 군벌의 여얼(餘孼, 잔당)이 그 생명을 조석 간에 안보하지 못하는데, 저 왜 제국주의는 교민을 보호한다고 구실을 삼아 출병정흉(出兵征凶, 군대를 보내 재앙을 일으킴)하며 창포(槍砲)를 난발(亂發)하여 성지(城池, 성과 그 주위에 파놓은 못)를 구해도 만군(蠻軍, 일본군)이 군민을 잔살하여 주검이 들에 차게 하는 종종의 참상은 듣는 사람으로 하여금 코가 저리고 뼈가 쓰라리게 합니다.

어찌 이뿐이겠습니까. 일보를 더 나아가 관서(官署)에 불을 지르며 외교 관원을 참살(慘殺)하며, 이어서 산동성을 강점하며 북벌을 저지하니, 저 왜 제국주의의 혁명 파괴와 병탄 중국(倂呑中國, 중국을 삼킴)의 광포적 야심이 어시호(於是乎) 폭로 되었습니다. 이와 같은 야심 만행이야 무릇 혈기 있는 자면 자열심통(自裂心痛, 찢어지도록)치 않을 수 없거든 하물며 중·한(중국·한국) 양족은 순치상의(脣齒相依, 서로 의지함)하며 휴척여공(休戚與共, 흥망을 함께 함)하는 바 못된 소식이 들릴 때에는 분기가 가슴에 맺히게 합니다.

---

[65] 이 글은 도산이 1928년 5월 15일 작성하여 중국 《중앙일보(中央日報)》에 같은 해 5월 20일 게재한 중국어 원본을 《신한민보》에서 한글로 번역하여 1928년 7월 26일 자로 게재한 것이다.

저 왜 제국주의의 과거 죄악과 및 현재 횡포는 이미 중·한 양국의 세대 원수(世代怨讐, 대대로 원수)가 될 뿐더러 또한 세계의 공적이 되었습니다. 왜적의 흥망성쇠는 우리 중·한 양족의 생존 발전에 반비례적 관계가 있습니다. 무릇 이와 같은 수구정적(讎仇政敵, 원수)에 대하여 응당 절실한 각오가 있을 것임으로 와신상담(臥薪嘗膽)하며 창과대조(槍戈對照, 전쟁)하여 왜구로 더불어 한번 결사전을 하기로 역도(力圖, 힘을 다하여 꾀함)할진대 반드시 대치욕을 한번 씻어 버리기가 어렵지 않을 것입니다.

나 창호는 무능무위하오나 원컨대 삼한의 혁명동지로 더불어 대란에 한가지로 나아가 공동 분투하여 일신의 생존을 단독(單獨)코자 하나이다. 이제 계획컨대 혁명동지의 일치단결과 중·한 양족의 절실 협작이요, 오인의 공동 목적을 도달하는데 불이법문(不二法文, 유일한 방안)인 국란이 이미 당착(撞着, 부딪침)하매, 전 민족이 응당 그 의지를 통일하며 그 세력을 집중하여 일치로 왜구를 대적할 것입니다. 그렇게 아니하면 민족의 생명을 보장할 도리가 없을 것입니다.

작금 동시 각 민족 중 망국 비운에 빠진 자, 민족의 의지가 불쌍함에 말미암지 않은 자 없습니다. 무릇 우리 동지들이 계급도 묻지 말며 사감(私憾)도 포기하고 단결을 역도한 후에야 바야흐로 왜구를 방어하며 국권을 보위하며 신사회를 건설할 수 있습니다. 목하 중국을 시(視)컨대 왜구가 허다하나 그 중에도 극흉극악(極凶極惡)한 자는 즉 왜적이라. 이 왜구를 저리 없애 버리지 않으면 중·한 양족의 생존이 능히 보장되지 못할 것이며 따라서 동양의 평화할 날이 하루도 없을 것입니다.

이와 같은 위기에 처하여 모공히 먼저 적절한 계획을 확립하여 놓으매 비로소 목적을 전달(全達, 완전히 이룸)키로 기대할 것입니다. 다시 한걸음 더 나아가서 중·한 양족의 협동 전선의 완성을 역도(力圖)하면 즉 중·한 양족의 다행이라 하오며 전 세계 핍박 민족의 행복이 될까 하나이다.

  중·한 협작에 대하여 선전이 이미 오래였으나 정당한 변법(辦法, 다스리는 법)이 없었음을 인하여 아직까지 실현하지 못한 바, 흉금의 느낌이 자못 깊었습니다. 재위 동지께서 공공히 계산하시면 중지소재(衆智所在, 여러 사람의 지혜가 있는 곳)에 무슨 일을 이루지 못할 것이 있으리오. 인심이 죽지 않았으면 정의가 마땅히 펼지니, 바라옵건대 동지들은 더욱 더욱 분발하시어 북벌을 완성하며 왜구를 타도하소서. 아울러 중국 혁명이 조일(早日, 이른 시일) 완성하기를 비나이다.

대한민국 10년 5월 15일 안창호.

17. 필리핀의 중국인들에게 한국과 중국의 혁명을 말함

◉ 安島山이 比律賓 中國人에게 革命談66) (1929. 5. 16.)

도산 안창호 선생이 필리핀 중국인에게 말씀한 것이 마닐라에서 발행하는 중국인의 신문지 《民草報》에 기재되었는데 그 대략을 번역하면 아래와 같더라.

〈일인이 한국 토지를 잠식〉

일본정부에서 1백만 원 이상의 금액을 가지고 소위 척식회사라는 회사를 조직하고 침략주의를 실행하는데 전체 국유지를 몰수하려 들 제 사유지를 매수하기로 시작한 후 이것도 오히려 부족하게 여겨 그 자금을 1천만 원으로 5천만 원까지 증가하여 한국의 토지를 잠식한다.

동 회사가 처음에는 일 정부의 간접 기관이었으나 지금은 그의 직접 기관이 되어 한국 각처에 지국(支局) 설시(設施)는 물론, 중국 봉천 대련 하얼빈 등지와 만주 각처에도 지국을 시설하였다. 이와 같이 경제 침략정책을 단행한다. 그리고 이밖에 일본 자본가들이 사사로이 투자하여 한국 민간의 토지를 매수함이 날로 날로 증가하며 최근 조사에 의하면 한국의 토지가 일본 자본가의 수중에 들어간 것이 백분의 30이며 은행가의 수중에 들어간 것이 또한 100분의 30을 점령한 바 이로써 보건대 한국의 토지 3분지 2 이상이 일인의 소유가 되었다.

금후 20년 안에는 전국의 토지가 모두 일인의 소유가 될까 염려하여 마지않는다.

---

66) 마닐라의 중국인 신문 《民呼報》에 기고한 글이 《신한민보》 1929년 5월 16일 자에 한글로 번역되어 실렸다.

일인의 위협, 학대 수단에 한인의 고통이 극도에 달한 중 또한 경제 압박의 음모로서 연이은 일본제국주의의 유린으로 실로 생존을 유지할 수 없는 형편이다. 거기다가 기황(饑荒, 기근)이 년부년(年復年, 해를 거듭함) 중첩한 결과 오직 경성 일 방면에만 매일 한때도 잘 먹지 못하는 이민의 수효가 대략 3만 명에 달한다고 한다. 이와 같은 정형은 말하자면 과연 망극하다고 한다.

이와 같은 압박의 반동으로 인하여 한국 청년의 향학열은 극도에 달하여 남녀는 물론하고 모두 배우는 길로 나아가고자 하며, 이네들은 일본의 제국주의를 통한하여 다 절치부심하고 와신상담하면서 국가를 위하여 원수를 보복하고자 하는바, 1919년의 혁명운동은 즉 반동력이 극도에 달한 것을 증명하고 있다. 그 때에 저 일본정부에서 세운 보통학교에 한인 남녀 학생들이 모두 한국 국기를 들고 나서서 시위운동을 할 적에 비록 일본 경관의 잔포 흉악한 형벌이 있었으나 그것을 기탄하지 않았다. 이로써 보건대 한국청년의 애국정신이 활발한 것을 실제에 나타 내었은즉 이 정신이 있는 이상 한국 청년이 필경 그 목적을 전달할 날이 있을 것이다.

〈일인의 한국 혁명운동 진압정책〉

1919년에 한국 청년의 혁명운동은 극비밀리에서 진행되었다. 그런 고로 일본제국주의 정부의 비밀 정탐이 매우 조밀하다고 하였어도 능히 한국 혁명운동이 발포되기 전에는 발견하지 못하였다.

이제 일본제국주의정부에서 한국 혁명운동을 방해하는 수단은 대략 이러하다. (1) 민중의 단결을 이간 중상하며, (2) 한국 혁명분자의 금융의 길을 끊어 놓으며, (3) 한인을 우매하게 만들어 민중으로 하여금 혁명정신을 가지지 못하도록 하며, (4) 한국 혁명당의 거처를 감시하다가 만일 혐의가 있는 자이면 종신징역이나 죽여 없애 버리며, (5) 혁명당원들에게 이간 중상시키는 수단을 하는 동시에 당원의 단결할 기회를 박탈하는 것이다.

〈한국 혁명방략의 장래〉

첫째, 혁명 총 역량을 집중할 것이며 둘째, 계통 조직적 진행을 실시할 것이며 셋째, 경제협동의 운동을 촉진할 것이며 넷째, 청년훈련 운동을 제창할 것이며 다섯째, 일반 민중으로 하여금 혁명의 이해를 명료히 갖추게 할 것이라. 이 밖에 최후로 이용할 혁명방략은 일본의 정치, 경제, 군사, 행정을 파괴하여 일본제국의 통치를 벗어나도록 극단의 수단까지라도 써 볼 것이다.

목하 한국 혁명운동은 민간에 있어서는 보편의 계단에 미쳤다고 할 수 있다. 비록 일본정부에서 동화정책을 쓰고자 하지만 한인은 더욱더욱 우리의 역사를 숭상하며, 일본정부는 동화 압박 수단을 쓰는 반면에 한인의 혁명적 반항력은 더욱 강경해 가며, 일인이 한국 혁명지사들을 멸살하는 폭행을 감행하는 동시에 한국 청년들의 혁명정신은 더욱 견고하여 진다.

작년 겨울에 한국혁명 동지가 일인에게 잡혀 일본 법정에 심문을 당한 자는 70인 인데 군중이 법정을 포위하고 방청하는 자 허다하여 가장 복잡하였으므로 일본 경관들은 이 군중의 혁명 공기가 충만하다 하여 치안유지를 구실로 하고 그 군중을 해산시키려 할 때에 쌍방에 충돌이 생기어 그들 중에서 살상을 당한 자 많았다. 이와 같이 일인의 한인 학대가 심하다. 이렇게 한국 혁명자들이 일본 관헌에게 학살을 당한 자가 무려 2만여 명이다. 이 지사들의 육체는 비록 죽었다 할지라도 그네들의 정신은 죽지 않았다.

일본정부에서 실행하는 종종의 압박정책은 표면상으로 보기에는 성적이 좋은 것 같으나 실제상으로 실패뿐이다. 대개 한국 군중이 이제는 일본제국의 음모를 익숙히 아는 까닭에 벌써부터 혁명공작에 노력하고 있으며 단결의 정신을 배양하여 전국 군중은 모두 일본제국주의를 타파할 만한 자신력이 있다고 한다.

〈중국혁명에 대한 감상〉

나(도산)는 중국 현지 혁명의 공작이 이미 완성 지점에 점달(漸達, 점차 다다름)한 것을 믿는다. 생각건대 중국의 혁명공작이 세계 각국의 그것에 비교하여 보면 실로 번잡하다. 대개 중국은 지역이 광대하며 물산이 풍부하며 인구가 많다 하며 종교 계급이 복잡하며 민중의 사상이 일치하지 못한 즉 혁명의 성공을 1일 간에 완전한 지보(紙報)에 전달하기 어려울 것이 사실이다.

그러나 최근 중국의 혁명 역사를 고찰하여 보면 광동혁명 책원지로부터 출사(出師, 출병) 북벌할 제 승승장구하여 전국을 통일한 것이 우연한 성과가 아닌바 과연 탁월한 혁명가의 수단임을 볼 수 있다 그렇지만 과거 혁명의 공작이 효과가 좋다고 할지라도 장래의 혁명공작이 더욱 지난한 즉 중국혁명동지들은 더욱더욱 노력 전진하여야만 되겠다.

만일 혁명 성공 시기에 도달코자 할진대 그 중 최대 중요 문제는 즉 인민 교육운동 공작이다. 민중으로 하여금 전당적 주의를 이해하게 하며 혁명의 진의를 명료히 알게 하여야 되겠다. 다시 말하면 일반 민중으로 하여금 자동력이 있게 하며 피동력으로 활동하지 않도록 하여 각 개인을 모두 혁명사상에 있어서 맹종자가 되지 않게 하여야만 되겠다.

진정한 민중운동이 있은 후에야 진정한 혁명공작이 있을 것이다. 아직 혁명의 성공이 완필(完畢, 완전히 이루어짐)되지 못하였으나 지금 진전 중에 있은즉 전도 희망이 광명하다.

18. 중국동포들에게 삼가 고함

○ 敬告中國同胞書[67] (1931. 9.)

〈역문 1〉

삼가 중국 동포들에게 드리는 글

일본이 이번에 동북지방을 침략하여 마구 폭력을 행사하는데 털끝만큼도 거리낌이 없습니다. 무릇 조금이라도 사람의 마음을 가지고 있는 자는 노하지 않는 이가 없습니다. 우리 대한은 스스로 보전하지 못하고, 순망치한(脣亡齒寒)과 같은 처지가 되었습니다. 마음을 가다듬고 스스로에게 물어보니 실로 슬프고 분하고 양심의 가책을 느껴 부끄러운 마음을 이길 수가 없습니다.

오늘의 중국은 혁명의 과도기에 있어 아직 국가의 건설이 완성되지 못했고 전쟁과 천재지변이 해마다 이어져 그치지 않은 가운데, 지금 다시 일찍이 없었던 수해가 닥쳐 재해를 입은 지역이 17개 성으로 늘었고 이재민 7천여 만 명이 집을 잃고 떠돌아다니며 죽은 자들이 서로를 베고 누워 있는 형국으로, 중국 인민들은 이들을 구휼하는데 겨를이 없는 형편입니다.

전 세계 우방들 또한 마음과 힘을 다하여 재물과 식량을 운반해 오는 등 서로의 의무를 다하지 않은 이가 없는데, 유독 저 이리 같은 야심을 가진 일본만이 남의 재앙을 보고 기뻐하며 남의 위기를 틈타 침략하니, 중국사람들에게 아주 큰 어려움이 닥쳤습니다. 실로 천년에 한 번 있을 기회를 틈타 심야에 쳐들어와 불과 며칠 만에 동북 각 성과 각 처의 요충지를 점령하니 살육과 방화 약탈이 이르지 않은 곳이 없었으며, 잔혹한 만행

---

[67] 《도산안창호전집》 제1권, 2000. 116-221쪽. 안창호가 만주사변 직후인 1931년 9월 하순 경에 작성한 것으로 추정된다. 분량이 많으므로 세 부분으로 나누어 각각 번역문과 원문을 싣는다.

은 차마 입으로 다 말할 수 없습니다.

일본은 더 나아가 중국의 애국운동을 저지하고자 하여, 전국의 함대를 몰아 중국의 내지로 깊숙이 들어와 위협하면서 자행한 짐승 같은 짓은 일일이 거론할 수가 없습니다. 이를 참을 수 있을진대 무엇을 참지 못하겠습니까. 무릇 인류는 이러한 폭력적인 행위를 보고 이를 갈며 원통해 하지 않는 이가 없으니, 하물며 그 잔학함을 몸으로 직접 당하고 있는 중국의 동포들에 있어서 이겠습니까?

일본이 동북을 침략하니 해당 지역의 군대는 한번 싸워보지도 않고 무저항주의를 취하였으니 이것은 어쩔 수 없어 한 일이지만 심히 유감된 일입니다. 다행인 것은 전국 인민이 한 덩어리가 되어 분연히 일어나니 그 비분강개함에 천지를 뒤흔드는 기개가 있음입니다. 또 민중을 영도하는 인사들이 심히 웅대하고 굳센 태도로 열정적으로 책임을 지고 신속히 국내 통일을 꾀하고 절실하게 최후의 승리를 준비하니 반드시 큰 효과가 나타날 것입니다. 이것이 우리가 크게 감탄해 마지않는 일입니다.

〈원문 1〉

敬告中國同胞書

日本此次侵略東北 強暴橫加 毫無顧忌 凡稍具人心者 莫不髮指 我韓不克自保 以致脣亡齒寒 捫心自問 實不勝悲憤愧疚之至

今日之中國 在革命過渡期中 國內建設既未完成 而兵禍天災 連年交迫 迄未休止 今復罹空前之水患 被災區域 蔓延十七省 災民七千餘萬人 流離失所 死亡枕藉 中國人民固 炭炭於救死扶喪之不暇 卽環球友邦 亦莫不殫心盡力 輸財運糧 以盡人群互助之義務 而獨彼狼子野心之日本 幸災樂禍 乘人之危 以爲中國丁此鉅艱 實千載一時之機會 遂深夜入寇 不數日而占領東北各城 與各處要隘

淫殺焚掠 無所不至 殘酷蠻行 慘不忍言 更欲制止中國之愛國運動 竟驅全國之艦隊 深入中國腹地 以施其威迫種種獸行 不勝枚擧 足而可忍 孰不可忍 凡屬人類 覩此暴行 莫不切齒痛恨 而況於中國同胞身受其虐者乎

日本侵略東北 該地軍隊 未嘗一戰 竟取無抵抗主義 是不得不引爲深憾者也 所幸全國人民 一致奮起 其慷慨激昂 有掀天撼地之慨 且領導民衆之人士 以沈雄剛毅之態度 認眞負責 亟圖國內之統一 切實停備最後之勝利 必能發生偉大之效力 此吾人不勝景佩者也

〈역문 2〉

포악한 일본의 이번 침략은 비록 일시에 갑자기 저들의 의중을 드러낸 것이라고는 하지만, 원대한 안목으로 살펴보면, 그것은 자신의 멸망을 재촉한 것으로, 중국의 진흥을 촉진할 것입니다. 일본인들이 오늘날 한 짓을 보고 중국이 어찌 그들의 침략을 받고 참고 앉아서 짓밟히고 분할되는 것을 받아들일 수 있겠습니까?

현재 유럽 여러 나라는 모두 이전에 없었던 경제공황과 정치불안에 빠져 원동을 돌아볼 여가가 없게 되자, 일본인들이 이 기회를 틈타 그들의 침략 정책을 실행에 옮겼습니다. 그러나 열강 각국은 그 자신들의 관계 때문에 일본인들이 원동을 독점하여 국제관계의 세력균형이 파괴되는 것을 좌시할 수는 없을 것입니다.

이뿐만이 아니라, 일본제국주의 자신을 돌아보면, 정치적으로는 물론 경제적으로도 이미 파멸 붕괴의 조짐이 날로 분명해지고 있습니다. 만약 지금 이미 각성한 중국의 4억 인민과 죽음을 각오한 한국의 3천만 민중이 서로 도우며 이끌어 공동운명체로 힘을 합쳐 저항한다면, 실로 충분히 일본제국주의를 제압하여 최후에는 죽음으로 몰아넣을 수 있을 것이니, 이때야말로 우리 동방 피압박 민족에게는 다시 일어설 절호의 시기입니다.

우리의 앞길에는 무한한 광명이 있을 것이니 행여 두려움에 위축되거나 비관하지 말고, 오직 중국과 한국의 인사들이 마땅히 신속히 노력을 경주하여 연합전선을 이루어야 합니다. 만에 하나 모든 제국주의를 타도하는 것을 구호로 삼아 전선을 확대하지 말고, 동아시아에서 일본제국주의를 우리의 유일한 대상으로 삼아 온 힘을 집중하여 총공격하여야 합니다.

오직 제국주의를 타도하는 일은 반드시 일본제국주의를 타도하는 일에서 시작할 일입니다. 동아시아에서 일본제국주의를 먼저 해결하지 않고서 국제제국주의를 해결하려고 하는 것은 헛소리에 불과할 뿐입니다. 일본제국주의를 타도하는 데에는 비록 여러 가지 전략이 있을 수 있지만, 유력한 방법이 있으니, 하나는 지속적인 경제 단교요 또 한 가지는 결사적인 무력 저항입니다.

〈원문 2〉

暴日此次之擧動 雖云逞意於一時然儻 以遠大之眼光 視察之 其所以速已之亡 苟促中國之振興 日人之視今日 中國詎能忍受其侵略 而坐就其宰割乎

現在歐美各國 悉陷于空前之經濟恐慌 及政治不安之中 不暇顧及遠東 日人乃乘此機 實行其侵略之政策 然列强各因其自身之關係 不能坐視日人之獨佔遠東 而破壞國際之均勢 不僅此也 試反觀日本帝國自身 勿論政治的 經濟的 旣破滅崩潰之兆徵 日益顯明 若以今旣醒之中國 四萬萬人民 與決死之韓國 三千萬民衆 互相維助 互相提挈 以輔車同舟之勢 共相抵抗 實足以制日本帝國主義最後之死運 我東方被壓迫民族之復興 此其正時矣 吾人前途 有無限之光明 幸毋畏縮悲觀 惟中韓人士 應從速努力 聯合戰線之造成 萬勿以打倒一切帝國主義爲口號 以致擴大戰線 應以東亞日本帝國主義 爲吾人惟一之對象 集中全力

以總攻擊之 惟國際主義之打倒 必自打倒日本帝國主義始 非先解決 東亞之日本帝國主義 而欲解決國際帝國主義 直是空談而已 打倒日本帝國主義 雖有種種戰略 祇有一端 一爲持久的經濟絶交 一爲決死的 武力抵抗

〈역문 3〉

이에 중국 인민들께 다음과 같이 고합니다.

지금 전 중국 민중이 일치단결하여 일본에 절교를 실행하십시다. 이것이 확실하게 일인의 목숨 줄을 제압하는 것으로, 이것을 2년 이상 버텨낼 수 있다면 강포한 일본도 반드시 장차 절망적인 지경에 빠질 것이고 완전히 끝장내는 것도 가능합니다. 대개 일본의 산업과 경제는 원료와 공업 제조품에 그 명맥이 달려 있는데 중국과 한국이 모두 그 원료의 생산지이며, 제조품의 큰 시장입니다. 오늘 일단 일본 상품의 유통을 억제하고 아울러 원료의 공급을 끊으면 일본의 공업과 상업은 필경 쇠퇴하고 경제공황과 사회 불안이 밀려와 일본의 멸망은 몇 달만 기다리면 가능할 것입니다.

다만 이러한 소극적 저항만으로는 아직은 완전한 대책으로는 부족하고, 반드시 적극적인 무력항쟁과 서로 보완하여 행하여야 비로소 속히 일본을 멸망시킬 수 있을 것입니다. 무력항쟁에 관해서는 현재 중국의 상비군이 280개 사단 이상, 병사의 수로 계산하면 300만 이상에 달합니다. 이를 일본과 비교하면 거의 열 배에 이릅니다. 전투력에는 비록 강약의 차이가 있고, 무기에도 비록 날카롭고 무딘 차이가 있지만 삼백만을 수십만에 견주면 일당십이 되어, 열 사람이 한 사람을 상대하면 되니 어찌 제압하여 승리하는 것이 불가능하겠습니까?

유럽전쟁 때에 독일인들이 거짓말로 3일 내에 벨기에를 모두 점령할 수 있다고 했지만 벨기에인들이 용감하게 막아내어 그 조국의 산하 절반을 보존하여 수개월을 버틸 수 있었습니다. 미국이 독립할 당시에도 그때는 미국의 힘이 약하여 천하에서 제일 강한 영국에 고전하였으나 8년 만에 드디어 그 최후의 목적을 달성할 수 있었습니다.

지금 중국을 일본과 비교하건데 벨기에나 미국의 독일과 영국에 견줄 바가 못 되었을듯 합니다. 그러나 일찍이 수십 년의 전투 경험을 가진 삼백만 대군과 사억 명의 중국인이 있는데다가, 삼천만 한국 민중의 후원이 있으니 어찌 승산이 없다고 염려하겠습니까? 다만 인심이 일치해야 합니다.

국제 형세에 대하여 논하면, 얼마 전 일본이 우리 한국을 병합하고 요동의 여순과 대련을 침략할 때는 영일동맹이 있어 일본을 후원하였으나, 지금은 영국 러시아 미국 독일이 모두 일본과 연합할 가능성이 없고, 오히려 드러내 놓고 대치하고 있어 일본의 국제적 지위는 홀로 고립되어 있습니다. 이러한 여러 정세를 종합하면 무력 저항이 결코 불가능하다고 할 수만은 없습니다.

우리 중국과 한국 두 민족이 이러한 위급 존망의 시기에 운명을 같이한다는 우의(友誼)로 힘을 합쳐 한마음으로 용맹하게 전진하여 중한 양국의 국가적인 치욕을 갚고 일본에게 압박받는 민중을 해방시켜 동아의 평화를 영원히 유지해 나가야 합니다. 우리 양국 인민들의 항일투쟁은 국가의 치욕을 설욕하는데 그치는 것이 아니라 자강을 도모하려는 것으로, 실로 중대한 사명이 여기에 달려 있습니다. 무릇 중국과 한국 동지들이여, 일치단결하여 이를 도모하여야 합니다.

중한 양국이 연합하여 일어나 일본제국주의를 섬멸하십시다!

중한 양국 만세!

한국 안창호

〈원문 3〉

　茲臚擧於後 爲中國人士告 目下全中國民衆 一致對日實行絶交 此確能制日人之死命 果能堅持二年以上 則强暴之日本 必將陷于絶境 可斷完者 蓋日本産業經濟命脈之所繫者 厥爲原料及工業製造品 中國與韓國 皆其原料之出産地 製造品之大市場 今日一旦抵制日貨 竝拒絶原料之供給 則日人之工商業 竟停閉 經濟恐慌與政治社會上不安 交相逼迫 其覆滅 計月可待

　但此種消極的抵制 尙不足以策萬全 必與積極的 武力抵抗 相輔而行 始能速其滅亡 關於武力抵抗 現在中國常備軍 達二百八十師以上 以兵數計 不下三百萬以上 較諸日本 將近十倍 戰鬪力 雖有强弱之別 軍器雖有利鈍之差 以三百萬與數十萬比例 人以一當十 我以十當一 尙豈不能制勝耶

　歐戰之時 德人僞言三日之內 盡佔比利時 比人奮勇抵禦 尙能保其祖國 半壁山下 至數月之久 美國獨立時 以美國其時之弱 與天下莫强之英國 苦戰八年 竟能達其最後目的 今中國之於日本 非若比之於德 美之於英 有曾經數十年戰鬪經驗之大兵三百萬 又有四萬萬中國人 與三千萬韓國民衆爲後援 更何慮不摻勝算 祗人心之一致耳

　至於國際形勢而論 在昔年 日本倂我韓國 及侵略遼東 旅大之時 有日英同盟 爲其後援 至於今日 於英於俄於美於德 俱無句結之可能 且顯然對峙 日本之國際地位 孑然孤立 綜合種種情勢 武力抵抗決不能謂不可能也

　我中韓兩族 際此危急存亡之秋 本同舟共濟之誼 應戮力同心 勇往猛進 以雪我中韓之國恥 而解放被日本壓迫之民衆 永維東亞之平和 吾兩國人民 抗日之擧 固不僅爲雪國恥 圖自强而已 實重大使命在焉 凡我中韓同志 一致圖之

　中韓兩國聯合起來 殲滅日本帝國主義!

　中韓兩國萬歲!

韓國　安昌鎬

19. 한국민족의 문화향상과 민족적 대계

○ 朝鮮民族의 文化向上과 民族的 大計[68] (1931. 10.)

오늘날 조선의 현상을 멀리 해외에서 관찰하건대 경제적으로 어려운 처지에 빠져 있어서 전민족의 대부분이 생활의 곤란을 느끼고 극소 부분의 자산계급도 급속도로 몰락하여 가는 현상이 각 신문 잡지 등의 통계에 나타나는 바에 의하여 명백함에 불구하고 타면(他面) 이러한 민족적 수난를 타개하여 민족의 생활과 정치적 지위를 신장하려는 민족적 대계가 이와 동일 정도로 집중 표현되지 못하고, 계급운동자는 계급 독자의 정치적 주장를 강조함으로써 조선의 현실 내용과 거리가 먼 너무나 주관적 운동으로 열중하는 경향이 있고, 민족운동자는 너무나 퇴영적 소극적 태도를 취하여 통일된 정치적 주장과 정치적 견해를 집중치 못함과 같음은 심히 민망히 여기는 바이다.

그러나 일면 최근에 이르러 군중의 문화적 계몽과 정치적 의욕을 지도 표현하는 출판물이 과거보다 양적 질적으로 놀라운 내용을 가지고 많이 나타나는 것은 심히 기뻐할 현상이다.

이것은 오늘날 조선이 아무리 빈궁한 가운데 있다 할지라도 문화적으로 전보다 훨씬 진보되고 또한 대중이 일정한 목표를 향하야 돌진하려고 하려는 욕구가 전보다 더욱 강하여짐을 예증하는 바니, 이때에 있어 조선의 모든 지도자는 각자 편협한 견해와 주관적 입장을 떠나 전민족의 힘과 요구를 전과는 다른 형식으로 좀 더 심각한 민족적 대계 위에서 통일 집중하여 조선운동의 신기운이 전개되기를 기망(企望, 바라고 원함)하고, 이러한

---

[68] 《삼천리》 1931년 11월 1일, 제3권 제10호. 기사 형태의 논설이다.

일을 하는데 있어 잡지 《삼천리》도 일부의 역할을 연(演, 수행함)할 것을 기대하고 또한 그리하고 있는 것을 알고 기뻐하며, 이제 3주년을 맞는 주간 김동환(金東煥)씨의 노력을 칭양(稱揚, 칭찬)하여 그 전도(前途)를 축(祝)하는 바이다.

20. 조선일보의 질문에 대한 답변

◉ 안창호 - 조선일보 질문에 대하여[69] (1935. 2. 10.)
   - 조선일보 기자가 묻는 말에 대하여 도산 안창호 선생의 무량 감개한 대답

(아래 기재한 문답은 안 선생 출옥 당시에 조선일보 기자와의 거중 면회기인데 선생의 금후 거취에 대한 암시가 있으므로 이에 전재함)

2월 10일 오후 기자는 경성 정거장까지 나가서 봉천으로 가는 1등차 안에서 안도산 선생을 만나 대략 다음과 같은 이야기를 하였다 한다. 선생은 수년 동안 감옥 생활에 위병을 얻어 건강이 그다지 좋지 못함을 불구하고 매우 기운찬 어조로 기자의 물음에 아래와 같은 자세한 대답을 하셨다 한다.

• 사람은 공동생활을 해야 할 것이오

기자: 감옥에서는 무슨 일을 하셨습니까.
도산: 노끈도 꼬았고 봉투도 만들었고 장갑도 만들었소.

기자: 감옥에서는 어떻게 거쳐하셨습니까.
도산: 나올 때까지 2년을 독방에 있었소. 독방이라는 데는 말하자면 옥중의 옥이라고도 할 수 있는 데요. 내가 독방에 있어본 결과 사람이라는 것은 서로 공동으로 있어 사는 곳에 참으로 그 인간다운 생활이 있음을 더욱이 간절히 느꼈소.

기자: 감옥에서 일한 삯으로 적금한 돈은 얼마나 됩니까.
도산: 아마 5원 각수(정도) 있지오.

---
[69] 《신한민보》 1935년 4월 11일

● 아! 어언간 26년

기자: 조선 땅에 발을 들이게 된 것도 오래간만이오. 또한 감옥에서 이제 갑자기 가출옥이 되어 나옴에 따라 감상이 어떠합니까.

도산: (잠깐 창밖을 바라보며) **감상이야 무척 많지마는 이제 형편으로는 다 말할 수 없을 뿐만 아니라 나는 당분간 휴양할 몸이므로 다만 침묵을 지키려 합니다.**

기자: 간다간다 나는간다 너를두고 나는간다 내가가면 아주가며 아주간들 영원히 잊을소냐 하는 노래를 평양학교에서 부르시고 조선을 떠나셨지요. 그것이 어느 해였습니까.

도산: (이때에 감개가 기쁜 듯) **아 지금으로부터 26년 전 인가요.**

기자: 그때 조선을 떠나서 맨 처음에 어디로 가셨으며 무슨 일을 하셨습니까.

도산: **처음에 중국 위해위(威海衛)로 가서 그 다음에 북경으로, 북경에서 다시 청도로, 청도에서 도로 만주로 들어가서 한동안 지내다가 시베리아를 거쳐서 구라파를 들러 미주로 건너갔다가 그래서 여러 나라를 지나다가 기미년에 국민회 대표로 상해에 건너가서 그곳에 계속 머물게 되었소.**

기자: 흥사단 본부는 어디에 있습니까.

도산: **미국 로스앤젤레스에 있소.**

기자: 어느 해에 창립하였으며 단원은 몇 분이나 됩니까.

도산: **이십 이년 전에 창립되었소. 현 단원은 약 300명 가량 됩니다.**

기자: 흥사단의 종래 강령과 정신을 앞으로 달리 개혁할 의향을 가지셨습니까.

도산 : **아직 그런 것은 생각한 일이 없거니와 이상은 말할 수 없소.**

- **성재 리동휘 씨와 안도산**

기자: 상해에서 리동휘 선생과 단절하게 된 데에 대해서는 무슨 정견의 충돌이 있었습니까. 혹은 그의 주의와 달라서 그리 되었습니까.

도산: 리동휘 선생과 감정적 충동이 있던 일은 없소. 그가 공산주의 사상으로 흘러가는 듯 하는 것을 알았고 또 그가 해삼위로 가서 활동하고 있을 때에도 나를 늘 동지로 여기고 있었소. 해삼위로 간 뒤에 2, 3차 편지가 왔는데 나를 항상 동지로 또는 친구로 생각한다는 말을 하였소.

기자: 상해에서 민족주의자와 공산주의자 사이에 가끔 피를 흘리기까지 한 충돌이 종종 있었다는데 그런 때에는 어떻게 처리하셨습니까.

도산: 나는 비록 주의는 달라졌다 할지라도 조선사람이라는 피는 다르지 않으리라고 항상 생각하였소. 그래서 청년들에게 가끔 비난을 받는 적도 있소. (일부 생략) 하여 있게 되었고 그러다가 지금으로부터 구년 전에 미주에 가서 일 년간 휴식하고 다시 상해로 건너가서 있었던 거요.

기자: 상해에서 경관에게는 어떻게 붙잡히게 되었습니까.

도산: 3년 전에 백천(白川) 대장 사건이 생겨서 불란서 조계에서도 경계가 비상했던 모양인데 나는 그것을 모르고 백천대장 사건에 관계있는 불란서 형사에게 붙잡혀서 마침내 일본영사관 경찰서로 가게 되어 버렸던 것이오.

- **흥사단 본부는 이제**

기자는 도산이 26년 전에 떠나서 삼년 전에 상해에서 경관에게 붙잡힐 때까지의 전후경과 이야기를 들은 다음에 화제를 흥사단 내용과 기타 문제들을 묻게 되었다.

기자: 최린 씨가 중심이 되어 시중회(時中會)라는 단체를 조직한 소식을 들었습니까.

도산: 이것은 작년 11월 감옥 안에서 어떤 편으로 들어서 알았소. 그런데 나는 최린 씨와는 아무 관계가 없소.

기자: 선생은 앞으로 조선 안에 있겠습니까. 또 무슨 일을 하시렵니까. 해외로 다시 나아가시렵니까.

도산: 앞에서도 말하였지마는 나는 당분간 휴양하고 치료도 하기로 결정하였으므로 그런 구체적인 것을 말할 수 없소. 그러나 조선 안에서 무슨 정치적 운동 같은 것에 몸을 붙이지 않겠다는 것은 단언합니다.

21. 동아일보의 질문에 대한 답변
- 조선학회의 설립과 농촌 도제문고 발행

● 朝鮮學會의 設立과 農村 徒弟文庫 發行[70] (1936. 1.)

나로서 지금 어떠한 의견을 발표하기는 매우 곤란한 일이다. 첫째는 내가 발표한 의견이 그대로 실현될 가능성이 없고 따라서 나의 의견이 과연 조선 현실에 적합한가 의문이다. 둘째로는 귀사의 설문에 대하여 구체적으로 대답하여야 할 터인바 아직도 요양 중에 있는 몸이라 충분히 생각할 머리를 갖지 못하였다.

(이렇게 말하기를 주저하시는 도산 안창호 씨는 사담의 형식으로 다음과 같이 말하였다.)

나는 항상 생각하기를 조선문화의 원동력이 될 최고기관을 하나 세웠으면 한다.

1) 그 기관 이름은 조선학원 혹은 조선학회라 하고 각계를 망라하여 구성할 것인데 특히 현재 교육계에 있는 분들이 중심이 되어야 할 것이다. 그리고 이에 찬동하는 이는 누구든지 참가할 수 있도록 할 것이다.

2) 그래서 귀사의 설문한 바의 농촌문고 또는 도제문고를 굵은 활자와 싼값으로 발행하여 널리 읽히게 할 것이고 과거의 우리 찬연한 모든 문화를 연구 조사하여 책으로 만들어 내고 한편으로는 새로운 문화를 수립하는 데에 원동력이 되게 할 것이다. 과학은 물론 문예 미술 음악 영화는 물론이요《조선어사전》편찬까지도 이 기관에서 맡아 할 것이

---
[70] 《동아일보》 1936년 1월 1일자

고 또한 발명에 뜻을 두었으나 돈이 없어 성공하지 못하는 청년에게는 보조를 하야 진흥시킬 것이다.

3) 이러한 큰 문화사업을 일으키자면 자금이 있어야 할 것인데 유지(有志)가 있어 이러한 문화사업에 투자를 한다면 첫째, 중앙 지대인 경성에 회관을 하나 건축하야 조선사람의 온 정신이 이를 목표로 하야 나아가게 하였으면 한다. 이것은 내가 늘 추상적으로 생각하였을 뿐이요 구체적으로는 아직 생각하지 아니하였다.

22. 황산 이종린과의 일문일답

◉ 島山과 鳳山과의 一問 一答[千眼居士][71] (1936. 1. 12.)

(구랍 어느 날 성북동 황산(鳳山) 선생 댁에서 도산 안창호 선생과 황산 이종린(李鍾麟) 선생을 중심으로 하고 몇몇 유지가 한자리에 모여서 저녁을 함께 같이하며 이야기를 듣게 된 기회가 있어서 기자도 그 말석에 참여하였다. 극히 조초로운 회합이었으나 그야말로 역사적인 회합이어서 오고가는 말이 마디마디가 의미심장하였을 뿐 아니라 참으로 역사적인 대화에 틀림없었다. 이 일문은 그때 도산과 황산과의 사이에 오고간 대화를 기록한 것이다. 이제 이 기록을 지상에 발표함에 제하여 기회를 만들어 주시기에 여러 가지로 애써 주신 세송원(洗松園) 주인 이신 장로에게 감사해 마지않는다.)

때는 병자(丙子)년 1월 12일 오후 3시 반이다. 기자는 어른들 회합에 시각을 늦으면 실례될까 염려하여 약속한 시간을 어기지 않으려고 시계를 보며 빠른 걸음으로 동소문 밖 황산 선생 댁을 향하였다. 대문을 들어가서 황산 선생을 불렀다. 몸소 방 소제를 마치시고 세수를 하시다가 수건을 손에 든 채 나오신 황산 선생을 접하니 어디까지나 '청렴한 선비다' 선생이 이끄는 대로 두간 반이나 되는 방에 들어가니 아직 래약(來約, 오기로 약속한)한 사람은 한 사람도 오지 아니하였다.

방에 들어가 앉은지 얼마 후에 도산 선생이 들어오셨다. 기자는 작년 가을 선생이 출옥하신 직후 춘원(春園) 선생의 소개로 중앙호텔의 일실(一室)에서 한 번 회견한 일이 있었거니와 해외풍상 30여년 태평양을 사이에

---

[71] 《사해공론(四海公論)》 1936년 2월 호

두고 오로지 사(私)를 버리고 공(公)을 위하여 치구(馳驅, 치달려 감)한 풍운아로서는 너무나 의외의 평범한 일개의 노옹이었음에 놀란 일이 있었는데 오늘 두 번째 본 선생의 인상도 역시 그에 틀림이 없었다.

황산: 이거 참 오래간만이오. 선생도 기억하고 계실는지 모릅니다만 지금으로부터 한 30년 전입니다. 대한협회(大韓協會) 총회가 영도사(永導寺) 뒷산 위에서 열렸을 때 거기서 선생의 연설을 들은 일이 있었는데……

도산: 그렇지요. 그런 기억이 조금 나는 것 같습니다.

황산: 그때의 선생은 체구도 퍽 장대하시고 원기가 팔팔하셨는데 지금은 꽤 달라 지셨구료.

도산: 다 세월의 탓이지요.

[양산(황산과 도산을 이름)의 대화는 이로써 서곡을 시작하였다.]

황산: 그동안 해외풍상에 얼마나 고생하셨습니까.

도산: 고생이야 무슨 고생입니까. 해내에 계신 여러분에 비하면 별로 구속(拘束)을 모르고 지낸 것만 하여도 더 행복이었지요. 또 그동안 미국에 오래 있었으니까 거기서 최하급의 생활을 하였다 치더라도 우리나라의 중류 이상 생활을 한 셈이 되니 고생이랄 건 도무지 없었지요.

황산: 요새 신문을 보면 미국서도 불경기 또는 루스벨트 대통령의 뉴딜 정책의 실패로 실업자가 속출하고 국민의 생활고가 심각하여 간다던데요.

도산: 그렇더라도 미국이란 나라는 다른 나라에 비하면 빈민 계급이 적지요. 물론 전 국민을 놓고 따져본다면 빈민 계급이 수로는 많지

요. 그러나 미국 국민이란 가령 한때 어려운 일을 당하더라도 그것을 능히 극복해 나가는 국민들이기 때문에 일시 불경기의 고배를 맛보고 있다 하더라도 머지않아 다시 회복될 것입니다. 그 점으로 미루어 나는 그들에게 대해서는 낙관합니다.

황산: 미국에서는 구교(가톨릭교)의 세력이 어떠한가요.

(황산 선생은 천도교 구파의 두령의 한 사람이다-기자)

도산: 매우 대단하지요. 경제력으로 보더라도 아마 신교보다는 유력하지오. 그뿐 아니라 미국 내의 신문들이 가톨릭에 대해서는 공격의 붓을 못 들지요. 왜 그런가 하니깐(선생은 이 '깐' 자에 악센트를 두신다.) 만일 어느 신문이 가톨릭에 대한 무슨 불리한 기사를 쓴다면 가톨릭 본부에서 전국의 신도들에게 그 신문에 대한 '보이콧트'의 지령을 내립니다. 그렇게 되면 그 신문은 망하고 마니깐요.

황산: 그것 참 세력이 무섭구려. 그런데 그 지령이 그렇게 실행이 잘 될까요.

도산: 실행이 되구 말구요. 가톨릭의 힘은 거기 있는 것입니다. 단체의 힘이 났으니 말입니다만 미국에서는 종교 이외의 단체로도 그 세력이 꽤 굉장한 게 많아요. 3K단 또는 KKK단이란 것은 여러분(실내에 모인 사람을 두루 보며) 이미 잘 아시겠지요만 그 이에 '슈라이너'라든가 '앨크'라든가 모두 무서운 세력을 가지고 있습니다. 이러한 단체들은 물론 정치적 단체 즉 정당이 아니지요. 그렇지만 그 단체의 힘은 정치상에도 많은 영향을 주고 있습디다.

황산: 미국의 이야기는 잘 들었습니다. 한데 선생은 중국에도 오래 계셨으니까 중국 사정도 잘 아시겠지요. 어쨌든 중국은 이대로 우물쭈물하다가 망하고 말까요. 그렇지 않으면 무슨…….

(화제는 태평양을 건너 차츰차츰 윤곽이 좁아 들기 시작한다.)

도산: 그렇습니다. 현재 중국에는 봉건적 세력이 많이 남아 있어서 각기 세력 다툼을 하였기 때문에 그로 인하여 농민이 고통을 받고 상인이 고통을 받고 온갖 국민이 모두 고통을 받아 왔습니다. 그뿐인가요. 국가의 존재조차 위기에 닥치게 되었지요. 이렇게 본다면 물론 중국에 대하여는 비관 밖에 안 생기지요. 그러나 중국 국민은 배후에 하등의 배경이 없어도 세계 어느 나라를 가든지 상당히 세력들을 잡습니다. 이 점은 유태인과 매우 흡사하지요. 말하자면 경제적 세력을 무시할 수 없단 말이지요.

또 중국사람으로 구미 각국에 유학하여 신문화를 흡수하고 돌아오는 청년들이 매년 수백 명, 수천 명 됩니다. 말하자면 현재의 중국은 문화적으로도 매년 매년 꾸준한 성장의 길을 걷고 있단 말이지요. 이 두 점으로 보아서 나는 결코 중국에 대해서 비관을 안 합니다. 그뿐 아니라 중국사람에게는 배외열(排外熱)은 많았지만 대내적으로 국가나 사회나 민족에 대한 애착 즉 애국심이 없었지요. 이것은 매우 모순이지요. 애국심이 없이 어떻게 배외열이 납니까. 애국심이 먼저 있은 다음에 배외열이 생기는 게 아녀요? 그런데 중국 국민은 애국심은 없으나 배외열은 성하거든요. 확실히 모순이에요. 그러다가 요즘 와서는 이 배외열이 애국심을 돋우고 애족심을 북돋우거든요. 말하자면 중국 국민에게 뿌리박힌 개인주의 사상이 중국이란 국가의 대외적 위기로 인하여 타파되어 간단 말씀입니다. 중국 국민이 이 개인주의사상 타파에 대하여는 일본의 덕을 많이 보고 있단 말이지요.〔일동 홍소(哄笑, 떠들썩하게 웃어 댐)〕

황산: 그런데 요새 중원(中原)서는 장개석(蔣介石)에게 대한 원성이 높아가는 중 더욱이 학생층에서는 장개석더러 한 번도 싸워보지 아니하

고 영토를 남에게 자꾸 빼앗긴다고 타도 장개석 소리를 외치고 있으니 대관절 장개석이는 어떻게 생각하고 있을까요.

도산: 그렇습니다. 장개석에게 대한 원성이 높아가는 건 사실이지요. 그러나 장개석인들 분한 마음이 없겠습니까. 공적으로 보더라도 자기 치하에 있는 영토를 빼앗기게 되니 분한 일이요, 사적으로 보더라도 그같이 자기가 혁혁한 혁명 완성의 공적을 이루어 가는 데 그것을 좌절케 하니 이 또한 분한 일이 아니겠습니까. 이리보고 저리보아도 중국 국민 중에 장개석보다 더 분한 사람은 없을 것입니다. 장개석의 속인들 오죽이나 썩겠습니까마는 장개석은 지금 간과(干戈, 전쟁)를 들고 싸운댔자 이익이 없는 것을 잘 알거든요. 그럴 것 아닙니까? 몇 날 며칠이고 늘 싸움만 하는 사람이 그 속을 모를 리 없지요. 만일 지금 싸운다면 절강성, 복건성 두 해안에 면한 영토를 제일 먼저 빼앗길 것을 알고 있지요. 이런 지방을 빼앗기고 저 섬서성같은 오지로 몰려가서 언제 어떻게 싸워 볼 준비를 할 수 있겠습니까. 그러니까. 지금 어떻게든지 현상을 유지해 가면서 후일을 위하여 준비하고 있는 게지요.

(이 때에 저녁상이 들어오며 도산 선생의 이야기는 잠시 중단되지 않을 수 없었다. 해외에 있을 때에 토장찌개가 먹고 싶고 찰떡이 먹고 싶더라는 등 향토색에 대한 애착의 피력이 있은 다음, 음주 몇 잔씩 돌린 뒤 석반을 마치고 '양산'의 대화는 다시 계속하여 긴 서론을 마치고 겨우 본론에 들어가게 되었다.)

황상: 도산 선생, 지금까지 해외의 정세에 대하여 좋은 말씀을 많이 들었습니다. 그런데 선생은 이 앞으로 어떻게 하시겠습니까. 이 땅에서 언제까지든지 우리들과 같이 웃고 같이 울고 같이 고생하시겠는지 그렇지 않으면 다시 해외로 나가시겠는지?

(황산의 질문은 그리고 우리가 누구나 도산 선생에게 발하고 싶은 질문의 화살은 은근히 던져 졌다. 황산과 아울러 일동은 과연 어떠한 대답이 나올는지 청신경(聽神經)을 일층 예민히 하여 가지고 귀를 기울였다.

도산: 네! 그러나 나는 거기 대하여 아직 어떻겠다고 정하지를 못하였습니다. 조선사람이 내가 여기 있기를 원하고 또 내가 여기 있어서 조금이라도 조선사람에게 대하여 이익이 된다면 여기 있으려니와 또 그렇지 못하다면 여기 있을 필요도 없겠지요. 헌데 일전에 이런 일이 있었어요. 어떤 여인들 4, 5인이 찾아와서 나보고 산간에 들어 가서 감자나 캐라고요.(일동 대소)

황산: (웃으면서) 그건 너무 심한 말입니다 그려!

도산: 그만이면 좋게요. 날보고 감자나 캐다가 죽으라고 하지 않겠습니까.(일동 대소) 헌데 이야기가 탈선한 것 같습니다. 지금 황산 선생이 나의 앞길에 대한 태도 여하를 물으셨지만 이렇게 하여 주셨으면 어떻겠습니까. 먼저 이 땅의 정세가 이러이러 하니 너는 이렇게 하였으면 좋겠다고요. 나는 지금까지 이러한 태도로 여러 사람들을 만나 왔습니다. 그렇게 여러분의 의견을 들어서 먼저 이 나라의 현실을 알고 난 뒤에 나의 태도를 정하려구요. 그래서 지금까지 많은 사람들을 만나 의견을 들어 보았는데 어떤 사람은 너는 학교 교장이 되라고 하고 또 어떤 사람은 신문사 사장이 되라하고 또 어떤 사람은 화신상회(和信商會) 사장이 되라 하고 또 어떤 사람 아니 아까 말씀한 여인네들은 산에 가서 감자나 캐먹다 죽으라고 합디다.(일동 대소)

황산: 그건 다 제각기 이익을 생각하고 하는 말이겠지요. 그러나 내가 알고자 하는 것은 조선사회의 소위 지도자층에 있는 사람 일반으

로서 우리가 지금 취해야 할 방침은 어떠해야겠다는 것입니다. (이때 도산은 한참 동안 입을 다물고 고개를 숙였다. 그는 꽤 중대한 질문이구나 하는 것 같았다.)

도산: 그렇습니다. 지금 우리가 할 일은 많을 줄 압니다. 물산장려도 해야 되고 문자운동도 해야 되고 발명도 힘써야 하고 할 일이 많지요. 그러나 우리가 무엇을 하든지 근간이 되는 바는 인격혁명(人格革命)이라고 생각합니다. 민족 변화란 말씀이에요. 이렇게 말하면 이거 또 춘원식의 민족개조론(民族改造論)이구나 하고 비웃을는지 모릅니다만 여하튼 우리가 지금 제일 필요한 것은 인격혁명인 줄 압니다. (여기서부터 도산은 점점 열변으로 들어간다.)

우리는 지금 무슨 일을 하려고 할 적에 서로 말을 믿고 일하는 게 아니라 무엇보다도 '시기'와 '질투'와 '당파 가림'을 먼저 하게 됩니다. 이것이 망종지민(亡種之民, 망한 나라의 백성)의 인격이란 말씀이에요. 과거에 우리가 이렇게 망하게 될 때의 심리와 인격을 지금도 여전히 가지고 있단 말씀이에요. 이러한 인격을 가진 인간들이 무엇을 해요. 오! 이렇게 말하면 이러한 인격을 이렇도록 배양하는 악한 제도를 타파해야지 지금쯤에 앉아서 케케묵은 인격수양이란 무슨 수작이냐 할 것입니다.

나는 이 말에 찬성합니다. 나쁜 제도를 타파하지 않으면 그러한 훌륭한 인격을 내기가 불가능한 줄 압니다. 그러나 나쁜 제도를 타파하는 것은 누가 하는 것입니까? (여기서 도산 선생의 열변은 고도에 달하였다.) 인격이 하는 일이 아니고 무엇입니까. 그러니 망종지민의 인격으로 무슨 사회혁명입니까? 하니까 근간은 인격혁명에 돌아가고 맙니다.

어느 하 세월에 인격혁명을 하여 가지고 사회혁명을 하느냐고 또

반격할는지 모릅니다만 우리사회에 인격혁명한 이가 한 해에 열 사람이면 열 사람 스무 사람이면 스무 사람이 같이 늘어갈수록 우리사회는 점점 좋아갈 것이 분명합니다. 인격입니다. 가새나무에는 가새만 열리고 포도나무에는 포도만 열리는 것입니다. 인격혁명을 못한 이는 제 아무리 나쁜 사회제도를 타파하여도 다시 나쁜 제도밖에 나오지 않습니다.

이거 보시오. 같은 데모크라시가 똑같은 이론을 가진 데모크라시가 멕시코에 떨어진 것과 아메리카에 떨어진 것과 다르지 않습니까. 같은 사회주의가 러시아에 떨어진 것과 중국에 떨어진 것과 다르지 않습니까. 본바탕이 그르면 아무리 좋은 씨라도 글렀단 말씀이에요.

(도산 선생은 여기까지 말하고 시계를 보더니)

도산: 이거 너무 오래 혼자만 지꺼려서 미안하게 되었습니다.

(하고 일어나서 가려고 할 즈음에 밖에서 차가 왔다는 통지다.)

황산: 좋은 말씀 많이 들었습니다. 경국 선생이 감자 캐다 죽지 않겠다는 것만은 잘 알았습니다. (마침)

23. 전라남북도를 순회한 감상

○ 島山 安昌浩氏 全南北巡歷[72] (1936. 2. 21.)
　- 全州서 感想談

　　도산 안창호 씨는 전남북 시찰 중 21일 오후 래전(來全, 전주에 와서) 시내를 일순하고 금구(金溝)로 향하였는데 아래와 같은 감상담을 시(施)하였다.

　　"전주는 대단히 명랑한 지방이오 일견하여도 온화한 기분을 느끼게 된다. 광활한 평야와 명려(明麗, 밝고 고움)한 산수는 인위적 가공이 없이 천연 그대로의 자연미가 점적(點滴, 방울방울 떨어짐)하여 교육 도시로서의 조건을 다분 구비하였다고 보인다. 평양 경성을 상공도시로 한다면 전주는 교육도시로서 호적지(好適地) 대신 정적 미감(美感)이 있는 듯하다."

　　다시 기자로부터 조선의 현상에 대한 소감은 무엇인가에 취(就)하여,

　　"해외에서 감상하는 것보다 의외로 몇 가지 좋은 현상을 발견하였다. 즉 비관(悲觀)재료보다도 낙관(樂觀)재료가 많음에는 안심하였다. 제일로 일반 향학열의 발흥이니 학문하여야겠다는 경향은 조선의 장래를 위하여 실로 희행(喜幸, 기쁘고 다행스러움)할 바이었다.

　　다음 산업기구의 발달도 상당한 정도에 도달한 것이다. 조선의 명일(明日)은 결코 비관이 없고 오직 낙관이 있을 것은 충심으로 다행하였다.

　　그러나 교육문제에 이르러 보통교육의 보급 기타 교육기관이 상당히 정비되었으나 아직도 다수한 미취학자를 전부 수용치 못하고 또는 졸업 후 졸업생을 충분 소화치 못하여 취학난과 취직난의 양대 곤란이 재(在)한 것은 대단 유감으로 생각한다. 총독부의 시설 유무에 불구하고 일단은 취

---

[72] 《매일신보》 1936년 2월 26일 자

업학교와 직업학교를 설립하여 소공업의 기능을 수득(修得, 배워서 얻음)하여 졸업 후에라도 자활의 방도를 얻도록 하는 것이 목하 초미의 급무인가 생각한다. 환언하면 취직의 방도로서의 학문 즉 월급생활자가 되지 아니할지라도 수득한 학문과 기술을 응용하여 자활이 가능한 직업학교를 다수 설립하는 것이 필요할 줄로 믿는 바이다." 운운

24. 《삼천리》 잡지와의 4개 조 문답

◉ 安島山과의 問答 四個 條[73] (1936. 11.)

도산 안창호 선생의 소식이 한동안 막혔었다. 간혹 신문지의 인사 소식난을 통하여 '평양에서 모월 모일에 서울 올라와 중앙호텔에 투숙' 그렇지 않으면 '입성(入城) 중의 안 도산 모월 모일 모시 경의선 특급으로 평양으로 향하여 출발'이란 단편 단편의 소식이 실렸을 뿐이요, 좀 더 길다고 해야 위장병 치료하기 위하여 또는 치통 치료하기 위하여 그렇지 않으면 '함남 홍원의 신라진흥왕비(新羅眞興王碑) 건립식에 참예로서 입성'이란, 역시 3, 4행에 불과한 보도가 전해질 뿐으로 선생의 주위를 싸고도는 이광수, 정인과, 이용설, 주요한 등 제씨와 그 외 평양, 경성의 유지 몇몇 분을 논외로 하고는 최근의 도산 선생의 거취와 심경에 대하여 일반 세인들은 잘 모르고 있는 터이다.

대전형무소에서 가출옥한 것이 소화(昭和) 10년 2월이요 그 뒤에 가출옥 기간이 만료된 지도 거년 11월인즉 그 뒤 만 6,7개월 사이에 선생은 무얼 하고 계셨든가. 장차는 무얼 하려고 벼르고 계시는가. 또 최근의 병상은 어떠하며 북미에 있는 영부인과 자손들은 돌아 왔는가. 더구나 지금도 평안도에 계신가. 이 모든 심경과 현재를 알고 싶어 하는 이 많을 줄 앎으로 전일 서울 오신 도산 선생에게 대하여 나는 아래의 네 조목을 중인에 대신하여 질문하여 그 '말씀'을 얻었기에 이에 전하는 바이다.

---

[73] 《삼천리(三千里)》 1936년 12월 1일호, 제8권 제12호

〈경성에 이주하시렵니까〉

문: 서울에 오셔서 계실 의향이 없으십니까? 서울에 오시기를 기대하는 인사들의 심리로는 첫째, 선생은 병약하신 터이라 여러 가지 숙환을 근본적으로 치료하시자면 평양보다는 서울이 수배 월등하게 의료기관이 완비되어 있고 고명한 의학 박사도 많으니 '병을 위해서' 하로 급히 올라오심이 좋을 것이고,

둘째로는, 현재와 같이 평양에서도 4, 50리 거리에 있는 산중에 계시니까 입산두문(入山杜門, 산으로 들어가 나오지 않음)하시는 줄 알아 세인에 좋지 못한 인상과 영향을 주십니다. 조선 내의 모든 사정은 서울에 앉아서야 전폭적으로 관찰할 수 있고 또 세계 온갖 문명의 전파가 가장 먼저 부딪치는 곳이 조선에서는 서울 이외 다른 곳이 없는 터인 즉 각각으로 움직이는 이 전 조선의 사회 실정과 세계 대세를 간취하시기 위하여서라도 하로 급히 서울에 오시는 것이 오를 줄 압니다. 선생이 가출옥 이후 오늘날까지 10분지 8, 9의 대부분의 긴 세월을 평양 및 평안도에서 보내심에 대하야 일부 극단으로 논평하는 이는 이를 '평안도 몬로주의'에 관련되는 것이라고 비난까지 합니다. 서울 이주에 대한 선생의 생각은 어떠하십니까.

답: **기지미지(旣知未知, 이미 알거나 아직 모르거나)의 벗과 나를 사랑해 주시는 이와 또는 오해를 가지는 이들 여러분에게 대하여 이 기회에 한 말씀 하지요. 나는 대전 3년 동안에 소화불량증을 얻어서 출옥 후 오늘까지 위장에서 '까스'가 자꾸 나오고 먹는 음식이 잘 내려가지 않아서 항상 괴로움이 떠나지를 않아요. 또 이(齒)도 의치를 하여 넣었던 것이 다시 아프기 시작하여 근본적으로 치료하고 있는 터인데 그러나 출옥 당시보다는 훨씬 차효(差效)가 있어서 요즈음은 음식 먹는 것도 비교적 잘 소화되고 이도 덜 아파요. 1, 2년만 이대로 지낸다면 완전**

히 옛날의 건강을 회복할 수 있을 것 같이 생각되오.

그런데 의료기관이나 전문 의학자가 많은 점으로 보아서 서울에 있는 것이 병에는 많이 좋을 듯하나 그러나 내 병은 날마다 병원 문을 드나들어 진찰을 안 받아도 되는 고질인지라 먼 곳에 있으면서도 한두 달에 한두 번씩 가끔 서울 와서 치료 받아도 무방할 줄 아는 터이요. 그래서 평안도에 살면서 가끔 서울 와서 세브란스병원에 이르러 치료를 받고 돌아가지요. 내 병은 내가 잘 아는 터이라 일광과 깨끗한 공기와 신선한 채소 등의 영양을 필요로 하느니만치 전원에 한적하게 있으면서 심신을 모두 치료하고 있는 것이 좋소.

그동안 평안도에 오래 있은 것은 원래 출옥할 때에 가출옥이니만치 형무소 당국과 경찰 당국 말이 도중에서 지체하지 말고 원적지로 속히 돌아가라는 것이었으니까 작년 2월 달에 나왔을 때에도 더 머물고 싶은 것을 겨우 서울에 하루 밤을 쉬고 곧 평양으로 내려갔다가 내 고향에 가 있었고 그러다가 병을 위하여 절간 가튼 조용한 곳에 가 있는 것이 좋겠다는 의사의 권(勸)으로 마침 평양에서 한 50리 되는 대보산(大寶山) 속에 조신성(趙信誠) 여사의 소유되는 산가(山家)가 그곳에 있기에 그리로 옮긴 것이었소.

그리고 그동안 나는 귀로 듣는 것도 중요하거니와 실지로 팔도산수와 인물과 조선의 지방지방의 실사회를 보고 싶은 생각으로 지난 겨울에 전라도 등지로 주유(周遊, 두루 여행함)하였고 금년 가을에는 또 함경도와 강원도로 가보려 했던 것이 그만 건강이 허락되지 않아 아직 못 떠났는데 이번 봄에나 가보려고 생각하고 있는 중이요. 내 소원은 동서남북 조선 삼천리를 고루고루 다 돌아다녀보고 싶은 것인데 아직 평북에도 못 갔소그려.

평북에는 그곳 여러 친지들이 벌서부터 한번 다녀가라고 사람도 오고 권고가 많았지만 아직 못 갔었는데 무엇보다도 내가 먼저 평북을

담화

찾아야 할 이유는 경의선 선천에 내 은인이 지하에 누워 계시오. 30년 전 내가 평양과 서울로 돌아다니면서 대성학교와 신민회 등 교육과 정치 일로 다닐 적에 나를 물질상으로나 정신상으로나 지극히 도와주든 오치은(吳致殷) 씨가 지금은 고인이 되어 지하에 누워 계시오. 내가 해외에 그냥 돌아다니고 있는 몸이라면 몰라도 고토에 돌아온 이상 이 은인의 성묘를 가장 먼저 하여야 할 것이되 마음은 늘 묘지를 배회하건만 이때까지 뜻을 이루지 못하였소. 가까운 장래에 기어히 한번 다녀오려고 생각하오.

이제 김 군은 날더러 서울 오라고 하지만 내 병을 위하여서는 아직 도회지보다 대보산 속 같은 산중이 이로우니 옮길 생각이 없소. 그야 서울 있으면 동무도 많고 온갖 소식도 잘 들을 수 있겠지만 그러나 내가 서울 올라오면 가뜩이나 말 많고 시비 많은 조선사회에서 공연히 이러저러한 말만 돌게 될 터이니 차라리 지금과 같이 먼 곳에 있으라고 권하는 친구도 있구려.

시비라야 조선동포의 일이라든지 우리 문화운동이라든지 사회 방면의 일에 대하야 왈가왈부함이라면 몰라도 대개는 개인에 관한 근거 없는 사실을 공연히 떠들어 치켜들고 이러니저러니 말썽 삼는 일부 인사가 있으니 참으로 통탄할 일이요. 얼마 전에도 중앙일보에 인정식(印貞植) 군이 내 비평을 썼더라는데 이것을 세상 사람은 "에잇, 여운형이와 안창호가 또 싸우는군" 하고 이말 저말 하더라구요.

나는 진실로 바라거니와 우리 조선사람의 누구든지 모두 공사(公事)에 대하여는 어디까지든지 엄숙하고 열렬하게 시비 논란할 것이로되 개인 감정을 가지고 운위하는 일은 삼가주기를 바라오. 약(若, 만약) 금후에 건강상 서울 오게 된다 할지라도 서울시내는 싫고 경성에서 좀 떨어져 있는 시골에 있을까고나 생각하오.

〈사업을 안 하시렵니까〉

문: 선생께서 옥에서 나오신지 벌서 일 반년, 이제는 가출옥 기한도 만기가 되셨는데 그동안 조선사회에는 사회적으로 문화적으로 여러 가지 현상이 기복(起伏, 세력이 강해졌다 약해졌다 함)하였건만 이에 대하여 선생은 일언의 공적 비평이라거나 대소사 간 사회 일에 관여하시지 않았습니다. 언제까지나 이렇게 참고 침묵차초연(沈黙且超然, 침묵하며 초연함) 상태를 계속하는 것은 일부 민중으로부터 오해를 받기 쉬운 일이고 또 민중 및 사회와의 접촉을 멀리하는 결과가 저절로 되어질 우려가 있습니다.

그러기에 우선 그리 큰 일이 아닌, 즉 전체적 정치적이 아니면서 부분적 문화적 방면의 일을 통하여서라도 사회의 대중과 악수하고 접촉하는 행위를 시작하는 것이 어떠하십니까. 손쉬운 예로 선생은 반도 최초기에 입문세례를 받은 기독교인이신지라. 우선 기독교 방면에 나서심이 어떠하리까. 지금 조선 기독교 사회는 30만 교중과 수천만 원이란 교세를 가진 크나큰 집단이언건만 그 지방열 그 패쟁(覇爭, 패권다툼) 등으로 사분오열하고 있어서 월남 이상재(月南 李商在) 씨가 통제하고 있든 옛 황금시대를 모두 상망동경(想望憧憬, 상상하며 그리워 함)하고 있습니다. 큰 인물이 나서서 이때에 이 국면을 바로잡아 놓지 않으면 기독교의 전도는 암담한 바 있다고 생각됩니다.

답: 나를 사랑하여 주는 선배와 지기(知己) 속에는 "지금은 아무 할 일이 없으니 안창호는 아모 일도 말고 가만 있거라" 하는 이도 있고, 또 "어서 네가 나서라" 하고 권하는 이도 있는데 파인(巴人, 김동환 기자)은 '나서라'고 하는 편이구려. 그러나 아직은 기독교에 나설 생각도 없고 다른 일에 나설 생각도 없소. 그 이유는 내 스스로 판단하는 바 있는데 아직은 그 까닭을 말하지도 않겠소.

〈연설과 문장을 버리셨는가〉

문: 선생은 심중에 가진 경륜과 포부를 혹은 연설로 혹은 문장으로 발표하고 싶으시지 않습니까. 문장도 문장이려니와 선생의 연설을 원일문지(願一聞之, 한번이라고 듣기를 원함)하려고 열망하는 이 많은 터인데요.

답: 나는 형무소 문전을 나올 때에 아직은 말하지 않기로 작정하였소. 하고 싶은 말은 많으나 모두 않기로 작정한 터이요. 그러기에 그동안 신문사와 잡지사에서 이 문제 저 문제 가지고 와서 의견을 구하는 일이 많았으나 나는 모두 거절하였었소. 이 태도는 당분간은 이대로 지켜 나가겠소.

연설은 30년 만에 조선에 와서 처음으로 꼭 한 번을 한 적이 있었소. 금년 첫여름에 황해도를 돌아다니다가 해주에서 하였소. 그곳 교회당에서. 연설 내용은 청년들에게 부지런히 일하라고 권하였소. 나는 그동안 호영남(湖嶺南) 등 남선 각지를 돌아다니며 산수를 구경하였는데 그 아름다움에 놀라 찬탄불이(讚歎不已, 칭찬하고 감탄하기를 그치지 못함)하였소. 산과 물에선 오곡과 광물이 무진장으로 나오오.

그럼에도 불구하고 우리들이 가난하게 사는 것은 진실로 그때 한말과 이조 5백 년 동안에 백성은 백성대로 놀고 안일하기만 원했고, 위로 임금도 노시었고 정부 관리도 놀아서 거세(擧世, 온 세상) 유태안일(遊怠安逸, 놀며 게으름)하였던 데서 온 결과였소. 연설의 일편을 들어 말하자면 이런 뜻이었지요.

그 뒤 평양서 사회단체로부터 또 연단에 올라서 달라고 교섭을 받았으나 경찰의 금지로 그만두고 말았소. 그 뒤 연단에도 안 서기로 작정했소.

〈해외에는 안 가시는지요〉

문: 세인의 주목은 선생께서 만기되시는 날 다시 북미 등지로 가시지 않을까 하는 의심이었는데 선생의 의향은 영원히 조선을 떠나지 않으시렵니까.

답: 낸들 알 수 있소? 내일 일을 누가 안다 하리오. 그러나 나가려 해도 나가게 될른지도 의문이고 아직 나갈 생각은 없소. 금년 여름에 미국에 있는 내 아내와 아이들이 조선으로 나오겠다고 상항을 떠나겠다고 전보 온 것을 나와서 서로 만나보는 것은 좋겠지만 여러 가지로 생각한 바 있어 더 나오지 말고 미국 있으라고 회전(回電, 답하는 전보)을 처서 중지시킨 일이 있었소.

담화

제3장

구술

도산 안창호의 말씀 (상)

제3장　구술

해설

도산 구술, 춘원 기록의 1924년 북경 대담화

여기에 싣는 14편의 글들은 1924년 4월 도산이 춘원 이광수를 중국 북경으로 불러 8일 동안 기거를 함께하며, '국내에서 발표될 수 있는 제한을 염두에 두면서' 구술한 내용이다. 《동아일보》와 《동광(東光)》잡지를 통해 이듬해 초부터 1931년 5월까지 연속적으로 또는 간헐적으로 불규칙하게 발표되었는데, 이때의 구술록을 바탕으로 필요에 따라 적당한 분량으로 나누어 춘원 혹은 주요한이 문장화한 것이다.

즉, 이듬해 1925년 1월 23일부터 《동아일보》에 '국내동포에게 드림'이라는 표제로 연재를 시작하였지만 불과 사흘 만에 일제의 검열에 걸려 중단되고 말았으며, 그 뒤 나머지 원고는 흥사단 국내지부인 수양동우회에서 발행한 《동광》지 1926년 5월의 창간호부터 1927년 2월호까지에 나뉘어 지속적으로 게재되었는데 마찬가지로 중간 중간에 많은 양이 삭제 당하였다. 그 뒤 《동광》 잡지가 정간됨에 따라 중단되었다가 1931년에 다시 속간 되면서 두 편이 더 실렸다.

당시 검열로 삭제된 부분들은 아쉽게도 끝내 복원되지 못한 채 영영 유실되고 말았다. 이때 실렸던 13편의 원고들을 모아 주요한이 1963년 《안도산전서》를 펴내면서 자료편에 실었는데 내용에 따라 〈동포에게 고하는 글〉 〈동지들께 주는 글〉 〈청년에게 부치는 글〉의 세 장으로 크게 나누었다.

여기서는 크게 두 범주로 나누어 싣되, 그 대상을 분명히 해 〈동포·동지들께 드리는 글〉과 〈청년·학생들에게 주는 글〉로 나누고, 발표 순이 아니라 내용을 참작해 차례를 조정하였다. 또 같은 성격인 《동광》 잡지 1931년 5월 호에 실린 〈헌신적 정신을 배양하라〉의 한 편을 추가하되 그 내용을 감안해 〈청년·학생들에게 주는 글〉에 포함시켰다. (주요한이 이미 지적하였듯이 당시 일제 검열을 감안하여 '조선'으로 표기되었던 부분은 평소의 도산식 표현을 되살려 '대한'으로 바꾸었다.)

도산이 당시 일제에의 귀순 논란과 자치운동을 주장하는 《민족개조론》 및 《민족적 경륜》의 발표로 크게 사회적 지탄을 받고 있던 문제의 인물 춘원을 굳이 북경으로 불러 일대 구술을 기록하게 해 발표하려 했던 이유가 무엇이었는지는 종합적인 검토가 필요하다. 그러나 그 결과로 당시 서울의 수양동맹회와 평양의 동우구락부 두 갈래로 전개되던 국내 흥사단운동이 이광수 중심의 수양동우회라는 단일 조직으로 통합되었고, 동시에 여기에 싣는 도산이 구술하고 춘원이 기술한 대문장이 남게 되었음은 엄연한 역사적 사실이다.

구술

동포·동지들께 드리는 글

1. 국내 동포에게 드림

◎ 國內 同胞에게 드림74) (1924. 4.)

고국에 계신 부모와 형제자매들이여, 나는 자모를 떠난 어린아이가 그 자모를 그리워하는 것처럼 고국을 그리워합니다. 얼마 전에 고국으로부터 온 어떤 자매의 편지를 읽다가, "선생님 왜 더디 돌아오닙니까. 고국의 산천초목까지도 당신이 빨리 돌아옴을 기다립니다." 하는 한 구절을 읽을 때에도 비상한 느낌이 격발되었습니다. 더욱이 이때는 여러분 부모와 형제자매들이 비애와 고통을 받는 때이라, 고국을 향하여 일어나는 생각을 스스로 억제하기 어렵습니다.

여러분이 하시는 일을 직접으로 보고 여러분이 하시는 말씀을 직접으로 듣고자 하오며 또 나의 품은 뜻을 여러분께 직접으로 고할 것도 많습니다. 그러나 아직은 돌아갈 수가 없습니다. 내가 일찍 눈물로써 고국을 하직하고 떠나 왔거니와, 다시 웃음 속에서 고국 강산을 대할 기회가 오기 전에는 결코 돌아가기를 원하지 않습니다.

그런데 나는 여러분께 대하여 간접으로라도 고통 중에서 슬퍼하시는 것을 위로하는 말씀과 그와 같은 간난 중에서도 '선한 일'을 지어 가심에 대하여 치사하는 말씀도 드리고자 하며, 또는 우리의 장래를 위하여 묻기도 하고 고하기도 하고 싶으나 기회가 없었고, 마침 우리의 공공적 기관인 《동아일보》가 출현된 뒤에 글월로써 여러분께 말씀을 전할 뜻이 많았으나

---

74) 《동아일보》 1925년 1월 23일.

내 마음에 있는 뜻을 써 보내더라도 여러분께 전달되지 못할 염려가 있으므로 아직껏 아무 말씀도 못하였습니다. 그러나 지금에는 하고 싶은 뜻을 참지 못하여 전달될 만한 한도 안에 말씀으로 몇 가지를 들어 묻고 고합니다.

구술

2. 비관적인가 낙관적인가

○ 悲觀的인가 樂觀的인가[75] (1924. 4.)

묻노니 여러분은 우리 전도 희망에 대하여 비관을 품으셨습니까, 낙관을 품으셨습니까. 여러분이 만일 비관을 품으셨다면 무엇 때문이며 또한 낙관을 품었으면 무엇 때문입니까. 시세와 경우를 표준 함입니까?

나는 생각하기를 성공과 실패가 먼저 목적 여하에 있다고 합니다. 우리가 세운 목적이 그른 것이면 언제든지 실패할 것이요, 우리가 세운 목적이 옳은 것이면 언제든지 성공할 것입니다. 그런즉 우리가 세운 목적이 옳은 줄로 확실히 믿으면 조금도 비관은 없을 것이요 낙관할 것입니다.(2호)

이 세상의 역사를 의지하여 살피면 그른 목적을 세운 자가 일시일시 잠시적으로 성공은 있으나 결국은 실패하고야 말고, 이와 반대로 옳은 목적을 세운 자가 일시일시로 잠시적 실패는 있으나 결국은 성공하고야 맙니다. 그러나 옳은 목적을 세운 사람이 실패하였다면 그 실패한 큰 원인은 자기가 세운 목적을 향하고 나가다가 어떠한 장애와 곤란이 생길 때에 그 목적에 대한 낙관이 없고 비관을 가진 것에 있는 것이외다.

목적에 대한 비관이라 함은 곧 그 세운 목적이 무너졌다 함이외다. 자기가 세운 옳은 목적에 대하여 일시일시로 어떠한 실패와 장애가 오더라도 조금도 그 목적의 성공을 의심치 않고 낙관적으로 끝까지 붙들고 나아가는 자는 확실히 성공합니다. 이것은 인류의 역사를 바로 보는 자는 누구든지 다 알만한 것이외다.

---

75) 《동아일보》 1925년 1월 23일~24일.

그런데 이에 대하여 여러분께 고할 말씀은 옳은 일을 성공하려면 간단없는 옳은 일을 하여야 되고 옳은 일을 하려면 옳은 사람이 되어야 할 것을 깊이 생각하자 함이외다. 돌아보건대 우리가 왜 이 지경에 처하였는가. 우리가 마땅히 행할 옳은 일을 행치 아니한 결과로 원치 않는 이 지경에 처하였습니다. 지금이라도 우리가 우리는 옳은 목적을 세웠거니 하고 그 목적을 이룸에 합당한 옳은 일을 지성으로 지어 나가지 않으면 그 목적을 세웠다 하는 것이 실지가 아니요 허위로 세운 것이기 때문에 실패할 것입니다.

옳은 일을 지성으로 지어 나가는 사람은 곧 옳은 사람이어야 합니다. 그러므로 내가 나를 스스로 경계하고 여러분 형제자매에게 간절히 원하는 바는 옛날과 같이 옳은 일을 짓지 못할 만한 옳지 못한 사람의 지위에서 떠나서 옳은 일을 지을 만한 옳은 사람의 자격을 가지기에 먼저 노력할 것입니다. 지금 우리가 우리의 희망점을 향하고 나아가도 당시의 시세와 경우가 매우 곤란하다고 할 만 합니다마는, 밝히 살펴보면 우리 앞에 있는 시세와 경우는 그리 곤란한 것도 아니외다.

그러나 나는 이 시세와 경우를 큰 문제로 삼지 않고 다만 우리 무리가 일제 분발하여 의로운 자의 자격으로 의로운 목적을 굳게 세우고 의로운 일을 꾸준히 지어 나가면 성공이 있을 줄 확실히 믿기 때문에, 비관은 없고 낙관 뿐입니다. 우리 동포 중에 열 사람 스무 사람이라도 진정한 의로운 자의 정신으로 목적을 향하고 나아가면 장래 천 사람 만 사람이 같은 정신으로 같이 나아가 질 것을 믿습니다.

3. 우리 민족사회에 대하여 불평시하는가 측은시하는가

◉ 우리 민족사회에 대하여 불평시하는가 측은시하는가[76] (1924. 4.)

묻노니 여러분은 우리사회 현상에 대하여 불평시합니까 측은시합니까. 이것이 한번 물어 볼만하고 생각할 만한 문제입니다.

내가 살피기까지는 우리 사람들은 각각 우리사회에 대하여 불평시하는 태도가 날로 높아 갑니다. 이것이 우리의 큰 위험이라고 생각합니다. 지금 조선사회 현상은 불평해 볼 만한 것이 많은 것이 사실입니다. 우리 사람 중에 중학 이상 정도 되는 급이 있는 이들은 불평시하는 말이 더욱 많습니다. 지식 정도가 높아감으로 관찰력이 밝아져서 오늘 우리사회의 더러운 것과 악한 것과 부족한 것의 여러 가지를 전보다 더 밝히 봄으로 불평시하는 마음이 많기 쉽습니다. 그런데 이것은 매우 위험합니다. 불평시하는 그 결과가 자기 민중을 무시하고 배척하게 됩니다. 그 민중이 각각 그 민중을 배척하면 멸족의 화를 벗을 수 없습니다. 그러므로 매우 위험하다고 함이외다. 그런즉 우리는 사회에 대하여 불평시하는 생각이 동하는 순간에 측은시하는 방향으로 돌려야 되겠습니다.

어떻게 못나고 어떻게 악하고 어떻게 실패한 자를 보더라도 그것을 측은시 하게 되면 건질 마음이 생기고 도와 줄 마음이 생기어 민중을 위하여 희생적으로 노력할 열정이 더욱 생깁니다. 어느 민족이든지 그 민중이 각각 그 민중을 붙들어 주고 도와주고 건져 줄 생각이 진정으로 발하면 그 민중은 건져지고야 맙니다.

---

76) 《동아일보》 1925년 1월 24~25일.

여러분이시여! 우리가 우리 민족은 불평시할 만한 민족인데 우리가 억지로 측은시 하려고 함인가, 아닙니다. 자기의 민족이 아무리 못나고 약하고 불미하게 보이더라도 사람의 천연한 정으로 측은시 하여질 것은 물론 이어니와, 그밖에 우리는 우리 민족의 경우를 위하여 또한 측은시할 만하외다. 지금의 우리 민족이 도덕적으로 지식적으로 여러 가지 처사하는 것이 부족하다 하여 무시하는 이가 있으나 우리의 민족은 근본적으로 무시할 민족이 아닙니다.

우리 민족으로 말하면 아름다운 기질로 아름다운 산천에 생장하여 아름다운 역사의 교화로 살아 온 민족이므로 근본이 우수한 민족입니다. 그런데 오늘 이와 같이 일시 불행한 경우에 처하여진 것은 다만 구미의 문화를 남보다 늦게 수입한 까닭입니다. 일본으로 말하면 구미와 교통하는 아시아 첫 어귀에 처하였으므로 구미와 먼저 교통이 되어 우리보다 신문화를 일찍 받게 되었고, 중국으로 말하면 아시아 가운데 큰 폭원을 점령하였으므로 구미 각국이 중국과 교통하기를 먼저 주력한 까닭에 또한 신문화를 먼저 받게 되었으나, 오직 우리는 그러한 경우에 처하지 아니하였고 동아의 신문화가 처음으로 오는 당시의 정권을 잡았던 자들이 몽매 중에 있었으므로 신문화가 들어옴이 늦어졌습니다.

만일 우리 민족이 일본이나 중국의 구미 문화가 들어올 그 때에 같이 그 신문화를 받았더라면 우리 민족이 일본민족이나 중국민족보다 훨씬 나았을 것입니다. 일본민족은 해도(海島)적 성질이 있고 중국민족은 대륙적 성질이 있는데 우리 민족은 가장 발전하기에 합당한 반도적 성질을 가진 민족입니다.

근본 우수한 지위에 처한 우리 민족으로서 이와 같이 불행한 경우에 처하여 남들이 열등의 민족으로 오해함을 당함에 대하여 스스로 분하고

구술

서로 측은히 여길 수밖에 없습니다. 그런즉 우리의 천연의 정을(……중간 미상) 마음과 또는 우리의 경우를 생각하고 불평시하는 마음을 측은시하는 방향으로 돌이켜 상호 부조의 정신이 진발(振發, 떨쳐 일어남)하면 우리 민족의 건져짐이 이에서 시작된다고 합니다.

그러므로 더욱이 우리 청년 남녀에게 대하여, 우리 민중을 향하여 노한 눈을 뜨고 저주하는 혀를 놀리지 않고 5년 전에 흐르던 뜨거운 눈물이 계속하여 흐르게 하기를 바랍니다.

4. 당신은 주인입니까 나그네입니까

● 主人인가 旅人인가[77] (1924. 4.)

묻노니 여러분이시여, 오늘 대한사회에 주인 되는 이가 얼마나 됩니까. 대한사람은 물론 다 대한사회의 주인인데 주인이 얼마나 되는가 하고 묻는 것이 한 이상스러운 말씀과 같습니다. 그러나 대한인이 된 자는 누구든지 명의상 주인은 다 될 것이되 실상 주인다운 주인은 얼마나 되는지 알 수 없습니다. 어느 집이든지 주인이 없으면 그 집이 무너지거나 그렇지 않으면 다른 사람이 그 집을 점령하고, 어느 민족사회든지 그 사회에 주인이 없으면 그 사회는 망하고 그 민족이 누릴 권리를 딴 사람이 취하게 됩니다. 그러므로 우리는 우리 민족의 장래를 위하여 생각할 때에 먼저 우리 민족사회에 주인이 있는가 없는가, 있다 하면 얼마나 되는가 하는 것을 생각지 아니할 수 없고 살피지 않을 수 없습니다.

나로부터 여러분은 각각 우리의 목적이 이 민족사회에 참 주인인가 아닌가를 물어 볼 필요가 있습니다. 주인이 아니면 여객인데 주인과 여객을 무엇으로 구별할까. 그 민족사회에 대하여 스스로 책임심이 있는 자는 주인이요 책임심이 없는 자는 여객입니다.

우리가 한때에 우리 민족사회를 위하여 뜨거운 눈물을 뿌리는 때도 있고 분한 말을 토하는 때도 있고 슬픈 눈물과 분한 말뿐 아니라 우리 민족을 위하여 몸을 위태한 곳에 던진 때도 있다 할지라도 이렇다고 주인인 줄로 자처하면 오해입니다. 지나가는 여객도 남의 집에 참변이 있는 것을 볼 때에 눈물을 흘리거나 분언(憤言, 안타까워 말함)을 토하거나 그 집의 위급한

---

[77] 《동광(東光)》 1926년 6월호.

것을 구제하기 위하여 투신하는 수도 있습니다.

그러나 그는 주인이 아니요 객인 때문에 한때 그러고 말뿐 그 집에 대한 영원한 책임심은 없습니다. 내가 알고자 하고 또 요구하는 주인은 우리 민족사회에 대하여 영원한 책임심을 진정으로 가진 주인입니다.

이상 비관인가 낙관인가, 질시하는가 측은시하는가 하는 2언은 우리 현상에 의하여 한번 할 만하다 하여서 말하였거니와, 이 역시 객관적인 여객에게나 대하여서 할 말이지 진정한 주인에게는 못 할 말인 줄 압니다. 그 집안 일이 잘 되어 나가거나 못 되어 나가거나 그 집의 일을 버리지 못하고, 그 집 식구가 못났거나 잘났거나 그 식구를 버리지 못하고, 자기 자신의 지식과 자본의 능력이 짧거나 길거나 자기의 있는 능력대로, 그 집의 형편을 의지하여 그 집을 유지하고 발전할 만한 계획과 방침을 세우고, 자기 몸이 죽는 시각까지 그 집을 맡아 가지고 노력하는 자가 참 주인입니다.

주인 된 자는 자기 집안일이 어려운 경우에 빠질수록 그 집에 대한 염려가 더욱 깊어져서 그 어려운 경우에서 건져 낼 방침을 세우고야 맙니다. 이와 같이 자기 민족사회가 어떠한 위난과 비운에 처하였든지, 자기의 동족이 어떻게 못나고 잘못하든지, 자기 민족을 위하여 하던 일이 몇 번 실패하든지, 그 민족사회의 일을 분·초 간에라도 버리지 아니하고, 또는 자기 자신의 능력이 족하든지 부족하든지, 다만 자기의 지성으로 자기 민족사회의 처지와 경우를 의지하여 그 민족을 건지어 낼 구체적 방법과 계획을 세우고, 그 방침과 계획대로 자기의 몸이 죽는 데까지 노력하는 자가 그 민족사회의 책임을 중히 알고 일하는 주인이외다.

(이하 삭제, 연재금지. 《동광》지에 속재되었는데 일부 중복되었으므로 생략함)

내가 고국에 있을 때에 한때 비분강개한 마음으로 사회를 위하여 일한다는 자선 사업적 일꾼은 많이 보았으나, 영원한 책임을 지고 주인 노릇하는 일꾼은 드물게 보았으며, 또 일종의 처세술로 체면을 차리는 행세거리 일꾼은 있었으나, 자기의 민족사회의 일이 자기의 일인 줄 알고 실지로 일하는 일꾼은 귀하였습니다.

　내가 생각하기는 지금 와서는 그 때보다 주인 노릇하는 일꾼이 생긴 줄 압니다. 그러나 아직도 그 수효가 많지 못한 듯합니다. 한 집 일이나 한 사회 일의 성쇠흥망이 좋은 방침과 계획을 세우고 못 세우는 데 있고 실제 사업을 잘 진행하고 못 하는 데 있습니다. 그러나 이것도 주인이 있은 뒤에야 문제지 만일 한 집이나 한 사회에 책임을 가진 주인이 없다고 하면 방침이나 사업이나 아무것도 없을 것입니다.

　그런즉 어떤 민족사회의 근본 문제가 주인이 있고 없는 데 있습니다. 여러분은 스스로 살피어 내가 과연 주인이요, 나 밖에도 다른 주인이 또한 많다고 하면 다행이거니와 만일에 주인이 없거나 있더라도 수효가 적은 줄로 보시면 다른 일을 하기 전에 내가 스스로 주인의 자격을 찾고 또한 많은 사람으로 하여금 주인의 자격을 갖게 하는 그 일부터 하여야 되겠습니다. 우리가 과거에는 어찌하였든지 이 시간 이 경우에 임하여서는 주인 노릇할 정도 일어날 만하고 자각도 생길 만하다고 믿습니다.

5. 사업에 대한 책임심

○ 事業에 對한 責任心[78] (1924. 4.)

이 세상에는 여러 가지 사업이 있습니다. 정치사업도 있고 종교사업도 있고, 실업들 무슨 무슨 사업이 많이 있지 않습니까. 이 여러 가지 사업의 목적은 결국 우리사회의 삶을 위함이외다. 정치사업은 생활의 위안을 위함이요, 실업사업은 생활의 안락을 위함이요, 그 밖에 무슨 무슨 사업이 다 사람의 생활을 표준한 것이외다.

그러므로 개인이나 단체로나 무슨 하는 사업이 있고서야 참 삶이 있고, 또 사람이 산 후에야 사업이 있는 법이 아닙니까. 그래서 생명과 사업과는 서로 떠나지 못할 연결적이요 순환적 관계를 지어 가지고 있습니다. 이것은 옛적이나 지금이나 이후에 도무지 변하지 못할 원칙이기 때문에, 어느 때 어디를 물론하고 사업문제가 우리 인생으로 더불어 깊은 관계를 맺어 가지고 있습니다. 즉 사람이 사는 것은 사업을 하기 위함이므로 이 사업의 방법과 기능을 얻기 위하여 많은 세월을 허비하고 많이 고심하고 있지 않습니까.

모든 일이 다 유의식적이 있고 무의식적이 있습니다. 일에 대한 이해와 관계를 알아서 의미 있게 하는 것은 유의식적이요, 일에 대하여 아무 요령 없이 되는 대로 의미가 없이 하는 것은 무의식적이외다. 사업에 대하여서도 의식적으로 하는 이도 있고 무의식적으로 하는 이도 있는데, 문명한 나라 사람의 하는 사업은 유의식적으로 하는 것이요, 미개한 나라 사람이 하는 사업은 무의식적으로 하는 것이외다.

---

78) 《동광》 1927년 2월 호.

문명한 나라 사람은 사업에 대한 방법을 연구하고 통계적 관념 아래에서 하기 때문에 그들의 사업은 흥왕하고, 미개한 나라 사람은 이것이 없기 때문에 그 사업이 쇠퇴하여지는 법이외다. 그날그날을 살아가기 위하여 하는 고식적 사업이라든지, 형세에 몰리고 자연에 흘러서 구차하게 하는 사업은 이것이 다 미개한 나라 사람의 무의식으로 되는 일이외다. 그러니 그 결국이 어떠하겠습니까. 전자와 후자의 결과가 판이한 것은 당연한 일이외다.

　사업의 실질을 말하고 사업의 방침을 토론하기 전에 먼저, "이것을 의논할 만한 정도가 되었나? 이것을 경영할 만한 가치가 있나?"를 판정할 필요가 있습니다. 그러면 정도(正道)가 되고 안 될 것과, 가치가 있고 없는 것을 무엇으로써 측정하겠습니까. 곧 자기의 몸과 집에 대한 책임이 있고, 자기의 국가와 민족에 대한 주인된 관념이 있은 후에야, 정도가 되고 가치가 있다고 말하겠습니다. 다시 말하면 자기의 몸과 자기의 집을 자기가 건지지 않으면 건져 줄 이가 없는 것과, 자기의 국가와 자기의 민족을 자기가 구하지 않으면 구하여 줄 이가 없을 줄 아는 것이 곧 책임심이요 주인 관념이외다.

　이 책임적 관념이 없고 보면 사업에 대한 문제부터가 발생하지 않겠습니까. 가령 어떤 학교를 하나 두고 말합시다. 이 학교로 더불어 아무 관계가 없는 지나가던 사람은 그 학교가 잘 되고 못 됨에 대하여 아무 관심하는 바가 없을 것이나, 그 학교의 당국자 된 이는 그 학교에 대한 책임심이 있기 때문에 아주 책임적으로 고심하고 노력하여 그 학교가 기어이 잘 되게 만들 것이 아닙니까.

　그러면 여러분은 과연 내 몸과 집과 국가와 민족에 대한 책임심이 있습니까. 주인 된 관념을 가집니까 안 가집니까. 스스로 물어 보고 대답하시오.

이 책임심이 있는 자라야 참 애국자외다.

(이 사이 글 50줄이 검열에 삭제 당함)

사업에는 공적 사업과 사적 사업이 있습니다. 자기의 몸이나 집을 위하여 하는 사업은 이것이 사적 사업이요, 국가나 민족이나 인류를 위하여 하는 사업은 이것이 공적 사업이외다. 어떤 이는 공적 사업은 어떤 특수한 사람의 전유(專有)적 사업으로 여기고 사적 사업에만 힘쓰기 때문에 국가와 사회가 쇠퇴하여 지고, 또 어떤 이는 사적 사업은 비애국자의 하는 것이라 하여 공적 사업만 힘쓰고 사적 사업은 불고하기 때문에 자기의 몸과 처자가 기한(飢寒)에 빠지게 됩니다.

그러나 사적 사업과 공적 사업은 서로 밀접한 관계가 있기 때문에 사적 사업이 잘 되어야 공적 사업도 잘 되고, 공적 사업이 잘 되어야 사적 사업도 잘 되는 법이 아닙니까. 다시 말하면, 자기의 한 몸과 집을 능히 건질 힘이 없는 자로서 어찌 나라를 바로잡는다 하며, 나라가 바로 되지 못하고서 어찌 한 몸과 집인들 안보(安保)될 수 있겠습니까.

또 어떤 이는 공적으로 갔다가, 사적으로 왔다가, 하면서 방향을 잡지 못합니다. 그러다가 타락되어 이것도 다 아니 하는 이가 적지 않습니다. 그러나 그러한 것이 아니라 농부는 농업, 상인은 상업, 학생은 학업으로써 각각 자기 그 때의 책임적 직무를 삼아 이것에 충성을 다하다가, 다른 때 다른 경우를 다하면 또 그것에 충성을 다하여 각각 자기 맡은 바 일에 좋은 결과가 있게 할 따름이외다. 다시 말하면, 공적과 사적이 다 필요하고 서로 떠나지 못할 관계가 있는 것이므로 누구든지 놀고 입고 놀고 먹지 말고 오직 공과 사의 두 가지가 다 서게 하라 함이외다.

6. 부허에서 떠나 착실로 가자

◉ 浮虛에서 떠나 着實로 가자[79] (1924. 4.)

부허(浮虛, 떠돌아 다니고 비어 있음)는 패망의 근본이요, 착실(着實)은 성공의 기초외다. 그런데 우리 대한의 사회 상태가 부허적인가 착실적인가. 다시 말하면 패망적인가 성공적인가. 이것을 크게 묻고 크게 말하고자 합니다.

얼마 전에《○○일보》를 읽다가 어떤 외국의 유명한 선비가 대한을 시찰하고 갈 때에 우리의 어떤 신문기자가 그이를 대하여, "대한의 장래가 어떠하여야 되리까?" 하고 물은즉 그는 여러 다른 말은 하지 않고 오직, "대한사람이 부허 그것을 떠나서 착실한 데로 들어가야 되겠다"는 간단한 말로 대답한 것이 기재된 것을 보았습니다. 생소한 외국 손님이 우리사회의 문안에 처음 들어설 때에 그 눈에 얼른 뜨이어 보일 만큼 부허하여졌으니 우리의 부허가 얼마나 심하여졌습니까.

연래로 고국에서 오는 소식을 듣건대 지금 대한사회에 가장 크게 성행되는 것이 미두 취인(米斗取人, 투기놀음)이라 합니다. 누구나 이것이 정당하고 착실한 업이 아니요 한 허황한 것으로 인정하고 또 이것을 함으로 결국은 실패하는 줄 다 압니다. 그러나 이것을 즐기어 하여 열심으로 들어 덤비니 이것만 보더라도 우리사회의 부허한 것이 가려지지 못할 사실인 듯합니다.

어찌 미두취인뿐일까요. 이밖에 일의 목적은 얼마나 선하고 성질은 얼마나 좋다 하더라도 일에 대한 수단은 거진 미두취인적 정신을 취하는 듯합니다. 아아 슬프다, 부허 중에 장사를 받은 우리 민족이 아직도 그 부허의 그물을 벗지 못하였고 그냥 그물을 벗을 생각도 아니 하는 듯합니다.

---

[79] 《동광》 1926년 9월 호.

대저 착실이란 것은 무슨 일이든지 실질적 인과율에 근거하여 명확한 타산 하에 정당한 계획과 조직으로써 무엇을 어떠한 결과를 지어 내겠다 하고 그 목적을 달하기까지 뜻을 옮기지 않고 그 순서에 의지하여 각근한 노력을 다함을 이름이외다. 부허는 이와 반대로 인과의 원칙을 무시하고 정당한 계산과 노력을 하지 아니하고 천에 한 번만에 한 번 뜨이는 요행수만 표준하고 예외적 행동으로 여기 덥쩍 저기 덥쩍 마구 덥기는 것이요, 또한 당초에 일의 성 불성 여하는 문제도 삼지 아니하고 다만 한때의 빈 명성이나 날리기 위하여 허위적 행사를 취하여 마구 뜨는 것이외다.

이상에 말한 착실과 부허의 뜻만 밝게 이해하면 긴 이론이 없더라도 어느 것이 성공적이요 어느 것이 패망적임을 쉽게 판단하겠습니다. 혹은 말하기를 정치가의 사업은 오물꼬물하게 조직이니 타산이니 하는 학자적 사업이 아니요 엉큼하고 허황한 듯한 수단을 취한다 하며, 그 시대의 일은 그 시대의 군중의 심리를 이용한다 하여 일을 부허한 심리에 맞도록 꾸미고 허장을 일삼으며 부허한 것을 장려하는 패도 있습니다마는 이 때가 수호지적 시대가 아니고 과연 학자의 시대입니다. 그러므로 정치나 무엇이든지 일을 위하는 학자적 지식은 없더라도 학자적 관념은 있어야 합니다.

이러므로 복술(卜術) 선생을 모시어다 놓고 미두점을 칠 때가 아니요, 학자적 지식이 있는 이를 모시어다가 지도자로 세우고 그 지도를 밟아 일할 때입니다. 가다가 한때 부득이한 경우로 인하여 군중의 그릇된 심리를 이용하고 허황한 수단을 잠시 취한다 하여도 불가하거든 하물며 부허한 것으로 기초와 본령을 삼아서야 되겠습니까.

우리사회의 해내 해외를 물론하고 과거의 부허한 원인으로 실패한 경험의 실증을 낱낱이 들어 밝혀 말하고자 하나 그것은 참고 그만두거니와, 대개 오늘 우리사회의 위협 강탈과 사기 협잡과 골육 상전하는 모든 악현상이 거의 다 이 부허로 기인하였고, 대한사람이 대한사람으로 더불어 서로 믿고 의탁하여 협동할 길이 막힌 것과, 대한사람이 대한사람으로 더불어 질서를 차리어 이를 지어 나아갈 길이 막힌 것과, 외인한테까지 신용을 거두지 못하게 된, 모든 원인이 또한 이 부허 때문입니다. 다시 말하면 우리는 부허로 인하여 무엇이든지 실제로 성공하기는 고사하고 패망하게 되었습니다. 이러므로 외국 사람이 우리에게 충고를 줄 때에도 먼저 착실을 말하였습니다.

그런데 우리의 처지와 경우가 절박한 이때에 착실이라 부허라 가릴 여지가 없다고 생각하기 쉽습니다마는, 나는 과연 우리의 경우와 처지가 너무도 절박한 때문에 어서 급히 착실한 방향으로 노력하여 부허한 것을 실제로 벗자 함이외다. 착실한 방향으로 절실히 노력하면 성공이 있을 줄을 확실히 믿습니다.

이 믿음에 대한 실제 사실을 밝게 말씀 못 하는 것이 유감이외다. 그러나 여러분들이 과연 착실한 관념을 품고 앞을 내어다보면 내 말이 없더라도 여러분의 눈앞에 성공의 길이 환하게 보일 줄을 믿습니다. 더욱이 우리가 하려고 하는 위대하고 신성한 사업의 성공을 허(虛)와 위(僞)로 기초하지 말고 진(眞)과 정(正)으로 기초합시다. 다시 말씀하옵나니 우리의 하려고 하는 위대하고 신성한 사업의 성공을 허와 위의 기초 위에 세우려고 하지 말고 진과 정의 기초 위에 세우려고 합시다. 허와 위는 구름이요, 진과 정은 반석이외다.

그런데 지금 우리사회가 이같이 부허하더라도 다 부허한 것은 아니요 그 중에도 착실을 추종하는 이가 있습니다. 이 착실한 관념을 가진 이는 현시 우리사회의 반동의 자극으로 이 착실한 맘이 더욱 강할 줄 압니다. 착실한 관념을 가진 여러분께 특별히 고하옵나니, 독선적으로 혼자 그 맘을 가지고 고립된 땅에 서서 사회의 부허한 것을 원망하고 한탄만 하지 말고, 착실한 관념을 가진 사람을 서로서로 찾아서 착실하게 뭉치어 착실한 일을 참작하여 착실의 효과를 이론으로만 표시하지 말고 사실로 표현되도록 노력하소서.

이렇게 한다고 부허한 이들이 쉽게 따라오지 않을 터이요, 따라오지 않을 뿐더러 그네들의 부허한 심리에 맞지 않는 때문에 훼방과 공격과 방해까지 더하는 일도 없지 아니할 듯합니다. 그렇더라도 이것저것을 꺼리지 말고 한참 착실하게 나아가면 공격하고 반대하던 그네들도 그 부허한 것을 버리고 성공의 길로 같이 들어설 줄로 믿습니다.

나는 본시 문자에 생소하여 문자로서는 내 의사를 의사대로 표시하기가 곤란합니다. 게다가 경우로 인하여 맘에 있는 뜻을 맘 놓고 쓰지 못하고 스스로 제한을 지어 가면서 쓰려니까 더욱 곤란하였습니다. 이러므로 여러분이 어떻게 살피어 보실지는 모르거니와, 나의 중언부언하는 본뜻은 우리가 우리 민족사회의 현재와 장래에 대한 책임을 지고 각각 주인된 자의 자격으로 우리 일정한 옳은 목적을 향하여 나아가다가, 어떠한 곤란과 장애와 유혹이 있더라도 비관 낙망으로 나아가는 걸음을 멈추거나 또는 다른 무엇에 뜻을 옮기지 말고, 철저한 정신으로 목적을 성공할 때까지 굳세게 나아가자 함이요, 나아가되 동족 간에 상부 호조하는 애호의 정신으로써 공통한 조건하에 각파가 조화하고 상당한 인도자를 세우고 서로 믿음으로 협동하여 함께 나아가자 함이요, 공통한 조건을 세우고 나아가되 부허한 것으로 근거하지 말고 착실한 것으로 근거하여 나아가자 함이오니, 여러분은 나의 원하는 본뜻에 유의하여 주소서.

혹 이것은 작은 문제요 심상한 말로 생각할는지 모르거니와, 나는 이 몇 가지가 큰일을 하여 가려는 우리사회에 큰 걱정거리요 큰 말로 여기는 까닭에 말씀함이외다. 우리사회는 심상하다고 할 만한 이상 몇 가지에 대한 큰 각성이 생긴 후에야 내게서든지 뉘게서든지 이 이상의 큰 말이 나오고 큰 사실이 실현되리라고 생각하옵니다.

7. 합동과 분리

● 合同과 分離[80] (1924. 4.)

오늘 우리 대한을 보면 합해야 되겠다 하면서 어찌하여 합하지 아니하고 편당을 짓는가, 왜 싸움만 하는가 하고 서로 원망하고 서로 꾸짖는 소리가 대한 천지에 가득 찼으니, 이것만 보더라도 우리 대한사람은 합동적이 아니요 분리적인 것을 알 것이요, 또 오늘날 대한사람은 합동하기를 간절히 기다리는 듯합니다.

합동하면 흥하고 분리하면 망하며 합동하면 살고 분리하면 죽는다, 이 모양으로 합동이 필요하다는 이론도 사석이나 공석이나 신문이나 잡지에 많이 보입니다. 그러므로 대한사람은 합동해야 된다는 이론은 더 말할 필요가 없다고 생각합니다.

그러면 우리 대한민족의 개개인은 과연 합동의 필요를 절실하게 깨달았는가? 이것이 의문입니다. 남더러 합하지 않는다, 편당만 짓고 싸움만 한다고 원망하고 꾸짖는, 그 사람들만 다 모이어서 합동하더라도 적어도 몇백만 명은 되리라 믿습니다. 그러하거늘 아직도 그러한 단체가 실현된 것이 없는 것은 이상한 일입니다. 아마 아직도 합동을 원하기는 하지마는 합동하고 못 하는 책임을 남에게만 미루고 각각 자신이 합동의 길을 위하여 노력하는 정도까지에는 이르지 못한 듯합니다.

사지와 백체로 이루어진 우리 몸으로서 그 사지와 백체가 분리하면 그 몸이 활동을 하기는 고사하고 근본되는 생명까지 끊어집니다. 이와 같이 각개 분자인 인민으로 구성된 민족사회도 그 각개 분자가 합동하지 못하고

---

80) 《동광》 1926년 5월 창간호.

분리하면 바로 그 순간에 그 민족사회는 근본적으로 사망될 것입니다. 그러므로 각개 분자의 합동력이 없다고 하면 다른 것은 더 말할 여지가 없습니다.

옛날 아메리카 13방 인민들이 자기네의 자유와 독립을 위하여 일하려고 할 때에 양식과 무기와 군대와 여러 가지 준비할 것이 많았습니다. 그러나 먼저 준비해야 할 것은 각 개인의 머리 가운데 합동의 정신을 가짐이었습니다.

그네들은 그것을 먼저 준비해야 될 필요를 깊이 깨달았기 때문에 "합동하면 서고 분리하면 넘어진다"(United we stand, divided we fall)라는 표어를 각 개인이 불렀습니다. 그런즉 우리 무리는 이 합동에 대하여서 주인된 자의 자격으로 책임을 지고 합동의 방법을 연구하며 합동하는 행위를 실천하도록 노력하여야 하겠습니다.

내가 이제 합동에 대하여 말하자면, 우리사회가 과거에 거의 역사적으로 습관적으로 합동이 못 되고 온 원인과, 또 현시에 합동이 되지 못하는 모양이며, 합동을 하려면 취하여야 할 방법을 들어서 말할 것이 많습니다. 그러나 그것은 너무 길어질 근심이 있으므로 현시 상태에 가장 필요하다고 믿는 몇 가지만 말하려 합니다.

첫째는 전 민족이 공통적으로 같이 희망하고 이행할 만한 조건을 세우는 것입니다. 오늘날 우리가 요구하는 합동은 민족적 감정으로 하는 합동이 아니요, 민족적 사업에 대한 합동이외다. 민족적 감정으로 하는 합동은 인류사회에 폐단을 주는 것이라 하여 깨뜨리어 없이 하려고 하는 이조차 있습니다.

나는 내가 민족적 감정으로 된 합동을 요구하지 아니하고 민족적 사업을 중심으로 하는 합동을 요구한다 함은 민족적 감정을 기초로 이루어진 민족주의가 옳다 옳지 않다 하는 것을 근거로 하는 말이 아니외다. 어느 민족이든지 '우리 민족', '우리 민족' 하고 부를 때에 벌써 민족적 감정을 기초로 한 합동은 천연적 습관적으로 있는 것이니 합동하자, 말자 하고 더 말할 필요가 없고 우리가 요구하고 힘쓸 것은 민족의 공통한 생활과 사업을 위하여 하는 합동이외다.

그런데 '일을 위한 합동'은 그 일이 무슨 일이며 그 일을 할 방법이 무엇인가를 분명히 한 후에 생길 것이니, 덮어 놓고 무조건으로 '합동하자', '합동하자' 하는 것은 아무리 떠들고 부르짖어도 합동의 효과는 얻을 수도 믿을 수도 없을 뿐더러 일에 대한 조건이 없이는 합동을 요구할 이유도 발생하지 않겠습니다. 어떤 민족이 합동함에는 그 민족이 공통적으로 이해하는 조건이 선 후에야 된다 함은 세계 각국의 역사와 현재의 실례를 들어서 말할 것이 많습니다마는 우리 민족이 최근에 지낸 경험을 가지고라도 좋은 실례를 삼을 수가 있습니다.

그러면 우리 사람이 합동할 조건이 무엇인가. 그것은 첫째는 목적이요, 둘째는 그 목적을 달하기 위한 방침과 계획이외다. 그런데 우리 민족의 공통한 큰 목적은 이미 세워진 것이니까 이에 대해서는 다시 세우자 말자 할 필요도 없고, 오직 남은 것은 그 방침과 계획뿐이니, 이것이야말로 우리의 합동의 공통적 조건이 되고 목표가 되는 것입니다.

그런즉 이 공통적 조건의 방침과 목표를 세우는 근본 방법은 무엇인가. 그것은 우리 대한사람 각 개인이 머리 속에 방침과 계획을 세움에 있습니다. 이 말은 얼른 생각하면 모순되는 듯합니다. 사람마다 각각 제 방침과 계획을 세워 가지고 각각 제 의견만 주장한다 하면 합동이 되기는커녕 더욱 분리가 될 염려가 있지 아니할까, 하고 의심하기 쉽지마는 그것은 그렇지 아니합니다.

위에서도 말한 바와 같이 민족사회는 각개 분자인 인민으로 구성된 것이므로 그 인민 각개의 방침과 계획이 모이고 하나가 되어서 비로소 공통적인 방침과 계획, 즉 합동의 목표가 생기는 것은 민족사회에서는 피치 못할 원칙입니다. 그러므로 각 개인은 이 원칙에 의지하여 자기네 민족과 사회의 현재와 장래를 위하여 참으로 정성껏 연구하여 그 결과를 가장 정직하게 가장 힘 있게 발표할 것입니다.

이 모양으로 각각 의견을 발표하노라면 그것들이 자연 도태와 적자생존의 원리에 의지하여 마침내 가장 완전한, 가장 여러 사람의 찬성을 받는 '여론'을 이룰 것이니 이 여론이야말로 한 민족의 뜻이요, 소리요, 또 명령이외다.

우리는 자유의 인민이니 결코 노예적이어서는 아니 됩니다. 우리를 명령할 수 있는 것은 오직 각자의 양심과 이성 뿐이라야 할 것이니, 결코 어떤 개인이나 어떤 단체에 맹종하여서는 아니 됩니다. 우리는 각각 대한의 주인이기 때문에 내 대한을 어찌할까 하는 문제에 대하여 마치 삯받고 일하는 고용꾼 모양으로 자기의 공로를 내세울 필요가 없고 다만 우리의 일인 대한의 일만 잘 되면 그만일 것입니다.

그러므로 각 개인은 각각 자기의 의견을 존중하는 동시에 남의 의견을 존중하여 비록 어떤 의견이 사사로운 감정으로는 자기와 좋지 못한 개인에게서 나온 것이라 하더라도, 그 의견이 자기의 민족사회에 이롭다고만 생각하면 자기가 일찍 생각하였던 의견을 버리고 그 의견을 취하여 자기의 의견을 만들기를 즐겁게 할 것입니다. 다시 말하면 자기가 진정한 주인인 책임심을 가지고 실지로 방침과 계획을 세워 보았던 사람이기 때문에 제 의견 남의 의견을 가릴 것이 없이 제일 좋은 의견이면 취하는 것입니다.

그런즉 우리가 만일 합동을 요구하거든 합동을 이룰 만한 조건을 세우기에 먼저 힘을 쓰고, 합동을 이룰 만한 조건을 세우려거든 나와 여러분은 서늘한 머리를 가지고 깊은 방이나 산이나 들이나 어디서든지 각각 지성을 다하여 방침과 계획을 세우기를 연구하기를 시작합시다. 내가 대한의 주인이라는 맘으로.

나는 (이 말이 어폐가 있을지 모르거니와) 더욱이 우리사회 각 계급에 처한 여러분께 대하여 진정한 민족적 방침을 세우는 데 너무 무심하지 말고, 추상적 관찰과 추상적 비판을 일삼지 말고, 이 앞날의 문제에 대하여 각각 깊이 연구하여 구체적 방침을 세워 가지고, 한때에 발표하여 서로 비교한 후에, 가장 다수 되는 가장 원만한 계획 아래에 일체 복응(服應, 복종)하여, 우리 민중이 한 깃발 밑에 같이 나아가는 것이 하루바삐 실현되기를 간절히 바랍니다.

둘째는 공통적 신용을 세울 것입니다. 이 위에 말하기를 민족적 합동은 공통한 조건을 세움으로 이루어진다고 하였거니와, 그보다 먼저 될 문제는 사회의 각 분자 되는 개인들의 신용입니다. 서로 신용이 없으면 방침이 서로 같더라도 합동될 수가 없고, 서로 신용이 없으면 공통한 목적과 방법을 세우기부터 불가능할 것입니다. 그러므로 공통한 방침을 세워 가지고 공통한 진행을 하려면, 즉 합동의 사실을 이루려면 먼저 사회의 신용을 세워야 하겠고 사회의 신용을 세우려면 먼저 각 개인의 신용을 세워야 하겠습니다.

한때 잠시의 여행을 하는 데도 의심스러운 사람과는 동행하기를 원치 아니합니다. 하물며 한 민족의 위대한 사업을 지어 나가려 할 때에 자기 마음에 의심하는 사람으로 더불어 같이 할 뜻이 없을 것은 면하지 못할 사실입니다. 오늘 우리 민족사회에 이처럼 합동이 되지 못하고 분리한 상태에 있는 것은 공통한 방침을 세우지 못함과, 그 밖에 다른 이유도 많지마는 그 중의 가장 큰 이유는 대한인이 대한인을 서로 믿을 수 없는 것이요, 서로 믿을 수 없게 된 것은 서로 속이기 때문입니다.

지금 우리사회 중에 누가 무슨 말을 하든지 누가 무슨 글을 쓰든지 그 말과 그 글을 정면으로 듣거나 보지 않고, 그 뒤에 무슨 딴 흑막이 있는가 하고 찾으려 합니다. 동지라 친구라 하고 무엇을 같이 하기를 간청하더라도 그 간청을 받는 사람은 이것이 또 무슨 협잡이나 아닌가 하고 참마음으로 응하지 아니합니다.

슬프다! 우리 민족의 역사를 돌아보면 우리 민족의 생활이 소위 하급이라고 일컫는 평민들은 실지로 노동 역작(力作)하여 살아 왔거니와, 소위 중류 이상 상류 인사라는 이들은 그 생활한 것이 농사나 장사나 자신의 역작을 의뢰하지 아니하였고, 그 생활의 유일한 일은 협잡이었습니다. 그러므로 그네들은 거짓말하는 것이 자기의 생명을 유지하는 유일한 방법이었습니다. 그러므로 거짓말하고 속이는 것이 가죽과 뼈에 젖어서 양심에 아무 거리낌 없이 사람을 대하고 일에 임함에 속일 궁리부터 먼저 하게 되었습니다. 이것이 후진인 청년에게까지 전염이 되어 대한사회가 거짓말 사회가 되고 말았습니다.

아아 슬프고 아프다! 우리 민족이 이 때문에 합동을 이루지 못하였고 서로 합동을 이루지 못하였기 때문에 사망에 임하였습니다. 사망에 임한 것을 알고 스스로 건지기를 꾀하나 아직도 서로 믿을 수 없기 때문에 민족적 합동 운동이 실현되지 못합니다. 대한민족을 참으로 건질 뜻이 있으면 그 건지는 법을 멀리 구하지 말고 먼저 우리의 가장 큰 원수가 되는 속임을 버리고 각 개인의 가슴 가운데 진실과 정직을 모시어야 하겠습니다.

구술

대한사람은 대한사람의 말을 믿고 대한사람은 대한사람의 글을 믿는 날에야, 대한사람은 대한사람의 얼굴을 반가워하고 대한사람은 대한사람으로 더불어 합동하기를 즐거워할 것입니다.

대한의 정치가로 자처하는 여러분이시여, 이런 말을 하면 종교적 설교 같다고 냉소하시지 마시고 만일 대한민족을 건질 뜻이 없으면 모르거니와 진실로 있다고 하면 네 가죽 속과 내 가죽 속에 있는 거짓을 버리고 참으로 채우자고 거듭거듭 맹세합시다.

8. 합동의 요건 – 지도자

◉ 合同의 要件 – 指導者[81] (1924. 4.)

우리가 상당한 공통적 방침 하에 서로 믿고 모이어 합동적으로 나아가려 하면 없지 못할 필요한 물건이 지도자외다. 세상 무슨 일이든지 단독적 행동에는 자기의 이익을 위하여 좋은 지도자의 지도를 요구하되 그다지 절실한 필요가 없다 하려니와, 합동적 생활에 있어서는 작은 협동이나 큰 협동이나 그 협동한 전체를 지도하는 지도자가 있고야 협동의 사실을 이루고 협동의 효과를 거둡니다.

이와 반대로 지도자가 없다고 하면 협동은 한다고 하더라도 그 사실을 이루지 못하고 따라서 그 효과를 거두지 못합니다. 적은 음악하는 일을 한 가지 두고 생각합시다. 나팔이나 피아노나 일종의 악기를 가지고 독주를 하면 모르거니와, 북과 나팔이나 퉁소나 거문고들의 여러 가지를 합하여 협동적으로 음악을 병주(竝奏, 함께 연주함)할 때에는 악대 전체를 지도하는 이가 있습니다. 이것은 어떤 사람에게 지도자라는 존호를 주기 위하여 됨이 아니요 협동적 음악을 이룸에 없지 못할 필요가 된 고로 지도자를 두게 된 것이외다.

이것뿐인가. 한때 어느 지방에 구경을 가되 단독적이 아니요 협동적 관광단일 것 같으면 반드시 그 여행단을 인도하는 명칭은 무엇이든지 지도자가 있고야 그 협동적 여행을 이루게 됩니다. 이것뿐일까, 군대·경찰·실업단·교육단·정당·연구회 등 이루 말할 수 없는 천 종 만 종의 인류의 협동적 행동에는 정해 놓은 지도자가 있습니다. 소협동에는 소협동의 지도자가

---

[81] 《동광》 1926년 8월 호. 이 글은 뒤에 《三千里(삼천리)》 잡지사에서 1937년 1월 1일자, 제9권 제1호에 《협동론》이라는 제목으로 다시 게재하였다.

있고 대협동에는 대협동의 지도자가 있고야 맙니다.

여러분이시여! 보시지 않습니까, 어떠한 분자로 어떠한 주의로 조직된 민족이든지 그 민족에는 그 민족의 지도자가 있지 않습니까. 소위 민족주의를 타파하고 세계주의를 표방한다는 그 민족에도 그 주의를 가지고 일하는 그 민족의 대표가 있습니다.

여러분이시여, 우리는 그와 같이 지도자를 세웠었습니까 아니 세웠었습니까. 이 글을 보는 형제나 자매 중에 혹 말하기를 이것은 누가 모를까, 쓸데없는 유치설이라 할는지 모르겠습니다마는 대한사회의 현상을 보면 이것을 진정으로 아는 사람이 많은지 적은지 크게 의문됩니다.

근대의 청년들은 평등 동등성을 주장하면서 평생에 자기에게는 지도자를 두는 것을 모순된다고 생각하는 듯합니다. 나는 아직까지도 우리 사람들이 합하자, 합하자 말은 하지마는 합동의 사실을 이루는 지도자를 세우는 것을 큰일로 알고 그것을 위하여 생각하고 힘을 쓰는 사람을 만나 보기 어렵습니다.

그런데 지도자를 세워야 할 것은 물론 필요하지마는 내세울 지도자가 있는가 없는가 하는 것이 문제입니다. 내 귀에 많이 들리는 말은 대한사회에는 아직도 지도자 자격이 없으니까 지도자를 아무리 세우려 하더라도 사실 불가능이므로 이 앞에 지도자의 자격이 생기는 때에는 세우려니와, 당분간은 할 수가 없다고 말을 합니다. 과연 그럴까. 아닙니다.

오늘에 만일 지도자의 자격이 없다고 하면 이 앞에 백 년 천 년 후에라도 지도자의 자격이 없을 것이요, 이 앞에 지도자의 자격이 있으리라고 하면 오늘에도 그 지도자의 자격이 있습니다. 오늘에 지도자의 자격이 없다고 말하는 사람은 아직도 그 지도자가 무엇인지를 모르는 때문인가 합니다.

지도자의 자격을 무엇으로 판정하는고? 어떠한 협동이든지 그 협동 중에 앞선 사람은 곧 지도자의 자격을 가진 자외다. 바꾸어 말하면 지도자의 자격은 비교 문제로 생기는데 그 비교는 다른 협동적 인물과 비교하는 것이 아니요 어떤 협동에든지 그 협동 자체의 인물 중에 비교로 그 중 앞선 사람을 지도자의 자격으로 인정하게 됩니다.

아까 음악대를 말하였지만 사명은 다르되 우등 음악대와 열등 음악대의 여러 층의 구별이 있습니다. 그런데 우등 음악대에는 우등 음악 지도자가 있고 열등 음악대에는 열등 음악 지도자가 있어서 열등 음악 지도자를 우등 음악 지도자에 비하면 지도자의 자격이 못 된다 하려니와, 열등 자체의 악공(樂工, 음악가)에 비하여 앞선 때문에 그 음악대에서는 완전한 지도자의 자격이라고 칭할 수 있나니, 음악대뿐일까.

고상한 학자가 모인 협동에도 여러 학자에 비하여 앞선 자가 그 자체의 지도자가 되고 무식한 노동자 모임에는 그 노동자 중에 앞선 사람이 그 노동자 협동 자체의 지도자가 됩니다. 그 협동 자체가 없으면 모르거니와, 협동 자체가 있는 시일에는 반드시 지도자가 있고 지도자를 택함에는 딴 협동체의 인물과 비교하지 아니하고 그 협동체 인물과 비교하여 택할 것이 인류사회의 협동적 생활의 정칙이 아닙니까.

그런즉 오늘 우리 민족사회의 정도가 낮다 하면 낮더라도 오늘 형편에 의지하여 앞선 지도자의 자격이 있겠고, 앞날에 우리 정도가 높다고 하면 그 날 높은 도에 의지하여 앞선 지도자가 있겠습니다. 그런 고로 지도자의 자격이 없는 시간은 절대로 없습니다. 지도자의 자격이 없다고 하는 것은 그 협동의 진리를 깨닫지 못하고 스스로 지도자를 세우지 않는 것뿐입니다.

여러분 생각하여 보시오. 우리 대한사람은 성의나 능력이나 수평선처럼 다 같고, 앞서고 뒷 선 사람이 없다고 봅니까. 그럴 리는 만무하지요. 내 눈으로 고국을 들여다볼 때에는 고국 안에 우리 지도자 될 만한 자격을 갖춘 위인들이 있습니다. 나는 그네들을 보고 사랑하고 공경하고 내 맘으로 그 이들을 우리의 지도자로 세웠습니다. 여러분도 다 보시겠지요. 위인이란 별 물건이 아니요 위인의 맘으로 위인의 일을 하는 자가 위인입니다. 남이야 알거나 모르거나 욕을 받고 압박을 받아 가면서 자기의 금전·지식·시간, 자기의 정열을 다 내어 놓고 우리 민족을 위하여 일하는 그네들은 곧 위인의 맘으로 위인의 일을 하는 우리의 지도자가 될 만하기에 넉넉합니다.

이런 사람이 있는가 없는가, 분명히 있습니다. 내 눈에 보일 때에는 여러분의 눈에도 응당 보이겠지요. 이와 같이 성의와 재능으로 앞선 사람들이 있는데 어찌하여 지도자의 자격이 없다고 합니까. 내가 바로 살피었는지 모르거니와, 오늘 우리사회를 대표한 지도자가 세워지지 아니한 것은 지도자가 없었다는 것이 이유가 되지 못함은 물론이거니와, 이 밖에 다른 이유가 많다고 할지는 모르거니와 가장 큰 이유는 우리 민족의 큰 원수라고 인정할 만한 시기(猜忌) 하나 때문입니다.

우리 사람은 지도자를 세우고 후원하기를 힘쓰는 것은 고사하고 지도자가 세워질까봐 두려워하여 지도자 될 만한 사람은 거꾸러뜨려 지도자 못 되기에 노력하는 듯합니다. 우리 역사에 이순신은 가장 비참하고 적당한 실례입니다. 그를 꼭 지도자로 삼고 후원하여야만 할 처지였거든 선민들은 시기하고 모함하여 거꾸러뜨리고야 말았고, 근대에도 유길준 같은 어른은 우리의 지도자 되기에 합당하였건만 우리의 선인들은 그를 지도자로 삼지 아니하고 압박과 무시를 더하다가 마침내 그의 불우의 일생이 끝날 때에 가서 성대한 화장을 한 것을 보고 나는 슬퍼하였습니다.

언제든지 이 현상이 변한 후에라야 대한민족이 운동을 하는 길에 들어서겠습니다. 여러분이시여! 우리사회 중에, 같은 자본력을 가진 사람 중에 그 금전에 대한사회를 위하여 한 푼도 쓰지 아니하거나 도리어 그 금전을 우리 민족에게 해로울 만한 데 쓰는 사람에 대하여서는 아무런 별말이 없고, 우리 민족을 위하여 자기의 금전을 쓰는 사람들에게 대하여서는 비난과 핍박이 있습니다. 적게 쓰는 사람에게는 적은 핍박이 있고 크게 쓰는 사람에게는 큰 핍박이 있는 것이 보입니다.

같은 신지식을 가진 사람 중에 그 지식을 민족을 위하여 쓰지 아니하거나 쓴다면 해롭게 쓰는 사람에게는 아무런 말이 없고 그 지식을 우리 민족을 위하여 공헌하는 사람에게는 비난과 핍박이 있습니다. 이도 적게 쓰는 사람에게는 적은 핍박이 있고, 많이 쓰는 사람에게는 많은 핍박이 있습니다. 다시 말하면 인격도 없고 성의도 없는 사람에게는 아무 문제가 없고, 상당한 사람 성의 있는 사람에게 향하여는 살을 던지고 칼을 던지는 것이 현상의 사실인가 합니다.

누구든지 일부 지방 군중의 신임을 거두면 각 지방에서 그 지방파의 괴수라고 하고 공격 비평을 더합니다. 누구든지 일 단체, 일 기관의 신임을 거두게 되면 각 방면이 일어나서 파당의 괴수라 칭하고 공격을 시험합니다. 누구든지 두뇌에 가진 지식이 다수 청년의 흠앙을 받을 만하면 어떤 수단으로든지 허물을 찾아서 그 사람의 신용을 거꾸러치고야 맙니다.

여보시요, 민중을 위하여 돈을 쓰는 사람은 안 쓰는 사람에게 비하여 앞선 사람이요, 자기의 지식, 자기의 시간, 자기의 정력을 쓰는 사람은 안 쓰는 사람에게 비하여 앞선 사람이요, 한 지방이나 한 단체라도 신임을 거두는 사람은 거두지 못하는 자에 비하여 앞선 사람인 것은 사실입니다. 그러나 이 위에 말한 바와 같이 앞선 사람은 기어이 거꾸러치고야 말려고 하여 오늘 우리사회에 가장 시간을 많이 허비하고 골몰하게 다니는 일은 지도자 될 만한 사람을 지도자 못 되게 하는 일인가 합니다.

오늘 우리 사람들의 풍기를 보면 누구를 숭배한다, 누구 부하가 된다 하면 수치 가운데 가장 큰 수치로, 욕 가운데 가장 큰 욕으로 압니다. 그러므로 어떤 사람을 자기 양심상으로 숭배하고 지도자로 만드는 이가 있지마는, 옛날 베드로가 자기의 스승 예수를 모른다 한 것처럼 사회 사람에 대하여서는 숭배 아니하는 듯한 형식을 꾸미고 자기가 옳다고 인정하는 사람에게 대하여 누가 어떤 비난을 하든지 한 마디 변명을 못합니다.

그러므로 오늘 우리사회에는 사람에게 대한 존경어가 없어지고 그 대신 모욕어와 무시어가 많이 번성하는 것 같습니다. 현시에 우리 사람들이 지도자라면 말부터 하기 싫고 듣기도 싫어하는 것 같습니다. 그러므로 지도자를 세워야 되겠다는 의견을 가진 사람이라도 문제를 가지고 공중을 향하여 발론하기를 주저합니다. 그 이유는 그 말을 하여야 효과를 거두지 못하고 자기를 지도자라고 섬기어 달라는 뜻이라는 혐의나 받고 군중에게 배척을 받을까 두려워하는 때문입니다.

아아 슬프다, 내 말이 너무한지 모르거니와 오늘 우리사회 현상은 과연 지도자를 원하지 않는 것이 극도에 달하였습니다. 혹은 말하기를 지도자들이 바로만 하면 지도자를 세우지 않을 이유가 있으랴, 지도자 놈들이 협잡이나 싸움만 하기 때문에 우리가 지도자로 세우지 않는다고 말합니다마는 이것은 말이 되지 못하는 말입니다. 지도자란 것은 앞선 사람이라 하는데 협잡만 하고 싸움만 하는 사람은 벌써 뒤떨어진 사람이거늘 지도자란 말부터 당치 아니한 말입니다.

그러면 협잡 아니하고 싸우지 아니하는 놈이 어디 있는가 하고 말합니다. 있습니다. 많다고 할는지는 모르나 자기 금전, 자기 지식, 자기 능력을 가지고 정직하게 민중을 위하여 일하고 협잡을 도무지 아니하는 사람이 과연 있습니다. 또는 외형을 보면 남한테 욕도 받고 공격도 받고 모함도 받기 때문에 같은 싸움꾼인 듯하나 그 욕과 그 핍박, 그 모함을 받으면서도 한 번도 저항의 행동을 취하지 않고 공평하고 원만한 맘으로 군중을 향하는 사람도 있습니다.

나는 이렇게 살피지마는 나의 살피는 것과 달라 다 협잡하고 다 싸움만 한다고 판정하더라도 그 중에 협잡과 싸움을 적게 하는 사람이 지도자의 자격입니다. 왜? 자체 인물에 비교하여 앞선 때문입니다. 남을 시기하는 태도를 없이하고 우리의 민족을 위하여 지도자를 찾아 세울 성의로 냉정한 머리를 가지고 살피면 과연 앞선 사람들이 보입니다. 앞선 사람을 찾기 위하여 서늘한 머리로 사회를 살피는 정도에 이르는 것은 값없는 허영에서 떠나 자기 민족사회의 사업을 실제로 표준하는 주인 되는 책임심이 있은 후에야 됩니다.

어느 집이든지 그 집에 주인 된 자기 식구 중에 좋은 인물이 생기는 것이 영광스럽고 기쁘게 생각할 뿐이요 시기심이 조금도 없습니다. 형이나 아우는 고사하고 똑똑한 하인만 들어오더라도 즐거워합니다. 이것은 자기 집에 이로울 것만 생각하는 주인 된 때문입니다. 자기 집안 식구 중에 좋은 사람이 생기는 것을 기뻐하고 사랑하고 보호합니다. 이와 같이 자기 민족사회의 사업이 다른 민족사회보다 더 낫기를 요구하는 때문에 자기 민족 중 좋은 사람이 생기기를 간절히 기대하고, 생기는 시간에는 기뻐하고 즐거워하여 숭배하고 후원하기를 마지않습니다.

말이 너무 길어지므로 이것을 참고로 하려니와 이 밖에 더 나은 방법으로라도 지도자를 세움에 주력하심을 바라옵니다.

무조건하고 허영만 표준하여 지도자라고 인정하지 말고 먼저 그 사람의 주의와 본령과 방침과 능력을 조사한 후에 그 주의와 본령이 내 개성에 적합하고 그 주의에 대한 방법과 능력이 나와 다른 사람보다 앞선 것을

구술

본 후에 지도자로 인정할 것이요, 그것을 살피는 방법은 사회에 떠돌아다니는 요언비어(妖言蜚語)에 의하지 말고 그 사람의 실지적 역사와 행위를 밝게 살필 것입니다.

　대주의(大主義)와 대본령(大本領)이 맞고 큰 성의가 있는 줄로 인정한 후에는 그 사람이 한때 한때 말이나 일에 실수함이 있더라도 그것을 교정하여 주기를 노력할지언정 가볍게 배척하지 아니할 것입니다. 한때 허물로 사람의 평생을 버리고 한 가지 두 가지 허물로 그 사람의 전체를 버리는 것은 불가합니다. 과거 시대에는 일불살육통(一不殺六通, 한 가지 잘못으로 다 잘한 사람을 죽임)하였거니와 현실에는 육통생일불(六通生一不, 다 잘한 사람이 한 가지 잘못해도 용서함) 합니다. 지도자를 택할 때에 친소원근과 차당피당의 관념을 떠나서 전 군중의 이해를 표준하고 공평 정직한 맘으로 할 것입니다.

9. 무정한 사회와 유정한 사회

○ 無情한 社會와 有情한 社會82) (1924. 4.)
　- 情誼敦修의 意義와 要素

정의(情誼)는 친애와 동정의 결합이외다. 친애라 함은 어머니가 아들을 보고 귀여워서 정으로써 사랑함이요, 동정이라 함은 어머니가 아들이 당하는 고와 낙을 자기가 당하는 것같이 여김이외다. 그리고 돈수(敦修)라 함은 있는 정의를 더 커지게, 더 많아지게, 더 두터워지게 한다 함이외다. 그러면 다시 말하면, 친애하고 동정하는 것을 공부하고 연습하여 이것이 잘 되도록 노력하자 함이외다.

인류 중 불행하고 불쌍한 자 중에 가장 불행하고 불쌍한 자는 무정한 사회에 사는 사람이요, 복 있는 자 중에 가장 다행하고 복 있는 자는 유정한 사회에 사는 사람이외다. 사회에 정의가 있으면 화기가 있고, 화기가 있으면 흥미가 있고, 흥미가 있으면 활동과 용기가 있습니다.

유정한 사회는 태양과 우로(雨露)를 받는 것 같고 화원(花園)에 있는 것 같아서 거기는 고통이 없을뿐더러, 만사가 진흥(振興)합니다. 흥미가 있으므로 용기가 나고 발전이 있으며 안락의 자료가 일어납니다.

이에 반하여 무정한 사회는 가시밭과 같아서 사방에 괴로움뿐이므로 사람은 사회를 미워하게 됩니다. 또 비유하면 음랭한 바람과 같아서 공포와 우수만 있고 흥미가 없음에 그 결과는 수축될 뿐이요, 염세(厭世)와 유약(幼弱)과 불활발이 있을 따름이며, 사회는 사람의 원수가 되니 이는 사람에게 직접 고통을 줄 뿐 아니라 따라서 모든 일이 안 됩니다.

---

82)《동광》1926년 6월 호. 해방 후《흥사단보》1946년 7월 호에 재수록.

우리 대한사회는 무정한 사회외다. 다른 나라에도 무정한 사회가 많겠지마는, 우리 대한사회는 가장 불쌍한 사회외다. 그 사회의 무정이 나라를 망케 하였습니다. 여러 백 년 동안을 대한사회에 사는 사람은 죽지 못하여 살아 왔습니다. 우리는 유정한 사회의 맛을 모르고 살아 왔으므로 사회의 무정함을 견디는 힘이 있거니와, 다른 유정한 사회에 살던 사람이 일조에 우리사회 같은 무정한 사회에 들어오면 그는 죽고 말리라고 생각합니다.

민족의 사활문제를 앞에 두고도 냉정한 우리 민족이외다. 우리가 하는 운동에도 동지간의 정의가 있었던들 효력이 더욱 많았겠습니다. 정의가 있어야 단결도 되고 민족도 흥하는 법이외다. 정의는 본래 천부한 것이언마는 공교(孔敎)를 숭상하는 데서 우리 민족이 남을 공경할 줄은 알았으나, 남을 사랑하는 것은 잊어버렸습니다. 또 혼상 제사(婚喪祭祀)에도 허례에 기울어지고 진정으로 하는 일이 별로 없습니다.

여러분이 유년 시대의 일을 회고하여 보시오. 사람과 사람 사이에 서로 사랑하는 정이 생김은 당연하거늘 우리사회에서는 부모와 자녀, 형과 제의 사이에 아무 정의가 없습니다. 어른들이 어린아이를 대할 때에 일개의 완희물(玩戲物, 장난감·놀이개)로 여깁니다. 그리하여 그 울고 웃는 꼴을 보기 위하여 울려도 보고 웃겨도 봅니다. 또 호랑이가 온다, 귀신이 온다 하여 아이들을 놀라게 합니다. 또 집안에 계신 조부모나 부모는 호령과 매 때리기로만 일을 삼으므로 아이들은 조부나 부친 앞에 있어서는 매 맞을 생각에 떨고 있습니다.

나는 어렸을 때에 산에 가서 놀기를 제일 좋아하였는데 종일 놀다가도 돌아올 때에는 매 맞을 생각에 떨면서 돌아왔습니다. 그러다가 걸핏하면 잘못하였다고 내어 쫓습니다. 제 아비의 집에서 쫓겨나서 울면서 빙빙 돌아다니는 꼴은 참으로 기가 막혀 볼 수 없습니다.

이같이 하여 강보에서부터 공포심만 가득한 생활을 하던 아이가 가정의 옥(獄)을 벗어나서 학교에 가면 학교 훈장이란 이가 또한 호랑이 노릇을 합니다. 아이가 학교에 가고 싶어서 가는 것이 아니라, 부모가 가라니까 마지못해서 가는 것이외다.

또 시부모와 며느리, 형과 아우, 모든 식구가 다 서로 원수외다. 관민 간에도 그러합니다. 리에, 면에, 군에, 도에 가 보시오. 어디서든지 찬바람이 아니 부는 데가 없습니다. 그보다 더 기막힌 것은 남녀 간의 무정함이외다. 우리네의 가정에서 부부가 만일 서로 보고 웃었다가는 큰 결단이 납니다. 남녀 사이에는 정의가 전혀 끊어져 서로 볼 수도 없었습니다. 따라서 남녀가 만일 사귀는 날이면 필경 범죄 사실이 생깁니다. 이것은 남녀 간 정당한 교제의 길을 막는 까닭이외다.

이제 한번 눈을 돌려 다정한 남의 사회를 봅시다. 그들의 가정에서는 부모가 결코 노하지 않습니다. 장난감으로 차라리 인형을 주어 사랑케 하고 잘 때에는 안고 키스하고 재웁니다. 식탁에서도 아이를 특별히 대우합니다. 우리 가정에서처럼 역정 내서 먹으라고 호령하지 않습니다. 이리하여 어렸을 적부터 공포심이 조금도 없이 화기 중에서 자랍니다.

서양 아이들은 실로 꽃보다도 귀합니다. 정이 가득한 가정에서 자라난 까닭이요. 소학교에 가면 교사는 다 여자외다. 이것은 남자보다 여자에게 정이 더 많음이요. 선생이 학생을 친절히 대접하므로 학생들은 선생을 몹시 따르고 학교에 가고 싶어 합니다. 그러므로 서양 소학생들은 결코 우리나라 아이처럼 학교에 가기 싫다고 억지 쓰는 것을 보지 못하였습니다.

학교뿐 아니라 선차(船車)에서도 집회석에서도 화기가 있습니다. 근심이 있는 이는 결코 남의 앞에 나서지 않습니다. 예배당에서는 음악대가 있고, 또 교우들이 때때로 모여 웃고 먹고 하면서 정의를 돈목(敦睦, 정이 두텁고

화목함)히 합니다. 우리나라 예배당에는 공포가 가득하외다. 우리나라 교인들의 사랑은 진정으로 나오는 정이 아니고 그렇지 않으면 죄 된다는 공포관념에서 나오는 사랑이외다.

그네들은 정의를 밥과 옷 이상으로 여깁니다. 상인이나 학생이나 심지어 신문 파는 아이들까지라도 구락부 안가진 자가 없습니다. 그들은 정의 없이는 살 수 없다는 주지에서 이렇게 합니다. 미국 같은 나라에 가서 제일 부러운 것은 업(業)의 상하를 물론하고 다 즐거워함이외다.

서양사회에서는 손님이 오면 딸이나 누이로 하여금 웃고 접대케 합니다. 부부될 남녀는 약혼 시대부터 서로 열정적인 사랑이 지극하여 서로 껴안고 좋아합니다. 다른 이가 이를 흠하지 않으므로 그들에게는 아무 공포가 없고 다만 두터운 정 뿐이외다. 남녀의 화합은 이것이 사회의 정(情)의 기초이건마는 우리사회에서는 남녀를 꼭 갈라 놓으므로 차디찬 세상을 이루고 맙니다. 서양 사람들은 정의에서 자라고 정의에서 살다가 정의에서 죽습니다. 그들에게는 정의가 많으므로 화기가 있고 따라서 흥미가 있어서 무슨 일이 다 잘됩니다.

우리는 이 정의돈수(情誼敦修, 서로 친해져서 관계를 두터이 함) 문제를 결코 심상히 볼 것이 아니외다. 우리가 우리사회를 개조하자면, 먼저 다정한 사회를 만들어야 하겠습니다. 우리는 조선 적부터 무정한 피를 받았기 때문인지 아무래도 더운 정이 없습니다. 그러므로 정의를 기르는 공부를 하여야 되겠습니다. 그러한 뒤에야 참 삶의 맛을 알겠습니다.

일언일동에 우리 사이의 정의를 손상하는 자는 우리의 원수외다. 과거나 현재의 우리 동포는 어디 모인다 하면 으레 싸우는 것으로 압니다. 남의 결점을 지적하더라도 결코 듣기 싫은 말로 하지 말고 사랑으로서 할 것이외다. 이제 정의 기르는 데 주의할 몇 가지를 말하겠습니다.

1. 남의 일에 개의치 말라. 우리가 걸핏하면 주제넘게 됩니다. 남의 허물이 있으면 이것을 적발하기를 좋아합니다. 우리는 각각 자기 일만 살피고 자기의 허물만 스스로 고칠 뿐이요, 결코 남의 일이나 허물에 개의치 말 것이외다.

2. 개성을 존중하라. 모진 돌이나 둥근 돌이나 다 쓰이는 장처가 있는 법이니, 다른 사람의 성격이 나의 성격과 같지 않다 하여 나무랄 것이 아니외다. 각각 남의 개성을 존중하여 자기의 성격대로 가지는 것을 시인할 것이외다.

3. 자유를 침범치 말라. 아무리 같은 동지라 하더라도 각 개인의 자유가 있는 것인데 이제 남을 내 마음대로 이용하려다가 듣지 않는다고 동지가 아니라 함은 심히 어리석은 일이외다. 서양 사람들은 비록 자기 자녀에 대하여서도 무엇을 시킬 때 하겠느냐(Will you?)고 물어보는 의미로 말하여 그의 자유를 존중합니다.

4. 물질적 의뢰를 말라. 우리네의 친구들 중에 돈 같은 것을 달라는데 주지 아니하면 그만 틀립니다. 그러므로 우리는 친구에게 물질적 의뢰를 하지 아니함이 가하고 설혹 의뢰하였더라도 자기의 요구대로 되지 않는다고 정의를 상할 것은 아니외다.

5. 정의를 혼동치 말라. 부자·부부·친구·동지의 정의가 다 각각 다른 것이외다. 부자간의 정의와 친구간의 정의가 같겠습니까. 또 같은 동지끼리라도 더 친한 사분(私分)이 있을 것이외다. 그러니 누구는 더 사랑한다고 나무라지 말 것이외다.

6. 신의를 확수하여라. 서로 약속한 것을 꼭꼭 지켜야 정의가 무너지지 않습니다. 만일 한다고 한 것을 그대로 안 하면 서운한 마음이 생깁니다. 그러므로 신의를 확수하는 것이 정의를 기르는 데 한 가지 조건이

됩니다.

7. 예절을 존중히 하라. 우리나라 사람들은 좀 친하여지면 예절이 문란하여 집니다. 그래서 구친(舊親, 오래된 친구) 간에 무례히 가는 것이 서로 친애하는 표가 되는 줄 압니다. 그러나 무례한 것으로는 친구에게 호감을 못 주고 도리어 염증이 생기게 합니다.

그 나라의 애국자를 대우하는 것도 무정한 사회와 유정한 사회가 다릅니다. 우리 무정한 사회에서는 애국자의 결점만 집어내다가 위난에 빠질 때에는 구원치 않습니다. 그러나 유정한 사회에서는 그렇게 아니합니다. 또 어떤 이가 공익사업에 돈을 내다가도 다시 더 안 내면 그 전에 낸 것을 고맙게 생각지 않고 도리어 욕을 합니다. 이런 무정한 사회가 어디 있겠습니까.

유정한 국민은 아무리 점잖은 신사나 부인이라도 노상에서 환난을 만난 사람을 보면 그 체면과 수고를 돌아보지 않고 기어이 구원하여 줍니다. 여기는 귀천의 별도 없습니다. 자기의 좋은 옷을 찢어서라도 상한 사람의 상처를 싸매주고 간호하여 줍니다. 정의 없는 대한민족의 고통은 실로 지옥 이상이외다. 대한인의 사회는 가시밭이외다. 아무 낙이 없습니다.

단우들이여, 우리는 단우다운 정의를 지켜 화기 가운데 삽시다. 화기 중에 일에 흥미가 나고 흥미 있는 일이라야 성공합니다. 모든 사업, 모든 의무를 다하고 싶어서 하게 됩니다. 흥사단우의 가는 곳마다 정의를 펼칩시다. 대한민국의 사활문제가 정의 돈수에 있습니다. 또 말하거니와, 정의를 근본하면 만사는 일(興)고 정의가 없으면 아무 일도 아니 되오.

정의를 힘쓰되 도를 지킬 것이오. 우리사회에는 공의와 정의가 없어지고 문란함과 무례한 것이 친애의 표가 되었소. 어린아이가 어머니를 사랑하는 사랑, 어머니가 울면 울고, 어머니가 웃으면 웃는 어린아이, 이것이 참 사랑의 표이오. 서양인은 길에서 환난당한 사람을 만나면 기어이 살려 주려고 귀천을 분별 않고 애쓰고 간호합니다. 남의 환난을 볼 때에 참으로 동정하는 이가 우리 단우요. 우리는 어디를 가든지 오직 정의돈수 네 글자에 의지하여 삽시다.

10. 오늘 할 일은 오늘에

◎ 오늘 할 일은 오늘에[83] (1924. 4.)

(※ 첫 머리 75행 검열로 삭제)

그런데 간절히 묻노니, 우리 동지들은 과연 오늘에 할 일을 정말 하는지요. 이 일을 다 하면 조금도 흥분이 수축하고 맥이 풀릴 일이 없을 줄 압니다. 또한 경제 운동에 관한 일에 대하여도 마찬가지로 오늘에 하여야 될 일이 퍽 많습니다. 그 역시 조직의 방법, 기초적 인물의 조사와 연락, 운동비의 판비(辦備, 조달), 그 외에 무엇 무엇 여러 종류가 있겠습니다.

그 밖에 금일에 하여야 될 일이요, 금일에 할 수 있는 일은 우리의 동지를 징구(徵求, 불러서 책망함)하는 일이외다. 다시 말하거니와, 금일의 일 중에 이것이 큰일이외다. 발전 발전하는 것이 다른 데 있지 않고 진정한 동지를 늘리어 나아감에 있습니다. 그런데 이런 것을 금일에 큰일로 알고 기회 있는 대로 힘써 나가면 일감이 없다고 맥이 풀릴 이유가 도무지 없습니다.

또는 오늘에 할 일 중에 가장 우리가 할 큰일은 우리의 몸을 고치고 우리의 가정을 고치는 것입니다. 우리의 경영하는 모든 일이 이 두 가지 기초 위에서 되겠습니다. 이것은 오늘에 불가불 할 일이요, 늘 할 일이외다. 여러분, 이런 일을 다 하여 놓고 일할 감이 없다고 합니까. 의심컨대, 그런 일은 일로 여기지 않고 다른 무엇만 생각하지 않는가 슬퍼합니다. 만일 우리가 우리 몸부터, 우리 집부터 고치는 것을 큰일로 보지 않는다고 하면 우리는 세상을 속이는 사람이요, 우리가 스스로 속는 사람이외다.

내가 이런 주의를 주장한 사람 중의 한 사람이요, 여러 동지의 특수한

---

[83] 《동광》 1926년 11월호.

사랑을 받는 사람 중의 하나인 줄 압니다. 그런데 나는 오늘에 할 일을 늘 못하는 것이 큰 한탄이외다. 시간이 부족한 관계로 못 하는 한도 있고, 능력이 부족한 관계로, 물질의 부족으로 한함도 있으되, 그 중에 가장 크게 한탄할 그 관계는 나의 허위의 죄악 때문입니다. 오늘에 우리의 일이 우리의 생각대로 되지 못함을 한하다가는 나의 죄를 스스로 책하는 그것을 막을 수 없습니다. 그러나 나는 나의 생명을 다하여 나의 오늘에 할 일을 그 오늘마다에 다하여 보려고 힘씁니다.

구술

―――― 청년·학생들에게 주는 글 ――――

11. 청년에게 호소함

○ 靑年에게 呼訴함84) (1924. 4.)
  - 인격 완성·단결훈련에 대하여

　대한청년제군에게 대하여 하고 싶은 말도 많고 또 하여야만 될 말이 많으나 경우로 인하여 그것을 다 말하지 못하는 것이 유감이다. 다만 그 중의 몇 가지만을 말하려 한다. 지금 우리는 참담 비통한 고해(苦海)에서 헤매며 암흑한 운무(雲霧) 중에 방황 주저하고 있다. 이 비상한 경우에 처한 대한청년제군이 이 고해를 탈리(脫離, 떨쳐 버림)하고 운무를 개제(開除, 없애 버림)하고 나아갈 길을 어떻게 정하였는가.

　오늘 일반 민중에게 큰 기대를 가진 제군, 또 스스로 큰 짐을 지고 있는 제군의 하여야 될 일이 많지만, 그 중에서 가장 먼저 하고 가장 힘쓸 것은 인격훈련과 단결훈련, 이 두 가지라는 것을 말한다. 이 두 가지가 현하 우리 생활에 직접 관계가 없는 듯이 생각하여 냉대시하는 이도 있고, 또는 이 때가 어느 때라고 인격훈련이나 단결훈련 같은 것을 하고 앉아 있겠느냐고 이것을 배격하는 이도 없지 않다. 그러나 나는 이 때이기 때문에 인격훈련과 단결훈련을 하고 아니하는 데 우리의 사활문제가 달렸다고 나는 생각한다.

　세상의 모든 일은 힘의 산물이다. 힘이 작으면 일을 작게 이루고, 힘이 크면 크게 이루며, 만일 힘이 도무지 없으면 일은 하나도 이룰 수 없다. 그러므로 누구든지 자기의 목적을 달하려는 자는 먼저 그 힘을 찾을 것이

―――
84) 《동광》 1931년 2월호.

다. 만일에 힘을 떠나서 목적을 달하겠다는 것은 너무도 공상이다. 제군이여, 일은 힘의 산물이라는 것을 확실히 믿는가. 만일 이것을 믿고 힘을 찾는다 하면 그 힘이 어디서 오겠는가. 힘은 건전한 인격과 공고한 단결에서 난다는 것을 나는 확실히 믿는다. 그러므로 인격훈련, 단결훈련, 이두 가지를 청년제군에게 간절히 요구하는 바이다.

지금의 우리는 우리의 사활문제를 해결하기 위하여 무엇을 하다가 실패하면 그 원인을 여러 가지로 찾아보고 여러 가지로 변명하여 본다. 그러나 우리 모든 일의 실패하는 근본 원인은 우리의 민족적 결합력이 박약한 것이다. 우리가 일찍 패망한 것이 이 원인이었다. 우리는 요지부동(搖之不動, 흔들어도 움직이지 않음)하고 사귀일철(事歸一轍, 모든 일이 하나로 모임)할 굳센 민족적 결합력이 있은 후에라야 성공을 기대할 것이다.

민족적 결합력이 선결 문제요, 이론과 방침 계획은 둘째 문제다. 만일 결합력이 공고만 하고 보면, 그 결합체가 때를 따라 방침과 계획은 고치어가면서 능히 목적을 도달하는 데까지 나아갈 것이다. 결합된 힘이 없고서는 아무리 좋은 방침이 있더라도 이를 실행할 수 없지 아니한가. 우리가 일찍 단체 생활의 훈련이 부족한 민족인 것을 자인치 아니할 수 없다. 그러므로 우리로서는 다른 나라 사람보다 특별히 단결을 훈련하여 공고한 대결 합력에 이르도록 힘써야 할 것이다.

단결훈련 문제보다도 인격훈련에 있어서는 더욱 냉담시하는 이가 많은 줄 안다. 이것은 큰 착오의 생각이다. 현시 세계 각 방면의 각종 운동이 있는 중에 그 운동이 힘 있게 진행되고 성공되는 것은 그 운동 중에 건전한 인격을 가진 분자가 많은 때문이다. 어떤 운동에서든지 운동이 퇴축(退縮, 움츠리고 물러남)하며 실패하는 것은 다른 원인도 있지마는 건전한 인격을 가지지 못한 것이 큰 원인 중의 하나이다.

우리가 무슨 목적을 표방하고 단체를 조직하였으나, 실제에 있어서는 힘 있는 운동이 되지 못하고 간판만 남는 것이 한탄이다. 그 원인이 어디 있는가를 깊이 깨달아야 할 것이다. 조직에 합당한 지식, 조직에 합당한 신의 - 이것을 갖춘 그 인격 없는 것이 한 큰 원인이다. 단결의 신의를 굳게 지키며, 조직적 지식을 가진 사람이 없고서는 간판 운동이 아닌 실제적 힘 있는 운동을 할 만한 결합을 이루기 절대 불가능할 것이다.

그런즉, 우리가 고해를 벗어나고 활로로 나아가기 위하여 할 일이 여러 가지 있지마는 제군이 인격훈련과 단결훈련이 큰 관계있는 것을 깊이 깨닫고, 나는 오늘부터 인격훈련과 단결훈련을 진심으로 노력하겠다는 결심을 가지기를 바란다.

기본적인 인격은 어떠한 것이며, 훈련의 구체 방법이 무엇인 것과 단결훈련의 실제가 무엇인 것은 앞날 연구에 미루고, 여기서는 다만 제군이 인격훈련과 단결훈련이 필요한 것만을 분명히 깨닫기를 바라며, 오직 인격을 훈련하되 단독적으로 하지 말고 이것부터 협동적으로 하여 전 대한 산과 들을 물론하고 인격훈련을 목표로 한 운동이 편만(遍滿, 꽉참)하기를 바란다.

12. 대한청년의 용단력과 인내력

○ 대한청년의 용단력과 인내력[85] (1924. 4.)

오늘 대한의 청년들 앞에도 큰 원수가 있습니다. 이것이 무엇인 줄 압니까. 또 이것을 알면 이것을 쳐 이기려 합니까. 오늘 대한청년들 앞에 공으로 나 사로 막히어 있는 큰 원수는 곧 방황과 주저이외다. 할까 말까 하여 '말까'에 머물러 이는 것이 방황이요 주저외다. 여기는 공적(公敵)도 있고 사적(私敵)도 있습니다.

우리는 지금 전 민족적으로 파멸의 지경에 처하여 있습니다. 우리가 만일 급히 덤비지 않으면 아주 영멸(永滅)하는 지경에 들어가겠습니다. 그러니 여기 대하여 앞을 헤치고 나아가지 않고 방황하고 주저하고 있는 것은 이것이 공적이외다. 또 사람마다 자기 살아 나갈 일을 자기가 하여야 합니다. 그러나 자기 개인이 살아 나갈 일을 자기가 하지 않으면 자기 개인의 생존까지도 잘 못되는 경우에 빠집니다. 그러니 여기 대하여 알아차리어서 나아가지 않고 방황하고 주저하여 있는 것이 사적이외다.

흔히는 저 하는 일이 옳은지 그른지 자세히 몰라서 방황하고 주저합니다. 예로 말하면 공부하는 것, 농사하는 것, 장사하는 것, 이러한 것들이 우리가 지금 다시 살아날 운동하는 데 맞는가 안 맞는가 하여 방황하고 주저합니다. 심지어 어떤 이는 이러한 것들을 하고 있는 이는 운동을 하지 않는 이라 하여 비난하고 공격합니다.

그러하나 비기어 말하면, 그물질하는 사람만을 어업자라 하고, 고기 잡기 위하여 그물을 만들며 양식을 나르는 사람은 어업자가 아니라고 하겠습

---

[85] 《동광》 1927년 1월 신년증대호.

니까. 또 총 메고 전장에 나선 사람만을 전쟁 하는 사람이라 하고, 뒤에 있어서 군기를 만들고 군량을 장만하는 사람은 전쟁 하는 사람이 아니라 하겠습니까. 앞에서 직접 행동을 하는 이나 뒤에서 간접 행동을 하는 이나 다 같은 그 일의 운동자이외다.

그러니 지금 배울 기회 있을 때에 배우고 벌이할 기회 있을 때에 벌이하다가 그보다 더 긴급한 일이 있을 때에는 다 나서는 것이 옳습니다. 그러하므로 이 일이 그 운동에 관계가 없는가 하여 방황하고 주저하지 말 것이외다.

이 일이 옳은가 그른가, 이 일을 할까 말까, 방황하고 주저하면 거기에는 고통이 생깁니다. 또 결국은 낙망합니다. 낙망은 청년의 죽음이요, 청년이 죽으면 민족이 죽습니다. 나아가면 될 일이라도 안 나아가서 안 됩니다. 또 낙망한 끝에는 남을 원망하게 되고 심하면 남을 죽이게까지 됩니다. 이 얼마나 위험한 일입니까. 그래서 방황과 주저는 우리의 큰 원수라고 합니다.

또는 이 몸을 대한에 바치어서 일할까, 자기를 위하여 일할까 호도몽롱(糊塗朦朧, 애매하고 불분명한 상태)한 가운데 있는 이가 많습니다. 이 점에 대하여서도 어느 것이 옳은지 분명히 판단할 필요가 있습니다. 한 가지 분명히 알 것은 공부도 농사도 장사도 아무것도 아니하고 놀고 먹고 떠돌아 다니면서 방황하는 것은 아무 이익이 없고 다만 큰 해독만 끼치는 것이외다. 또 언제든지 다 배워 가지고 다 벌어 가지고 나아가서 일한다고 하면 크게 잘못이외다.

배우는 자나 벌이하는 자나 다 대한을 위하여 기회 올 때까지 한다고 결심하고 나아가면 그만이외다. 남이야 알건 모르건 오늘 대한의 청년 된 이는 대한민족을 위하여 무엇을 어떻게 할꼬를 스스로 연구하고 참고하여 옳다 하는 바에 뜻을 세우고, 그 세운 바를 다른 사람에게 선포하여 함께 나아갈 것이외다. 이것이 오늘 대한민족의 다시 살아날 길이외다.

"무엇이 옳다고 생각하거든 그것을 곧 붙잡아라. 그렇지 않으면 큰 기회를 놓치나니라." 이 말은 우리가 늘 가져 둘 말이외다. 일에 대하여 도덕적과 이해적으로 헤아리어 선하고 이하면 하되, 공공연한 이가 되거든 그렇게 하기를 용감히 결단할 것이외다. 이 용단력이 없으면 대개는 방황 주저하게 됩니다. 또 목하에 안 될 것만 보지 말고 장래에 될 것을 헤아리어 순서를 밟아 나아갈 것이외다. 한번 놓친 기회는 대개는 다시 얻지 못하게 되는 법이외다.

오늘 대한의 환경은 사회 도덕 방면으로든지 경제 방면으로든지 모두 심히 어렵습니다. 이러한 어려운 환경에서 이것을 헤치고 나아가려면 참아 견디는 힘이 있어야 하겠습니다. 그러하므로 이러한 비관과 낙망할 만한 처지에 있는 오늘 대한의 청년은 특별히 인내력을 길러야 되겠습니다. 그래서 첫째 옳다 하는 일에 밝은 판단을 내리고, 둘째 판단한 일은 끝까지 잡고 나아가야 되겠습니다. 그러면 성공이 있습니다.

대한청년의 방황과 주저하는 것이 아주 소멸되고 무엇이나 한 가지를 잡고 나아가는 날에야 대한사람의 다시 살아나는 일이 시작되겠습니다. 무엇이든지 그 때의 경우와 생각에 옳아 보이는 것을 잡고 나아가면 끝에 가서는 그보다 더 좋은 것이 나옵니다. 그러나 지금 당한 경우와 기회를 심상히 여기고 붙잡지 않으면 그의 신세는 영영 방황에 끝나고 말 것입니다.

끝으로 한 마디 말씀을 여러분에게 선사합니다. "어떤 신이 무심중에 와서 홀출(忽出, 갑자기 나타나) 네게 묻기를 너는 무엇을 하느냐 할 때에 나는 아무것을 하노라고 서슴지 않고 대답할 수 있게 하라."

13. 오늘의 대한학생

○ 오늘의 대한학생[86] (1924. 4.)

오늘이라 함은 과거나 미래를 말함이 아니요, 현시에 된 경우를 말함이며, 대한학생이라 함은 대한사람으로 태어난 그이를 가리킴이외다.

무릇 학생은 누구든지 할 것 없이 다 사회에 나아가 활동할 준비를 하는 자외다. 생존과 번영은 사람의 활동에 따라 되는 것이므로 활동 그것이 있으면 살고 없으면 죽는 것이며, 많으면 크게 번영하고 적으면 적게 번영할 것입니다. 그런즉 인류사회의 생존은 사람의 활동에 있고 사람이 활동할 무기를 잘 준비함에 있고, 이 무기를 예비하는 자는 곧 학생이외다.

그러므로 대한의 학생 된 이는 먼저 대한사회로부터 세계 어느 사회든지 나아가 활동할 자임을 잊지 말아야 되겠습니다.

활동에는 허명(虛名)적 활동과 실제적 활동이 있습니다. 무슨 취지서나 발기문이나 신문 지상에서나 어디서나 버젓하게 성명이나 쓰는 것은 활동이라 할 수 없고, 다만 실제상 자기가 마땅히 할 직분을 이행하는…(원본 수자 탈락)…경우에 의지하여, 또 미국이나 중국의 학생은 미국이나 중국의 경우에 의지하여 준비하여 가지고 활동하는 것이외다. 대한의 학생은 대한의 오늘날 경우에 의지하여 준비하여 가지고 대한사회에, 또 세계 사회에 나아가 활동하여야 되겠습니다.

직분을 이행한다 함은 자기의 의무를 이행한다 함인데, 의무로 말하면 자신의 친족에 동족에 국가에 세계에 대한 의무가 있습니다. 또 각각 그 의무를 잘 이행하려면 먼저 자기의 가족은, 동포는, 사회는, 국가는 아울러 자신이 어떠한 경우에 있는지를 잘 알아야 하겠습니다.

---

86) 《동광》 1926년 12월호.

현하 우리는 민족적으로 남과 다른 경우에 있습니다. 우리의 옛날 문화는 극도로 쇠퇴하고 신문화는 지금 움 돋는 시기에 있습니다. 또 구도덕은 깨지고 신도덕은 없어서 혼란 상태에 있습니다. 또 영·미국의 학생들은 그의 부모나 인리(隣里, 이웃 마을사람)나 연장자 되는 이가 선진자 계급에 있으므로 그들의 지도를 받을 수 있지마는 오늘 대한의 청년은 선도자를 못 가지었습니다.

그래서 이 지도하는 이 없는 가련한 이들이 제 맘대로 국내 국외에 뛰놀아 무엇을 배우려 합니다. 또 다른 나라 학생들은 학자가 넉넉하여 배우고 싶은 것을 다 배우지마는, 우리 대한학생은 그렇지 못하외다. 비교적 학비가 덜 드는 문학이나 신학 같은 것은 배워도 공학 같은 기술적 학문은 좀체로 배우게 되지 못합니다. 또 우리는 유혹에 물들기 쉬운 험악한 환경을 가지었습니다.

오늘날 이와 같은 가긍(可矜, 불쌍함)한 경우에 처한 대한학생으로서 그 직분은 매우 크외다. 이 학생 된 이의 손으로 우리의 집이나 사회를 바로잡을 수가 있고 그렇지 못하면 우리는 영멸(永滅)하겠습니다. 그러니 오늘의 대한학생들은 무의식적으로 남의 흉내나 내지 말고 명확한 판단을 가지고 나아가야 학생들에게도 다행이 되고 온 민족에게도 다행이 되겠습니다.

첫째 남은 알든지 모르든지 대한민족에 대한 헌신적 정신과 희생적 정신을 길러야 하겠습니다. 대한민족을 다시 살릴 직분을 가진 자로서 이 정신이 없으면 안되겠습니다. 자주라 독립이라 평등이라 하는 것은 다 자기를 본위로 하는 이기적이외다. 어떤 때의 일시적 자극으로 떠들다가도 그 맘이 가라앉으면 다시 이기심이 납니다.

자기의 생명을 본위로 함은 이것이 진리요 자연이외다. 그런데 이제 자기의 몸과 목숨을 내놓고 부모나 형제나 동포나 국가를 건진다 함은 모순이 아니겠습니까. 아니외다. 이 헌신적과 희생적으로 하여야 부모와 형제가 안보되고 민족과 사회가 유지되는 동시에 자기 몸도 있고 생명도 있으려니와, 만일 이 정신으로 하지 아니하면 내 몸과 아울러 사회가 다 보전되지 못하는 법이외다. 가령 상업이나 공업을 하는 것도 자기의 생명을 위하여 하는 것이지마는, 여기도 헌신적과 희생적인 정신으로 하지 않으면 안 됩니다.

이 위에 말한바 이기적으로뿐 아니라, 정의(情意)적으로도 민족에 대한 정을 억제하지 못하여 헌신적 희생적 활동을 아니할 수 없습니다. 오늘 대한학생된 이는 옛날에 자기의 명리를 위하여 과거 하려는 듯이 하지 말고 불쌍한 내 민족에 대한 직분을 다하기 위하여 하여야겠습니다.

둘째 긍휼(矜恤)히 여기는 정신을 길러야 하겠습니다. 학생에게 있어서 이 정신이 더욱 필요 하외다. 학생이 되어서 무엇을 좀 안 후에는 교만한 마음이 생기어서 자기만큼 모르는 자기의 부형이나 인리나 존장에 대하여 멸시하는 맘이 생기고 따라서 제 민족을 무시하게 됩니다. 그 결과로 동족을 저주하고 질시하고 상관하지 않으려 합니다. 나만 못한 사람을 무시할 것이 아니라 긍휼히 여기어야 옳고, 남의 잘못하는 것을 볼 때에 저주할 것이 아니라 포용심을 가져야 하겠습니다. 긍휼이 여기는 맘이 없으면 내 동족을 위하여 헌신적과 희생적으로 힘쓸 맘이 나지 않겠습니다.

소학생이나 대학생 시대보다 중학생 시대에 남을 업수이 여기는 교만한 맘이 가장 많은 법이외다. 이것은 무엇을 좀 알기 시작할 대에 저마다 잘 아는 듯 싶어서 그렇게 됩니다. 또 어떤 이는 걸핏하면 제 동족의 결점만을 들어 가지고 나무랍니다. 그러나 우리 대한사람도 다 잘 배울 기회를 가졌거나 좋은 때를 만났더라면 누구보다 조금도 못할 인종이 아니외다. 그러므로 제 동족에 대한 불평을 가질 것이 아니라, 일체로 서로 긍휼히 여기는 맘을 가져야 옳겠습니다. 제 동족에 대한 긍휼심이 적으면 외적에게 대한 적개심이 빈약한 법이외다.

셋째, 서로 협동하는 공동적 정신을 배양하여야 하겠습니다. 대한의 일은 대한사람 된 내가 할 것인 줄 아는 동시에 대한사람된 이는 누구나 다 분담하여 가지고 공동적으로 하자 함이외다. 어떤 이는 무슨 일을 저 혼자 하겠다는 생각을 가집니다. 그런 이에게 소위 야심이라는 것이 생깁니다. 그 결과에 하려는 일은 되지 않고 도리어 분쟁이 생깁니다.

제가 무엇을 다한다고 하다가는 낙심하기 쉽습니다. 혼자 하는 일은 잘 이루어지지 아니하는 고로 과거의 성공이 없음과 장래가 아득한 것을 보고는 곧 비관하여 낙망합니다. 나와 다른 이가 다 함께 할 것으로 아는 이는 자기는 비록 성공을 못 하더라도 다른 이가 성공할 줄을 믿고 또 자기 당대에 못 이루고 죽더라도 자기 후손이 이어서 할 것으로 여기면 낙망이 생기지 않고 오직 자기의 할 직분을 다할 뿐이외다.

그 민족 전체에 관계되는 사업은 어느 한두 사람의 손으로 되지 않고 전 민족의 힘으로야 됩니다. 그러므로 내가 깨달은 바에 대하여 나의 직분을 다하여 노력하고 아울러 온 민족이 협동하여야 할 정신을 길러야 되겠습니다. 너와 내가 다 함께 한다는 관념이 절실하여지는 날에야 성공이…(원본 일부 탈락)…있어야 겠습니다. 협동적 관념이 있어지면 공통적 주장과 계획이 세워지겠습니다. 이 협동적 정신 아래서 공통적으로 하는 것을 미리 연습하여 두어야 공통적 큰 사업에 나아가서도 협동적 실행이 있어지겠습니다.

이 위에 말한 것은 정신 방면을 말한 것이외다. 이제는 실질 방면에 들어가서 누구나 한 가지 이상의 전문지식을 가져야 된다 함이외다. 전문지식을 못 가지겠거든 한 가지 이상의 전문적 기술이라도 가져야 하겠습니다. 오늘은 빈 말로 살아가는 세상이 아니요, 그 살아갈 만한 일을 참으로 지어야 사는 세상이외다. 실제에 나아가 그 일을 지으려면 이것을 감당할 만한 한 가지 이상의 전문적 학식이나 기예가 없어서는 안 됩니다. 이것이 있고야 자기와 가족과 사회를 건집니다.

　오늘에 있어서는 옛날 진사(進士科, 小科) 대과(大科)를 위하여 과거 보러 다니던 관념으로 허영을 위하여 공부하는 이가 많습니다. 실사회에 나아가 직업을 감당하기 위하여 실지의 학문을 배우려는 이는 적고 아무 대학을 마치었다는 이름이나 얻기 위하여 법과 같은 데로 들어가서 사각모자 쓴 사진이나 박아서 보내는 것으로 성공을 삼습니다. 그러므로 한번 졸업한 후에는 다시 더 학리를 연구하지 않습니다.

　우리 학생들은 직업을 표준하지 않고 허영적 영웅을 표준하는 이가 많은 듯 하외다. 만일 실지 학문을 배워서 정당한 사업에 나아가지 않고 흰수작과 난봉이나 부리면 그는 차라리 학교에 아니 다니고 집에 있어서 부모를 위하여 소 먹이고 꼴 베는 것만 못하겠습니다.

　오늘의 대한학생은 인도자가 없는 것을 이미 말하였습니다. 이제 여기서는 그 구제 방법을 말하려 합니다. 곧 오늘의 대한학생은 제가끔 산산이 헤어지어 있지 말고 다 함께 뭉치어 그 뭉친 덩어리로 한낱 선도자를 삼아서 여기 속한 이들이 자치적 훈육을 받으라 함이외다. 그리하면 힘이 적지 않습니다. 좋은 훈육을 줄 만한 선도자와 완전한 훈육의 기관을 가진 다른 선진국의 학생들도 오히려 자치적 훈육의 지도를 취하거든 하물며 아무것도 못 가진 오늘의 대한학생으로서 어찌 이것이 필요하지 않겠습니까.

　오늘날 국내 국외에서 이러한 목적을 가지고 수양의 단체가 많이 일어나는 것은 매우 좋은 경향이외다. 이렇게 일어난 단체들이 또 각각 따로 서 있지 말고 다 한데로 모여 하나가 되면 그 힘이 더욱 크리라고 생각합니다. 외로운 촛불은…(원본 수자 탈락)…끄기도 어렵습니다. 그래서 이 빛이 널리 불쌍한 동족에게 비치어 그 빛으로 말미암아 건짐을 받을 이가 많을 줄 믿습니다.

14. 헌신적 정신의 배양

○ 獻身的 精神의 培養[87] (1931. 5.)

대한청년제군이여, 헌신적 인격을 양성하라.

이것이 시대의 요구다. 지금 시대는 과도적 시대다. 악에서 선으로, 추(醜)에서 미(美)로 변하여가는 때다. 이 변천은 많은 사람의 헌신적 노력의 산물이다. 우리는 세계의 시운을 벗하여 큰 진보를 기대하며, 진보를 위하여 노력하는 중에 있다. 우리의 진보는 헌신적 인격의 손으로서야 나올 것이다. 우리는 쇠퇴로부터 번영의 길로 나아가는 운동을 하고 있다. 이 운동에는 헌신적 인격이 더욱 필요하다. 운동이 특수하니만치 인격도 특수한 헌신적임을 요한다.

헌신 헌신, 이것이 어려운 것인가. 보통사람은 못할 것이요, 고상한 인물이야만 할 것인가. 그렇지 않다. 헌신이라면 저어하며 하기 어려운 것처럼 생각하나 사람치고 어디든지 헌신 아니 하는 이가 별로 없다. 다만 무엇을 위하여 헌신하는가가 문제다. 가령 자기의 처자를 위하여 일평생을 노력하다가 생명을 마치고 마는 자가 부지기수니 이것이 가족에게 대한 헌신이 아닌가. 이밖에 술과 노름과 아편과 계집 등을 위하여 자기의 자산, 자기의 권리, 자기의 명예, 자기의 생명 등 모든 소유를 다 바치는 사람이 얼마인가. 헌신을 별한 특성으로 어려운 물건으로 생각하고, 헌신하자 하면 꺼리고 주저하지마는 실상은 누구든지 자기가 원하는 곳에 자기를 헌신하다가 마는 것이다.

이제 조선 청년제군은 무엇을 위하여 헌신하는가. 앞으로 무엇을 위하여 헌신하려는가. 이때에 요구하는 헌신적 인격은 우리의 민족과 우리의 사회

---

[87] 《동광》 1931년 5월호.

를 위하여 헌신하는 헌신적 인격이다. 헌신이란 것은 별것이 아니요, 협동 생활 하는 사람으로서 그 협동체에 대한 의무를 수행함에서 생긴 것이다. 헌신적 정신이 박약한 것은 협동에 대한 의무심이 박약한 때문이다.

우리 민족이 근대에 있어서는 정치적이나, 경제적이나 이민족과의 관계가 없이 폐관자수(閉關自守, 쇄국)하여 처사(處士, 초야에 사는 선비)적 생활을 하였음으로 강대한 협동력을 별로 요구치 아니하였다. 이러므로 우리에게는 부지중 협동심이 박약하였고, 따라서 협동체에 대한 책임심이 박약하므로 협동체를 위한 헌신적 정신이 박약하였다. 그러나 오늘에 와서는 모든 주위의 사정으로 인하여 우리의 생활이 고해(苦海)에 빠져 있다. 이 고해를 탈리(脫離, 떨쳐 버림)하려는 우리는 강대한 협동체를 요구치 아니 할 수 없이 되었다. 협동하면 생존하고 협동 아니 하면 사멸할 경우에 처하였다.

이때가 어떠한 때인 것을 아는 대한청년은 헌신적 인격을 가져야 할 것을 각오할 것이다. 헌신적 정신을 가진 인격자는 자기에게 어떠한 위해(危害)가 있더라도 그 협동체에 대한 신의를 변치 않고 협동체에서 맡긴 임무를 성심으로 수행하고 어떤 경우에서든지 공평을 굳게 주장하며, 자기의 소유한 모든 능력을 협동체에 바치는 것이 곧 공중의 이익을 위하여는 자기의 이익을 희생하는 자다. 이러한 정신을 가지고 실제 생활에 직접 참가하여 끝까지 분투노력하는 자가 진정한 헌신적 인격을 양성하는 자다.

지금 우리는 좋은 이론과 방침과 계획을 요구할 때다마는 이것도 헌신적 인격자가 있은 후의 문제다. 오늘 우리의 환경이 급박하다 하지마는 다수한 우리 청년의 헌신적 정신으로 굳센 결합이 이루어지면 이루지 못할 일이 없을 것이다. 위대한 사명을 가진 대한의 청년제군은 먼저 헌신적 인격을 양성하여라.

참고 자료

자료집

국사편찬위원회 편. 《한국독립운동사》 1. 1968.
국회도서관 편역. 《도산안창호자료집》 Ⅰ, 1997.12.31. 국회도서관. 《도산안창호자료집》 Ⅱ, 1998.11.20. 국회도서관.
독립기념관 한국독립운동사연구소. 《한국독립운동사자료총서》 4, 〈도산안창자료집(1)〉, 1990.11.30. 59~52쪽., 《한국독립운동사자료총서》 6, 〈도산안창호자료집(3)〉, 1992.12.30. 346~362쪽.
《대한민국임시정부자료집》 제27, 39 중국보도기사 Ⅰ, 42, 8, 42 서한집 Ⅰ.
《도산학회 정기 학술회의 보고서》, 2012.11.9. 도산학회.
도산안창호선생전집편찬위원회. 《도산안창호전집》 제1, 5, 6, 7, 8, 10, 12, 13, 14권. 2000.11.9. 사단법인 도산안창호선생기념사업회.
안동독립운동기념관 자료총서1 권4. 《석주유고(石洲遺稿)》, 경인문화사. 2008.
연세대 현대한국학연구소. 《우남(雩南)이승만문서》 17, 동문편 제7권.
대한민국 임시정부 국무원 제155호 ; 1919.9.8.
《조선사상운동조사자료》 독립운동가 자료/ 콘텐츠 소장자료 콘텐츠 간행물 도서관/ 독립운동가 자료/ 대한민국임시정부 독립운동가 자료 마이크로필름 만주지역독립운동 미주흥사단 신문자료/ 의병자료 재한선교사보고문건 일제강점기 피해자 명부/ 자료내용 안창호(安昌浩) 신문(訊問)조서.
《조선사상운동조사자료》 1932년 9월 5, 6, 7, 8. 9. 12, 13, 16, 26일 :
https://search.i815.or.kr/contents/independenceFighter/detail.do?independenceFighterId=9-AH0928-000(1회) ~ 9-AH0937-000(10회)

신문

《공립신보(共立新報)》 1906년 4월 14일자(제10호, 별보).
《대한매일신보(大韓每日申報)》 1907년 12월 13일 ~ 1910년 5월 12일.
《독립신문(獨立新聞)》 1919년 9월 6일 ~ 1923년 6월 13일자.
《동아일보(東亞日報)》 1925년 1월 23일 ~ 1936년 1월 1일자.
《매일신보(每日申報)》 1936년 2월 26일자.
《신한민보(新韓民報)》 1910년 10월 12일자~1935년 4월 11일자.
《혁신공보(革新公報)》 1919년 12월 25일자.
중국 《광주민국일보(廣州民國日報)》 1928년 1월 9일자.
중국 《민호보》 1929년 6월 16일자.
중국 《중앙일보(中央日報)》 1928년 5월 15일자.

잡지

《동광(東光)》 1926년 5월호(창간호), 6월호, 8월호, 9월호, 11월호, 12월호, 1927년 1월호, 2월호.
《동광》 1931년 2월, 5월호.
《사해공론(四海公論)》 1936년 2월호.
《삼천리(三千里)》 1931년 11월 1일, 1933년 3월, 1936년 12월, 1937년 1월 1일호.
《새벽》 1954년 9월(창간호), 1956년 5월호, 7월호, 9월호.
《새사람》 1937년 1월호(제1집).
《서우(西友)》 1907년 6월 1일호. 서우학회.
《서북학회월보(西北學會月報)》 1908년 2월호.
《소년(少年)》 1909년 4월호.
《신한청년(新韓靑年)》 1919년 12월 1일 자(제1권 제1호)
《진단(震壇)》 (2호). 1920년 10월 17일호.
《태극학보(太極學報)》 1908년 2월호, 11월호, 12월호.
《호박사랑 나라사랑》 1988년 기독신문사.
《조광(朝光)》 1937년 8월호.
《흥사단보》 1931년 5월호(제19년 창립기념호).
《흥사단보》 1946년 7월호.

《단보》 1948년 1월호. 흥사단.
《공함》 1960년 9월 10일 흥사단.
《기러기》 1969년 11월호, 1970년 5월호, 1975년 6월호.

개인 저서

주요한 편저. 《안도산전서(安島山全書)》, 1963.5.30. 삼중당.
주요한 편저. 《안도산전서(安島山全集)》 증보판, 1999.11.9. (사)흥사단 출판부.
강제환(姜齊煥) 편. 《도산 안창호웅변선집》, 1950.2.20. 웅변구락부출판부.
신채호. 《을지문덕》 서(敍), 1908.5.3. 광학서포.
김병조(金秉祚). 《한국독립운동사략 상》 서문, 1921.
도산안창호선생기념사업회 편 [이광수]. 《도산 안창호》, 1947.5.30.
이광수. 《도산 안창호》 제6판. 2013.6.10. 흥사단.
이만근 엮음. 1986. 《도산여록(島山餘錄)》, 1986.9.1. (사)흥사단출판부.
오동춘·안용환 공저. 《애국가와 안창호》, 2013.2.20. 청미디어.
윤병석·윤경로 엮음. 《안창호 일대기》, 1995.7.30. 역민사.
윤정경 편술. 《동해물과 백두산이 마르고 달토록 시상과 도산 안창호》(증보판), 1915.5.29. 흥사단.
안용환. 《안창호 애국가 작사》, 2016.2.15. 청미디어.
박재순, 《애국가 작사자 도산 안창호》, 2020.8.15. 종문화사.
임진택. 《애국가 논쟁의 기록과 진실》, 2020.11.10. 한국학중앙연구원 출판부.

기타

흥사단본부. 〈흥사단약법〉, 1915.8.
흥사단 자료실. 〈흥사단 미주본부·원동위원부 문서〉, 1929.
흥사단국내위원부. 〈흥사단약법〉, 1934.1.15.
2016년 12월 6일 흥사단 홈페이지 자유게시판(5716번).
흥사단 본부. 도산 안창호 문서.

대한민국국부 도산안창호전서 발간위원회

위원장	박만규
위원	박화만·정철식·박철성
집필위원	Ⅰ권 박만규·박화만
	Ⅱ권 박만규·박화만
	Ⅲ권 박만규
	Ⅳ권 박화만
	Ⅴ권 박화만

대한민국국부 도산안창호전서 **Ⅰ**

도산 안창호의 말씀 (상)

초판	2025. 5. 10.
엮은이	박만규·박화만
발간	대한민국국부 도산안창호전서 발간위원회
펴낸곳	흥사단
주소	03086 서울특별시 종로구 대학로 122
전화	02-743-2511~4
팩스	02-743-2515
홈페이지	www.yka.or.kr
이메일	yka@yka.or.kr
디자인·인쇄	세창문화사 ☎ 1544-1466

ⓒ 사단법인 흥사단

ISBN	978-89-88930-56-4
ISBN	978-89-88930-55-7 (세트)

값 20,000원